国際関係の中の
拡大EU

森井裕一 編

信山社

まえがき

　いつの時代でも国家と国家の間の関係は変化しているし，国家と社会の関係，国家と個人の関係なども変化している。しかし，現在，私たちが経験している国際関係の変化は，国際関係の歴史を長期的に振り返ってみたとしても，非常に大きな，本質的な変化であるということができるだろう。
　本書が主要な読者と想定している20歳前後の大学生が生まれた1985年前後の世界と，21世紀初頭の現在の世界の間には，大きな違いがある。1985年生まれの大学生が物心つくようになった1990年代の半ばには，さまざまな変化はさらに急速な勢いで進んでいた。
　第1に，国際政治上の力のバランスが大きく変わった。アメリカとソ連の対立を中心とした「冷戦」は，1989年11月9日の「ベルリンの壁」事件に象徴されるように終焉した。「東ドイツ」と「西ドイツ」という2つのドイツは統一し，ヨーロッパの旧共産圏の諸国は体制移行を達成した。ソ連は自壊し，ロシアに代表されるCIS諸国に分裂した。その後はアメリカのみが軍事的な超大国として存在し，国家の軍事力でみれば，アメリカと拮抗する力は存在していない。
　第2に，グローバリゼーションが急速に進んだ。企業が国境を越えて活躍することは自明となり，労働コストの安い国・地域をめざして先進国の製造業はこぞって直接投資を行っている。さらに製品や資本金の移動だけではなく，IT技術の発展によって国境を越えた情報伝達コストの低下はめざましい。コストを意識しなくてよい電子メールを利用して遠く離れた外国とのコミュニケーションをとることは自明のこととなり，国際電話ですらIP電話の利用により，コストを意識する必要がほぼなくなりつつある。衛星テレビとその後のブロードバンドの普及は，動画・音声という文字情報を凌駕する大量の情報伝達を可能にした。そしてこの情報の流れの変化は人々の世界認識に大きな影響を与えている。
　第3に，これら2つの変化と密接に関係しているが，主権国家のもつ意義が相対的に小さくなった。もちろん国家は今日でも，国際関係における最も重要なアクター(行為主体)である。しかし，本書が説明の対象としているEUが

な役割を果たしていることを認識している。

　このような変化の中でも，本書が対象としているヨーロッパの変容には，とりわけ際立ったものがある。1952年の欧州石炭鉄鋼共同体 (ECSC) 設立によって始まったドイツ，フランス，イタリア，オランダ，ベルギー，ルクセンブルクの6カ国による経済統合は，紆余曲折を経ながらもその統合政策分野を次第に広げ，統合のレベルを深め，構成国を拡大させてきた。冷戦が終焉した後に，このヨーロッパ統合は欧州連合 (EU) として制度的にさらに発展した。2004年5月1日にはついにかつての「東側」諸国として旧共産圏に属していた国を中心とした10カ国がEUに加盟するにいたり，EUはヨーロッパのほぼ全域をカバーする組織となった。

　現在のヨーロッパでは，もはやヨーロッパの国どうしが戦争を遂行することなどだれも想定していない。第2次世界大戦，第1次世界大戦はいうに及ばず，17世紀から20世紀にいたるヨーロッパの歴史は単純化すれば国家間戦争の歴史であったといっても過言ではない。しかし，ヨーロッパの統合は，ドイツとフランスの間の戦争を全く想定不可能なものとした。そればかりではなく，ドイツとフランスとの間の国境は，もはや実質的に存在しておらず，自由往来が可能になっている。国境のもつ意味は完全に変わってしまったのである。

　もちろん，ヨーロッパ内の国家間戦争が想定できないものになったからといって，また，冷戦が終って東側諸国の戦車が，ある日，攻め込んでくるとか，中距離核ミサイルが飛んでくるという恐怖がなくなったからといって，EU域内に住む人々の生活が，安全で安心できる，満足のゆくものになったかといえば，必ずしもそうではないかもしれない。多くのEU構成国は高度な社会保障システムを有しているが，グローバリゼーションの圧力の下で，ヨーロッパだけが高コストの社会保障システムを維持し，経済的な国際競争で優位に立ち続けることはできない。EUの多くの構成国において失業率が高いことは大きな問題であり，社会的不安要因である。また域外から多くの人々が流入してくることに対して，どのように対応し，場合によっては社会的に統合していくかということは多くのEU諸国が抱える問題である。EU域内は相対的に平和で安定した状況にあるとしても，世界にはさまざまな問題が山積している。EU域外の不安定がテロなどの形を通して持ち込まれる強い不安は，「9.11テロ」の後ではとりわけ強く存在している。

　本書は，このように大きな変化の直中にあるヨーロッパについて，2004年5月のEU拡大を契機として，現状を理解し，拡大EUのもつ様々な課題について理解

まえがき

を深めてもらうべく企画された 2004 年度夏学期の東京大学教養学部主題科目（テーマ講義）「拡大 EU の現在」を核としてまとめられたものである。講義の提供主体となった東京大学「ドイツ・ヨーロッパ研究室（DESK＝Deutschland- und Europastudien in Komaba）」は，2000 年 10 月にドイツ学術交流会の財政的な支援によって，東京大学大学院総合文化研究科・教養学部に設置された。教養学部の講義は，多岐にわたるドイツ・ヨーロッパ研究室の研究成果を学部教育に還元することを目的としたものである。講義の実施と本書の執筆にあたり，学内から協力して下さった木畑洋一氏（総合文化研究科），廣田功氏（経済学研究科），中村民雄氏（社会科学研究所），小森田秋夫氏（社会科学研究所），DESK 客員として協力して下さった植田隆子氏（国際基督教大学），上原良子氏（フェリス女学院大学），教養学部非常勤講師として講義を担当して下さった羽場久泥子氏（法政大学），大島美穂氏（津田塾大学），戸澤英典氏（大阪大学），政治経済学の視点から寄稿し本書を補強して下さった鈴木一人氏（筑波大学）の執筆者の皆様には，編者としてこの場をかりて心よりお礼申し上げたい。

本書は 2 部構成となっており，第 1 部「変容する欧州をみる視角」では，EU を全体として俯瞰した場合の現状と課題が，法律，経済，外交・政治などさまざまな方法論から扱われている。第 2 部「拡大 EU と国家」では EU 構成国の視点からヨーロッパ統合の問題がさまざまな方法で扱われている。各章はそれぞれ独立して完結しているので，個別の問題や国に興味をおもちの読者は，それぞれ興味をもたれた章からお読みになって頂きたい。初めて EU の現状に興味をもたれて本書を手に取った読者は最初から通してお読み頂ければ，EU の現状と課題について最低限の知識は獲得して頂けるものと思う。その後，参考文献などをたどってさらに EU について理解を深めて頂きたい。

グローバリゼーションが進展し，情報伝達が容易になったことによってヨーロッパと日本の間では確かに以前よりは現状についての情報も相対的に豊富に入手できるようになってきている。しかし，本当に現代のヨーロッパを理解することは，今日でも実は決して容易ではない。ヨーロッパの国家と EU，政治，経済，社会のシステムは，同じような用語を使って表現されていても，日本やアメリカのシステムとは大きく異なっている。本書の中でも「sui generis」（特異な，唯一無二の）というラテン語が登場するが，現在の EU は間違いなく「sui generis」であり，これまでの歴史の中に存在したことのない存在である。本書を注意深く読んで，ヨーロッパと EU の不思議さに興味をもって，自分でさらに情報を集めたり，考えるきっかけとして頂ければ幸いである。

最後に講義を土台とした本書を出版することを快く引き受けて下さった信山社の皆様，とりわけ編集を担当してくださった有本司氏に，記して心より感謝申し上げる。

2004 年 12 月

編者　森井裕一

目次

まえがき　（森井裕一）

EU加盟と通貨統合の現状（地図）

第1部　変容する欧州をみる視界

第1章　拡大EUの概要——歴史と制度 …………………… 森井裕一　3

はじめに（3）

I　ヨーロッパはなぜ統合をめざしたのか（4）

II　歴史的展開——理念と国益の相克（6）

 1　ECSCからEECの設立まで（7）　2　ド=ゴールとルクセンブルクの合意（9）　3　ハーグ・サミットと統合の再出発（10）　4　域内市場計画（11）　5　EUと「拡大」のための「深化」（13）

III　EUの制度（18）

 1　理事会(the Council)（18）　2　欧州理事会(the European Council)（20）　3　欧州委員会(the Commission)（20）　4　欧州議会(the European Parliament)（21）　5　司法裁判所(the Court of Justice)（22）　6　その他の機関（22）

IV　EUのインパクト（23）

おわりに（24）

【文献案内】（27）

第2章　EU法制度の形成と東方拡大 …………………… 中村民雄　29

はじめに（29）

I　原点：1950～80年代のECの法と制度（29）

 1　共同市場の法的枠組み（30）　2　ECの統治機構の独創性（35）　3　新規加盟国によるアキ受容義務（39）

Ⅱ　転換点：1990 年代の EU 制度の形成 (42)

　　　　　1　列柱構造 (43)　　2　東方拡大と機構問題 (47)

　　　Ⅲ　展望：2000 年代の EU (53)

　　　　　1　欧州憲法条約が描く EU (53)　　2　東方拡大後の課題に対応できる法制度か (58)

　　　おわりに (60)

　　【文献案内】(62)

第3章　拡大 EU の経済的挑戦
　　――経済統合史との関連で ………………………廣田　功　63

　　　はじめに (63)

　　Ⅰ　拡大 EU の特徴 (64)

　　Ⅱ　中東欧から見た拡大 (66)

　　　　　1　中東欧の期待と EU の対応 (66)　　2　加盟の問題点 (70)
　　　　　3　1980 年代の拡大との比較 (73)

　　Ⅲ　旧加盟国から見た拡大 (74)

　　　　　1　拡大の意義 (74)　　2　EU 経済の問題点 (76)

　　Ⅳ　欧州経済地理の変容 (78)

　　　　　1　欧州経済の「多極化」(78)　　2　欧州経済発展の「極」(79)

　　Ⅴ　経済統合史から見た拡大 EU (80)

　　　　　1　欧州統一の意義 (80)　　2　欧州統合の目的 (81)　　3　EU 経済モデルの行方 (81)　　4　「社会的欧州」の将来 (83)　　5　独仏関係とフランスの影響力 (84)

　　【文献案内】(88)

第4章　経済統合の政治的インパクト ………………鈴木一人　89

　　　はじめに (89)

　　Ⅰ　理論的問題 (91)

　　　　　1　新機能主義 (91)　　2　政府間機構主義 (93)　　3　新機能主義と政府間機構主義を超えて (93)

II　ケインズ的福祉国家から新自由主義経済へ （95）

　　　1　ケインズ主義的福祉国家の成立 （95）　2　ケインズ主義的福祉国家の危機 （96）　3　ミッテランの政策転換 （97）　4　単一市場完成への道 （98）

　III　グローバル化する経済と統合 （99）

　　　1　マーストリヒト条約 （100）　2　経済統合と通貨危機 （102）　3　安定成長協定とユーロ導入 （104）　4　東方拡大 （105）

　IV　アメリカへの挑戦？ （107）

　　　1　欧州産業の競争力強化 （107）　2　グローバル化の進展とヨーロッパ・チャンピオン （108）

　おわりに （109）

　【文献案内】 （115）

第5章　拡大EUと欧州安全保障防衛政策（ESDP）……植田隆子　117

　はじめに （117）

　I　ESDPの発展の背景 （118）

　II　実動する危機管理 （121）

　III　国連との協力関係 （126）

　IV　安全保障戦略文書 （127）

　V　欧州近隣諸国政策（ENP） （129）

　VI　ESDPの将来 （131）

　【文献案内】 （135）

第6章　EUの民主的ガヴァナンス……………戸澤英典　137

　はじめに （137）

　I　欧州民主主義の史的展開 （138）

　II　欧州民主主義の実際 （141）

　　　1　欧州議会選挙 （141）　2　欧州議会選挙後の政局 （144）

　III　「民主主義の赤字」再考 （146）

おわりに (147)

【文献案内】 (152)

第 2 部　欧州拡大と国家

第 7 章　ドイツ連邦共和国と EU ……………………………… 森井裕一　155

はじめに (155)

I　ヨーロッパ統合政策の歴史的展開 (158)

 1　アデナウアーの基本路線 (158)　2　東方政策と西側統合 (160)
 3　コール政権のヨーロッパ政策 (162)　4　ドイツ統一と EU の成立 (163)

II　EU とドイツの国内政治 (165)

 1　基本法第 23 条 (165)　2　連邦憲法裁判所判決 (166)　3　「拡大」のための「深化」(167)　4　旧ユーゴスラビア問題と安全保障政策の変容 (169)

III　シュレーダー政権と拡大 EU (170)

 1　シュレーダー政権のヨーロッパ政策 (170)　2　イラク問題と大西洋関係 (173)　3　拡大 EU とドイツ (175)

おわりに (176)

【文献案内】 (181)

第 8 章　フランスのヨーロッパ政策
──イラク危機から拡大，EU 憲法へ ……………… 上原良子　183

はじめに (183)

I　フランスのヨーロッパ統合政策の特質 (184)

 1　国益とヨーロッパ：ヨーロッパにおける「puissance 大国」？ (184)
 2　90 年代：ポスト冷戦体制 (186)

II　イラク危機とフランス外交の展開 (188)

 1　イラク危機をめぐるシラク=ヴィルパン外交 (188)　2　自律と多極化 (189)

Ⅲ　東方拡大をめぐる議論　(191)
　　　　1　拡大をめぐる政治的議論　(191)　2　経済的インパクト：軽微な影響　(194)　3　ヨーロッパの境界とは何か：トルコ加盟問題　(195)
　　Ⅳ　フランスのヨーロッパ戦略：孤立か，パワーか　(196)
　　　　1　「Europe puissance パワーヨーロッパ」の追求　(196)　2　フランスの影響力の拡大への試み　(200)
　　おわりに　(202)
　　【文献案内】　(208)

第9章　イギリスとEU　……………………………… 木畑洋一　209

　　はじめに　(209)
　　Ⅰ　ヨーロッパ統合の開始とイギリス　(210)
　　　　1　チャーチルとベヴィン　(210)　2　シューマン・プランからEECへ　(212)
　　Ⅱ　イギリスのEC加盟　(213)
　　　　1　2度のEEC参加申請とド=ゴールによる拒否　(213)　2　EC加盟と国民投票　(214)
　　Ⅲ　サッチャー政権とメイジャー政権　(214)
　　　　1　サッチャーの対EC姿勢　(214)　2　メイジャー政権とマーストリヒト条約　(216)
　　Ⅳ　ブレア政権のEU政策　(217)
　　　　1　ブレアとEU　(217)　2　ユーロ政策　(219)　3　ヨーロッパ統合の深化・拡大とブレア政権　(220)
　　おわりに　(222)
　　【文献案内】　(224)

第10章　拡大EUと中・東欧，ワイダー・ヨーロッパ
　　——多元的な世界秩序の構築に向けて　…………羽場久浘子　225

　　はじめに：冷戦の終焉と新しい世界秩序の模索　(225)
　　Ⅰ　中・東欧からみたヨーロッパ：西の統合と東の分断　(228)

1　中・東欧の「ヨーロッパ・アイデンティティ」と「ナショナル・アイデンティティ」(228)　2　第2次世界大戦後，「ヨーロッパ」の分断による統合 (229)　3　1950-80年代：繰り返し改革の試み (230)

　II　中・東欧におけるEU・NATOへの加盟の試み (231)

　　　1　「ヨーロッパ回帰」と世界経済・安保への関与 (231)　2　EU・NATOへの加盟展望 (232)

　III　欧州拡大とナショナリズムの成長 (233)

　IV　ヨーロッパ拡大とイラク戦争：「新しいヨーロッパ」とアメリカの影 (235)

　　　1　アメリカに対抗するEUの登場 (235)　2　中・東欧のアメリカ支持 (235)

　V　ヨーロッパの東の境界線とワイダー・ヨーロッパ (237)

　　　1　西ウクライナ問題（西側国境の国すべてが，EUに加盟）(237)　2　ワイダー・ヨーロッパ（広域欧州圏）：EUの世界戦略 (238)

　VI　EU加盟と欧州議会選挙 (239)

　　　1　欧州議会選挙：なぜ市民は政権党を支持しなかったか (239)

　VII　欧州憲法条約草案をめぐる東西の相克 (240)

　おわりに：EU拡大，今後の課題 (244)

　【文献案内】(248)

第11章　ポーランドとEU ………………………………… 小森田秋夫　251

　はじめに――「東方拡大」の鏡としてのポーランド (251)

　I　欧州統合とポーランド (253)

　　　1　世論の動向 (253)　2　「チャンスと脅威」――欧州統合の5つの次元 (255)

　II　加盟交渉から欧州憲法条約まで (260)

　　　1　ポーランドの政治地図とEU加盟問題 (260)　2　加盟交渉 (264)　3　国民投票 (266)　4　欧州憲法条約 (268)

　おわりに――イラク戦争の影 (274)

　【文献案内】(282)

第12章　EUと北欧諸国
――拡大EUにおける小国の役割 ……………………大島美穂　285

はじめに　(285)

I　EUの異端者としての北欧　(286)

II　北欧とEU前史　(288)

III　各国の対EU姿勢　(288)

　　1　デンマーク――EUの"抵抗勢力"(288)　2　フィンランド――EU加盟国初めてのロシアの隣国　(290)　3　スウェーデン――経済的積極性と政治的消極性　(292)　4　ノルウェー――EU非加盟国としての立場　(292)　5　アイスランド――漁業国としてのEU非加盟　(294)

IV　北欧のEUにおける役割　(294)

　　1　フィンランドの危機対応外交――コソヴォ危機とチェチェン危機　(295)　2　スウェーデンとEU拡大問題　(298)　3　ノルウェーのEUへの貢献――供出金問題をめぐって　(300)　4　北欧のEUプロジェクト――ノーザン・ダイメンション政策　(303)

おわりに――EU内の周辺か，パイオニアか　(304)

【文献案内】　(308)

付　録

欧文略語一覧　(311)

EU関連年表　(314)

欧州委員会歴代委員長　(317)

欧州議会の国別・会派別議席数 (2004年12月17日現在)　(318)

事項索引　(319)

人名索引　(323)

執筆者一覧　(325)

EU加盟と通貨統合の状況

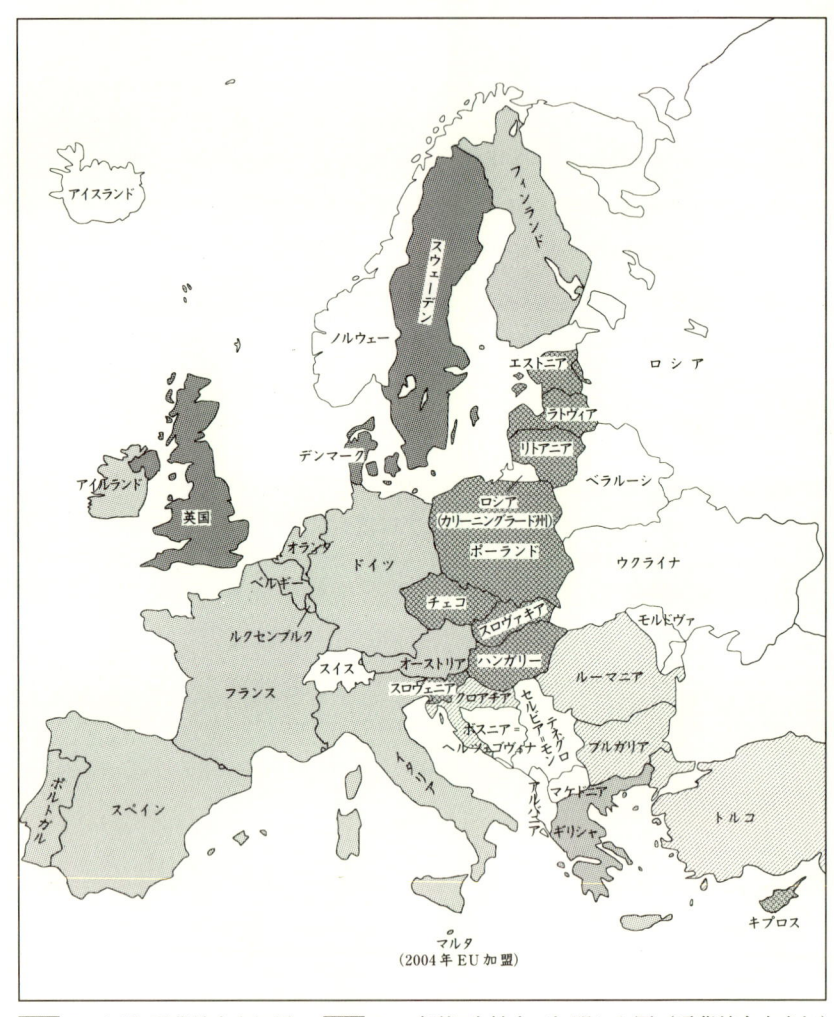

第1部　変容する欧州をみる視界

欧州憲法条約調印の記念写真（2004年10月29日）　ⒸEU, 2005

第1章
拡大EUの概要——歴史と制度

森井裕一

　はじめに
I　ヨーロッパはなぜ統合をめざしたのか
II　統合の歴史的展開——理念と国益の相克
　　1　ECSCからEECの設立まで
　　2　ド゠ゴールとルクセンブルクの合意
　　3　ハーグ・サミットと統合の再出発
　　4　域内市場計画
　　5　EUと「拡大」のための「深化」
III　EUの制度
　　1　理事会（the Council）
　　2　欧州理事会（the European Council）
　　3　欧州委員会（the Commission）
　　4　欧州議会（the European Parliament）
　　5　司法裁判所（the Court of Justice）
　　6　その他の機関
IV　EUのインパクト
　おわりに
【文献案内】

　　　　　　　は　じ　め　に

　2004年5月1日，EUにポーランド，チェコ，スロヴァキア，ハンガリー，スロヴェニア，エストニア，ラトヴィア，リトアニア，マルタ，キプロスの10カ国が加盟した。これによりEU構成国は25カ国となった。EU構成国全体の人口は，約7500万人増加し約4億5000万人となった。人口と面積はそれぞれおよそ20％増加しているが，GDPは，2004年の拡大によってわずか約5％しか増加していない。1人当り所得の平均値は拡大によって減少している。このことは，この拡大によってEUが突如として経済的に強大にはならないこと，それどころか

様々な諸問題を抱え込むことを意味している。

　それでは，なぜEUは新規加盟国を迎え，拡大するのか。この問いに答えるには，そもそもなぜヨーロッパの諸国は統合を選択肢として選んだのかについて考えなければならない。以下では，第1に，国際関係における統合の問題を検討し，なぜ経済統合や政治統合が必要であると考えられるようになったかを考えてみよう。そして，第2に，現在のEUにいたるヨーロッパ統合の歴史的展開を紹介し，その上で，第3に，現状のEU制度の骨子を紹介する。この章で触れられた内容の多くは，第2章以下の個別の問題を扱う各章で議論が展開されているので，第1章で全体像の概略を理解した上で，第2章以下で議論を深めよう。

Ⅰ　ヨーロッパはなぜ統合をめざしたのか

　今日のEUのような形で国家が複数の国家と主権を統合したり，共有したりするということは，国際関係の歴史に例をみないことである。歴史的に類似した事例は，たとえば19世紀半ばのドイツ諸邦が関税同盟などをとおしてドイツ統一へ向かった例などもあるが，国民形成の途上にある地域ではなくて，すでに国際関係の中で確立した大国と認められている諸国を含む国民国家が，軍事的な対立などを一切経ずに，統合をめざし，成功を収めた事例はこれまでにはない[1]。

　国家が主権をもっており，国際社会において主権をもつ国家が平等の権利をもち，国家を超える上位の主体は存在せず，これら国家間の関係が国際関係を構成している，と定式化される国際関係のシステムは17世紀に成立した。この主権とは，対内的には領域内の人々を有効に統治することであり，対外的には，自らより上位の主体の存在を認めないことである[2]，というのが最も一般的な国際関係論における定義である。さらに国家は領域（領土）と官僚制と常備軍という3つの形式的な特徴をもってきた。このような国家から構成される国際関係は，ヨーロッパが中世のカトリック・キリスト教の世界から脱皮し，数多くの宗教戦争と最終的には30年戦争を経て，この戦争を終結させた1648年のウエストファリア条約を契機として成立したとされる[3]。

　もちろん，このような国家主権の考え方は多分に擬制的で，長い間ヨーロッパの大国にのみ現実的には認められる権利であったと考えられるが，20世紀に入るころには地球上すべての地域がこのような主権国家かその植民地となっていた[4]。

　過去350年以上にわたって，この主権国家から構成される国際関係の基本的な特徴は変わっていないが，20世紀に入る前後にいくつかの重要な変化が生じ始め

た。国家の上にいかなる主体も認めない，換言すればアナーキーな（＝無政府状態の）国際関係のシステムにおいては，戦争が最終的な問題解決のための制度として利用されてきた。国際法が存在していたとしても，その解釈を一意的に行い，また判決を執行する機関も存在しない国際関係においては，外交手段が尽きた場合には，軍事力が問題解決手段として利用されていた。しかし，国民国家が発展するにつれて，軍隊は傭兵制から徴兵制が主となり，同時に軍事技術の進歩もあって，戦争が次第に前線において職業軍人同士によって戦われるものから，国民全体を巻き込んだきわめて悲惨なものへと変容していった。この変化を決定づけたのが第1次世界大戦であり，銃前と銃後の区別がなくなったこの戦争においてヨーロッパの住民は甚大な被害を被った。こうして，もはや戦争を国際問題解決の手段としておくことはできなくなり，20世紀に入ると次第に戦争を非制度化するための国際法や，国際連盟に象徴される国際機構の急速な発展，国際法の発達による国際関係の制度化がみられるようになったのである。

第1次世界大戦後には，単なる国際関係の組織化・制度化を超えて，国際関係の構造を根本的に変えることをめざす国際統合のアイディアもしばしば議論されるようになった[5]。ヨーロッパでは統合運動も一時魅力を増したが，それが具体的な成果を生むことはなかった[6]。第1次世界大戦後の平和の再構築は結局失敗であり，第2次世界大戦を引き起こすこととなった。とくにヨーロッパの中においては，ドイツに対する懲罰的な賠償と戦後処理によって，ドイツ経済は破綻し，このことがドイツにおける政治の不安定をまねき，また戦勝国に対する怨嗟を引き起こし，最終的にナチスが台頭する背景となった。第1次世界大戦にもまして悲惨な第2次世界大戦を経て，ヨーロッパの指導者たちは再び戦後処理の過ちを繰り返してはならないと認識していた。

主権国家から構成されるアナーキーな国際関係のシステムを前提とすれば，戦争が発生することは防げない。そのためには国際関係のアナーキーな構造を，何らかの形で克服しなければならない。第2次世界大戦後指導的地位についたヨーロッパの指導者の多くがこのような考え方にいたった。また同時に，第2次世界大戦を引き起こしたのは，民主主義が国粋主義的な独裁者たちによって破壊されたためでもある。国際関係の構造を変えると同時に，国際関係を構成している国家は民主主義にもとづき運営されなければならないことも当然の前提として考えられた[7]。もちろん発足したばかりの国際連合にも大きな期待は寄せられたが，東西対立によってすぐにその希望は打ち砕かれた。

イギリスの元首相チャーチル（Winston Churchill）は，1946年3月にアメリカの

ミズーリ州フルトンで歴史に残る演説を行っている。「バルト海のシュテッティンからアドリア海のトリエステまで大陸を遮断する鉄のカーテンが降ろされている」といういわゆる「鉄のカーテン演説」は，戦後ヨーロッパに対するソ連の脅威と東西ヨーロッパの分断と冷戦状況の出現をきわめて明確に表現している。西ヨーロッパの指導者たちは，第1次世界大戦後のヨーロッパとは大きく異なる環境におかれたヨーロッパ，すなわちアメリカとソ連という2つのヨーロッパとは異質な大国が国際政治舞台の主役となり，アメリカを中心としたいわゆる「西側」陣営とソ連を中心として社会主義国から構成される「東側」陣営とに次第に分断されていくヨーロッパにおいて，新たな秩序を構想しなければならなかったのである。チャーチルはフルトン演説と並んで歴史に残るもうひとつの演説，1946年9月のチューリッヒ大学演説において，ヨーロッパ合衆国の建設を訴え，ヨーロッパ内に新しい秩序を構築することを構想した。この演説は，イギリス自身をヨーロッパの外に置き，大陸ヨーロッパが合衆国を建設して恒久的な平和秩序を打ち立てるべきであるとのアイディアを示したものであったが，第2次世界大戦によって精神的にも物理的にもうちひしがれたヨーロッパの多くの指導者に大きな影響を与えた。チャーチルのヨーロッパ合衆国構想は，ヨーロッパの統合運動のひとつの頂点であった1948年5月のハーグ会議と1949年5月の欧州審議会（Council of Europe）の設立につながった[8]。しかし欧州審議会の設立交渉では，イギリスを始めスカンディナヴィア諸国も組織に強い権限を与えて，統合を行うことに反対したため，この統合の試みは成功しなかった[9]。

　こうして，イギリスを含めた形でのヨーロッパ統合は困難であることが認識され，同時に，米ソ対立が厳しくなって戦後ヨーロッパ秩序形成をめぐる協力ももはや望めないものとなると，新しいアイディアが必要となった。1949年5月に分断国家として成立した西ドイツ（ドイツ連邦共和国）をヨーロッパの秩序の中に組み込みながら，独仏を中心とした真の和解を達成し，安定した秩序を回復し，西ヨーロッパ諸国が力を合わせることによって，アメリカとソ連の対立の狭間に埋没しないヨーロッパを再構築するためには，やはり統合という方法が不可欠であると考えられたのであった。

II　歴史的展開——理念と国益の相克

　次にヨーロッパ統合の歴史的展開を概観していこう。

1 ECSC から EEC の設立まで

今日の EU に直結するヨーロッパ統合のイニシアティブは 1950 年 5 月 9 日に発表されたシューマン・プランである。フランスの外相シューマン（Robert Schuman）は，その基本的なアイディアを提示したモネ（Jean Monnet）とともに，独仏和解を基盤としたヨーロッパ統合のプランを石炭と鉄鋼分野の経済統合に焦点を定めて提示した。経済活動に不可欠なエネルギーであった石炭を産出するアルザスやロレーヌ地方[10]，さらにルール地方は，ドイツとフランスの国境沿いに位置し，長年にわたって戦争のひとつの要因となっていた。この産業分野をヨーロッパで統合し，共同管理が可能になれば，戦争の要因を構造的に取り払うことが可能であると考えられたのであった。

提案を行ったシューマン仏外相，提案を喜んで受け入れたドイツのアデナウアー（Konrad Adenauer）首相，さらに提案に賛成して交渉に加わったイタリア，ベルギー，オランダ，ルクセンブルクの 6 カ国指導者たちの多くは，19 世紀末の生まれであり，第 1 次世界大戦と第 2 次世界大戦を経験し，迫害を逃れ度重なる生命の危機を乗り越えてきた政治家たちであった。政治信条や党派を超えて，彼らはシューマン・プランを 1951 年 4 月に署名された欧州石炭鉄鋼共同体条約（ECSC 条約＝パリ条約）に具体化した[11]。

シューマン・プランが発表されてまもなく，ヨーロッパは朝鮮戦争の衝撃を受けた。1950 年 6 月に勃発した朝鮮戦争は，欧州でも冷戦が軍事的な衝突にいたる可能性があることを如実に示し，東側からの脅威を強く認識させた。これに対処するには，直接に東側と国境を接し，大きな人口を有するドイツの力をヨーロッパの枠組みの中に組み込んだ上で利用することが最も有効であると考えられた。フランス首相プレヴァン（René Pleven）は 1950 年 10 月に欧州防衛共同体構想（EDC）を発表した。フランスではなおドイツ脅威論が比較的に強く，アメリカが求めるようなドイツ再軍備を容易に受け入れられる雰囲気ではなかった。このためヨーロッパ軍を構築し，その中にドイツを再軍備させ，ドイツ人部隊を組み込むというアイディアが提案されたのであった。国家主権の根幹にふれる軍隊という問題を，戦後まだ 5 年しかたっていない時点で，防衛共同体構想という新しい形で議論することは，どの国でも大きな論争となった。ドイツは再軍備と外交主権の回復をリンクして，対等のパートナーとして国際社会に完全復帰することを求め，フランスはドイツをヨーロッパの枠内に封じ込めながら，いかに指導的な立場を確保できるかについて議論をたたかわせた。フランスを除く ECSC 5 カ国はこの欧州防衛共同体条約を批准したが，朝鮮戦争の沈静化やスターリンの死去

などによって国際環境の緊張が弛緩したこともあって，フランスは最終的に1954年8月に議会でEDC条約を否決し，防衛共同体の構想も同時に進行していた欧州政治共同体（EPC）の構想も葬り去られることになったのであった。これを受けて，ドイツは1954年10月のパリ条約で北大西洋条約機構（NATO）に加盟し，外交主権を回復した[12]。このようなNATOによるドイツ再軍備の解決策は，アメリカというヨーロッパ外の超大国に依存して伝統的な軍事同盟を利用するものであった。

　EDCの失敗は，政治や防衛という国家主権の根幹部分の統合がいかに困難であるかを示していた。ECSC諸国の指導者はしかし，EDCの失敗によって統合を諦めることなく，別のアプローチを指向した。一気に政治統合を進めるのではなく，個別機能的な経済分野の統合を進め，統合を進展させていこうというアプローチである。1955年6月にイタリア南部シチリア島のメッシナで開催されたECSC外相会議でベルギー，オランダ，ルクセンブルクの3国はベネルクス共同提案としてエネルギー，運輸，共同市場という経済統合の案を提示した。この提案を受けてベルギーのスパーク（Paul-Henri Spaak）外相が中心となり，共同市場と原子力共同体を設立することをまとめたスパーク報告が提出され，1957年3月25日にローマで調印された欧州経済共同体（EEC）条約，欧州原子力共同体（Euratom）条約に結実した。このいわゆるローマ条約は1958年1月に発効し，今日のEUの最も重要な核となっている共同市場実現の歩みが始まったのであった。

　EECが規定した共同市場とは，資本・労働力などの経済的生産要素の移動制限を撤廃し，国境のない自由な経済活動を実現しようとするものである。これは単にモノの輸出入に関税をかけない自由貿易地域や，自由貿易地域に加えて第三国との間の共通関税を定める関税同盟などよりも，さらにつよく経済統合を推進するものである。EEC条約は3段階，12年間の移行期間を設け，この期間の間に関税同盟を実現し，その後共同市場を実現することを規定していた。

　フランス，ドイツ，イタリア，オランダ，ベルギー，ルクセンブルクのECSC諸国がEECを設立した時点でイギリスは参加せず，EECに参加しなかった7カ国で1960年5月に欧州自由貿易連合（EFTA）を形成した。EFTAはゆるい経済的結合をめざす自由貿易地域にすぎず，より本格的な共同市場の構築，経済統合をめざすEECとは違った性格をもつものであった。EFTAに加盟したのはイギリス，デンマーク，スウェーデン，ノルウェー，ポルトガル，オーストリア，スイスであった。イギリスはこの時点でなお大陸ヨーロッパとの経済的な統合よりも，コモンウェルスとの結びつきを重視し，その障害にならない自由貿易協定を選ん

だのであった。

2 ド=ゴールとルクセンブルクの合意

　アルジェリアというきわめて関係の深い植民地の独立問題から政治が混乱したフランスは，新しい指導者として，かつての英雄ド=ゴール（Charles de Gaulle）を再び迎えた。ド=ゴールの目標は，フランスという国家の栄光を取り戻すことであり，ヨーロッパ経済統合もその目標と合致する限りにおいては，肯定されるものであった。しかし，基本的にはヨーロッパ統合の基盤は国家であり，EEC諸機関がその権限を強化していくことには強い抵抗があった。ド=ゴールは同じ世代に属するアデナウアー独首相とはすぐに親しい関係を築き，独仏関係がEUの中核となる基礎を築いた。

　フランス人外交官フーシェ（Christian Fouchet）が中心となって作成し1961年11月に提示された政治同盟のためのいわゆるフーシェ案は，ド=ゴールの将来構想に基づき，定期的に開催される首脳会と外相会議を中心とした政治同盟の構築を主眼としていた。このアイディアは，アデナウアーの賛成を得たものの，大国，すなわちはドゴールのフランス主導のヨーロッパになることを懸念したオランダをはじめとする小国の反対で挫折した。独仏両国はEECレベルでの合意がとれなかったため，2国間で類似の性格を持った独仏協力条約を締結した。

　ド=ゴールはEECの発展にきわめて大きな影響を与えた。第1に，ハルシュタイン（Walter Hallstein）EEC委員会の提示したEECの独自財源導入を主眼とした提案を拒否し，他の5カ国の賛成が得られなかったために，1965年7月から1966年1月までEECの活動から欠席したことがあげられる。このフランスの「空席政策」問題を収束させるために1966年1月にルクセンブルクで開催された理事会は，いわゆる「ルクセンブルクの妥協」として知られる解決策をとった。これは，ある構成国がその国にとって「死活的に重要な利益」であるとした問題については，多数決による裁決をとらない，つまりはある1カ国が強く主張すれば，その国に拒否権が与えられる，という妥協である。死活的に重要な利益が何かについて客観的な基準などは存在しないので，EEC構成国のいずれかがこの政治的妥協を持ち出すと，その時点でEECの合意は不可能になってしまったのである。このEEC条約の規定，とりわけ多数決による立法の迅速化を実質的に無効化してしまう政治的妥協は，その後長い間重要な意味を持ち続け，共通政策の形成と統合の進展に多大な悪影響を与えたのであった。

　第2に，経済統合の枠外に位置していたイギリスのEEC加盟を拒否したこと

があげられる。イギリスは EFTA 発足後まもなく，その認識を変え，1961 年 8 月に EEC への加盟を申請したが，この申請はド=ゴールの拒否によって認められなかった。ド=ゴールはとくにイギリスとアメリカの特別な関係，とくに政治的な紐帯に批判的であり，イギリスが EEC に入ることによって，アメリカの影響力がイギリスを経由して EEC に及ぶことを拒否したのであった。

フランスの反対によって，1960 年代の EEC の経済統合は停滞したが，成果が着実にあがっている分野も存在した。それは関税同盟の設立である。EEC は計画よりも早く，1968 年 7 月には対外共通関税の導入に成功したのであった。また 1967 年には，ECSC, EEC, Euratom の 3 共同体の諸機関を統合してひとつの機関を作る融合条約が発効し，3 共同体が EC としてまとめられたのであった[13]。

3 ハーグ・サミットと統合の再出発

1969 年 4 月に上院改革や地方制度改革をめぐる国民投票に破れたド=ゴール大統領辞任の後，12 月にハーグで統合の再出発へ向けて EC 首脳会議が開催された。これは EEC 設立から 12 年，移行期間の終了を目前として，次の目標を設定するための会議でもあった。ハーグ首脳会議では，イギリスを始めとした加盟希望国との加盟交渉を開始すること，共通農業政策に代表される共同市場を完成させること，これはすなわち共通政策のための EC 固有財源を導入すること，新たな政策分野，経済通貨同盟，政治協力などの導入により統合を深化させること，という「拡大，完成，深化」がキーワードとして掲げられた。ハーグ首脳会議が打ち出した統合の再出発に向けたさまざまなイニシアティブは，その後の統合の展開に重要な意味を持つものであった。

ハーグ・サミットの最も重要な課題であった拡大問題では，予算分担率問題やイギリス国内でも労働党の反対などさまざまな困難があったが，1972 年には加盟条約が調印され，1973 年 1 月からイギリス，アイルランド，デンマークが EC に加盟し[14]，EC は 6 カ国から 9 カ国へと拡大した。

この EC の北への拡大とならんで，1970 年代には今日の EU につながるいくつかの重要な展開があった。第 1 は，欧州政治協力（EPC）の始まりである。ハーグ首脳会議を受けて 1970 年 10 月に提出されたルクセンブルク報告は「ひとつの声のヨーロッパ」という EC 諸国が対外的に調整のとれた，まとまった外交政策をとることをめざすことを求めていた。EPC は経済統合のような統合をめざすものではなく，あくまでも政府間の意見交換・調整による政策協調，外交政策面での協力をめざすものにすぎなかった。しかし EDC の失敗以来避けて通られてきた外交

政策面での協力が再び開始されたことは重要である。第2は，EPCの発展とも密接に関連するが，ECの首脳会議，欧州理事会が制度化されたことである。首脳会議が制度化されて定期的に開催されることになったため，ECの政策の方向性がより明確に打ち出せるようになった。第3は，経済通貨同盟へ向けた通貨面の制度作りが行われたことである。1970年のウェルナー（Pierre Werner）報告は，10年間で経済通貨同盟を実現することを提案していた。この構想そのものは，1971年春のマルク高騰とその後のヨーロッパ諸国の通貨政策の分裂，金ドル兌換制の終焉による国際通貨体制の動揺などによって，実現しなかった。しかし，その後の石油危機前後のさまざまな通貨制度の試みと失敗は，1979年3月に実現した欧州通貨制度（EMS）へと結実していったのであった。第4は，1979年に実現した欧州議会の直接選挙である。EC構成国の国会議員の中から間接選挙で選出されていた議員が，市民から直接選挙によって選ばれるようになり，政治的な正当性を強めた。その結果，欧州議会は1980年代のEC制度改革のひとつの力となり，次第に権限を拡大していくこととなったのであった。

以上のような1970年代のECの発展はしかし，EC機関の活躍によるものではなく，EC構成国のイニシアティブによるものである。欧州理事会，EMS，欧州議会の直接選挙の実現はいずれも，ジスカール=デスタン（Valéry Giscard d'Estaing）仏大統領とシュミット（Helmut Schmidt）独首相のリーダーシップによるものである。この両者の緊密な協力はド=ゴール・アデナウアー時代とは違ったスタイルであったが，独仏協調がECの制度的発展のためには不可欠であることを示すものでもあった。

4 域内市場計画

1970年代のECには制度的な発展がたしかにみられた。しかし，石油危機とその後のインフレに打ちひしがれ，失業率の増加に悩まされるEC諸国の経済は，完全に疲弊していた。高福祉で知られたヨーロッパは，高福祉ゆえに働く意欲を失わせ，企業はアメリカや日本との国際競争力を失っていった。ヨーロッパは経済的にはかつての輝きを失い，ユーロ・ペシミズムやヨーロッパ硬化症（Eurosclerosis）といったネガティヴなイメージばかりが先行していた。もっとも，政治的に見れば，1970年代にはスペインとポルトガルが民主化しECへの加盟が議論されていたし，またそれ以前に民主化したギリシャは1981年にECに加盟した。こうして西ヨーロッパ周辺の民主化が進み，一層安定した政治環境が生まれつつあったことなど，明るい側面もあった。

しかし，経済的な繁栄なくしてはヨーロッパの国際的な地位は低下するばかりである。この問題に取り組んだのが1985年1月に発足したドロール（Jacque Delors）委員会であった。ドロール委員長は就任するとすぐに共同体委員の任期2期以内，つまり1992年末までに，国境のないヨーロッパ市場を完成させることを目標として打ち出した。しかし，この域内市場計画を実現するためには，1966年のルクセンブルクの妥協以来，機能不全に陥っていたEC閣僚理事会における多数決投票システムを復活させることが不可欠であった。1992年末までという目標を設定しても，これまでのように構成国が些細な問題でも拒否権を行使していたのでは，短期間に域内市場完成させるための多数の立法を閣僚理事会で行うことは不可能である。幸いなことに，1979年の欧州議会選挙以来，ヨーロッパ議会ではECの制度改革が重要なテーマとして議論され，構成国のレベルでも1983年のシュトゥットガルトにおける厳粛な宣言や1984年のフォンテンブロー欧州理事会によって設置され，1985年3月に提出された制度問題審議のためのドゥーグ（James Dooge）委員会報告を受けて，ECの制度改革の機運は高まっていた。また1980年代に入ると，構成国の制度改革の必要性についての認識が次第に収斂し，域内市場の必要性認識も同様に収斂していったのであった。その背景には多くの構成国の経済政策が収斂していったことがある。さらに産業界の代表者たちもこの時期には盛んに市場統合を求めるようになっていた。

　1985年6月，ミラノで歴史的な欧州理事会が開催された。共同体委員会はこの首脳会議にあわせて域内市場白書[15]を提出した。この域内市場白書は，ローマ条約の規定した域内市場が完全にできあがっておらず，EC構成国間にさまざまな意味での国境障壁が存在しているコスト（非ヨーロッパのコスト）を除去すれば，EC構成国の経済がひとつの巨大な市場として機能するようになり，経済が成長できるとするものであった。域内市場白書は，それまでになぜ国境のないヨーロッパ経済を構築できなかったかを分析し，1992年末日までという時間的な目標を設定した上で，域内市場構築のために，具体的にどのような障壁を除去する必要があるかを示していた。これらの障壁は主に3つのカテゴリーに分類された。第1は，物理的障壁であり，これはEC国間の国境に税関検査などが存在することにより，国境を越えた輸送などに時間とコストがかかることを意味していた。第2は技術的障壁であり，各国の工業製品を始めとしたさまざまな製品の規格の違いなどから，輸出入が困難になることを意味していた。第3は租税障壁であり，構成国間の税制の違いが域内市場完成の障害になっていることを意味していた。域内市場白書はこれらの障壁を個別具体的なEC立法によって除去することによっ

て，ヒト，モノ，カネ，サービスの国境を越えた自由な移動が保証される EC 域内市場を完成することを提案した。

ミラノの欧州理事会は EC 条約改正のための政府間会議 (IGC) の開催を決定した。9月9日から開催された政府間会議は，域内市場の完成と政策決定方式の変更，すなわち閣僚理事会における多数決制の拡大を中心として，EEC 設立以来最大の制度改革を議論した。交渉は政策分野の拡大など多岐にわたったために困難なものとなったが1985年12月の欧州理事会と外相会議を経て合意が形成され，1986年2月に単一欧州議定書が採択されたのであった。単一欧州議定書は，EC の政策決定改革，域内市場の完成，政策分野の拡大，EPC の明文規定化など非常に多岐にわたる改革を規定したもので，EEC 発足以来最大の条約改正となったのであった[16]。

域内市場計画の議論が進んでいた同じ時期に，EC はスペインとポルトガルとの加盟交渉を進めていた。EC は国内経済に占める農業の比重が高く，地域開発に配慮しなければならない両国への対応とそのために自国への予算が減少することを懸念する地中海諸国への対策，統合地中海プログラムも議論していた。こうして1986年1月からスペインとポルトガルは EC に加盟し，南への拡大が遂げられ，西ヨーロッパのほぼ全域をカバーする12カ国の EC となった。

5 EU と「拡大」のための「深化」

(1) EU の設立

単一欧州議定書が合意されても，長年にわたるユーロ・ペシミズムと EC 財政の悪化などの問題からすぐに脱却できたわけではないが，変化は1987年末ころから徐々に始まった。ドロール委員会は EC 財政を中期的に安定化させるドロール・パッケージと呼ばれた財政計画を提示し，財政負担を主として引き受けるドイツの譲歩もあって，域内市場を達成するまでの期間，EC は日常的財政問題などから解放されることになった。また市場統合の経済的影響を予測したチェッキーニ報告が，わかりやすい形でヨーロッパ市場のインパクトを提示したこともあって，EC は経済的に明るい展望が開けていった[17]。折しもソ連ではゴルバチョフ (Mikhail Gorbachev) が主導したペレストロイカによる国内改革が始まり，ヨーロッパに配備された中距離核ミサイルの撤廃が合意されるなど，政治的にも明るい兆しが見え始めたのであった。

域内市場計画が軌道にのると，ドロール委員会は次の経済統合のステップ，すなわち経済通貨同盟による通貨統合を展望し始めた。しかし，通貨統合に関する

ドロール報告書が提出された時期には、だれしも予想しなかった大きな変化が始まりはじめていた。冷戦の終焉であった。

1989年5月ハンガリーとオーストリア国境間の高電圧鉄条網が撤去されはじめ、8月の「ヨーロッパ・ピクニック計画」で空いた鉄の国境の穴から多くの東ドイツ市民が西側に脱出した。その後東ドイツ市民はハンガリー、チェコスロヴァキアなど次第に自由化と体制移行を始めた国々を経由して西側に脱出した。11月9日夜、東ドイツ政府は国境を実質的に開放した(「ベルリンの壁崩壊」)。1989年の夏から冬にかけての東ヨーロッパ諸国における民主化とその後のソ連の解体・分裂は、東西ヨーロッパに分断されたヨーロッパが再びひとつのヨーロッパとなることを可能にしたのであった。

この過程で問題となったのは、ヨーロッパの中心にある東西ドイツをいかに新しいヨーロッパ秩序の中に位置づけるか、全ヨーロッパ的な安全保障の枠組みをどう構築するか、ということであった。ドイツについては、東ドイツ国民が早期に西ドイツへの加入を民主的な選挙で選択し、アメリカ、ソ連、イギリス、フランスもこれを承認したため、1990年10月3日に統一が達成された。旧東ドイツ地区はこの時からECとNATOの領域内に入ったのであった。人口約1700万人の東ドイツがECに入ったことは通常ECの拡大としては扱われないが、ECの地域開発政策の対象となる産業基盤の弱い地域が1990年にECに加わったことは、旧東ドイツ地域がドイツ経済全体への大きな負担となったことを考えるとき、忘れることのできないポイントである。

ドイツ統一と冷戦後のヨーロッパの秩序に対応すべく、短期間の交渉でヨーロッパ連合(EU)条約(Treaty on European Union)がまとめられた。条約はドロール報告以来具体化しつつあった経済通貨同盟へ向けた動きと冷戦終焉という新しい環境に対応すべく加えられた政治同盟に関する動きを最終的にEUというひとつの屋根の下にまとめるものとなり、1992年2月オランダのマーストリヒトにおいて調印された。マーストリヒト条約と呼ばれることの多いこのEU条約は、EUという大きな屋根の下に、3つの柱を持っている。第1の柱は従来から存在している経済統合のECが構成している。第2の柱は共通外交安全保障政策(CFSP: Common Foreign and Security Policy)の柱で、従来のEPCを制度的に発展させて組み込んだものである。第3の柱は、司法内務協力(JHA: Justice and Home Affairs)で、難民政策、移民政策、司法協力、警察協力などを規定していた。EUが3本柱の構造をとった、もしくは取らざるを得なかったのは、共同体委員会や裁判所、議会などのEC諸機関に強い権限が与えられ、超国家的な政策が遂行され

ることもあるECの政策領域に関する規定と，あくまでも構成国の政府間協力を強化する必要のある政策領域を分けなければならなかったからである[18]。外交や警察という国家主権の根幹に触れる政策領域を，統合への圧力がかかるECの柱に組み込むにはまだ抵抗が強かったのであった。

　EU条約はさらに，共同決定手続という閣僚理事会とヨーロッパ議会の権限を実質的にほぼ同じにする新しい政策決定手続を導入したり，多数決の使える政策領域をさらに拡大したりした。さらにエネルギー政策やトランス・ヨーロピアン・ネットワークと称される運輸・通信網の整備など，いくつかの新しい政策領域もECの政策領域として加えられた。しかし，EU条約の最も重要な規定は，経済通貨同盟であるといってよいであろう。EU条約は経済通貨同盟の実現，すなわち単一通貨の導入を遅くとも1999年からと規定した。ヨーロッパ内で最も安定した強い通貨であったドイツマルクに相当する安定した単一通貨を導入するために，それぞれの構成国の経済を収斂させるための国家財政，インフレ率，金利，為替変動などについての厳しい基準，いわゆるマーストリヒト基準が規定されたのであった。

　EU条約はまた，ヨーロッパの統合を進めるにあたって，EUの行政機関ばかりが強力になるのではなく，市民に身近なEUが実現することをめざした。たとえば構成国の地域の代表が参加する地域委員会（Committee of the Regions）や市民のEU行政に対する苦情を直接に処理するオンブズマンの設置などがあげられる。さらに，補完性原則（Principle of Subsidiarity）が規定され，国家や地方の権限が無制限にEUに移されないように，市民に身近なもっとも政策効果の上がる行政レベルで問題が対処されるべきであるという原則なども導入されたのであった。これらはすべて，域内市場完成の途上でEUに権限があまりにも集中し，非効率なブリュッセルの官僚主義にヨーロッパが縛られたり，EUが市民の意見が届かないような政治システムになってしまったりするという市民の懸念に対して配慮したものであった。

　しかし，EU条約は批准の過程で市民から冷たい反応を受けることとなった。1992年6月のデンマークの国民投票はEU条約の批准を僅差ではあったが否決した。EU条約はすべての構成国が批准しなければ発効しないため，欧州理事会は12月のエジンバラ理事会でデンマークに対して特定の政策領域に参加しない権利「オプト・アウト」を認めることなどによって，市民の反対をなだめようとした。結局1993年5月に実施されたデンマークの国民投票がEU条約の批准を認めたために，EU条約は1993年11月に発効した。

(2) コペンハーゲン基準

EU 条約の交渉過程から，すでに次の EU の拡大が議論されていた。オーストリアは 1955 年に冷戦環境の下で独立を回復した時点で，いわば独立と引き替えに中立が義務づけられていたが，東ヨーロッパの変化が明らかになった 1989 年 7 月に EC に加盟申請を行った。北欧のスウェーデンは 1991 年 7 月，フィンランドは 1992 年 3 月，ノルウェーは 1992 年 11 月に加盟申請を行った[19]。すでに 1973 年の加盟を国民投票で否決していたノルウェーについては加盟に何ら問題はなく，歴史的中立国であるスウェーデンと隣国ソ連への外交的配慮から政治体制と経済は西側世界に属しながらも西側の同盟に属していなかったフィンランドは冷戦の終焉，ソ連の崩壊によって，もはや経済統合に加盟できない理由はなくなっていたのであった[20]。これら諸国は，再びノルウェーは国民投票で EU 加盟を否決したが，1995 年 1 月から EU に加盟し，EU は 15 カ国体制となった。

体制移行を遂げた中東欧諸国は，早期の EU との関係構築，加盟をめざし始めた。その前提として EU は中東欧諸国と「欧州協定」と称した連合協定を結び，EU と中東欧諸国の市場を緊密に結びつける制度を構築し，将来の加盟への準備を開始した。EU は 1993 年 6 月のコペンハーゲン理事会で加盟条件を提示した。コペンハーゲン基準として知られるこの条件とは，第 1 に，民主主義，法の支配，人権と少数者の権利保護が達成されていること，第 2 に，機能する市場経済が実現して，EU 内での競争に対応できること，第 3 に，EU 構成国としての義務を負う能力を有すること，の 3 点であった。これを受けて，1994 年 3 月に加盟申請をしたハンガリーを先頭に，引き続きポーランド，ルーマニア，スロヴァキア，ラトヴィア，エストニア，リトアニア，ブルガリア，チェコ，スロヴェニアが加盟申請を行った。

EU は当初条件のより整ったポーランド，チェコ，ハンガリー，エストニア，スロヴェニアとキプロスとの加盟交渉を 1998 年 3 月から開始した。その後 EU はラトヴィア，リトアニア，スロヴァキア，ルーマニア，ブルガリア，マルタとの交渉を 2000 年 2 月から開始した。結局 EU のこれまでに築いてきた法的合意の全てであるアキ・コミュノテール（acquis communautaire）を受け入れられるかどうか，法的なチェックが進められ，2002 年 12 月のコペンハーゲン理事会は，条件が整えられなかったルーマニアとブルガリアをのぞく 10 カ国の加盟を決定した。この結果 2004 年 5 月の EU 拡大が実現したのであった。

(3) アムステルダム条約とニース条約

EU条約の交渉過程からすでに，EU条約が採択されても中長期的にはEU条約の規定が十分ではないことは明らかであった。たしかに，EU条約の中でも重要な経済通貨同盟に関する規定は完結していた。1997年6月に安定成長協定というマーストリヒト基準を経済通貨同盟発足後も守らせる協定が追加的に結ばれたが，単一通貨ユーロは条約の規定どおり1999年1月から銀行などコンピューター上の決済通貨としてドイツ，フランス，イタリア，スペイン，ポルトガル，アイルランド，オーストリア，フィンランド，ベルギー，オランダ，ルクセンブルクで現実のものとなり[21]，2002年1月からは現金通貨としても流通している。

しかしEU条約は冷戦終焉後短期間にまとめられたので，大きく構成国が拡大していく状況には制度的には十分対応できないものであった。そのため1996年にはEU条約に規定されていたとおり政府間会議が開催され，1997年10月にアムステルダム条約として調印され，1999年5月に発効した[22]。アムステルダム条約はEU拡大の前提として，自由，安全，公正をキーワードとするEUをめざすなど，一層市民の要望に応える社会の実現をめざした。そのためにたとえば司法・内務協力と呼ばれた第3の柱の主要な政策領域である内務関係の政策が第1のECの柱に移され共通政策化された。この結果第3の柱は警察・司法協力（PJCC）となった。また失業にあえぐヨーロッパにとって重要な雇用政策がECの政策として加えられてもいる。また，柔軟性原則や緊密化協力といった制度の導入により，一部に統合のスピードについてこられない国があっても，全体として前に進めることを可能にすることが可能となった。このようなアムステルダム条約の改正では，しかし，EU拡大の前提として不可欠なEU機関の構成，つまり閣僚理事会における票配分，欧州委員会委員の数，欧州議会の議席配分の変更などという重要な問題の解決は先送りされてしまった。

アムステルダム条約の合意と前後して，1997年7月に欧州委員会は「アジェンダ2000」という報告書を提出した。これはEU拡大の具体的諸問題を検討し，拡大を前提としたEUの改革（拡大にともなって負担増が予想された農業政策，地域開発政策の改革など）とこれに対応した2000年から2006年までの中期財政枠組みを提案していた。この改革提案は1999年3月のベルリン欧州理事会で合意され，拡大へ向けた政策的・財政的な前提が整えられたのであった。

アムステルダム条約で積み残されたEUの制度改革問題は2001年2月に署名され，2003年2月に発効したニース条約で規定された。ニース条約はもはや目前にせまったEU拡大に制度的な対応をする最後の機会であった。2004年現在，ニ

ース条約によって行われた改正がEUの現行規定となっている。以下ではその内容を検討しながら、現在のEUの基本的な制度をみていこう。

III EUの制度

EUの制度統計の基本的な考え方は、国家の代表と共通政策を実現するヨーロッパ・レベルの統合機関とのバランスをどのようにとり、有効に政策を実現するかということにある。時代とともにEUの政策領域は拡大し、共通政策への要求も高まってきた。また初期にはほとんど形式的な意味しか与えられていなかった欧州議会は、民主的な正当性を与えられ、立法過程や欧州委員会人事で重要な役割を果たすようになってきた。EC裁判所は独立した機関でありながら、統合の推進役として非常に大きな役割を果たしてきた。これら諸機関を簡潔に紹介していこう（制度の概要を超えた具体的な議論は第2章を参照のこと）。

1 理事会 (the Council)

EUを構成する国家の代表が参加する理事会（閣僚理事会）は欧州委員会、欧州議会とならんでEUの中核的な立法機関である。EUのうち、第1の柱に属するECの共通政策領域では、欧州委員会が法律案を作成し、理事会が欧州議会と共同で決定する。今日では欧州議会と共同で決定する政策領域が大きくなったが、歴史的にみると長い間にわたって欧州委員会提案を実質的に審議し、最終決定する機関はこの理事会のみであった。今日でもEUの第2、第3の政府間協力の枠組みが用いられる共通外交安全保障政策や警察・司法協力の分野では、理事会が最も重要な決定機関である。立法の他に、理事会は構成国の経済政策の協調をはかったり、CFSPの政策を実施したりするなどさまざまな重要な任務を負っている。

理事会は構成国政府をそれぞれ代表する閣僚1名ずつで構成される[23]。2004年の拡大によってEUは25カ国体制となったので理事会には25名の閣僚が参加している。この理事会は、外相が参加する場合には外相理事会（一般理事会）、農業問題が審議される場合には農相理事会、経済問題などが審議される時には経済財務理事会というように、政策領域ごとに理事会が開催される。現在は9つの理事会が設定されている。

理事会は、各国がブリュッセルにおいている常駐代表から構成される常駐代表委員会（COREPER）で実質的な審議を行ったうえで、最終的な決定を行う場である。理事会においては、すべての構成国が賛成することを必要とする全会一致、

単に構成国の数のみで決定される単純多数決,構成国の大きさに概ね応じて票配分がなされている特定多数決 (Qualified Majority Vote: QMV) が利用される。複雑な投票方法であるが,とくに重要なのはこの特定多数決である。古典的な外交の場ではすべての構成国が平等であるという建前から1国は1票を持ち,しかも全会一致の原則が取られる。しかし実際には国には人口や経済力などさまざまな点で大小があり,20世紀の国際機関ではさまざまな特殊な多数決方式がとられてきた。EUの特定多数決は,国の人口におおよそ対応して票配分がなされてきた。現在のニース条約による規定では,さらに賛成票数が一定数 (72.3%=232票) を超えることに加えて,賛成する加盟国の数(欧州委員会の提案にもとづくか否かによって過半数ないし3分の2以上)と,さらに要請のある場合には,その背後にある加盟国の人口が全体の人口の62%を超えることを要件としている。構成国の大きさによって配分された票数,構成国数,人口という要素を組み合わせることによって,できうる限り民主的な決定をめざしているものであるが,EU構成国はそれぞれ自国の影響力が大きくなることを望むので,欧州憲法条約の採択にあたってもニース条約の規定からの変更が最も紛糾した問題となった。

　特定多数決はたしかに構成国間の意見の違いを乗り越えて効率的に採決を行うために重要な制度であるが,実際の理事会決定は,EU条約が特定多数決を規定している政策領域でも必ずしも多数決がとられるわけではない。現実には構成国は常駐代表のレベルで前もって綿密な協議を行い,可能な限りすべての構成国間でコンセンサスを得られるように協議するのである。EUのように常に多数の政策課題が存在していて,どの国もいずれかの分野で常に譲歩したり妥協したりしなければならない構造になっている組織においては,円滑な運営には可能な限りすべての構成国が賛成する形での採択が望ましいのである。

　理事会の活動においてもうひとつ重要なのは,議長国 (Presidency) 制度である。理事会では1年を前半 (1-6月) と後半 (7-12月) の6カ月ごとの2期に分け,それぞれに議長国を決めている。たとえば,2004年後半の議長国はオランダ,2005年前半はルクセンブルク,後半はイギリス,2006年前半はオーストリア,後半はフィンランドである。理事会では議長国が中心となって議題設定や議事進行などを行うために,どのような日程とスピードで政策目的に順序をつけて進行するかなど,大きな権限をもつことになる。このような輪番による議長国制度は,すべての国に議事進行などの役割が分担されるため,特定の国のみが大きな影響力をもつことを避けることができるが,同時に政策の継続性などの点で問題がある。なお理事会には事務局が設置されており,議長国とともに実務的な運営を行って

表1-1 理事会における票配分

票数（合計321票）	国
29	ドイツ，フランス，イタリア，イギリス
27	スペイン，ポーランド
13	オランダ
12	ベルギー，チェコ，ギリシャ，ハンガリー，ポルトガル
10	オーストリア，スウェーデン
7	デンマーク，アイルランド，リトアニア，スロヴァキア，フィンランド
4	キプロス，エストニア，ラトヴィア，ルクセンブルク，スロヴェニア
3	マルタ

いるが，事務局長はCFSP上級代表と兼務となっているため，政治的に重要な役割を果たす場合もある。

2 欧州理事会 (the European Council)

欧州理事会はアドホックな首脳会議（サミット）を1974年のパリ・サミットで制度化したものである。1987年の単一欧州議定書の発効以来，法的にも基盤を持つようになり，今日のEUでは，政治方針の決定などを行う重要な機関となっている。現在ではおおむね年間4回開催され，EU構成国の政治的トップである大統領ないし首相と欧州委員会委員長が参加する。欧州理事会と閣僚理事会は実質的に1つの機関として機能する。欧州理事会は政治的な決定を行い，方向性を打ち出すが，その法的な処理や実施などは閣僚理事会が欧州委員会と調整しながら行うことになるのである。欧州理事会の議長も当然に理事会議長国の首脳であるが，2004年秋に調印された欧州憲法条約では常任議長（President）がおかれることになっている。この常任議長は欧州理事会のみの常任議長であり，閣僚理事会においては引き続き輪番制の議長国制が当面維持される。

3 欧州委員会 (the Commission)

欧州委員会はEUの行政を司る機関である。政策の立案を行い，規則，指令などEC法の提案を行い，さらには政策の執行を行う。

欧州委員会委員の数は，大国2名，それ以外は1名という原則があったが，2004年11月に発足したバローゾ（José Manuel Durão Barroso）委員会から，ついに加盟国はすべて1名の委員を送るのみとなった。委員はEU全体の利益のために行

動するのであって，出身国や特定の政府の指示を受けたりすることは条約上ない。しかし，政治的には自国出身の（その国の政府に近い政策選好を持った）委員が重要な政策領域を担当することには意味がある。また欧州委員会委員長には通常の委員よりも大きな権限が与えられており，委員会全体の活動を左右しうるために，だれが委員長になるかについては常に政治的な駆け引きの対象となる。

それぞれの委員には政策領域が割り振られている。欧州委員会は合議制の機関であるが，決定は単純多数決によって行われる。欧州委員会の下には2万人を超える官僚組織があるが，通訳業務など行政と直接にかかわらない業務についているものも多く，超国家機関としばしばいわれることがあるにもかかわらず，4億5000万人の人口を擁する地域を対象とする官僚機構としては，小さなものである。もちろん，国連や他の国際組織に比べれば，その権限や予算規模はきわめて大きいが，EUの官僚機構は共通政策を実現するためのみの組織であり，政策の遂行にあたっては構成国の官僚機構や自治体との協力が不可欠である。

4 欧州議会 (the European Parliament)

欧州議会は経済統合の始まりの時期から構成国議会の代表が集う総会として存在していた。1962年にこの総会は自らを欧州議会と呼ぶようになり，以後実質的に欧州議会と呼ばれたが，1987年の単一欧州議定書によって正式に欧州議会と改称された。欧州議会は初期には諮問機関にすぎず，その権限は限られたものであったが，1970年代に予算権限を獲得した。1979年の直接選挙は欧州議会に民主的な正当性を与えて，その後の活動を活性化させた。単一欧州議定書における協力手続の導入を経て，立法審議権限が若干強化され，EU条約によって共同決定手続が導入されたことによって，域内市場に関連した政策領域を中心として，閣僚理事会とともに欧州議会が実質的な立法機関として重要な地位を得るにいたった。現在では閣僚理事会において特定多数決で投票が行われる政策領域はほぼ欧州議会との共同決定手続が利用される。欧州議会の活動は，それぞれ国ごとに選出された議員が，国籍別ではなく，政治的信条や政策に応じて会派に所属して，この会派を中心として行われる。

欧州議会の選挙は5年ごとに行われる。選挙制度はいまだにEUで共通する選挙制度を実現するにいたっておらず，それぞれの国が定めた選挙制度によって代表が選出される。これまでの選挙をみると，投票率は国政選挙と比べると相対的に低く，また政権政党を批判する投票行動が目立ち，必ずしもEUの活動ないし議会内の活動を評価した選挙結果とはなっていない。2004年6月に実施された選挙

は中東欧諸国が加盟して最初の選挙であった。しかし，特に中東欧諸国で驚くべき低投票率に終わり，期待はずれの結果となった。民主的な EU 行政のコントロールと代議制，市民の参加のバランスをどのようにとるかが今後の EU の民主主義を考える際には重要である（第6章を参照のこと）。

5　司法裁判所（the Court of Justice）

司法裁判所は長年にわたって EC 法の解釈を独立して一元的に行い，EC 法の確立にきわめて重要な役割を果たしてきた。各国から1名の裁判官が選出されているために，2004年からは25名の裁判官で構成され，8名の法務官が補佐している。裁判官は政治的影響などからは独立して，出身国などにとらわれることなく EC 法の解釈を行う。1988年には司法裁判所の負担を軽減するために第一審裁判所（the Court of First Instance）が設置され，現在は実質的に二審制がとられている（EC 法と司法裁判所の含意については第2章を参照のこと）。

6　その他の機関

これまで見てきた機関の他にも政策形成に関わる機関として，経済社会委員会（the European Economic and Social Committee），地域委員会（the Committee of the Regions）などがある。経済社会委員会は EEC 設立以来の諮問機関として長い歴史を持つが，経済的・社会的利益団体の代表から構成される。あくまでも諮問機関であるので，決定権はないが，利益代表の形で市民社会の意見を EU 機関に伝達する役割を担っている。地域委員会は EU 条約によって設置された機関であり，中央政府によって閣僚理事会を経由しては伝わりにくい意見を地域や地方の利益代表という形で表出するために設置された諮問機関である。EU 構成国はそれぞれに地方制度が大きく異なるので，地域委員会に送られる代表も国ごとに規定されている。地域開発政策を始めとして地域にかかわる幅広い経済社会分野で諮問権限を有している。

このほかに重要な機関としては，欧州中央銀行（the European Central Bank）の影響力が最も大きいであろう。経済通貨同盟のために1998年6月にフランクフルトに設立され，単一通貨ユーロ導入後は，独立して金融政策の運営にあたっている。

さらに EU 条約には，予算執行を監査する会計検査院（the Court of Auditors）や市民からの行政苦情を処理する行政監察官オンブズマン（the Ombudsman）が規定されている。

Ⅳ　EUのインパクト

　EUの統合はさまざまな影響を国際関係に与えてきた。たとえば，1950年代のECSCとEECの活動は，ラテンアメリカ，東南アジア，アフリカなどでも類似の経済統合の試みが始まる誘因となったし，1992域内市場計画は北米自由貿易協定（NAFTA）やアジア太平洋経済協力会議（APEC）など地域協力の第2の波が引き起こされる誘因となった[24]。2002年にアフリカ統一機構（OAU）がアフリカ連合（AU）に改組された背後にもEUの成功の影響があるといえよう。

　EUの発展によって，EUは次第にグローバルなアクターとしても重要になりつつある。GATT/WTOの交渉をみても，EU構成国は，ひとつひとつ単独の国としてではなく，ひとつのまとまったアクターとして行動するようになりつつある。地球温暖化防止のための京都議定書の交渉過程をみても，EUはひとつのアクターとして行動している。ヨーロッパはEUを中心として，ソ連の崩壊と日本の経済的停滞もあって，アメリカとならぶ巨大な国際経済上のアクターとなったのである。実体的な関係性はなお弱いとしても，EUとASEANの間にはアジア欧州会合（ASEM）が地域間対話の枠組みとして成立している。

　ヨーロッパの対外関係は，EECの設立期がちょうど脱植民地化，独立の時代と重なったこともあり，最初は旧植民地の諸国との経済関係が重要な比重を占めていた。さらに1970年代に入って資源ナショナリズムが沸き起こり，途上国から国際経済秩序変革が強く求められると，ECは1975年にトーゴの首都ロメにおいて，包括的で途上国に有利な経済協定「ロメ協定」をアフリカ・カリブ・太平洋（ACP）諸国と締結した。ロメ協定はACP諸国にEUへの特恵市場アクセスを認める上に，農産物・鉱産物の価格安定制度を導入し，途上国の輸出所得保障をめざした。ロメ協定は5年ごとに延長されてきたが，WTOの自由貿易システムとの整合性に問題があることなどもあって，2000年6月にベニンの首都コトヌで新しい協定が調印されコトヌ協定として2003年4月から発効した。コトヌ協定は開発援助も規定しているが，自由貿易を前提として，ACP諸国にのみ有利な制度，グローバルにみて差別的な制度を廃止している。

　以上のように，EUの対外的インパクトを考えるとき，そのほとんどは経済的なものであるといえよう。政治・安全保障上のアクターとしては，イラク問題をめぐるEU内の分裂や，それ以前の旧ユーゴスラヴィア問題をめぐっての軍事的行動能力の欠如などが示したように，近年急速に共通安全保障防衛政策が整備され

ているとしても，今後の発展を待たざるをえない。

おわりに

　2004年5月に拡大したEUの次の大きな変化は欧州憲法条約による制度改革である。欧州憲法条約は，なお条約であって憲法ではなく，その意味においては，これまでの欧州統合のプロセスが質的に跳躍するわけではないが，EUは大幅に制度改正されることになる。2004年10月29日ローマで調印された欧州憲法条約は，批准過程に入っている。批准にあたっては国民投票を実施する国もあり，市民からこの欧州憲法条約が受け入れられるかどうか，順調に批准が進んでいくかどうかは予断を許さない。しかしヨーロッパ統合の歴史を振り返るとき，そのプロセスはさまざまな困難を政治的妥協と意志で乗り越えるものであった。今後のEUの将来についても安易な予測はできないが，統合の強い意志がある限り，紆余曲折はあっても，困難は乗り越えられていくであろう。

　次のEUの拡大は2007年のブルガリア，ルーマニアの加盟である。次の拡大はEUにとって2004年ほどの大きな意味合いはおそらくもたないであろう。それは欧州憲法条約がすでに合意され，経済的に小さな国がいくつか加盟しても，EU全体としてはさほど大きな影響を受けないからである。

　しかし，次のEUの拡大を考えるとき，トルコ問題を避けてとおることはできない。トルコはすでに1987年にECに加盟申請し，1999年から加盟候補国と認定されていたが，人権問題などを理由に加盟交渉が開始されていないままになっていた。2004年12月に2005年10月からのトルコと加盟交渉の開始が決定されたが，EUと中東の関係，NATOとEUの関係，ヨーロッパに住む多数のトルコ系住民の存在を考えるとき，この決定はEUの将来に大きな影響を及ぼすことになるであろう。

注
（1）　19世紀半ばのドイツの統一過程，同時期のイタリアの統一過程，18世紀のアメリカの建国過程，さらには数世紀にわたるスイスの建国過程などには類似した点もあるが，これらはむしろ国民が形成され，それによって国民国家が統一国家として成立する過程であって，現在のEUのように「国民国家を超えて」統合が指向されることとは大きな違いがある。また本書の中でさまざまな形で議論されるように，EUがこれまでにはない独特なガバナンスのあり方をもつことにも注意が必要であ

る。1950年代の欧州経済統合の成功にならって，ラテンアメリカ，東南アジア，アフリカなどでさまざまなタイプの地域統合や地域経済協力が試みられたが，いずれも大きな成果をあげることはなかった。浦野起央ほか『国際関係における地域主義——政治の論理・経済の論理』有信堂，1982年を参照のこと。

（2）　以下を参照のこと。田中明彦『世界システム』東京大学出版会，1989年，24頁。

（3）　このあたりについての詳細は以下を参照のこと。田中明彦『新しい中世』日本経済新聞社，1996年。外交史的な視点からは，渡辺啓貴編『ヨーロッパ国際関係史』有斐閣アルマ，2002年，第1章を参照のこと。

（4）　たとえば，中華帝国の皇帝を中心としてヨーロッパの主権国家システムとは違った特徴を有した関係性によって特徴づけられていた東アジアでも，19世紀の中頃には西欧に発祥した近代の国際関係の構造が浸透してきた。

（5）　19世紀以前にも，たとえば連邦主義的なアイディアを中心として，国際統合によって国際関係の構造を変えようとする思想は，いろいろなタイプの統合思想が存在していた。以下の文献のとくに第9章を参照のこと。F. パーキンソン（初瀬竜平，松尾雅嗣訳）『国際関係の思想』岩波書店，1991年。

（6）　たとえば，母親が日本人であったためにヨーロッパ以上に日本ではしばしば言及されるクーデンホーフ＝カレルギー（Richard Coudenhove-Kalergi）の欧州統合論などを参照のこと。金丸輝男「欧州統合への道を切り開く——クーデンホーフ＝カレルギーの思想と行動」金丸輝男編『ヨーロッパ統合の政治史』有斐閣，1996年。

（7）　国際政治学の古典において，政治哲学者が考察した戦争の原因が3つのレベルにまとめられている。第1イメージでは，戦争の原因は個人に帰せられる。第2イメージでは，国家の体制，政治制度に求められる。第3イメージでは，国際システム，国際関係の構造的特徴に原因があるとされる。Waltz, Kenneth, *Man, the State and War*, New York, Columbia University Press, 1959. 国際統合の必要を訴える議論は，主に第3イメージの構造を変えることを議論の対象としているのである。

（8）　欧州審議会は今日にいたるまで，とりわけヨーロッパの人権分野において重要な役割を果たしている。以下を参照のこと。庄司克宏「欧州審議会——旧東欧，ソ連諸国への拡大と「民主主義の安全保障」」植田隆子編『現代ヨーロッパ国際政治』岩波書店，2003年，第5章，93-116頁。「ヨーロッパ評議会」と日本語訳されることもある。本書でもしばしば登場するEUの最高意志決定機関である欧州理事会（European Council）とは全く別組織である。

（9）　欧州審議会とならんでヨーロッパ統合の初期を考える際に重要なのは欧州経済協力機構（OEEC）である。OEECは1948年4月にマーシャル・プランによる経済援助の受け皿として設置された国際機構であり，戦後ヨーロッパにおける最初の経済的国際組織であるが，統合をめざした組織ではなかった。

（10）　アルザスはライン河をはさんでドイツと隣接したストラスブールを中心とす

るフランス東部の地方。今日では欧州議会や欧州審議会が置かれている。ロレーヌはアルザスと隣接したやや北の地方で、今日ではルクセンブルク、ドイツのザールラントなどに隣接する。

(11) ECSC条約は1952年7月に発効したが、50年の有効期間をもつ条約であった。このためECSC条約は2002年7月に失効した。実質的機能はECの政策分野として引き継がれている。

(12) ドイツ再軍備については以下を参照のこと。岩間陽子『ドイツ再軍備』中央公論社、1993年。

(13) 1967年の組織的な統合後、ECという略称が使われるようになったが、3つの共同体はそのまま併存したので、ひとつの法人格をもつ機関になったわけではない。なお1993年のEU条約によってEECはECと名称変更された。

(14) その際にノルウェーも加盟条約の調印まで行ったが、条約を批准するための国民投票は批准否決という結果を出し、加盟にはいたらなかった。

(15) EEC発足時から使われていた共同市場（Common Market）にかわって、このときから域内市場（Internal Market）という表現がより頻繁に使われるようになった。意味していることは同じである。

(16) 単一欧州議定書（Single European Act: SEA）の名称は、従来完全に別立てだった経済統合のECと政治協力EPCを1つの議定書にまとめたため単一議定書とされた。名称は議定書であるが、これは条約という言葉の与える重みに抵抗のある国があったためであるが、EEC条約の改正であることに何らかわりはない。

(17) パオロ・チェッキーニ（田中素香訳）『EC域内市場統合・1992年』東洋経済新報社、1988年。

(18) 3柱構造は古代ギリシャの神殿にたとえて「神殿構造」とも称される。この柱（pillar）構造とするか、1本の幹から政策領域の枝葉が広がる木（tree）構造にするかは政府間会議の間にさまざまに議論された。2004年の欧州憲法条約ではピラー構造は採用されていない。

(19) なお、地中海の小国マルタとキプロスは1990年にEC加盟申請を行った。

(20) 同様に中立国として知られるスイスも政府はEU加盟をめざしたが、EUとの経済的連繋強化を規定する1992年の欧州経済領域（EEA）協定が国民投票によって否決され、EU加盟は実現しないままとなっている。

(21) 2001年1月からギリシャも単一通貨ユーロに参加している。

(22) マーストリヒト条約はEU条約の通称であるが、アムステルダム条約は後出のニース条約同様正式名称であって、どちらもEU条約を改正するための条約である。

(23) 厳密には、「閣僚級」の代表であるので、構成国を正当に代表していれば、内閣に属している必要はなく、連邦国家の州の代表でもよい。

(24) 地域統合第2の波を中心に，国際統合の理論の発展と比較地域統合論の可能性を論じた次の論文を参照のこと．山本吉宣「地域統合の政治経済学」『国際問題』No. 452, 1997年, 2-23頁．

【文献案内】

入手しやすく読みやすい概説的日本語の文献のみあげてあるので，それぞれの文献にあたってさらに英語その他の文献を参照すること．さらに詳しいテーマ別の文献については，各章の章末にある文献リストを参照すること．

辰巳浅嗣編『EU　欧州統合の現在』創元社，2004年
植田隆子編『現代ヨーロッパ国際政治』岩波書店，2003年
金丸輝男編『EU アムステルダム条約――自由・安全・公正な社会をめざして』ジェトロ，2000年
島野卓爾・岡村堯・田中俊郎編『EU 入門』有斐閣，2000年
庄司克宏『EU 法　基礎篇』岩波書店，2003年
　　同　　『EU 法　政策篇』岩波書店，2003年
田中素香『ユーロ　その衝撃とゆくえ』岩波書店，2002年
田中俊郎『EU の政治』岩波書店，1998年
田中友義『EU の経済統合』中央経済社，2001年
平島健司『EU は国家を超えられるか』岩波書店，2004年
藤原豊司『欧州統合の地平――拡大・深化・最終形態』日本評論社，2002年
堀口健司・福田耕治編『EU 政治経済統合の新展開』早稲田大学出版部，2004年

〈ウェッブサイト〉

個々にあげたヨーロッパの諸機関のサイトは非常に情報が豊富で，最新のデータも入手できる．
　　EU　　　　http://europa.eu.int/
　　NATO　　http://www.nato.int/
　　OSCE　　http://www.osce.org/
　　欧州審議会　　http://www.coe.int/

第2章
EU法制度の形成と東方拡大

中村民雄

　はじめに
I　原点：1950〜80年代のECの法と制度
　　1　共同市場の法的枠組み
　　2　ECの統治機構の独創性
　　3　新規加盟国によるアキ受容義務
II　転換点：1990年代のEU制度の形成
　　1　列柱構造
　　2　東方拡大と機構問題
III　展望：2000年代のEU
　　1　欧州憲法条約が描くEU
　　2　東方拡大後の課題に対応できる法制度か
　おわりに
【文献案内】

はじめに

　2004年5月の東欧・南欧10カ国[1]のEU加盟（東方拡大）に接して，EC・EUの法制度はどのような問題を抱え，いかに改革され，今後もされようとしているのであろうか。東方拡大後のEUは，どのような統治体制になるのであろうか。
　EC・EUの法制度は，過去50年間の蓄積の上に発展しており，それを知らずに現代を語ることはできない。そこで，ECの過去半世紀の発展史をたどりながら，これらの問いに答えていこう。

I　原点：1950〜80年代のECの法と制度

　20世紀前半の2度にわたる世界大戦の戦場となったヨーロッパの諸国と人々は，国家間の戦争の再発を防ぎ，人々の共生と平和を図るために，ヨーロッパの

生産資源や経済市場を共有して共通の繁栄をめざそうとした。そこで1950年代にヨーロッパ三共同体（石炭鉄鋼市場についてECSC[2]，原子力市場についてEuratom，経済市場一般についてEEC）を設立した[3]。

なかでもEECの法と制度が活動の大部分となり，また後に機関統合条約（1967年発効）により，三共同体の機関はEECのそれに統合されたので，EEC（後にECと改称した単数形のEC）の法と制度をもって三共同体（複数形のEC）一般に通じるものと考えても大過はない。以下では，とくに断らない限り，単数形のEC（旧称EEC）について述べる。また，たとえばEC 23条と記すのは，EC（旧EEC）条約23条のことである。

1 共同市場の法的枠組み

(1) 共同市場の法的表現

それでは，ヨーロッパの国々と人々の平和と共存共栄を実現するための共同体としてのECの法と制度には，どのような特徴や独創性があったのであろうか。

ECは，1958年より経済共同体として発足した。これは，「共同市場」(Common Market) の設立を目的とした（1986年の条約改正では「域内市場 (Internal Market)」の完成として同様の目的が再確認された）。すなわち，経済活動について構成諸国が自国市場を開放して相互に市場を共有する状態を実現し，また政策分野によっては諸国共通の政策をEC次元で形成して各国で実施するために，越境的組織（共同体）の法と制度を整備するというアイディアである。

このアイディアをEC条約は法制度として次のように表現した。まず，西ヨーロッパ地域を経済活動の法的規制の局面においてはひとつのまとまりとし，他と区別する必要がある。そこでECの域外第三国に対しては，EC諸国が共通の関税を導入し（EC 23条，関税同盟），また共通の通商政策を実施する（EC 133条）[4]。次にECの域内については，域内での経済活動に対する各国の法的規制を除去ないし近似化する。そこで，たとえば，商品の域内各国間での輸出入を規制していた域内関税や域内数量制限等の貿易制限措置を撤廃し，商品の自由移動を促進する（EC 25条以下）。同様に，労働者・サービス・資本の自由移動などを実現するために，それぞれ各国規制法令を改廃する（EC 39条以下）。さらに特定の政策分野や事項に関して，ECが構成国に共通の法や制度を定立して，経済活動の基本的な法的条件が域内において近似化するようにする（EC 94条，1986年改正後は95条も追加）。また重要な生産資源やエネルギー（石炭，鉄鋼，原子力など）については，生産や流通を共同管理する法制度を創設する（ECSC条約，Euratom条約）。こうして設立

維持される共同市場における各種の経済主体の自由移動や競争を確保するために，EC 機関が直接に，または（EC 指令の採択などを通して）構成国を介して間接的に，市場における構成国や私人・企業の活動を規律する。このような立法や行政のために，また EC 法の適用をめぐる紛争を統一的に解決するために，構成国は EC に立法・行政・司法の権限を，共同市場の形成と運営の目的に限定して，付与する（EC 189 条以下に EC の機関の規定を置く）。このような枠組みである。

(2) 共同市場の特徴：1947 年の GATT との比較

この法的枠組みは画期的であった。それはこの当時，世界規模で締結されていた「貿易と関税に関する一般協定」(1947 年の GATT) の法制度と比較してみれば明らかである。1947 年の GATT は，締約国間での商品貿易について関税を漸減させ，数量制限を原則撤廃するものである（GATT 2, 11 条）。EC も域内商品貿易について関税と数量制限を撤廃するものである（EC 25, 28 条）。しかし，両者には根本的な違いがある。

第 1 に，当時の GATT は商品貿易の自由化にとどまっていたが，EC は自由化の対象範囲がはるかに広く，農産物，労働者やサービスや資本の自由移動も規定されていた。

第 2 に，GATT は各国の貿易障壁の除去（自由化）を進めるものにとどまっていたが，EC では，さらに進んで EC において共通法をつくり積極的に共同市場を形成することも行う。そこで EC 条約（基本法規）は共同体に立法権を与えた。EC 機関が採択する法規（派生法規）には，「規則」「指令」「決定」といった形式がある（EC 249 条）。域内貿易をさらに円滑にするために，各構成国の法を調和（近似化）する EC「指令」なども採択されてきた（EC 94, 95 条）。

しかも，この EC の立法権は多くの政策分野（**表 2-1** 参照）に認められる。さらには EC 設立条約の個別分野に具体的な立法権限規定がなくても，一般的な立法権限を示す条文も当初からおかれていた（EC 条約旧 235 条，若干改正されて現 308 条）。すなわち共同体の運営において必要な事項については，閣僚理事会（各国政府閣僚の合議体）が全会一致により適切な措置をとりうるという規定があった。これは潜在的には非常に広い事項に適用しうる立法根拠規定であった。1970 年代以降，主としてこの規定を使って，次第に立法対象となる範囲が拡大していき（環境政策，消費者保護政策など），立法実務が定着した政策分野については，後の EC 条約改正の度に，当該分野の立法根拠規定が明文化されるようになった。**表 2-1** は，EC 条約の改正の度に，そのような規定が加えられていった様子を示している。下

表 2-1　ECの立法等の権限事項の拡大

EC設立条約 (1957)	単一議定書 (1986)	マーストリヒト条約 (1992)	アムステルダム条約 (1997)
I　原則	I　原則 [域内市場の完成]	I　原則 [域内市場の完成] [補完性原則]	I　原則 [域内市場の完成] [補完性原則] [先行統合]
		II　連合市民権	II　連合市民権
II　共同体の基礎 1　商品の自由移動 2　農業 3　人・役務・資本の自由移動	II　共同体の基礎 1　商品の自由移動 2　農業 3　人・役務・資本の自由移動	III　共同体の政策 1　商品の自由移動 2　農業 3　人・役務・資本の自由移動 [資本の諸規定拡充]	III　共同体の政策 1　商品の自由移動 2　農業 3　人・役務・資本の自由移動 4　移民難民等，人の自由移動
4　運輸 III　共同体の政策 1　共通規定 ⅰ　競争法規 ⅱ　税制 ⅲ　各国法の接近	4　運輸 III　共同体の政策 1　共通規定 ⅰ　競争法規 ⅱ　税制 ⅲ　各国法の接近 [100a, 100b条]	4　運輸 5　共通規定 ⅰ　競争法規 ⅱ　税制 ⅲ　各国法の接近 [100a, 100b条] [100c, 100d条：統一ビザ]	5　運輸 6　競争，税制，法の接近に関する共通規定
2　経済政策 ⅰ　景気対策 ⅱ　経済収支 ⅲ　共通通商政策	2　経済政策 [102a条：経済通貨政策の協力] ⅰ　景気対策，ⅱ　経済収支　ⅲ　共通通商政策	6　経済通貨政策 7　共通通商政策	7　経済通貨政策 8　雇用 9　共通通商政策 10　税関協力
3　社会政策 4　欧州投資銀行	3　社会政策 [118a, b：労働環境立法，労使対話] 4　欧州投資銀行	8　社会政策，教育，職業訓練および若者 [社会政策議定書] [欧州社会基金]	11　社会政策，教育，職業訓練および若者
		9　文化 10　公衆衛生 11　消費者保護 12　ヨーロッパ横断網 13　産業	12　文化 13　公衆衛生 14　消費者保護 15　ヨーロッパ横断網 16　産業
	5　格差是正 6　研究技術開発 7　環境	14　格差是正 15　研究技術開発 16　環境 17　開発援助	17　格差是正 18　研究技術開発 19　環境 20　開発援助
IV　域外との連携	IV　域外との連携	IV　域外との連携	IV　域外との連携
V　共同体の組織	V　共同体の組織 [第一審裁判所の設置]	V　共同体の組織 [第一審裁判所] [ヨーロッパ・オンブズマン] [地域評議会]	V　共同体の組織 [第一審裁判所] [ヨーロッパ・オンブズマン] [地域評議会]
VI　一般最終規定	VI　一般最終規定	VI　一般最終規定	VI　一般最終規定

下線部が，各条約改正時に，新たに明文化された事項。EUの共通外交安保政策（第2の柱）や警察協力（第3の柱）の権限は，EC権限ではないので，表に含めていない。またニース条約（2001）は，EC権限をほとんど拡大していないので省略した。

線を引いた項目が、当時新たに EC の措置採択権限が認められた事項である。

第3に、GATT など一般の国際条約に比べ、EC 法は各国における法的な実効性が非常に強い。EC 規則は各構成国において全面的に直接に適用される（EC 249 条）。また欧州司法裁判所の判例により、EC 条約や EC の指令や決定についても、規定の文言が個人に権利性を認めるに足るだけの明確性と無条件性をもつなら、構成国の国内裁判所で直接に権利主張の根拠にできるとされた（これを「直接効 (direct effect)」という）。さらに各国法と EC 法とが抵触し衝突する場合は、EC 法が常に優先するとされた（これを「EC 法の［各国法に対する］優位性 (primacy of Community law)」の原則という）。欧州司法裁判所によれば、この優位性は各国の憲法に対しても EC 法が優位するという徹底した原則である[5]。

ところが GATT の場合は、その規定に反する国家の行為を私人が訴えることは認めていない。さらには、GATT は国家間の国際条約であるから、GATT 規定の締約国内での法的効果については各国法上の判断に従う。ゆえに GATT の規定と国内法の規定が抵触する場合どちらが優先するかについては、国ごとに結論が異なりうる（とくに憲法との抵触について、条約優位か憲法優位かにより国ごとに結論が異なりうる）。もっとも実際には、GATT 違反の国内法は改正されるか、GATT 適合的に国内法を可能な限り解釈して運用することが多いのではあるが。

(3) 具体例：丸型マーガリン事件

以上が 1950 年代から 80 年代前半までに確立した共同市場の法（EC 法）の基本的な特徴である。この一般論だけではイメージが湧きにくいであろうから、実例を紹介しよう。

1982 年の丸型マーガリン事件[6]では、ドイツの業者が丸型（円錐型）のマーガリンをベルギーの業者に販売した。ところがベルギーでは、マーガリンは角型（立方体）で販売することが法定されていた。ベルギーの業者が丸型マーガリンの受領を拒否したため、ドイツの業者がベルギーの業者をドイツの裁判所に訴えた。

ドイツの業者は主張した。EC 条約 28 条（当時 30 条）は、構成国は輸入数量制限またはそれと同等の効果のある措置を禁じている。角型マーガリンしか販売を認めないベルギー法は、丸型マーガリンの輸入数量をゼロに制限したのと同等の効果のある措置である。ゆえにベルギー法は EC 条約違反である。そして EC 法とベルギー法が抵触するときは EC 法が優先する。もしベルギー法が優先するなら、各国市場は分断され共同市場は実現しない。ゆえに EC 条約 28 条に反するベルギー法上の丸型マーガリン輸入規制は排除され、原告の丸型マーガリンの輸入も認

められてしかるべきである，と。

　ベルギーの業者やベルギー政府は反論した。ベルギーでは伝統的にバターが丸型容器で売られており，これは消費者観念に定着している。もし丸型マーガリンを認めるならば，消費者は混同をきたすであろう。ゆえに消費者保護目的で，角型マーガリン法を制定したのであって，貿易規制目的ではない。EC次元では未だにマーガリンをどういう形で販売するかの統一法が採択されていない。その間は各国が合理的と考える規制立法ができるのであり（またそう考えないと，立法権限に空白が生じてしまう），本法は消費者保護目的に合致した合理的な立法であるから，その結果として一部商品の輸入が阻害されるとしても，それはEC条約違反と評価すべきものではない，と。

　両者の主張を聞いたドイツの裁判所は，EC条約28条の解釈が争点と判断し，その争点をルクセンブルクの欧州司法裁判所に付託した。

* 　EC条約は，EC法の解釈や効力が国内訴訟において争点となったとき，各国の裁判所は欧州司法裁判所に当該争点を付託できる（国内最上級審は付託する義務がある）と規定している（EC234条）。もしもこの付託をせずに各国の裁判所がEC法を自前で解釈するなら，解釈がまちまちになり，EC法の統一的な解釈も適用も確保できなくなる。これを防ぎ，各国におけるEC法の統一的な解釈と適用を実現するために，この付託手続が設けられている。この手続は，国内裁判の終局判決の前提となる「先決」問題への回答を示すものであって，国内裁判の終局「判決（judgment）」ではないので，「先決（preliminary）」「裁定（ruling）」手続と呼ばれている。

　さて，先決問題の付託を受けた欧州司法裁判所は次のように判断して，ドイツの業者の主張を認めた。確かにマーガリン容器の形状についてECが共通立法を定立していない間は，その点について構成国が立法できる。しかし商品の自由移動はEC条約上の基本原則である。ゆえに各国が立法するにしても，この基本原則を阻害しないよう，あるいは阻害が最小限に止まるようにしなければならない。なるほど消費者保護は正当な立法目的ではある。しかしその目的を達成する手段として，マーガリン容器を角型に限定するというのは目的に比例していない過剰規制である。なぜなら，マーガリンであることを商品に表示すれば消費者はバターと区別できるからである。つまり同じ目的を達成するにしても，表示という，より貿易制限的でない他の手段がある。ゆえに本件のベルギー法はEC条約28条に反する，と。この先決裁定を受けたドイツの裁判所は，ドイツの業者の勝訴判決を下した。

第2章　EU法制度の形成と東方拡大

この事件から次の点が確認できる。

①個人がEC条約28条の規定をあたかも権利の根拠であるかのように国内裁判所で直接に援用することが認められている（EC条約規定の「直接効」）。

②しかもEC条約の規定がそれと抵触する各国の法律（ベルギー法）に優先して適用されている（「EC法の優位性」）。

③各国の裁判所の訴訟が先決裁定手続によりEC裁判所にリンクされ、各国の裁判所はあたかも欧州司法裁判所の各国支部のような機能を果たしている。

④先決裁定手続のおかげで、EC法の統一的な解釈と適用が確保されうる。以上のどれもGATTには認められない特徴であり、現在のWTOの体制でも未だに認められていない。

こうした強力なEC法により、自由化の滞りがちな各国にあっても、共同市場の実現にむけて着実に道が開かれていった。欧州司法裁判所の市場統合推進的な解釈により、国際条約として出発したEC条約が、構成国の国内法の一部をなす法として存在することになり、しかも各国の憲法よりも上位の法として存在することになった。このような側面を強調して、元欧州司法裁判所判事のマンチーニ（Mancini）は、EC「条約」が「憲法」化したと評した[7]。

2　ECの統治機構の独創性

以上は設立当初から1980年代前半までのECの法の広がりと実効性という特徴についてであった。今度は同時期のECの統治機構の独創性をみてみよう。

ECの独創性は、EC機関に各国から別個独立の立法・行政・司法の統治三権を（EC条約に規定した限度で）付与した点にある。これは、各国が主権の一部をECとの関係で制限ないし移譲したことを意味する。そもそも国際組織に、国家の統治三権のセットを、限定された範囲についてであれ、付与する前例はきわめて少ない。またEC機関への立法権、行政権、司法権の付与のしかたもユニークである。多くの国家憲法が規定するような権力分立（立法権・行政権・司法権をそれぞれ異なる機関に付与する方式）はとられてない。

(1)　立　法　権

立法権からみてみよう。ECの立法権はだれの手にあるのであろうか。まずECの立法手続を確認しよう。実は、EC条約（1957年の当初の条約も、現行の2001年改正の条約も）は、立法事項に応じて、さまざまの手続を規定している。そのうち最も重要な「共同決定手続」（EC251条）と呼ばれる立法手続をみてみよう。これはた

とえば，域内市場の運営のために各国法規を調和させるEC法規を採択する場合（EC 95条）などに用いられている。
　まず，ECにおいては，法案の提出権を「欧州委員会（Commission）」が独占している。欧州委員会が提案しない限り，ECの立法手続は始動しない（欧州委員会はいつでも提案を撤回できる）。

* 　欧州委員会は，2004年11月からは各国1名の委員で構成するが（2004年10月までは，英独仏伊西2名，他の国1名で構成），各国政府からは独立してECの公益のために，単純過半数により決定する委員団（college）として行動し，法案を提出する。閣僚理事会や欧州議会は欧州委員会に法案提出を要請はできるが義務づけることはできない。欧州委員会は各国から完全に独立して共同体の公益のために任務を遂行するものとされており（EC 213条2項），現に各国出身の委員から構成されるものの，単純多数決で委員会としての意思決定をするから（EC 219条），欧州委員会が特定の国益に捕囚されることはなかろう。ゆえに欧州委員会は「超国家機関」と性格づけられてきた。

　次に，法案は閣僚理事会と欧州議会に送付され審議される。この両機関が法案を可決すれば，EC法として成立する。両方の機関の賛成を要する手続なので「共同決定手続」と呼ばれている。

* 　閣僚理事会は，各国政府の閣僚（大臣）が各国1名ずつ出席する会合であり，分野別に理事会がある（外相の総合理事会，財務大臣の経済財政理事会，農水大臣の農業理事会など）。これは国益代表機関である。
　　欧州議会は5年に1度，議員の直接選挙が各国ごとに配分された議席をめぐり行われる[8]。こちらは欧州市民の利益の代表機関である（国益に左右されない欧州議会も「超国家機関」と性格づけうる）。
　　共同決定手続では，欧州議会は総議員の過半数（絶対多数）により可決するが，閣僚理事会の可決方式は「特定多数決」による場合と「全会一致」による場合がある。ほとんどの立法事項は特定多数決であるが，多少全会一致事項が残っている（EC 151条5項文化事項など）。この違いは大きい。「全会一致」というのは，1カ国でも反対すれば可決しないので，各国が拒否権をもっているということであり，国益擁護がしやすい。「特定多数決」では，数カ国が反対しても一定の票数に達すれば多数決が成立することになるから，各国は国益擁護がより困難になる。

　以上からわかるように，ECの立法権は，EC公益の代表者「欧州委員会」，各国の国益代表者「閣僚理事会」，EC市民の代表者「欧州議会」の3機関が分有している。いずれか1つが手続から離脱するならばECの立法権は全く行使できない。

古典的な権力分立がとられていないかわりに，ECでは，複数のEC機関が立法権を分有し，これらの機関相互の抑制と均衡により立法権行使を統制している。この点がユニークである。

(2) 行政権

行政権に移ろう。行政権は，各国政府の閣僚で構成する閣僚理事会と，欧州委員会にある。実際には閣僚理事会はEC次元で運営する事項（農業政策，競争法，漁業資源保護など）の多くを欧州委員会に委任するので，欧州委員会がEC次元での行政機関としての役割を果たすことが多いが，閣僚理事会が直接に政策を実施する場合もある。つまり行政権は，欧州委員会と閣僚理事会の2機関が共有する。

この行政権の面でも，ECでは古典的な権力分立がとられていない。機関の点から再整理してみると，欧州委員会も閣僚理事会も立法（採択）権と行政権をもっていることになるからである。しかし，EC条約は違法な行政権行使を，訴訟により司法的に統制することを保障している。ここにも抑制と均衡を図る工夫がある。この点を説明しよう。

いま，閣僚理事会・欧州委員会がEU市民または構成国に対して直接に行政権を行使する場合を直接実施と呼ぶ。ECの行政権行使において直接実施はさほど多くはない。むしろ多いのは間接実施，すなわちEC次元で成立した立法や政策措置の大部分は，各構成国の国家機関を通じて実施される。

直接実施に対しては，それぞれ行政権行使の対象となった者と，他のEC機関が，その行為が違法である旨を主張する取消訴訟（EC 230条）等を提起できる。

間接実施の違法は，さまざまの司法的統制方法がEC条約にあり，また欧州司法裁判所の判例でも拡充された。

間接実施の違法のうち，各国がEC法の国内実施を怠ることはEC法の誠実履行義務（EC 10条）違反である（それ以外の違法は各国法上の行政訴訟で監視され救済される）。この国内実施の懈怠や不完全実施については，1957年のEC条約は，主として欧州委員会が監視する制度を規定していた（構成国同士で監視する制度も規定してはいるがほとんど使われない）。主たる監視・摘発役を果たす欧州委員会は，国内実施義務を怠る構成国を欧州司法裁判所に提訴することができる（EC 226条）。

しかし，欧州委員会がECの全構成国についてEC法の国内実施状況をすべて抜かりなく監視できるわけではない。欧州司法裁判所の判例法が，この当初の制度の限界を克服してきた。欧州司法裁判所は，EC法の各国における実効的な実現を保障するために，次のような判例法を展開して，機能的には各国の私人の側か

らも構成国による国内実施を監視する体制に EC を発展させた。

第1は，EC法規の直接効を認め，私人の各国における EC 法上の権利主張を可能にしたことである。EC 条約や指令や決定が各国の国内法上どのような法的効果をもつかについて EC 条約には明文がなかった。欧州司法裁判所は，EC 法規の規定の文言が明確かつ無条件であれば，各国の私人が国内裁判所で，その EC 法規の規定を直接に権利主張の根拠にでき，各国の裁判所はこの権利を保護する義務があると判示した。

そこで，例えば，ある構成国が EC 指令を実施期限を過ぎても全く，あるいは完全には国内実施しないとき，その国の私人は，当該国に対して，指令上の権利を主張できるとされた（垂直直接効）。また EC 条約上の条文の多くは共同市場の基本原則を示すものゆえに，私人がそれを実施しない構成国に対してのみならず（垂直直接効），他の私人に対しても権利を主張する根拠となりうるとした（水平直接効）。

このような判例法の結果，各国が EC 法規を完全に国内実施していなくても，各国の私人は直接効の要件を満たす規定を根拠にして，直接に EC 法規の求める結果を実現できることになった。これは各国の国内実施に対する監視効果ももつであろう。

第2に，欧州司法裁判所は，1990年代以降は，損害賠償請求権も私人に認めた。欧州司法裁判所は，1991年に EC 指令の国内不実施による私人の損害について，また1996年の判例でより一般的に，構成国が EC 法違反の行為をしたために私人が損害を被ったときは，当該構成国に EC 法上の損害賠償を請求できると判断した。ゆえに，たとえば，EC 指令を実施期限までに国内実施せず，そのために私人に損害が生じた場合は，不履行国は EC 法上の賠償責任を負うことになり，この金銭的制裁は各国による EC 法の国内実施を促すであろう。

以上を要するに，直接実施も間接実施も，EC の行政権行使は，EC の他機関や直接かつ個人的に関係する各国の個人による訴訟をとおして，司法的に統制される。このような抑制と均衡が働いている。

(3) 司法権

最後に司法権のありかであるが，EC には共同体固有の欧州司法裁判所が当初から設置されており，また係属事件数の増加に対処するため1989年以降，欧州第一審裁判所が付設された。この2つに司法権は属する（EC 220条）。ただし，すでに紹介したとおり，EC 法は，EC 規則は各国に直接適用され，それ以外の EC 法規も直接効をもちうるので，各構成国の裁判所においても EC 法問題をめぐる訴

訟が提起され，その範囲で，各国の国内裁判所は機能的にはECの地方裁判所のような役割を果たすことになる。これは「先決裁定」手続によって欧州司法裁判所と連結されており，ゆえにECの司法機能は，欧州司法裁判所を頂点とし，各国の国内裁判所を底辺とするピラミッド型のネットワークとなって各国に拡がっている。

以上のように，EC機関は統治三権を，EC条約に規定する範囲で付与され，また国家憲法上の権力分立方式は採用しないものの，EC統治権力が濫用されないように規律するシステムをつくりだしている。これらの点が独創的なのである。

これまで見てきたECの法と制度は，EUとなった現在もECの扱う政策領域について用いられている。未だにEUの活動全体のうちECの活動が占める部分は非常に大きい。

3 新規加盟国によるアキ受容義務

以上のような特徴や独創性をもって発展し，蓄積されてきたECの法と制度の総体が「共同体の既得成果（acquis communautaire）」（以下アキ）と呼ばれる。ECが拡大する度に，新規加盟国は加盟当時までのアキの全面的受容を義務づけられてきた。2004年の東方拡大においても同様である。

(1) アキ受容が義務である理由

では，なぜアキの全面受容が新規加盟国に求められるのであろうか。それは，第1にはアキを受容しなければ，同じEC内でも国により法の面での競争条件が異なることになり，共同市場内の経済活動に歪曲が生じうるからである。第2には，アキの受容がなければ，共同市場が域外に対して開放される結果となってしまい，共同市場を形成した意味がなくなるからである。この第2点はややわかりにくいので，架空の具体例を使って説明しよう。

ただし，2004年の東方拡大においては，これまでのEU拡大と異なり，単なるアキの受容義務にとどまらなかった点にも注意すべきである。アキが当然の前提としている市場主義経済の法と制度を各国の国内法においてまず整備し，そのうえでアキを受容する義務が東欧諸国には課された。なぜなら，それらは加盟の15年前（1989年）までは旧社会主義経済諸国であって，市場主義経済の法と制度を備えていなかったからである[9]。

アキの受容の必要，さらにその前提となる市場主義経済の法・制度の整備も必要という点と，上記の第2の理由（アキを受容しないと共同市場が外に開放されてし

まう）の両方を一度に説明するために，架空の例，ゲームソフト「Eager 忍者(伊賀)」事件を想定してみよう。

いま単純化のために EC がドイツとフランスの 2 カ国からなるとする。そこにチェコが新規加盟するものとしよう。いま，日本のゲームソフト会社ニッポン・ゲームズ（NG）社は，手裏剣印のついたゲームソフト「Eager 忍者」を世界各国で販売しているとしよう。EC については，ドイツとフランスにおいて，それぞれ手裏剣印の Eager Ninja という商標を各国の商標法に従って登録し，また各国ごとに現地の一手販売者を指定して，各国の領土において「Eager 忍者」を販売させていたとしよう。

丸型マーガリン事件でみたように，EC 域内では商品は自由に輸出入できる。そのため，もしもドイツとフランスの「Eager 忍者」販売価格に差があるなら，安価国（たとえばフランス）から高価国（たとえばドイツ）へと商品を移動させる流通下流の業者も現れるだろう（これを並行輸入という）。こうしてドイツでは，ドイツの一手販売者の正規品とフランスからの並行輸入品の両方が流通しはじめる。

ではドイツの一手販売者は，フランスからの並行輸入品をドイツの商標権にもとづいて排除できるか。EC の共同市場では，原則としてこれは許されない。このような各国ごとの商標権行使を認めると，共同市場が各国市場に再び分断されるからである。商品の自由移動の原則を損ねる商標権行使は制限される。このことを欧州司法裁判所は，ある構成国（フランス）で合法的に流通におかれた商品の商標権は，最初に合法的に流通におかれた国（フランス）において「消尽（exhaust）する」と表現した。ゆえに，同じ NG 社起源の商標商品について，最初の流通構成国以外の構成国（ドイツ）における商標権者は，もはや当該商標権を他の構成国からの並行輸入（フランスからの並行輸入品）を排除するためには行使できない（商標権の域内消尽法理）[10]。

もっとも，以上は正規品同士の移動についての原則論である。もしも海賊版をフランスで製造してドイツで販売した悪徳業者がいた場合は，ドイツの一手販売者は手裏剣印ソフトの商標権を根拠に海賊版を排除できる。だが実際にはゲームソフトなど小型大量商品は，海賊版の発見と摘発だけで多大なコストがかかり，摘発しているうちに新しいゲームソフトに流行がうつるので，摘発コストに見合った経済的な成果はあがらないことが多い。

正規品については権利が消尽し，海賊版も実際には排除が困難だとすれば，EC 諸国において，各国の商標法など整備しておく意味はどこにあるのだろうか。そこでその意味のひとつを示すために，EC がチェコまで拡大した場合を考えてみ

よう。

　拡大によりチェコとドイツ・フランスの間では，商品は原則として自由移動できるようになる。この時，もしもチェコに商標法がなかったらどうなるか。いま域外の第三国で違法に製造された海賊版のゲームソフト「Eager 忍者」がチェコに輸入された場合や，あるいは極端に物価の安い域外第三国で製造された正規品がチェコに超廉価正規品として輸入された場合を想定しよう。このとき域外からの最初のECでの輸入国にあたるチェコ（共同市場の「水際」）において商標法がないならば，チェコ現地の正規品販売者も日本のNG社も，海賊版や超廉価版正規品の輸入をそもそも排除できない。そして水際で止められないと，それらの商品はドイツやフランスに自由に移動する。正規品については域内消尽法理によりEC各国の商標権による排除は許されないのが原則である。海賊版はドイツやフランスの一手販売者が商標権を行使して排除しうるが，成果に乏しいかもしれない。

　この結果は何を意味するのか。第1に，新規加盟国が，既存の加盟国と同等の法制度（アキだけでなく，その前提となる各国法・制度）を整備していないと，共同市場は外に向かって開放されたのも同然になってしまう，ということである。共同市場の原点は，域外と域内を法的に区別して，域内は国境のない単一市場にするというものであった。だからこのような，域外に開かれた事態は原理的に容認できないわけである。我々の事例の商標権のもつ意味でいえば，各国において商標法を整備しておくことは，主として域外から海賊版や正規品がやってきたときに，共同市場を対外的に防御するために有効である。欧州司法裁判所も，EC域外第三国（たとえば日本）とEC域内国（フランスやドイツ）との間には共同市場がないから，域外第三国からの流入品に対して，各構成国の商標権を根拠にこれを排除できるとした[11]。

　また第2に——これは先にアキ受容義務の理由の第1に対応するポイントであるが——，共同市場内でも，他の構成国と同等の法制度整備がない国では，とくに海賊版生産など，法整備がないことを利用して利得をあげようとする企業の注目を集めることになる。共同市場内での企業間競争の歪曲が起きる。我々の設例でいえば，チェコに海賊版製造企業が群生する事態にもなりかねない。これは共同体内での企業の競争条件の不平等の容認となり，商標についていえば正規品開発の企業意欲を減退させ，長期的視野にたった堅実な産業政策ともならないだろう。域内企業の競争の機会均等を保障するためにも，アキはもちろん，それを支えるに不可欠の各国法制度も各国間で同水準のものが整備されている必要がある。以上のようなわけで，ECの拡大において，新規加盟国にはアキの受容とそれ

を支える必須の各国法・制度の整備が求められてきたのである。

(2) 東方拡大の日本への影響：一例

ちなみに，日本との関係でも，2004年の東方拡大のための東欧諸国のアキの受容義務にともなってひとつの問題が生じた。欧州委員会によれば，ポーランド，チェコ，スロヴァキア，ハンガリーの各国と日本との間の「友好通商航海協定」(Treaty of Friendship, Commerce and Navigation, FCN) にある，日本に対する最恵国待遇条項が問題になった。最恵国待遇条項とは，たとえばポーランドが日本とその条項を含む通商条約を結んだ後，ECとの条約（加盟条約）では，さらに有利な通商条件を認めた場合，日本にもその有利な方の条件を認めるものである。そのため最恵国待遇条項を残しておくと，域内投資が原則自由であるEC諸国間の条件（最も有利な条件）をポーランド等上記各国は日本にも認めることが義務づけられる。日本とポーランドには結構なことだが，これはアキに反する。ECのアキは，EC諸国間の共同市場内での投資を自由化して優先させ，域外国（日本）からEC域内への投資を劣後させることを求めているからである。そのため上記各国はEU加盟にあたり，日本との友好通商航海協定の改訂を欧州委員会から求められた[12]。ことの是非はともかく，ここからも共同市場は，域外国と域内国の待遇の法的区別を導入しうるものであることがわかる（Eager忍者事件に即して言い換えれば，日本への最恵国待遇条項を残しておくと，投資面の共同市場が域外日本に向かって開放されたも同然になるので，この穴をふさぐ必要があるとEUは考えるのである）。ただしEUも，EU諸国やECや日本が加盟するWTOなどの国際法に従わなければならない。ゆえに，目下の問題に関して国際法が扱っているならばそれも1つの基準にしつつ，日本政府は上記各国との改訂交渉に応じるかどうかを判断することになる。

II 転換点：1990年代のEU制度の形成

さて発展史にもどれば，EC諸国は1989年から1991年にかけて，東欧諸国の社会主義体制諸国やソビエト連邦の崩壊，東西対立の解消という劇的な政治変化を経験した。この変化はECという制度にも大きく影響した。なにより，EC諸国はヨーロッパの地理と人々の範囲の再定義を迫られたからである。1950年代以来のECは，所謂，西ヨーロッパ地域の国々と人々の共同体であった。東ヨーロッパ地域の国々と人々も含めて，再定義されたヨーロッパの平和と繁栄をいかにめざす

か。これが1990年代以降，新たな課題としてEC諸国に登場した。この課題に既存のECの法と制度で十分対応できるであろうか。EC諸国はどう対応したのであろうか。これを次にみていこう。

一方で，1980年代末からすでに「共同市場」(1985年以降の用語では「域内市場」)のさらなる発展のために通貨同盟(EC諸国で各国通貨を廃止し単一通貨に統合する)をEC条約に書き込むための条約改正交渉の準備が始まっていた。

他方で，1989年，東欧の社会主義経済諸国が市民革命により市場主義経済国家に体制転換した当時，EC諸国はいまだ東欧諸国を共同市場に取り込むか否かについて，明確な態度をとれないでいた。むしろ体制転換後の経済混乱から，東欧諸国に大量の経済的な困窮者が発生し，それがECに移民や難民として流入するのではないかと危惧するEC諸国が多数であった。しかし，東西ドイツの再統合が1990年10月に早くも実現したため，他のEC諸国もECとしての東欧諸国に対する外交政策を本格的に構築すべきとの認識をもち始めた。

そこで1990年12月，通貨同盟交渉に並行してEC諸国は，非経済的な政策分野(外交，安全保障，警察活動など)についての条約の交渉を開始した。そこでの具体的な議題は，対東欧を念頭に，EC諸国の対外的な移民・難民政策の形成を可能にする法と制度の構築であり，あるいは域内の治安強化のための警察・刑事司法協力の構築であり，また1970年代以来の課題である，EC諸国の対世界外交協調の強化(「ひとつの声のヨーロッパ」)と具体的外交行動の実効性の強化であった。

こうして一方でECの経済共同体としてのさらなる展開をめざす条約交渉が，他方で東欧を含めた新たなヨーロッパにおける秩序形成を目的とする条約交渉が，時を前後して別々に始まり，途中から一本化され，その結果締結されたのが，1992年のマーストリヒト条約である(発効は1993年11月)。この条約により，初めてEUという現在の体制が公式に創設されることになった。これはECがEUに名を変えたといった単純なものではない。ECはECのまま存続しつつ，それとは別の統治構造を追加して併置した新たな制度を創るものであった。

1 列柱構造

ゆえにEUとは，一方でECを存続させつつ，他方でECでは扱わない「共通外交安全保障政策」分野の政府間協力と，「警察刑事司法」分野の政府間協力とを並存させ，この3領域に共通の機関として欧州〔首脳〕理事会(European Council)と閣僚理事会(Council)を位置づけた統治体制である。ヨーロッパの人々は，この体制をギリシャの神殿のように，列柱がならび共通の屋根を戴くイメージで表

現することが多い。ECを第1の柱、外交安保を第2の柱、警察・刑事司法を第3の柱というのである（なお、第3の柱は、マーストリヒト条約当時は、対外的な移民・難民政策や民事司法協力も含んでいたが、これらは後の条約改正でECの柱に移管された。単純化のために、ここでの記述は移管後の状態に統一している）。

(1) ECとEUの法的区別

では、ECとEUの統治体制は、法的にどこが違うのであろうか。

第1に、ECは未だに独立の国際法人格をもっており、ECの権限の範囲内での行為はECの名で行うのに対して、EUの第2・第3の柱の事項についての行為はEUの名で行ったり、EU各国の名で行ったりする。法的行為の主体の違いがある。

第2に、EC事項とEU第2・第3の柱事項の間には、意思決定の方式・手続、意思決定への関与機関の違い、つまり意思決定の制度の違いがある。これは、政治的な視点からいえば、どれほどEC・EUとしての意思決定過程が各国政府の利益主張に左右されるか、比較的各国利害からは独立でいられるかの違いでもある。

前述したように、ECの立法や政策形成においては、欧州委員会が提案権を独占しており、その提案にもとづき閣僚理事会と欧州議会が採決をする三者協働方式である。またEC条約の改正の度ごとに、閣僚理事会が特定多数決で決定をするEC事項が拡大されてきた。今日では、EC事項のうち、ECの組織体制の基本に関わる（憲法的）事項、税制など一部の政策事項を除いて、閣僚理事会の特定多数決が原則になりつつある。このような三者協働・多数決方式の場合、各国政府は国益を意思決定過程の最終段階まで押し通すことはほとんどできない。

これに対して、EU第2・第3の柱事項を扱う場合は、欧州委員会が提案権を独占せず、構成国にも提案権が認められてきた。そして提案の採決は閣僚理事会の全会一致が原則である。さらに欧州議会は、単に意見を表明するだけであって、最終的な採決に関与できない。つまり、EU事項においては、各国政府・閣僚理事会中心の意思決定方式がとられていて、しかも諸国政府閣僚の全会一致が原則であるから、各国利害の主張が意思決定過程の最終段階まで容易である。

したがって、ECと、EUの第2・第3の柱との違いを、ごく単純に図式化すれば、ECは各国利害主張を超えた共同体的な意思決定様式であるのに対して、EU第2・第3の柱は各国利害の主張がはるかに影響をもつ、政府間協力的な意思決定様式である。

第3の違いは、採択されるEC・EUの措置（法規等）の性質と欧州司法裁判所の管轄権の点である。第2の柱は、外交問題および安全保障・防衛問題を扱うため、

そもそも法的手段よりも柔軟性の高い措置がより適切であることが多い。そのため「共通の立場」「共通戦略」「共同行動」といった，構成国政府間の申合せであって，法的な拘束性がきわめて弱い措置が予定される。そして外交・安保領域については，欧州司法裁判所の管轄権も否定されている。このような状態は法的拘束力をもった措置が中心で欧州司法裁判所の管轄権が強制的に認められているECとほぼ対極的である。第3の柱は，いわばECと第2の柱の中間であって，そこで採択される「枠組決定」「決定」という措置は法的拘束力が構成国政府間においてはあるが，私人に対する直接効が否定されている。そして欧州司法裁判所の管轄権は，それを承認する構成国との関係では生じる。

このように，共同市場，共通外交安保政策，警察・刑事司法協力とそれぞれの政策分野に応じて統治様式が異なるために，EUはEC（第1の柱），「共通外交安保政策協力」（第2の柱），「警察・刑事司法協力」（第3の柱）という，それぞれ別々の法的性質の三本の列柱からなる「列柱構造」をしていると1990年代から今日までいわれてきた。**表2-2**は，以上を踏まえて，各列柱の統治様式の違いを整理したものである。

(2) 列柱構造にした理由

ところで，なぜEC諸国は，ECを含めたEUを形成する際に，わざわざ列柱方式を採用したのであろうか。なぜ「共通外交安保政策」や「警察・刑事司法協力」もECに含めて一本にすることをしなかったのであろうか。これは主として起草者意図の問題であり，政治的な問題である。ただし，その意図を形づくる背景事情にも触れておく必要があろう。実は，当時すでにEU列柱方式の萌芽形態が存在していたのである。

1970年代のとくに中盤以降，ECの閣僚理事会等の会合にきわめて近接して（たとえば閣僚理事会の直前や直後に隣室などで），ECの枠外の事項，とくにEC諸国間の政治外交上の共通問題を討議し，各国の行動を協調させる国家実行が生じ，次第に定例化されていった（各国外相会合など）。これが1986年の「単一欧州議定書」と呼ばれる条約において，「欧州政治協力 (European Political Cooperation, EPC)」として法的にも公式に認知され，ECとEPCを架橋する共通機関として「欧州〔首脳〕理事会」が設置されるに至った。こうして1980年代後半から，二本の列柱構造のEU萌芽形態が生じていた。ただし，この当時のEPCの活動はごく概括的なものにとどまっていた。こうした背景のもとで，1990年代初めにマーストリヒト条約が交渉されたのであった。

表 2 - 2　現 EU 三列柱の統治様式の違い（ニース条約）

	EUの第1の柱 (EC)		EUの第3の柱 (PJCC)	EUの第2の柱 (CFSP)
	（伝統的な）EC	EC第Ⅳ（移民）編	警察・刑事司法	外交安保・防衛
意思決定の主要機関	閣僚理事会＋欧州議会		閣僚理事会	欧州首脳理事会（指針） 閣僚理事会（具体措置）
補佐機関	常駐代表委員会（COREPER）		調整委員会（EU36）	政治安保委員会（EU25） [軍事委員会]
法規などの採択方式	欧州委員会の提案 ↓ 閣僚理事会 （特定多数決が多い。全会一致もある） ＋ 欧州議会 （総議員の多数決、出席議員の多数決など）	[1999～2004年] 委員会or構成国提案 ↓ 欧州議会への諮問 ↓ 理事会の全会一致 [2004年10月～] （伝統的EC方式）	構成国or委員会の提案 ↓ 欧州議会への事前諮問 ↓ 理事会の全会一致 （実施措置は特定多数決 手続問題は単純多数決） (EU34)	構成国or委員会の提案 (EU22) ↓ 理事会の全会一致 (EU23) ・建設的棄権 ・共同行動・共通の立場の採択、共通戦略にもとづく決定、共同行動・共通の立場の実施決定は、特定多数決 ・国家の重大利益を主張する国は、欧州首脳理事会での全会一致へ付託可能。 ・手続問題は単純多数決
採択できる行為形式	規則（各国に直接適用） 指令（構成国を名宛人。直接効あり） 決定（特定個人・国を名宛人。直接効あり） 勧告（法的拘束力なし） 意見（法的拘束力なし） (EC249)		枠組決定（直接効なし） 決定（直接効なし） 条約 共通の立場 (EU34)	原則・一般指針 共通戦略 (common strategies) 共同行動 (joint actions) 共通の立場 (common positions) 各国間制度協力強化 (EU12) 伝統的な外交手段（共同声明、宣言、決議など）
欧州議会の関与	諮問 協力 共同決定 承認 など各種の手続で広範に関与。 提案請求 質問・勧告 年次審議	[1999～2004年] 諮問手続 (EC67) [2004年10月～] 諮問または共同決定手続 (EC67)	事前諮問（共通の立場の採択は除く） 理事会から欧州議会への定期報告 提案請求 質問・勧告 年次審議	主要局面・基本的選択の諮問 理事会から欧州議会への定期報告 提案請求 質問・勧告 年次審議
欧州司法裁判所管轄権	強制管轄		任意管轄（管轄権受諾宣言をした国のみ）	管轄権なし

出典：中村民雄「アムステルダム条約の第2・第3の柱の法的断面図」『日本EU学会年報』17号（1998年）、24-49頁にニース条約による改正を加えて補訂。

第2章　EU法制度の形成と東方拡大　　47

　マーストリヒト条約の交渉過程を検証すると，政府間交渉の開始直前の欧州首脳理事会（1990年10月，ベネツィア）において，一方でEC方式を外交安保などに拡大する一本柱方式を提案し支持していた国（イタリア，ベルギー）もあったが，他方で外交安保分野は，EC諸国で共通の価値や大局的目標には合意できるかもしれないが，あくまでも具体的な外交安保の政策形成と措置の実施は各国政府が独立して自律的に行うべきだと主張した国（とくにイギリス，フランス，ドイツ）もあった。そこでEC一本化方式はとらず，既存のECとEPCの二本立て構造をそれぞれ発展させる方向で交渉を進めることで諸国間に最終合意が成立した。欧州委員会もこの方向を支持した。こうして1990年12月から政府間条約交渉が正式に始まった[13]。

　なぜ1990年段階で（いな2004年の現在も）多くの国が，外交安保事項もECに一本化する方向を支持しなかった（し，現在もしていない）のであろうか。いくつか実質的な理由が考えられる。

　第1に，外交も警察も軍事力も，EU各国が独立の自律的な国家として存続する上で重要な統治権力であり，その行使は各国の議会と憲法により規律されている。この現状を根本的に変更して，それらの権力をECに移管し，EC次元の欧州議会と欧州憲法条約でEU市民が規律する必要を，各構成国の国民が感じるような危機的な状況変化は，ヨーロッパ内部にもヨーロッパの近隣外部からも生じていない。またそこまでEC次元の議会や憲法が実効的に機能するとはヨーロッパの人々に感じられていないのであろう。EU市民にとってEUは未だに遠い存在である。たとえば欧州議会選挙への投票率は下がる一方である（EU平均で，1989年選挙60％弱，1994年選挙55％強，1999年選挙50％弱，2004年選挙45％弱）。

　第2に，外交安保面では，すでに国連，NATOなどの，他の国家組織や政府間協力制度が存在しており，それらが機能不全に陥っているわけでもない。むしろ既存の他の制度も尊重しつつ，ヨーロッパの統治制度も並行または補完的に展開するほうが容易であり，各国国民の承認も得やすいであろう。

　判断の実質的理由が何であれ，EC諸国は1990年初頭の段階では，経済事項をECで，政治外交事項をECとは別の枠組みで扱い，両者を共通機関で連結するという既存の列柱方式の萌芽形態を本格化させるのが最も穏当であり，民主的にも受容可能な唯一の選択肢であると判断した。それで列柱方式がとられたのである。

2　東方拡大と機構問題

　では1990年代をとおしてのEU制度の形成において，東方拡大はどのような問

題として扱われたのであろうか。まず拡大をめぐるEC諸国と加盟国双方の状況を確認しておこう。

(1) 1990年代の状況

すでに触れたとおり、マーストリヒト条約の交渉当時（1989-91年），EC諸国はいまだ東欧諸国を共同市場に取り込むか否かについて，明確な態度をとれないでいた。しかし，東西ドイツの再統合が1990年10月に実現したため，他のEC諸国も東欧諸国のEC取り込みを本格化させるべきとの認識を次第にもち始めた。事実，東南欧諸国も，1990年代に順次EU加盟申請を行った[14]。そこでECは1990年代前半，東南欧各国と「欧州協定（European Agreements）」と呼ばれる連携協定を締結し，当該各国に一定の特恵待遇を認めた。次に1993年から1995年にかけてEU諸国は新規加盟国の受入れ条件の大綱基準[15]を発表し，1998年以降，東南欧諸国とEU加盟条約の交渉を開始した。この交渉期間は実質的には，東南欧諸国にとってはアキ受容のための国内法の整備期間であり，整備を終えた東南欧10カ国は2003年にEC・EU諸国と加盟条約を締結し，各国での批准を経て，2004年5月にEUに正式に加盟した。

以上のような流れの中で，1992年のマーストリヒト条約以降，EU諸国は，東方拡大を主としてEUの統治機構の意思決定の効率性維持の問題として捉えた。1957年のEC条約は原加盟6カ国を念頭に機構を作っていた。それが1990年代まで継承されて，1995年には加盟国は15カ国に拡大していた。そこに2000年代に東欧諸国が加盟すると25カ国から30カ国近くになる。たとえば閣僚理事会において全会一致を原則とすると，6カ国での全会一致と25カ国での全会一致では後者がはるかに成立困難である。これは経験的に明らかである。ゆえに，1990年代から2000年代初頭のEU諸国においては，東方拡大が既定路線となるや，EUの機構改革が不可欠との認識が共有された。

同時にこの時期は，東方拡大とは別の文脈で，従来のEC・EUの運営に対する批判の声もあがっていた。たとえば，従来のECだけであっても，閣僚理事会の審議は非公開であって，立法過程が不透明である。いわんや経済から外交安保や警察・刑事司法に及ぶ広汎な権限をもつようになったEUにおいては，市民の権利義務や利益に直結する事柄を広い範囲でEC・EUが立法しかねない。だとすれば，いっそう民主的な運営のための制度改革が必要であるという「民主主義の赤字」批判がそのひとつである。また，EUの外交安保政策についても，1990年代のユーゴ内戦に対するEUとしての実効的な対応に失敗したことから，EU諸国の外交

安保政策における協調をいっそう実効的にする制度改革が必要であるとの批判もあった（「ひとつの声の欧州」の要請）。これらの論点が，効率性，民主性，実効性というキーワードとなって1990年代のEU条約改定交渉において繰返し現れるようになった。

(2) ニース条約による機構改革

以下では，東方拡大に直結する効率性というキーワードで扱われた機構問題に絞って，1990年代の改革の成果を整理してみよう。これは主として2001年のニース条約に結実した。

第1の論点は，閣僚理事会の全会一致事項の削減である。全会一致事項が多いほど，加盟国数が増えるにつれて閣僚理事会の意思決定は困難になるからである。

すでにみたとおり，90年代の改革を経ても，EUの第2・第3の柱（外交安保，警察・刑事司法）の分野は，いまだに全会一致が原則である。もっとも，両分野とも特定多数決が導入された部分もあるが，それは基本的な選択が全会一致で決定された後の，具体的な実施措置の採択段階などについてである。

ECの政策事項で，マーストリヒト，アムステルダム，ニースと3回のEC条約改正を経ても，全会一致事項として残っている主たるものは，各国税制に関する措置（間接税の税率など）（EC条約93条），各国財政に負担をかける措置（財政負担をともなう環境措置など）（同175条2項），各国の社会保障法制度（同42条）および労働者の社会的保護に関する措置（同137条1，2項），域内居住の第三国労働者に関する措置（同137条1，2項），対外通商政策における各国文化，映像，教育，社会福祉サービスに関係する事項（同133条6項）などである。これらは事項の数としては多くはないが，内容的にいずれも重要である。税制─財政─社会保障・社会的保護・福祉・教育・文化・映像というのは，すべて各国の公的資金投与にかかわる政策事項である点で共通している。

以上から，ごく大づかみにいえば，現在でもEU各国は，財源，警察，軍事，外交について，高度に自律的な決定権をもっているわけである。このような分野でのECやEUは，各国から独立してEC・EUとしての自律的な政策を展開するようなものではなく，各国が一致してEC・EUの枠組みを使いたいときには使える，という各国にとっての政策実現手段のひとつとして機能することになる。

第2の論点は，閣僚理事会の特定多数決の方式である。全会一致事項を多数決事項に移行するとしても，多数決の方式は様々ありうる。EUは大国（ドイツ）から小国（ルクセンブルクやマルタ）まであるので，国家対等の一国一票の多数決で

は，諸大国の反対がありながら中小国の賛成多数で可決した場合，非民主的な決定との批判がでよう。**表2-3**は，加盟候補国2カ国を含めた27カ国の人口とそれを点数換算した値を左欄に示している。今，候補国を除く現EU 25カ国が一国一票の単純多数決方式をとったとして，うち13カ国の賛成で閣僚理事会は賛成多数が成立するが，人口の最小国マルタから逆に上って13番目のスウェーデンまでが賛成したとすると，それらの人口点合計は100点である。EU 25カ国合計で936点なので，中小国の賛成多数は，EU全人口の100／936（10.7％）を代表する政府だけで決まるということになる。これでは到底EU次元の決定を各国国民や各国議会が民主的に正統性をもつものとして受け容れはしないであろう。

そこでECでは伝統的に各国人口規模に一定の比例性をもった，加重票が配分されてきた。東方拡大においても基本的にこの加重票による多数決（特定多数決）方式が継承されている。現在のEU 25カ国の票数配分は，**表2-3**の中欄EU 25の部分である。そして，2001年のニース条約と2003年の加盟条約は，次のような3つの要件を満たした場合に，多数決が成立するものとした。

①欧州委員会が提案した措置の採択には，過半数の構成国が投票すること。その他の提案（構成国の提案）の採択には，3分の2の構成国が投票すること。かつ，

②25カ国体制の現在では，232票以上の賛成があること。かつ，

③いずれの構成国も，いったん②で成立した特定多数決がEU総人口の62％以上を代表するかどうかの検証を請求でき，もしも②の賛成国の人口合計がEU総人口の62％未満の場合は，②の特定多数決は不成立とみなすこと。ただし，この人口確認請求は任意である。

ニース条約以前は，ごく一部の例外を除き，一定数以上の加重票合計があれば多数決が成立するという単純なものであった。これが東方に拡大したEUにおいて三重の特定多数決という複雑な方式に展開したのは，東欧・南欧諸国がポーランドを除けば，中小国ばかりで，従来の加重票合計だけでは，諸大国が反対していても中小国だけで多数を制することがありうる状況になったからである。つまり先に説明した一国一票制度と実質的には同等の状況が従来の特定多数決方式でも生じる。そこで方式が複雑化され，とくに③の要件で，人口大国が多数決成立にストップをかけられるようにしたのである。加重票数も，各国人口への比例性を従来よりも高めたのであるが，ポーランドとスペインはその人口に比べて過大な票数を配分されている点は注目に値する。これは後に，2003年12月の欧州憲法条約交渉において，再び閣僚理事会の多数決方式をより単純明快な方式に改めよ

第 2 章　EU 法制度の形成と東方拡大

表 2-3　東方拡大にむけた機構改革（2001 年ニース条約・2003 年加盟条約）

構成国〔加盟候補国〕	人口 千人	人口点	理事会 票数 EU25 [2004-2009]	理事会 票数 EU27	欧州議会 議席数 EU15 [2003]	欧州議会 議席数 EU25 [2004-2009]	欧州議会 議席数 EU27（最終増減）
ドイツ	82038	169	29	29	99	99	99（±0）
イギリス	59247	123	29	29	87	78	72（−15）
フランス	58966	123	29	29	87	78	72（−15）
イタリア	57612	120	29	29	87	78	72（−15）
スペイン	39394	82	27	27	64	54	50（−14）
ポーランド	38667	80	27	27	……	54	50
〔ルーマニア〕	22489	47	……	14	……	……	33
オランダ	15760	33	13	13	31	27	25（−6）
ギリシャ	10533	22	12	12	25	24	22（−3）
チェコ	10290	21	12	12	……	24	22
ベルギー	10213	21	12	12	25	24	22（−3）
ハンガリー	10092	21	12	12	……	24	22
ポルトガル	9980	21	12	12	25	24	22（−3）
スウェーデン	8854	18	10	10	22	19	18（−4）
〔ブルガリア〕	8230	17	……	10	……	……	17
オーストリア	8082	17	10	10	21	18	17（−4）
スロヴァキア	5393	11	7	7	……	14	13
デンマーク	5313	11	7	7	16	14	13（−3）
フィンランド	5160	11	7	7	16	14	13（−3）
アイルランド	3744	8	7	7	15	13	12（−3）
リトアニア	3701	8	7	7	……	13	12
ラトヴィア	2439	5	4	4	……	9	8
スロヴェニア	1978	4	4	4	……	7	7
エストニア	1446	3	4	4	……	6	6
キプロス	752	2	4	4	……	6	6
ルクセンブルク	429	1	4	4	6	6	6（±0）
マルタ	377	1	3	3	……	5	5
合計	481179	1000	321	345	626	732	736
特定多数決の成立		62%	232	255			
少数派による阻止		38%	90	91			

作表根拠：人口点は，フェイラ（Feira）議長国報告書（Confer 4750/00）Annex 2.3 による。
EU 25 の理事会票数および欧州議会議席数は，2003 年の東南欧諸国加盟条約（[2003] OJ L 236）による。

うとしたとき，ポーランドとスペインが既得利益を失うものとして反対し，憲法条約交渉そのものが一時決裂する原因となった。

第3の論点は，欧州議会の議席数と各国議席配分である。議席数も拡大にともない増加するのであるが，すでにEU 15カ国だけで626名の大規模議会になっていた。大規模化するほど本会議は審議困難か空疎になる。そこでアムステルダム条約（1997年）では，いったん拡大後の上限700名と規定された。しかし2001年のニース条約はそれを突破し，2003年の加盟条約で若干の修正を経て，現在は732名となっている。

各国別の議席配分は，**表2-3**の右欄EU 25が現在の配分状況である。各国とも比例代表制による選挙で議員が選出されるので，政党の多様性を確保するために各国とも一律にまず5議席配分し[16]，その後の残余議席を各国人口に一定の比率で配分していく方式がとられている。またEU 15（アムステルダム条約段階）とEU 25（ニース条約段階）を比較するとわかるが，大国同士（ドイツとそれ以外）においても人口差が大きいが，EU 25の段階以降のほうがドイツにとっても人口比に従来よりは即した配分になっている。

第4の論点は，欧州委員会の委員数である。これも従来は，大国2名，中小国1名という方式がながらく続き，EU 15カ国当時は20名の委員であった。もしもこの方式を東方拡大後も続けるならば，委員は30名以上になり合議に支障をきたすうえ，委員全員に配分するほど多くの職務はないため人員過剰となる。他方でEC条約は，各国利害から完全に独立に職務を遂行することを欧州委員会の委員に求めている。この理念に従うならば，各国1名である必要はなく，もっと小人数の委員会を構想することもできよう。ゆえにニース条約の交渉当時，委員数を加盟国数未満に削減すべきだと主張する国（イギリスなど）もあった。他方で，EC事項は欧州委員会だけが提案権をもっているので，各国の国内事情に詳しい各国選出の委員をそろえておくことも，提案の内容の妥当性や各国での実施段階での確保を高めるうえで重要だという意見も根強くあった（フィンランドなど）。

ニース条約交渉においてこの問題は決着がつかなかった。そこで東方拡大後は各国1名とするが，加盟国が27カ国になったとき以後初めて組まれる欧州委員会から委員の数を27未満に縮減するということにして，人数問題を事実上，先延ばしにした。その後，2003年の加盟条約で若干の修正が行われ，2004年5月から10月までは新規加盟10カ国が各1名委員を出して（既存の20名と合計すると）総勢30名体制となる（2003年加盟条約45条2項）。しかし2004年11月から2009年10月までは，各国1名で合計25名体制とするが（同），この間にEUが拡大して27

カ国以上となったときは，27未満の委員数にする（同）。このようになっている。ニースの問題先送りが結局続いた。これは後述する憲法条約により最終的に決着がつけられる。

III　展望：2000年代のEU

最後に，今後のEUと東方拡大の関係を論じよう。1990年代から2000年代初頭までのEU形成の現段階での総集編ともいえる「欧州憲法条約」(2004年6月合意，未発効。以下，憲法条約という)において，東方拡大後のEUの法と制度はどのように描かれているのであろうか。また東方拡大後の大規模EUが抱える新しい課題は何であろうか。憲法条約はその課題に応える用意があるだろうか。

欧州憲法条約の草案は2003年7月に諮問会議がまとめ，欧州理事会に提出された。その後同年年末まで政府間の条約交渉会議が開催された。しかしこの時点では，とくにスペインとポーランドがニース条約で定めた閣僚理事会の表決方式を草案が変更したことに異議を唱えたため，同年12月の政府間交渉は決裂した。しかし翌年3月のスペインの総選挙で政権が交代し，ポーランドも政府が交渉上の立場を緩和させたため，再び交渉が可能となり，2004年6月の各国首脳会合において，若干の修正を経て欧州憲法条約が合意された。

本稿執筆時(2004年7月)には，まだ公式の憲法条約の成文が公表されていないうえ，これが発効するには全EU諸国の批准を要するため（国民投票をする国が少なくとも8カ国ある），はたして発効するかどうかも定かではない。

とはいえ，以下にみるように，この憲法条約は，実体内容としては，従来のEC・EUの蓄積を整理しながら大部分継承し，新機軸を多少追加するものである。ゆえに，憲法条約の発効の成否にかかわらず，東方拡大後のEUについて現行EUの実務をボトムラインとして論じることは可能である。

1　欧州憲法条約が描くEU

2004年6月に合意された憲法条約は，東方拡大後のEUの政体像を描いている。この憲法条約の大部分は，1990年代から2000年代初頭にかけての一連のEU条約改正の現時点での整理統合編として位置づけることができる。多少の変更や新機軸も加えられている。

第1に，EUに単一の法人格を付与した。これにともない，EC管轄事項からEU第2・第3の柱管轄事項までの全体が，EU管轄事項として統合された。法形式的

には,従来の EC 諸条約と EU 条約を廃止し,欧州憲法条約一本を新たに締結するという手法をとる。従来の実体内容はほぼ新条約に移し変えられ,また従来の EC の機関や EU の機関は,すべて EU の機関として継承されている。

第2に,列柱構造については,EC の柱と第3の柱(警察・刑事司法)がおおむね一本化したが,第2の柱(外交安保防衛)は他の分野と異なる統治方式をとりつづけており,列柱的な特徴を多く残したままである。**表2-4**(と表2-2との対比)からわかるように,第2の柱で採択できる措置が法的拘束力のある「欧州規則」や「欧州決定」になった点は,他の政策分野と共通となり,列柱的な特徴が薄れた面である。また閣僚理事会が意思決定に関与する面も他の分野と共通であるが,これは以前からそうであった。しかしこの2面以外は,他の分野の意思決定制度と異なり,欧州司法裁判所の管轄権も外交安保防衛政策については排除されたままである。

第3に,機構改革が継続して行なわれた。ニース条約で未解決だった点が次のように改革された。

(i) 閣僚理事会の特定多数決(ニース条約の三重多数決)が単純化された。欧州委員会が提案する法案の可決要件は,15カ国以上の賛成かつ構成各国1票で55％以上の賛成票があり,かつ賛成国が EU 人口の65％以上を代表することである。ただし,否決要件もあり,可決要件のいずれかを満たさないことに加えて,4カ国以上の反対があることが要件となる(憲法条約Ⅰ-24)[17]。もっとも,この多数決の運用において,可決を阻止するために必要な数または人口の EU 諸国の四分の三以上が,閣僚理事会の特定多数決による決定に反対するときは,閣僚理事会は採決をひきのばしできるだけ円満な解決を探るものとされた(付属議定書)。

この特定多数決は,ニース条約では国別加重票であったところが,今回一国一票に変更されている点で単純化である。なお,4カ国以上の反対を否決要件に加えた点は,ドイツを含む3大国への中小国の牽制である。**表2-3**を見ると,EU 25カ国の総人口点は936点で,うち英独仏または独仏伊の3大国だけで EU 人口の約44％(3カ国で412～415点)を占める。ゆえに,もしも65％人口要件を満たさないだけで否決できるとすると,ドイツを含む3大国はいつも有利になる。そこで4カ国以上の反対という要件が否決要件に加えられ,他の可決要件を満たしている場合,人口要件だけで3大国が多数決成立をブロックすることはできない(4カ国以上の反対がないときは多数決成立とみなす)とした。

(ii) 欧州委員会の委員数は,各国1名体制が憲法条約発効後の最初の委員会まで続く(おそらく2014年まで)。その後は,構成国数の三分の二の数に減らす(ゆ

第2章　EU法制度の形成と東方拡大

表2-4　欧州憲法条約での列柱融合と統治方式の違いの残存

政策分野	EU　（単一法人格 I-7）		
	全分野（右の二分野を除く） [旧EC事項]	警察・刑事司法協力	外交安保・安保防衛政策
意思決定の主要機関	閣僚理事会＋欧州議会		欧州首脳理事会（指針）（III-295(1)） 閣僚理事会（具体措置）（III-295(2)）
補佐機関	常駐代表委員会（COREPER）(III-344)	域内安全委員会（III-261）	政治安保委員会（III-307） 軍事委員会(2001/79号理事会決定)
法規などの採択方式	欧州委員会の提案 ↓ 閣僚理事会＊と欧州議会＊＊の通常立法手続（共同決定）(I-34) ＊特定多数決の原則。全会一致は例外。 ＊＊総議員の多数決（絶対多数決） 例外　特別立法手続 ・警察・刑事司法分野（III-275(3)；III-277） ・その他	欧州委員会の提案 or 1/4の構成国群の提案 (I-42(3), III-264) ↓	外交安保事項：欧州委員会の支持を得た連合外務大臣or連合外務大臣or構成国の提案 (I-40(7)；III-299(1))　安保防衛事項：連合外務大臣or構成国の提案 (I-41(4)) ↓ 理事会の全会一致 (I-40(7)；I-41(4)) ・建設的棄権（III-300(1)） ・具体的措置は，特定多数決可（III-300(2)） ・国家の重大利益を主張する国は，欧州首脳理事会での全会一致へ付託可能（III-300(2)後段）。 ・軍事・防衛含意の決定は特定多数決不可（III-300(4)）
採択できる行為形式 (I-33)	欧州法律（←規則（各国に直接適用）） 欧州枠組法律（←指令（構成国を名宛人。各国内の法的効果は不明。） 欧州規則（←「規則」と同様効果，「指令」と同様の効果の両場合ありうる） 欧州決定（←決定（名宛人を直接に拘束。）） 勧告（法的拘束力なし） 意見（法的拘束力なし）		欧州法律・欧州枠組法律は不可(I-40(7))。 欧州規則 欧州決定 その他
欧州議会の関与	立法的行為は「通常立法手続」（共同決定手続）で常時関与。 欧州委員会への提案請求(III-332) 質問・勧告（III-337(1)(2)） 年次審議(III-337(3))		主要局面・基本的選択を諮問される(I-40(6)；I-41(8)；III-304(1)) 連合外務大臣から欧州議会への定期報告 (I-40(6)；I-41(8)；III-304(1)) 質問・勧告（III-304(2)） 年2回審議（III-304(2)）
各国議会の関与	欧州委員会提出法案に対する「補完性・比例性」事前審査 （付属議定書，III-259）	警察・刑事司法分野のEU法形成の監視（III-260） Europolの監視・Eurojustの評価（III-276, III-273）	
欧州司法裁判所管轄権	強制管轄(I-29)		原則として管轄権なし(III-376)

I-6などは憲法条約の条文番号

えにたとえば EU 25 なら 17 名, EU 30 なら 20 名となる)。ただし，欧州首脳理事会が事情により人数は全会一致により変更できる（憲法条約 I-25 条)。

(iii) 欧州議会の議席配分と議員総数上限も変更された。上限 750 名とされ(ニースでは 736)，各国最低 6 議席は配分する（ニースでは 5 議席)。さらに最高 96 議席とする（ニースでは 99)。(憲法条約 I-19 条)。以上が機構改革が進められた部分である。

第 4 に，憲法条約は EU と構成国の法的関係について，憲法条約は従来のアキを整理して明文化した。まず，EU と構成国の立法権配分については，EU の政策定立・立法権限のほとんどを「排他的」(EU のみ立法可能)，「共有的」(EU と構成国の両方が立法可能だが EU が立法すればそれが優先する)，「支援・調整・補完的」(EU は構成国の立法を変更しない範囲で補完可能) のいずれかに分類整理した。なお，これらのいずれにも分類しない政策権限として共通外交安保防衛権限などがある。次に，EU 法と各国法の関係については，判例法で認められてきた EC 法の優位性原則を，EU 法の優位性の原則として明文化した。これらは従来の法の継承である。

ただし，新機軸もある。EU と構成国の関係についての新機軸として，各国議会が EU 次元の立法提出が本当に EU 次元で扱うにふさわしいものであるか（「補完性・比例性原則」を満たすか）を事前・事後にチェックする手続が導入された。また，EU と EU 市民との関係の新機軸として，複数の構成国にわたる 100 万人以上の EU 市民は，欧州委員会に法案提出を要請できる制度が導入された（人民発案的制度)。

第 5 に，憲法条約は EC・EU の派生法規の種類を削減した。派生法規は，これまで列柱ごとに多種類あったが（**表 2-2 参照**)，これを「欧州法律」(従来の規則で立法的なもの)，「欧州枠組法律」(従来の指令で立法的なもの)，「欧州規則」(従来の規則で非立法的なもの)，「欧州決定」(従来の決定で非立法的なもの) などに名称を変えて整理統合した（**表 2-4 参照**)。

なお，この面にも新機軸がある。派生法規の種類整理において，「立法的行為」と「非立法的行為」という分類概念を新たに導入し，欧州法律と欧州枠組法律は立法的行為とした。この分類概念の導入により，たとえば閣僚理事会が立法機関として機能する場合とそうでない場合の区別がつくようになる。欧州法律や欧州枠組法律の提案を討議し採択する閣僚理事会は立法機関であり，それ以外は行政機関である，といった機能的区別である。しかも，立法的行為の提案の討議および採択にあたり，欧州議会と閣僚理事会は公開で審議を行うものとされるので，(欧州議会はこれまでも公開審議であったが) 非公開が多かった閣僚理事会の審議を

各国議会や EU 市民は監視することができ，立法機関としての閣僚理事会の行為を統制する実効的な手掛りを得たことになる。こうして権力分立原則の実質的な目的（統治権力濫用の防止）を EU の独創的な制度の下でも保障する工夫が加えられた。

　第6に，EU 法上の基本権・人権の法的保護が強化された。2000年に政治宣言されていた「EU 基本権憲章」を憲法条約本文に取り込み，法的拘束力を認めることで，EU 市民は少なくとも EU 機関の直接の行政権行使（直接実施）や，EU 立法による基本権侵害について，これを司法的に争うことが従来よりも容易になった。従来も，欧州司法裁判所は基本権保護を不文の「法の一般原則」のひとつとして判例法により認めてきていたが，明文の基本権保障は，EU の立法などの諸行為を事前に規律する意義もあり，新機軸といえよう。

　第7に，対外的には，EU に単一法人格が付与されたことから，対外通商から外交安保にいたるまで，一貫して EU の名で行動できるようになった。そして EU の全政策領域について対外代表となる新しい職として，「連合外務大臣」が設置された。外交安保領域については，新たに設置された職である「欧州首脳理事会常任議長」も対外代表となるが，現実の外交に携わる連合外務大臣の職責を害さない範囲にとどまるものとされている。

　以上が概観である。欧州憲法条約を一言で要約すれば，過去のアキを継承しつつ，EU 運営の効率化と意思決定の民主化，基本権保障の強化といった改善を試みるという穏健な条約である。名前こそ「憲法 (Constitution)」を冠しているが，それでもって欧州連邦「国家」を建設する意図を明示するものではない。欧州統合の最終形態は未確定である。

　憲法条約の示すところは，EU 構成諸国が国際法上の「国家」として存続することを前提にして，その諸国間の「条約」の形式で EU を構築しつつ，その実質において各国の EU 市民や各国議会の EU 統治への参加を認め，EU 市民の保護を拡充する，ということである。EU 内の人々や EU 構成国家の権利を保障し，義務を明示し，とりわけ EU 市民の諸権利を法の支配の下に実効的に保障する目的において国家「憲法」と類似の機能をもつが，逆に「憲法」をもつことから，「国家」という統治体制が論理必然的に出てくるわけではない。

　統治体制の類型分類（国家，連邦国家，国家連合など）でいえば，憲法条約が示す EU は，何といえばいいであろうか。一方で，EU はひとつの「国家」がもつような統治権限を EU 次元と各国次元において配分した「連邦方式」の分権的統治体制であるが，外交安保防衛などの強制的な統治権力は各構成国に留保された体制で

ある。しかも EU 固有の権限において EU の領土や国民を画定も創設もできず，さらには現在の EU 諸国も EU を国際法上の「国家」として形成する意思をもっていない。ゆえに現状でも憲法条約においても，EU を国際法上の「国家」とは評価できないであろう。したがって連邦国家でもない（連邦方式の分権的統治体制をもつことと，対外的に「国家」であることは別である）。

　他方で，EU の活動の内容と管轄事項の広さは一国家にはるかに近く，この点で目的限定的な国際組織を遙かに超えている。対外的にも EU の名で排他的に行動できる領域も多少はあるため，「国家連合（confederation of states）」（対外権限行使は各国名で行う）とも違う。ゆえに，現在の EU も憲法条約の EU も，「国家連合」を超えた，しかし連邦方式の「国家」未満の「特異な（sui generis）」政体（polity）であり，憲法的規範で結合された国家合同体である。

2　東方拡大後の課題に対応できる法制度か

　では，東方拡大後の EU が抱える新しい法・制度上の課題は何であろうか。そのひとつは，構成国間の経済格差ないし政治社会的多様性の統制と許容を，法・制度の上でどう行なうかである[18]。これまでの EC・EU 法は，共同市場の形成を目標として，多様性よりも統一性を重視し強調した法・制度の運用をしてきた。これがどれほど，どのように変化するか，が興味をひくのである。

　今回の東方拡大における新規加盟国と既存国との経済格差は，これまでの EC・EU 拡大の中でも最も大きい。たとえば，時間当り平均労働費用（人件費）は EU 15 カ国では 22.21 ユーロだが，EU 25 カ国では 19.09 ユーロに下がる（人件費がそれだけ安い）[19]。このような経済（劣後）格差に対する 1980 年代までの伝統的な EC 法上の処方は，①移行期間を設ける，②正当な例外事由を一般条項として設立条約に認める，③関係する新規加盟国と EC との間で特別の例外的措置を議定書などで定める，といったものであった[20]。

　他方，1990 年代に導入された多様性容認措置は，むしろ逆に一部の構成国に先行格差を認める手法であった。④「通貨同盟」政策を段階に分け，最終段階（単一通貨ユーロの採用）への参加については，移行期間をとくに定めず，一定の条件を満たした構成国で，参加の意思がある国については，EC に参加を申請でき，EC が許可の可否を審査するという方式はその典型である。⑤また EU 外交安保（第 2 の柱）の分野では，「建設的棄権」の制度により，参加の意思のない構成国は，意思のある構成国群の決定に拘束されないかわりにその決定採択を妨げないことにして，一定の国家群だけの先導的行動を認めるといった対応もでてきた。⑥そして

第2章　EU法制度の形成と東方拡大

表2-5　各国政策自主協調方式（OMC）の2類型

閣僚理事会が監視者	欧州委員会が監視者
典型例：経済政策の調整（監視・評価を閣僚理事会が行う。）	**典型例：社会政策の調整**（発議，監視，評価は欧州委員会が行う。）（III-213）
欧州委員会の提案→閣僚理事会で各国・EUの概括指針案→欧州首脳理事会（結論）→閣僚理事会が勧告（概括指針）＋欧州議会へ通知（以上はIII-179条2項）→閣僚理事会が各国・EUの経済政策と概括指針との適合性を監視・評価（同条3項），各国経済政策を調整（同条1項），違反国への勧告・公表（同条4項）	欧州委員会の発議（指針・指標と定期監視）→各国の政策実施→社会保護評議会の監視→欧州委員会の年次報告書（III-216）→欧州議会・閣僚理事会等での審議→欧州委員会の発議
他に，雇用政策，社会的保護政策，「自由・安全・司法」政策の分野でこの類型が用いられている。	他に，公衆衛生，産業政策，研究技術開発，欧州横断網の政策分野でこの類型が用いられている。

条文は憲法条約の条文番号。

　ECの政策分野については，一般的に，より高度の統合を求める構成国群による先行統合を種々の条件の下に認める規定も加えられた。

　2000年代に求められている多様性とは，最終的には同一の状態に達するが速度が違う「先行」「後行」といった多様性ばかりではないであろう。EUが各国の政治社会の伝統を尊重しつつ，各国の事情にあった措置を尊重するような多様性措置は，より構造的なものであって，時間の経緯とともに近似化することを予定するわけではない。

　このような問題意識に対応した，新種の措置が1990年代後半以降，登場してきた。「各国政策自主協調方式（open method of coordination, OMC）」である[21]。これは，それまでのECの法的措置を中心的手段とした政策実現の手法を補完するものである。法的手段による政策実現では，各国の経済格差が大きい場合など国内事情により域内全域一律の法制化が困難な事態が長期的・恒常的に続く場合，十分妥当に対処できるわけではない。そこで，法的拘束の少ない措置により，EC・EU次元の政策目標を各国が自主的に国内事情に適合した方式と速度で実現する手法として，「各国自主協調方式」が，いくつかの政策分野で意図的に採用されるようになった。

　憲法条約もこの方式を認め，いくつかの政策分野において，政策実現手段のひとつとして明文化している。表2-5は，憲法条約が明文化した各国政策自主強調方式を2類型に分けて示したものである。閣僚理事会が主導する方式と欧州委員会が主導する方式の2種類がある。それぞれの典型的な政策分野における，自主

協調の形成と監督の手順を示し，それぞれの方式が使われている他の政策分野をあわせて示している。

　欧州委員会方式のほうが，閣僚理事会方式よりも，協調の監督が実効的であると一般に予想される。なぜなら，欧州委員会は欧州議会に説明責任を負い，またその意思決定は単純多数決であるから，各国利害から一定の独立性を保てるが，他方の閣僚理事会にはそのような各国利害を超えた統制のメカニズムは働かないからである。はたして，このような自主的な政策協調方式が，従来の法的手段による政策実現に代わりうるほどの成果をあげるかどうかは，今後の評価にゆだねられる。

おわりに

　本章では，EU の法と制度の基本原則と大きな枠組みが歴史的に継承されながら，次第に 1990 年代の新情勢や東方拡大の要請にあわせて修正され展開していった様子を時系列に即して説明した。現在，2000 年代初頭の EU は，憲法条約が発効するか否かを問わず，構成国の「国家」としての存続を前提に，国家連合よりは緊密な，しかし連邦方式の大欧州「国家」ではない，連邦方式の特異な国家合同体として存在している。

　東方拡大にともなって，経済格差や社会の多様性がますます増える EU において，画一的な法を中心的な政策実現手段としてきた従来の EC・EU の手法がはたして妥当かどうか，これからますます問われることになるであろう。また法を手段として使う場合，EU の立法過程はいっそう民主的な手続と監視の下に制定されるべきだとの EU 市民や各国議会からの批判の声に応えなければならない。さらには，経済活動の規制を超えた社会的な価値選択にまたがる EU 立法も，次第に増えるであろう。このようになったとき，EU 市民の基本権，あるいは各国国民としての各国憲法上の基本権との整合性が，EU の裁判所または各国の裁判所で厳しく問われることにもなろう。EU はまさに国内「憲法」と同様の統治問題を抱えることになる。今はその本格的な政治共同体への過渡期である。

注
（1）　チェコ，エストニア，ラトヴィア，リトアニア，ハンガリー，ポーランド，スロヴェニア，スロヴァキア，キプロス，マルタの 10 カ国。
（2）　ただし ECSC は 50 年の時限付き共同体であり，2002 年に終了した。
（3）　とくに石炭鉄鋼共同体（ECSC）の前文が明快である。「［加盟諸国は］世界平和

第2章 EU法制度の形成と東方拡大

がそれを脅かす危険に比例する創造的な努力によってのみ擁護されうることを考慮し，……長年にわたる対立を必須の利益の融合に代え，経済共同体を設立することによって永らく流血の敵対により分断されていた人民の間にいっそう広く深い共同体の基礎をつくり，今後共有される運命を方向づける制度の基礎を築くことを決議し，ヨーロッパ石炭・鉄鋼共同体を設立することに決定した……」(前文1, 5, 6段)。同様に，経済共同体 (EEC) の前文も次のようにいう。「[加盟諸国は]ヨーロッパ人民間の絶えず緊密化する連合の基礎を置くことを決意し，ヨーロッパを分断する障壁を除去するための共同行動によって各国の経済的社会的進歩を確保することを決議し，各国人民の生活および労働条件の持続的な向上が各国の努力の本質的な目的であることを確認し，……資源を共同管理することにより平和と自由の保全を強化することを決議し，ヨーロッパ経済共同体を設立することに決定した……」(前文1, 2, 3, 8, 9段)

(4) GATT 24条は，一定の条件をつけて，このような関税同盟をともなう自由貿易地域を許容している。

(5) Case 106/77 Simmenthal [1978] ECR 629.

(6) Case 261/81 Walter Rau v. de Smedt [1982] ECR 3961.

(7) F. Mancini, "The Making of a Constitution for Europe," Com. Mkt. L. Rev. vol. 26, 1989, pp. 602-614.

(8) 欧州議会の直接選挙は，1979年以降行われるようになった。それ以前は，各国議会の議員代表が兼職していた。

(9) 東欧諸国の体制移行について，鈴木輝二「欧州連合(EU)の拡大と中東欧の1990年体制」東海法学21号1999年，23-71頁。

(10) Case 15/74 Centrafarm BV v. Winthrop BV [1974] ECR 1183.

(11) Case C-355/96 Silhouette [1998] ECR I-4799.

(12) 欧州委員会『EU拡大と日本への影響』駐日欧州委員会代表部，2003年，15-16頁。

(13) マーストリヒト条約の正式交渉開始前の準備過程については，次を参照した。F. Laursen and S. Vanhoonacker (eds.), *The Intergovernmental Conference on Political Union*, Nijhoff, 1992, pp. 8-10.

(14) 東南欧各国の加盟申請は次のとおりである。トルコ (1987年)，キプロス (1990年)，マルタ (1990年)，ハンガリー・ポーランド (1994年)，ルーマニア・スロヴァキア・ラトヴィア・エストニア・リトアニア・ブルガリア (1995年)，チェコ・スロヴェニア (1996年)。

(15) 1993年のコペンハーゲン基準は3要素からなる。①民主主義，法の支配，人権，少数者の尊重と保護を保障する制度が安定していること。②市場経済が機能しており，EU域内の競争力と市場の勢力に対応する能力があること。③政治，経済，通貨

同盟の目的への忠誠など加盟にともなう義務を履行できること。1995年のマドリッド首脳会議での追加基準は，加盟申請国が行政機構を再編成してEUの政策と法を実効的に履行できる準備があること，というものであった。

(16) D. Galloway, *The Treaty of Nice and Beyond*, Sheffield Academic Press, 2001, p. 120.

(17) 欧州委員会以外の提案，すなわち連合外務大臣の提案や構成国の提案の特定多数決については，各国1票で72％賛成かつ賛成国がEU人口65％以上を代表するときに成立するものとされた（憲法条約I-24条2項）。

(18) A. Inotai, "The 'Eastern Enlargements' of the European Union," in M. Cremona (ed.), *The Enlargement of the European Union*, Oxford Univ. Press, 2003, pp. 79-103.

(19) EU統計局データによる。Eurostat news release 36/2004 (12 March 2004).

(20) C-D. Ehlermann, "How flexible is Community law? An unusual approach to the concept of 'Two Speeds'" 82 Mich. L. Rev. vol. 82, 1984, pp. 1274-1293.

(21) OMCについての先導的研究論文として，D. Hodson and I. Maher, "The Open Method as a New Mode of Governance: The Case of Soft Economic Policy Co-ordination," J. of Com. Mkt. Stud. No. 39, 2001, pp. 719-746.

【文献案内】

(1) 1980年代までのEC・EU法の発展

大谷良雄『概説EC法』有斐閣，1982年

フランシス・G・ジェイコブズ（北村一郎・中村民雄共訳）「ヨーロッパ共同体法院の役割」『法学協会雑誌』109巻10号（1992年），1541-1571頁

須網隆夫『ヨーロッパ経済法』新世社，1997年

(2) 1990年代以降のEU統治体制の形成

中村民雄「EU法秩序の理念と現実」井上達夫ほか編『法の臨界［II］秩序像の転換』東京大学出版会，1999年，23-49頁

中村民雄「EU憲法秩序の形成とニース条約」『日本EU学会年報』22号（2002年），1-28頁

「特集：EU法の発展と展望」『法律時報』74巻4号（2002年）

庄司克宏『EU法　基礎篇』岩波書店，2003年

　同　　『EU法　政策篇』岩波書店，2003年

(3) 欧州憲法条約

衆議院憲法調査会事務局（中村民雄執筆）『欧州憲法条約——解説及び翻訳——』衆憲資第56号，2004年

第3章
拡大 EU の経済的挑戦
—— 経済統合史との関連で

廣 田　功

　はじめに
Ⅰ　拡大 EU の特徴
Ⅱ　中東欧から見た拡大
　　1　中東欧の期待と EU の対応
　　2　加盟の問題点
　　3　1980年代の拡大との比較
Ⅲ　旧加盟国から見た拡大
　　1　拡大の意義
　　2　EU 経済の問題点
Ⅳ　欧州経済地理の変容
　　1　欧州経済の「多極化」
　　2　欧州経済発展の「極」
Ⅴ　経済統合史から見た拡大 EU
　　1　欧州統一の意義
　　2　欧州統合の目的
　　3　EU 経済モデルの行方
　　4　「社会的欧州」の将来
　　5　独仏関係とフランスの影響力
【文献案内】

はじめに

　2004年5月1日，中東欧の8カ国と地中海の2国が新たに加盟し[1]，欧州連合 EU は 25カ国からなる「拡大 EU」に移行した。さらに 2007年には，第5次拡大で加盟が見送られたルーマニアとブルガリアが加盟し，27カ国体制に移行する予定である。EU はこれまですでに4度の拡大を経験してきた。1973年の第1次拡大では，イギリス，デンマーク，アイルランドが加盟した。1980年代には「南」に

向かって2度の拡大が行われ，1981年にギリシャ，1986年にはスペイン・ポルトガルが加盟した。1995年には，中立国のオーストリア，フィンランド，スウェーデンが加盟し，15カ国の体制に移行した。

2004年のいわゆる「東方拡大」を迎えたEU経済の現状と課題を論ずることが本章の課題であるが，EU経済の制度と政策の解説については数多くの著作があることを考慮して[2]，ここでは，(1)拡大の動機・背景，(2)新旧加盟国とEUの制度・政策に及ぼす影響，(3)欧州全体の経済地理の変化を中心に取り上げ，最後に，(4)経済統合の歴史に照らして拡大EUの歴史的意義を考えることにする[3]。

I 拡大EUの特徴

最初に，第5次拡大の特徴を経済的指標の観点から簡単にみておこう。拡大によってEUの面積は約30％（12カ国で約33％），人口は約20％（12カ国で約25％）増加したが，全体の国内総生産GDPは名目約5％しか増加しない。面積・人口に比較してGDPの増加率が極めて小さいことは，拡大の経済的影響を規定する1要因となる。後述するように，EU財政に対する「拡大のコスト」は，最も重要な影響である。

新加盟国は，人口，経済体制，経済発展水準，産業構造，失業率などからみて，非常に多様である。人口の点からみれば，最大のポーランド（3900万人弱）と最小のマルタ（40万人）まで大きな幅がある。経済体制の点からみれば，マルタとキプロスを除く国々は，第2次大戦後旧ソ連の支配下で半世紀のあいだ社会主義的計画経済を経験し，1989年に始まる社会主義体制の崩壊とともに市場経済に移行した。1人当りGDPの格差，産業部門別の就業人口と生産額の比率が示すように，経済発展水準や産業構造の違いは大きい。成長率，インフレ率，失業率も大きな差異を示している（表3-1）。

また中東欧諸国間の差異は大きいが，EU 15カ国と比べた場合，新加盟国における農業のウェイトは高く，拡大によってEU全体の農業・農村の様相は大きく変貌する。GDPに占める農業部門の比率と農業人口の比率を見ると，EU 15カ国平均が1.6％と5％であるのに対して，中東欧10カ国の平均は6.8％と21.5％である（1998年の数値）。拡大はEUの農地面積と農業人口を46％と134％増加させ，農業のGDPを54％増加させる。この変化は，歴代の拡大に比較してEUにおける農業の重要性を大きく高める（表3-2）。

またこれまでの4度の拡大は，市場経済（資本主義）の枠内における拡大であり，

第3章 拡大EUの経済的挑戦——経済統合史との関連で

表 3-1 10 カ国の経済指標

	人口	農業人口比	産業のGDP寄与率[1]			住民あたりGDP[2]	成長率[3]	インフレ率[4]	失業率[5]
キプロス	0.8	4.1%	20.3%	75.6%	82%	78%	4.2%	2.8%	4.4%
マルタ	0.4	2.8	28.2	69.1	53	69	4.9	2.5	8.2
エストニア	1.4	7.1	5.4	29.4	65.3	42	-1.4	3.6	10.1
ハンガリー	10.2	6.1	3.7	30.8	65.6	55	0.8	5.2	5.8
ラトヴィア	2.4	16.5	4.7	24.7	70.6	37	-4.8	2.0	10.5
リトアニア	3.5	15.1	7.1	30.5	62.4	41	-3.7	0.4	12.7
ポーランド	38.6	19.2	3.1	30.0	66.9	43	3.6	1.9	13.6
チェコ	10.2	4.9	3.2	37.3	59.5	63	1.6	1.4	7.8
スロヴァキア	5.4	6.3	4.4	31	64.5	49	3.5	3.3	17.1
スロヴェニア	2.0	9.9	30	35.2	61.8	70	4.2	7.5	12.5

注
1 第1次,第2次,第3次産業のGDPに占める割合。
2 対EU平均。数値は2003年(予測値を含む)。
3 1990-2000年平均の数値。
4 2002年の数値。
5 2003年の数値(マルタは2002年の数値)。
出所:*Problèmes économiques*, No. 2849, p. 7; L. Dubois (dir.), *L'Union européenne*, Documentation Française, 2004, p. 72

表 3-2 拡大における農業の重み(増加率)

拡大	農業GDP	農業人口	農地面積
第1次 (1973年)	19	17	42
第2次・第3次 (1981・86年)	32	54	41
第4次 (1995年)	3	5	7
第5次	54	134	46

1998年のデータによる。
出所:J.-J. Boillot, *L'Union européenne élargie*, 2003, p. 164.

今回のように市場経済への移行段階にある国の加盟は全く新しい経験である。EU加盟は市場経済移行を達成する課題と連動しており,加盟問題は中東欧の移行に対するEUの支援と緊密に結合していた。その結果,これまでの拡大にはみられなかったEUの「加盟前戦略[4]」が出現した。

もう1つの特徴は,新旧加盟国間の経済発展水準の格差である。新加盟国の1人当りGDPの平均は,EU 15カ国平均の約40%にすぎない。今回と同じく新旧加盟国間の発展格差が問題となった1980年代の拡大の場合,新加盟国の1人当り

平均 GDP は旧加盟国平均の約 60％であった。今回のような大きな格差は，新加盟国が EU の制度に適応し，旧加盟国の状態に「収斂」する課題に大きな困難をもたらし，ルーマニア・ブルガリアなど「最貧国」の場合，収斂に半世紀を要するともいわれる結果となる。

また 2004 年の拡大は，すでに統合が著しく進展した段階において行われた。第 1 次拡大が関税同盟の完成に，第 2 次・第 3 次が単一市場への移行に，さらに第 4 次が通貨統合への移行に対応していたように，歴代の拡大もそれぞれ経済統合の深化に対応していたが，第 5 次の拡大は，通貨統合の実現によって経済統合が完成した段階で実現された。新加盟国が EU の完全なメンバーになるまでに，加盟後も一定期間の移行期が設定されるとしても，旧加盟国との間の大きい格差とあいまって，より深化した EU 制度への適応はより困難となり，それだけ EU の強力な連帯と支援が要求されることになる。

最後に，最大の特徴は，初めて拡大が欧州の「東」に及び，東西欧州の統一が実現されたことにある。過去の欧州統合の歴史は，冷戦の枠内の「西」の世界に限定された現象であったが，東方拡大によって，欧州は冷戦で分断された統一を回復した。このことの歴史的意味については，後にあらためて論ずる。

II　中東欧から見た拡大

1　中東欧の期待と EU の対応

(1)　加盟の期待と EU の支援

今回の拡大は，1989 年の「東欧革命」以後，これらの国々が市場経済移行の改革の達成，西欧との経済格差の消滅と生活水準の向上を実現する手段として加盟を申請したことに起源をもつ。当時の EU は，「東方政策」によって中東欧との通商関係の拡大に乗り出していたが，加盟そのものに対してはむしろ慎重であった。単一市場の完成と通貨統合への移行をめざしていたために，拡大よりも深化の方に関心が向けられていたからである[5]。

1989 年 7 月のパリ先進国首脳会議 G 7 は，中東欧の期待を受けて，市場経済化に着手したポーランド・ハンガリー両国に対する西欧の援助を調整する権限を EU に認めた。このいわゆる「PHARE 計画」（ファーレ）とともに，中東欧の改革に対する EU の援助が始まり，それは同年 12 月，他の中東欧諸国に拡大された。PHARE 計画は，投資と市場経済のノウハウの移転を奨励するために，市場経済に必要な環境（とくに行政・金融・商業の制度）の創出を支援することを主たる目標とした。また

同年12月のストラスブールEU首脳会議は，中東欧支援のために「欧州復興開発銀行（BERD）」の創設を決定した。

1990年8月，欧州委員会は中東欧との間に「欧州協定」の締結を打ち出し，1992年3月のポーランド，ハンガリー，チェコ，スロヴァキアの4カ国との締結を皮切りに，順次協定が締結されていった。協定は，漸進的な加盟を容易にするために，通商・経済関係を発展させることを掲げ，2002年を目途に関税・非関税障壁を廃止して工業製品の「自由貿易圏」を確立することを掲げた。旧加盟国は，EU予算への圧迫を回避することに関心があり，貿易の拡大は，「拡大の財政コスト」を負担せずに中東欧に統合効果をもたらす最善の方法とみなされた。こうして加盟前から中東欧とEUとの間の貿易は急速に拡大していった。

(2) 対EU貿易の急増

中東欧諸国の経済は，2000年，市場経済移行にともなう国民所得の縮小からほぼ立ち直り，GDPは移行前の1989年の水準を回復したが，この過程でEUとの貿易の急増が重要な役割を果たした。これら諸国の輸出額は3倍の伸びを示し，EUの占める割合は7割近くに達した。輸入額の伸びは約3.5倍に達し，EUの占める割合も6割を上回った。この間の貿易の発展は中東欧の輸入超過であったが，対EU貿易の急増によって，中東欧の貿易構造は根本的に再編され，旧ソ連依存の構造からの脱却が実現された。この間，中東欧の「対外開放率」は，平均39％から78％に上昇し，EU平均の47％をはるかに上回り，EUの中でもっとも開放度が高いオランダの水準に近づいた[6]。

対EU貿易の拡大は，社会主義体制の下で遅れた生産構造の調整に効果を発揮した。現地の供給は，輸入消費財の競争に適応することを余儀なくされた。また輸入中間財は，加工品輸出業者に品質の向上をもたらし，競争力の改善に寄与した。繊維・皮革・家具などの下請関係の急増は，そのよい例である。しかしEUとの貿易は，中東欧の期待通りの拡大を示したわけではない。EU側の市場開放が，EU市場保護のために，農産物や「センシティブな品目[7]」を除外したことが，その大きな原因である。しかし中東欧が比較優位をもつ多くの品目の除外は，EU向け輸出の伸びを制約した。同時に，中東欧諸国の市場経済化の改革の遅れは，EU側の需要に対応することを困難にした。

加盟後，旧EU諸国への輸出が増加し続けるかどうかは，中東欧の収斂にとって重要な要因である。中東欧からみれば対EU貿易の割合は急増したが，EUからみれば中東欧からの輸入はなお総額の5％程度にすぎない。この非対称性を考える

と，潜在的な可能性は大きいともいえる。今後，潜在能力を十分に発揮して輸出が増加すれば，加盟後の歩みはEU向け輸出の増加を梃子に比較的順調にキャッチ・アップを実現したポルトガル・アイルランドのシナリオに近づくことが予想される[8]。そのためには加盟後，移行改革が完成されるとともに，遅れた生産設備の更新が進み，生産性の上昇と品質改良が進むことが必要である。

(3) 直接投資の急増とその影響

一方，EUとの経済関係の強化は，直接投資の増加をもたらした。市場経済化の進行につれて，中東欧への直接投資は増加し，20-21世紀の転換期には，世界の直接投資額が停滞ないし減少する中でも増加を続けた。とくにGDP，就業人口，輸出額から見た世界経済に占める割合に比較して，中東欧諸国が世界の投資総額に占める割合は高い。

中東欧向けに直接投資が増加した要因としては，安い賃金コストと教育水準の高さ（労働力の質の良さ）が，よく指摘される。しかし賃金水準が最も低いブルガリアとルーマニアに対する投資が相対的に少ないことは，低賃金の意義を相対化させる。実際，欧州委員会の調査によれば[9]，直接投資の50％近くは，通信・水道・銀行など，国内のインフラ整備に集中している。残る約半分のうちの30％は，将来の現地市場の拡大を見越した先行投資であり，20％が輸出向けに安価な労働コストの活用を狙ったものである。それでは労働力の質はどうだろうか。初等教育と中等教育の普及度は，確かに高い。GDPに占める公教育支出の割合はEU平均に近い。しかし高等教育の普及率は，EU平均をはるかに下回っている。

結局，直接投資増加の最大の要因は，EUとの距離の近さであろう。これら諸国へのEUの直接投資は，EUの投資総額からみれば数パーセントにすぎないが，これらの国からみれば，EUからの投資は量的にみても重要であり，受け入れ投資総額の70％を上回る。とくにドイツが最大の投資国であり（投資残高の約20％），またオーストリアが投資の「相対強度」が最も高いことは，距離の近さの重要性を示している[10]（表3-3）。

中東欧は，EUの直接投資が生産性のキャッチアップを実現し，産業再編推進の梃子となることを期待した。EUの直接投資は，投資先に新技術や経営のノウハウを伝え，EU企業と現地企業の間に下請け関係を構築しながら，中東欧諸国の経済を「投資に牽引された経済」に再構築する。EUからの直接投資を契機とする産業再構築（リストラ）は，競争の働きを通じて，生産性上昇への圧力となることを期待されたのである。

表 3-3　中東欧諸国の直接投資残高（2001 年末）

	投資残高（億ドル）	比率（％）
ブルガリア	39	3.0
エストニア	32	2.5
ハンガリー	236	18.5
ラトヴィア	22	1.7
リトアニア	27	2.1
ポーランド	424	33.4
チェコ	268	21.0
ルーマニア	76	6.0
スロヴァキア	61	4.8
スロヴェニア	33	2.6
キプロス	22	1.8
マルタ	33	2.6

出所：J.-J. Boillot, *L'Union européenne élargie*, 2003, p. 56.

表 3-4　直接投資の部門別残高（1998-1999 年）

	エストニア	ハンガリー	ラトビア	リトアニア	ポーランド	チェコ	スロヴァキア	スロヴェニア
一次産業	1.5	1.4	1.2	0.0	0.3	1.0	1.4	0.0
二次産業	22.8	37.3	17.1	30.0	49.2	45.8	49.1	51.5
三次産業	75.2	61.4	72.7	35.0	50.5	53.2	49.5	48.5

出所：J.-J. Boillot, *op. cit.*, p. 62 より作成。

　次に，直接投資がどんな産業に向かっているか，みておこう。製造業については国によるばらつきが大きいが，それに比較して，第3次部門の比重が高いことは共通している（表3-4）。製造業では，全体的には，食品が高いほか，石炭・石油製品（リトアニア），化学製品（ハンガリー），機械・設備（ルーマニア，ハンガリー）自動車（ポーランド，チェコ）などが目立つ。また第3次部門では，商業，交通・通信，銀行・保険といった部門の比率が高いことが目立つ。とくに商業部門への投資が高いことは，消費革命の動きに対応した大規模店舗の急展開を反映している。実際，1990 年代半ば以後，中東欧諸国の小売り高の増加はめざましく，1993-2000 年の小売り総額の伸びは，EU 15 カ国（25％増）をはるかに上回って倍の増加を示した。この消費の増大を受けて，EU の大規模流通グループは，国内における出店規制や食料品支出の停滞を克服するためにも，相次いで出店した。その結果，

人口当りの店舗数は，早くも EU 水準に近づきつつある。

このように 1990 年代初頭以来，中東欧は EU 加盟によって西欧なみの経済発展と生活水準を達成することをめざし，加盟準備過程では，対 EU 貿易の拡大と EU からの直接投資の受け入れを梃子として，市場経済移行と EU 経済へのキャッチ・アップをめざした。しかし加盟後，このシナリオが順調に続くためには，「統合のショック」がもたらす困難を解決しなければならない。次に，加盟がもたらすいくつかの問題点についてみておこう。

2 加盟の問題点
(1) 雇用への影響

第 1 の問題は，産業のリストラの継続にともう雇用情勢の悪化の恐れである。加盟は，EU の自由競争的市場経済を受け入れることを意味する。その結果，現地企業は拡大 EU の激しい競争圧力に耐えねばならない。中東欧は，市場経済移行の時点で老朽化した非効率な生産設備を大量に抱えていた。この状況は，加盟までに相当改善されたとはいえ，リストラは加盟後も継続されねばならない。EU からの直接投資は生産性の向上を助けたが，よい影響だけを与えるわけではない。一方では，外国企業との協力関係のなかで，資金，技術，人的資源，経営のノウハウなどを獲得し，業績が好転する現地企業が現れる。しかし他方では，協力関係の枠外に置かれた企業は，効率性の高い外国企業の競争によって危機的状況に陥る恐れがある。現地企業の「二重構造」化の危険をはらんだリストラの継続は，失業の増加をもたらす。中長期的にみた場合，西への労働移動の増加と経済成長にともなって失業への圧力は緩和されるであろう。1990 年代前半の中東欧は，「体制転換」の影響で急激な雇用減少に悩んだ。90 年代後半の成長とともに雇用情勢はいくぶん改善されたが，なお転換開始直前の水準まで回復していない。(図 3-1) 2002 年の失業率は，平均 15％に達し，EU 平均の 8％を大きく上回る。この状況に「統合のショック」が影響したとき，短期的には，雇用減少と失業増加の恐れは否定しえない。

(2) EU 基準への適応

さらに EU の制度を受け入れることにともなう負担の問題がある。加盟は，膨大な EU 法の体系（いわゆるアキ・コミュノテール）を受け入れることを条件としている。それは新規加盟国がさまざまな分野で EU の基準に適応することを意味する。たとえば，長い間，中東欧は環境問題を軽視してきたが，EU は 1997 年 6 月

第3章 拡大EUの経済的挑戦——経済統合史との関連で

凡例：
- ブルガリア
- チェコ
- エストニア
- ハンガリー
- ラトビィア
- リトアニア
- ポーランド
- ルーマニア
- スロヴァキア
- スロヴェニア

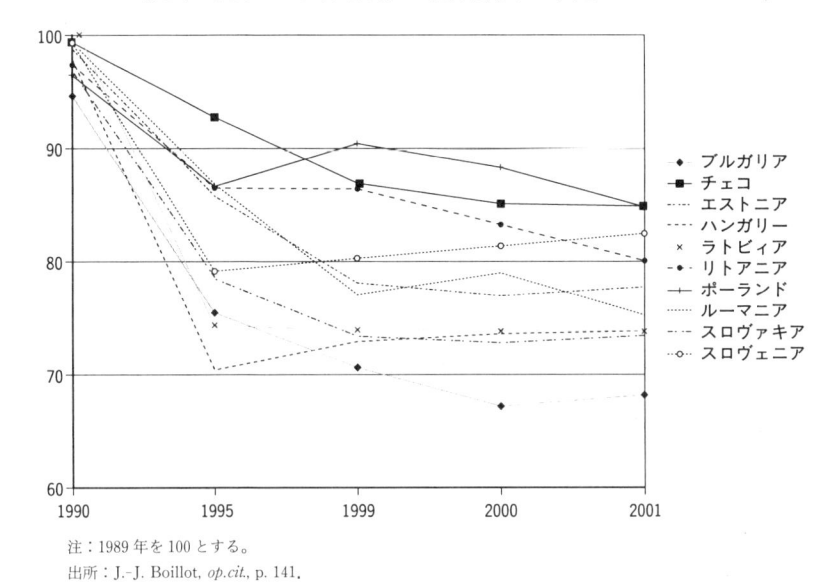

注：1989年を100とする。
出所：J.-J. Boillot, *op.cit.*, p. 141.

図3-1　雇用情勢の変化（1990-2001年）

のアムステルダム条約以来「持続可能な発展」の条件として環境対策を重視している。これは交通・エネルギーの分野においてEU基準をみたすための投資の増加を要求する。農産物加工業は，EUの厳格な衛生基準に適応しなければならない。新加盟国は，当分の間ユーロを導入しないが，マーストリヒト条約で決められた通貨安定のための「収斂基準」をみたさなければならない。現時点では，中東欧の財政状況は比較的安定しているが，「収斂基準[11]」の遵守は，インフラ整備，雇用対策，中小企業対策など，加盟後に要求される財政拡大を制約するであろう。

(3)　交通・通信の整備

とくに交通の整備は，キャッチアップを円滑に達成する上でも重要な問題である。中東欧は，高速道路，空港，港といった交通インフラの整備が著しく遅れている。交通・通信インフラの整備状況は，全体として，EU 15カ国の中で最も遅れたギリシャ・ポルトガル水準の半分以下である。しかもチェコ・ハンガリーなどごく一部の国を除けば，90年代を通じて大きな改善はみられない。その結果，1999年においても，EU 15カ国の3分の1の面積に対して，中東欧の高速道路総距離はEUの5.8％にすぎない。とくにポーランドの未整備は深刻である。理論的にいえば，拡大EUの大経済空間の中で，中東欧が円滑に収斂を達成するには輸送コスト

表 3-5　労働者の貧富層の割合

	1991 年		1999 年	
	低賃金層	高賃金層	低賃金層	高賃金層
ブルガリア	18.4	16.9	18.5*	21.5*
ハンガリー	18.9**	21.9**	21.5***	23.1***
ラトヴィア	16.6	18.5	26.4	21.3
リトアニア	25.8**	25.7**	27.8	27.4
ポーランド	14	16.6	18.6	21.1
チェコ	12.9	14	15.5	16.1
ルーマニア	9.9	13.5	25.6	25
スロヴェニア	17.6	17.2	17.2	20.2

数字は労働者全体に占める高賃金層と低賃金層の割合。
＊1996 年の数字，＊＊1992 年の数字，＊＊＊1997 年の数字。
出所：J.-J. Boillot, *L'Union européenne élargie*, p. 149.

が重要な要因となる。交通・通信インフラの遅れは，西の EU 中心市場との距離の利点を活用するさまたげとなる。

(4)　社会政策の統一と生産コスト

また今後，EU 全体において社会政策分野の共通政策が強まれば[12]，中東欧の適応は困難をともなう。社会保護の制度は多様であるが，旧加盟国に比較すれば，特権階層が恵まれた特典を享受しているのに対して，貧困層はきわめて乏しいサービスを享受している点で共通している。EU レヴェルの社会政策の統一が進む場合，加盟は，EU 基準への収斂という課題を突きつける。これは現地企業の生産コストを圧迫し，競争力に影響を及ぼす。

(5)　地域間格差

加盟は地域間の不均衡を拡大する恐れがある。ある地域の適応能力にとり，直接投資の誘致の成否がきわめて重要である。しかし直接投資の分布は，地域的にみると大きな分散を示している。直接投資の多くが首都に集中し，大都市や工業地帯がそれに続く。拡大は，繁栄地域と貧困地域の格差をかえって拡大する恐れがある。ある調査によれば，直接投資の恩恵を受ける繁栄地域に暮らす住民の割合は，15％にすぎない。すでに中東欧では 1990 年代を通じて所得格差や貧富の格差は拡大してきたが（**表 3-5**），適切な対策が講じられない限り，加盟後，社会的格

差がさらに拡大する恐れがある。

(6) EU の資金配分

最後に，EU の資金配分に対する期待がみたされないという問題がある。中東欧は加盟にあたり，共通農業政策（CAP）と地域政策による EU の資金配分を獲得することを期待した[13]。期待を完全にみたすには，旧加盟国の拠出金の大幅増加に帰結する EU 財源の大幅増加か，現在 EU 資金配分機構から利益を得ている国や地域の全面的犠牲のもとに，ほとんど全額が新加盟国に配分されるか，いずれかの道がとられねばならない。このいずれの道も非現実的であるから，期待が完全にみたされることはむずかしい。

3 1980 年代の拡大との比較

拡大の成功のためには，新旧加盟国間の格差を是正する収斂過程を成功させるに十分な規模の EU からの財政援助が不可欠である。しかしこれは容易ではない。問題の深刻さを認識するために，1980 年代の南への拡大のケースと比較してみよう。

1980 年代に相次いで加盟したギリシャ，スペイン，ポルトガルは市場開放と共通政策のおかげで，ほぼ順調にキャッチアップを達成した。問題は，同じようなキャッチアップが中東欧諸国に妥当するか否かである。旧共産主義国であるという特殊性を無視し，1 人当り GDP が EU 平均の 40％にすぎないポーランドやバルト諸国に，この南欧諸国のキャッチアップのリズムを当てはめてみた場合，ギリシャなみの水準に追いつくのに 25 年以上，スペイン並の水準に追いつくには，40 年以上が必要という計算になる。

中東欧のキャッチアップの成功には，西欧諸国の財政上の寛大さやそれを可能にする強力な連帯精神が必要となる。しかし拡大交渉の過程では，旧加盟国は財政努力の制限を追求した。その結果，新加盟国は，2004-2006 年の間，毎年住民 1 人当り 125 ユーロの援助を受け取ることが決まったが，これは南欧拡大の場合の約 300 ユーロよりはるかに少ない。2007 年以後の改定交渉では，中東欧諸国は当然差別待遇の是正を要求するであろう。この困難を克服するには，加盟国の狭いエゴイズムを回避しながら，新しい連帯のあり方を生み出すような統合の新たな深化が必要となろう[14]。

III 旧加盟国から見た拡大

1 拡大の意義

当初の慎重姿勢が示すように,旧加盟国側からみれば,2004年の拡大は,まず中東欧からの期待への対応であり,市場経済移行と経済的繁栄の確保を支援することを通じて,「東の安定」を実現するという政治的動機が重要であった。とはいえ経済的動機も存在した。

EU 15 カ国にとって,中東欧の加盟に対する期待は,一言をもってすれば,経済のグローバル化の下に世界的規模で展開される競争に対応するための有利な条件を獲得することである。具体的には,以下の点が指摘されよう。

(1) 「経済大国」の追求

第1に,加盟によって EU はアメリカに匹敵する経済大国になる。大雑把にいって,EU の GDP はアメリカ合衆国に匹敵する水準に到達する。たしかに EU の GDP は,当面,10 カ国の加盟によって数パーセント増加するにすぎず,GDP の年増加率は 0.1% 程度と推定されるから,拡大が EU の経済規模にもたらす影響を低くみる見解にも根拠はある。しかし実際には,この小さな追加的上昇は,EU の経済的地位を高め,世界の経済的力関係に重要な影響を及ぼす可能性を秘めている。世界の GDP 総額に占める EU の割合は,1970 年代から低下を続けてきたが,拡大は少なくともこの低下傾向に歯止めをかける[15]。グローバル化の下で世界的影響力を確保するために,経済力が重要になりつつあるとき,EU が「世界の経済大国」になることの意義は小さくない。さらに中東欧は経済発展水準が低いため,将来の潜在的な経済成長の可能性が高いことも忘れてはならない。実際,2002 年,2003 年の成長率は,EU 15 カ国の平均がそれぞれ 1.0%,1.1% であるのに対して,新加盟国の平均は 2.6%,3.3% である。さらに今後数年間 EU 平均をはるかに上回る 4% 程度の高い成長率が予測されている。中東欧の加盟は,低成長に悩む成熟した EU 経済に,新たな成長の可能性を提供する。

(2) 企業活動の再編

第2は,輸出市場,投資先としての意味である。中東欧との貿易は,一部に見られた不安とは逆に,EU の貿易収支の改善に寄与した。他方,貿易の伸びと並行して,独仏両国を先頭に,ポーランド,ハンガリー,チェコの3国を中心に直接

第3章　拡大 EU の経済的挑戦——経済統合史との関連で

表 3-6　ユーロ圏の産業内貿易 （工業製品貿易全体に占める割合）

	1970	1980	1990	1997*
オーストリア	53	65	79	78
ベルギー	77	86	83	89
フィンランド	21	35	41	51
フランス	82	84	86	90
ドイツ	70	75	79	81
アイルランド	27	61	54	42
イタリア	70	61	67	70
オランダ	68	69	77	77
ポルトガル	28	41	53	64
スペイン	43	69	75	81

＊　オランダ・スペイン・ポルトガルの数字は1996年のもの。
出所：M.-A. Barthe, *Économie de l'Union européenne*, 2ᵉ édition, 2003, p. 92.

投資が急増し，EU はこれら地域における投資残高でも 60%近くを占めるに至った。直接投資の増加は，次の動機と関連している。

　第3は，広大な拡大 EU の経済圏の中で企業活動を効率的に再編することによって，競争力を強化することである。この経済圏の中で，EU 企業は，部品調達，生産，販売，研究開発などの活動をもっとも効率的に配置することによって，生産コストの削減，競争力の強化を期待できる。拡大は欧州市場の多様性を高めることにより，EU 企業が多様な市場に対応した部品・製品の品質・価格の選択肢を広げることを可能にし，それぞれの部品・製品について「規模の経済」を通じて生産コストの低下を実現することを可能にするであろう。しかも EU の貿易構造の特質は，このような企業活動の効率的再編の意図に合致している。EU 貿易は，当初から，異種産業間の垂直貿易（産業間貿易）ではなく，類似の産業内における水平貿易（産業内貿易）を基盤に発展したが，その後の拡大過程もこの特質を変えなかった（**表 3-6**）。EU 貿易のこのような歴史的特質が今後も持続すれば，新加盟国も次第に「産業内貿易」の関係を発展させるであろう。これは EU 企業が，拡大 EU 経済圏を舞台として，同一産業において市場の多様性に応じた多様な製品を生産する戦略をとるのに適合的な環境となる。90年代初頭の「前統合」段階では，「産業間貿易」の方向での東西貿易の発展が顕著であったが，90年代後半以後，同一産業部門内部における水平分業の方向が次第に強まった。たとえば自動車やエレクトロニックスの場合，中東欧諸国が大衆需要向けの製品を生産・輸出し，西

欧諸国がより高級な製品を生産・輸出する方向がみられる。中東欧諸国のキャッチアップが進行し，西欧側の直接投資にともない技術移転がさらに進めば，この方向がますます強まることが予想される。

2　EU経済の問題点
(1)　旧加盟国の雇用への影響

　拡大は，旧加盟国にもさまざまな不安をかきたてる。この点については，工場の移転にともなう産業空洞化と東からの労働移動にともなう失業増加の不安がよく指摘される。労働移動と近隣非加盟国からの不法移民の流入に対する不安を意識して，旧加盟国は加盟後も移動に対する制限措置をとり，最長2014年まで新加盟国の住民の移動を制限することが可能となった。この制限措置が解除されたとき，どの程度の移動が生じるか，不明である。しかし80年代の南への拡大は，大規模な労働移動を生み出さなかった。東方拡大についても，多くの調査は，大規模な移動の可能性を否定している。もっともドイツとオーストリアの場合，EU平均を大きく上回る流入が予想され，とくに東との国境地帯では，移動が社会的ダンピングや緊張を生み出す恐れは否定できない。両国の平均所得はEU平均を約15％上回るが，国境の反対側の平均所得は両国の半分以下だからである。また両国に限らず一部の熟練労働者の場合，移動が増加し労働市場が影響を被るかもしれない。しかし賃金・所得の格差だけが移動を決定するわけではない。たとえば現地の雇用の可能性は，移動に大きく影響する。地理的な距離，言語，文化，移住の伝統，受け入れのネットワークの有無なども影響を与える。これらの諸要因を考慮すれば，大規模移動の可能性は低いといわれる。

(2)　格差の拡大

　拡大は，旧加盟国間と同一国内の地域間における格差を拡大する可能性がある。後述のように，拡大は欧州経済の重心を東に移動させ，その結果，欧州の南の地域が中心から離れて地盤沈下を起こす恐れがある。また南欧諸国は，現行の共通政策の最大の受益者であるが（表3-7），拡大によってこの特典は消滅する。旧東独の諸州やフランスの海外県など，発展の遅れた地域も同様の憂き目に遭う恐れが高い。また旧加盟国内で相対的に賃金が低い南欧諸国は，中東欧の加盟によって，この比較優位を喪失する。独墺の東部国境地域では，地方消費向けの生産をめぐって中東欧諸国との間で競争が激化する可能性がある。このように拡大EUの内部で，競争激化の被害を受ける国や地域が出るであろう。

第3章 拡大EUの経済的挑戦——経済統合史との関連で

表3-7 地域政策予算の国別配分額（2000-2006年）

（単位：百万ユーロ）

アイルランド	3088	イギリス	15635
イタリア	28.484	オーストリア	1473
オランダ	2635	ギリシャ	20961
スウェーデン	1908	スペイン	43087
デンマーク	745	ドイツ	28156
フィンランド	1836	フランス	14620
ベルギー	1829	ポルトガル	19029
ルクセンブルグ	78	EU 15カ国	183564

出所：L. Dubouis (dir.), *L'Union européenne*, 2004, p. 152 より作成。

(3) EUの政策・制度への影響

拡大は，EUの政策・制度の運営（ガヴァナンス）に大きな影響を与え，それらの改革を余儀なくする。まず，拡大はEU予算に重大な困難をもたらす。現行のEU予算は加盟国のGDPをもとに算定される拠出金を基礎としている。この制度によれば，新規加盟国のGDPは小さいために，拡大によるEUの収入増加率は小さい。一方，新規加盟国への共通政策の適用は，わずかな収入増加と著しくアンバランスな支出の大幅増加をもたらす。支出増加の大きな原因は，まず共通農業政策である。新加盟国に対して旧加盟国なみにCAPの直接援助と価格支持を与えるとすれば，予算規模は倍増する。これを回避するために，EUは新規加盟国に対するCAPの段階的適用を決定した。さらに地域政策については，既存の基準（住民1人当りGDPがEU平均の75%以下）に従えば，資金はもっぱら新加盟国に割り当てられることになる。これは，現在政策の恩恵を受けている南欧諸国や旧東独地域など旧加盟国内の発展の遅れた地域に犠牲となる。拡大は，予算面で全体として西欧の大拠出国（とくにドイツ）に不利であり，中長期的にみればこれらの国々は拠出額の削減と現行基準の見直しを要求せざるをえないであろう。

さらにEU財政問題の解決は，共通政策，とくに合せてEU予算の8割近くを占めるCAPと地域政策の改革を要求せざるをえない。拡大を展望してCAPは，すでに2003年に改革を開始した。この改革によって「第1の柱」（農家所得への直接補助と価格支持）から「第2の柱」（農村開発，農村設備，農村復興，インフラ整備など）に，重点を移す方向転換が打ち出された。農業人口の比率が高い中東欧の加盟は，この方向での改革を加速するであろう。地域政策は，2003年の段階では改革が見送られた。前述のように，現行方式を維持する限り，新加盟国が資金を独占

的に享受し，現在の受益国は援助を失うことになる。現在最大の受益国であるスペインは，改革がなされなければ2013年には純拠出国となる。当面，新加盟国に現行基準を段階的に適用するという一時的対策が採用された。中長期的に改革は避けられないが，どのような新たな基準を採択するか，なお不透明である。

(4) 生活水準の低下

批判的視点からみれば，旧加盟国市民の生活水準の維持が困難になる恐れが指摘されよう。拡大は競争の激化を意味し，効率とコスト削減がますます追求される。欧州統合は，グローバル化への独自の対応をめざし，自由競争の「野蛮な資本主義」とは異なる「制御された資本主義」を標榜する。しかし現実には，EUはアメリカ主導のグローバル化から独立した経済圏を形成しているわけではない。アメリカとグローバル化への対抗を謳い，「2010年までに世界で最もダイナミックな経済を作る」(リスボン首脳会議)という目標を掲げる時，具体的な目標は，より効率的に生産性向上と原価引下げを実現することに設定され，企業間競争の強化，労働市場改革(いわゆる柔軟化)が追求される。

もちろんEUは，競争強化の一方で連帯の強化を強調する。しかし競争が強化され，しかも多様な条件をもつ多くの国が新たに加盟する中で，いかにして連帯的な政策を強化できるのだろうか。ここに根本問題がある。拡大の経済的動機や昨今の労働改革の動向(労働時間の延長・柔軟化，解雇，賃下げ)をみるならば，目下のところ，連帯よりもむしろ競争を強める方向が前面に出ていることは否定し難い。

IV 欧州経済地理の変容

1 欧州経済の「多極化」

前述のように，1990年代からEUと中東欧の貿易は大幅に増加した。加盟前にすでに貿易が増加したことから，加盟後は新旧加盟国間の貿易はあまり増加しないという予想もある。しかしある試算によると[16]，ハンガリーを除けば，EU向け輸出のポテンシャルはわずかしか活用されていない。この予想によれば，西欧向け輸出の増加に牽引され，今後も東西欧州間の貿易は拡大を続けることになる。

またこの試算は，今後中東欧内部の貿易が発展することを予想している。これはEUという広域経済圏の内部だけでなく，中東欧の地域経済内部においても，経済統合が進展することを意味する。歴史的にみれば，中東欧地域では19世紀以来

さまざまな地域統合の構想が提唱されてきた。また第2次大戦末期から戦後直後にかけて、中東欧の地域経済統合が追求されたが、ソ連の反対によって押し潰された。ソ連支配から解放された1990年代の移行過程では、EU統合が支配的な流れになる中で、地域統合の構想が蘇った。先の試算が予想するように、加盟後、地域内の貿易の発展と経済統合が進めば、歴史的に抑圧されてきた地域統合が初めて実現されることを意味する。

以上のような東西欧州と中東欧域内における通商・経済関係の発展は、欧州経済統合が新しい経済地理を生み出す可能性をはらんでいる。それは欧州経済の多極化の可能性である。

東方拡大にともなうドイツの影響力の増大はしばしば指摘されるが、拡大から有利な影響を受けるのはドイツだけではない。欧州全域に生まれつつある複数の産業地帯が中東欧の経済を統合することによって、産業集積、新市場、安価な労働コストなどの有利な条件を活用して発展し、欧州経済の多極化が進む可能性がある。経済発展の「極」を形成するこれらの産業地帯は、産業内貿易と製品多様化を軸とする貿易を発展させ、EU貿易の歴史的特徴を強めるであろう。

2 欧州経済発展の「極」

このような経済発展の極としては、当面、次の5つが考えられるが、中東欧経済との統合を有利に活用できる可能性は、それぞれの極の地理的条件によって異なる。第1の極は、フィンランド・スウェーデン・デンマークを中心とし、バルト諸国ならびにポーランドの沿岸地域を含む「北欧地帯」である。北欧諸国の銀行のバルト諸国への出店やノキアの携帯電話工場のエストニア移転は、この極を基盤に展開された。第2の極は、ドイツ・オーストリアを中心とし、ポーランド、チェコ、スロヴァキア、ハンガリー、さらにスロヴェニアの一部を含む「中欧地帯」である。この極は、ポーランドを通じてロシアに、また東バルカン地域を通じてトルコに、それぞれ影響を拡大する可能性を持っている。第3の極は、イタリアを中心とし、ギリシャ、スロヴェニア、西バルカン地域を含む「東欧地帯」である。イタリアは、90年代以来賃金コストの上昇に苦しむ伝統産業部門（繊維・皮革・家具など）の東欧諸国への移転戦略によって、これら産業の競争力の強化をねらった。

これらの3極が地理的条件を活かした拡大の受益者であるとすれば、他の2極は相対的に拡大から受ける効果が小さい。1つの極は、フランス北東部、オランダ、ベルギー、西部ドイツ、イギリスを中心とし、伝統的に欧州統合の中核を形

成してきた「西欧地帯」である。この極は，ハイテク部門やサービス部門を中心に，中東欧市場への進出を強めているが，今後拡大の効果をどこまで引き出せるかは，中東欧の産業や地域の適応能力如何にかかっている。いま1つの極は，スペイン・ポルトガルを中心とし，フランス南部を含む「イベリア地帯」である。この極は，2つの理由で拡大からもっとも損失を受ける地帯と考えられている。1つの理由は，欧州市場の中で，この地帯が東欧諸国と類似の産業（繊維・農産物加工・自動車など）に専門化しているためである。別の理由は，拡大の結果，EUの資金移転メカニズム（共通政策）から受ける利益が減少することである。

V 経済統合史から見た拡大EU

行論の中でも拡大EUの歴史的意義に言及したが，最後に，この点についていくつかの視点からあらためて考えてみよう。

1 欧州統一の意義

第1に強調すべき点は，拡大が旧社会主義国の崩壊と市場経済移行の結果生まれたことである。欧州統合は，今回の拡大にいたるまで，冷戦によって分裂した欧州の西側に限定された現象であった。これに対して，今回の拡大は，「ヤルタに対する復讐」，「東西欧州の間の和解」といわれるように，欧州が冷戦を契機とする分裂から統一を回復したことを意味する。西欧地域統合として展開されてき歴史は，初めて文字どおりの欧州統合へと段階的飛躍を遂げたである。欧州統合史に即していえば，今回の拡大は，1920年代の経済統合論者の大半が夢見た「汎欧州統合[17]」の構想に近く，その意味で原点回帰を意味している。

注意すべき点は，東方拡大が冷戦によって分断された欧州の統一を回復したという時，冷戦が東西欧州の経済統合の可能性を破壊したと解してはならないことである。対独レジスタンス運動の連邦主義的な統合構想の中には東西欧州の統合への志向はみられるものの，西欧では，現実の統合政策を規定した政府レベルの動向をみる限り，大戦末期以来，東欧を含めた汎欧州統合ではなく西欧地域統合が追求されていた。東欧においても，事情は同じであり，そこでは中東欧内部の地域統合が追求されたにすぎない。したがって冷戦が欧州を分裂させたと言う時，西欧経済と中東欧経済の統合の可能性が破壊された，と解してはならない。したがって経済統合に関する限り，今回の拡大によって回帰すべき歴史的起源は，第2次大戦後の冷戦前ではなく，第1次大戦後の1920年代である。

2 欧州統合の目的

以上の事実は，欧州統合の動機・目的をどう捉えるかという第2の問題と結びつく。欧州統合が始まった理由は，単純ではないが，一般には，2度の悲惨な欧州大戦の経験を経て，欧州における平和の鍵として「仏独和解」を実現するために，経済的利害の共有を創出することが追求された，と説明されている。これが統合の重要な要因であったことは否定できないが，欧州の衰退阻止が当初から追求された目的であったことを看過してはならない。衰退は経済に限定されない多面的現象と解されたが，経済衰退は最も重視された。

衰退は，第1次大戦を契機とする米ソの台頭との関係で生じた現象である。1920年代の統合論者の主たる関心は，アメリカが経済大国として発展した理由の分析に向けられ，そこから得られた教訓をもとに欧州の経済衰退を阻止する手段が検討された。この議論を要約すれば，アメリカの発展の理由は大量生産体制にあり，それを可能にしたのは広大な統一的国内市場の存在であり，欧州衰退を阻止するためには関税障壁によって分断された欧州市場に「大市場」を創出し，大量生産体制を導入することが不可欠であるというものであった。経済統合は，経済発展を保障する鍵となる「大市場」の創出の手段として位置づけられ，そのための具体的方法として欧州レベルの関税同盟や自由貿易が目標となった[18]。

第2次大戦後の国際状況の新たな展開は，欧州衰退をめぐる問題状況を複雑にした。東西冷戦はソ連・共産主義との対抗を前面に押し出し，欧州の経済復興がアメリカの援助（マーシャル・プラン）に依存したこととあいまって，アメリカとの対抗の側面は後景に退いた。ここに統合の重要な目的として反共産主義が加わった。しかし「大市場」の創出を基盤とする大量生産の確立によって経済発展を推進し，欧州衰退を食い止めるという意図は，「欧州石炭鉄鋼共同体（ECSC）」以来，一貫して経済統合の制度化の底流であり続けた。「東欧革命」と社会主義の崩壊は，第2次大戦後に生じた反共産主義という統合の目的の消滅を意味する。第2次大戦後に特殊なこの目的の消滅は，目的の点でも原点への回帰を意味し，アメリカに対する欧州の衰退阻止という目的を再び前面に引き出すであろうか。この行方はなお不透明であるが，東方拡大が欧州統合の目的の変化と連動していることは否定しえない。

3 EU経済モデルの行方

第3の問題は，グローバリゼーションを主導する新自由主義の政策理念との関連で，拡大EUが今後いかなる方向に進むかである。歴史的に見ると，欧州経済統

合は，2つの経済思想の妥協あるいは補完を基礎として展開されてきた。1つは，人・物・金・サービスの自由な移動を妨げている障害を撤廃し，自由競争の場としての「大市場」を創出することを重視する思想である。政策論としては，この立場は自由競争・自由貿易に対する障害の除去をめざす市場統合優位の「消極的統合」路線として現れる。しかし他方，EU 統合は，単なる自由貿易・自由競争圏を創出する「消極的統合」路線にとどまることを拒否し，「社会経済政策の調和」を実現してきた。この立場は，政策論としては，さまざまな領域の共通政策を追求する政策統合優位の「積極的統合」路線として現れる[19]。前者の立場を代表する経済思想は，ドイツの「社会的市場経済」論に代表される自由主義である。これに対して，後者の経済思想は，フランスの「ディリジスム」に代表される自由主義であり，ECSC の生みの親であるモネ（Jean Monnet）の思想はその典型である[20]。

　統合史を振り返れば，これら 2 つの政策路線の対立は，統合の地理的拡大（市場統合派）と共通政策の深化（政策統合派）をめぐる対立と重なっていた。「欧州経済共同体」EEC 形成段階では，ECSC 6 カ国から OEEC（「欧州経済協力機構」）16 カ国に拡大する「自由貿易圏」の形成によって前者の方向をめざした英独に対して，拡大が政策の調和を薄めることに反対するフランスは後者の方向を主張した。フランスの反対は，欧州の独自性がアメリカとともに形成される大西洋空間の中で希釈されることに対する懸念にもとづいていた。結果的には，独仏間の妥協により EEC は原理的には政策統合を含みながら，市場統合を前面に打ち出した。その後の現実の統合は，1970 年代まで市場統合優位で進められたが，フランスは 1970 年代初頭以来ポンピドゥー（Georges Pompidou）大統領の下で積極的統合の路線を追求した。1980 年代に入ると，ミッテラン（François Mitterand）大統領の就任によって新たな状況が生まれた。フランスは，米英（レーガン・サッチャー）主導の世界的な自由化の波の中に EU が溶解することに反対し，EU 統合の深化を追求する立場をとった。ドロール（Jacques Delors）が主導した「単一議定書」にもとづく単一市場の形成は，この方向の具体化であった[21]。ドロールが推進した市場統合は，共通政策の強化をともない，そこでは 2 つの統合路線がバランスを回復した。この結果，1980 年代に加盟した南欧諸国の EU 制度への収斂が促進された。東方拡大の場合，80 年代の南方拡大の場合よりも経済的格差を是正するために共通政策への期待は大きく，統合の深化が要求される。はたして 1980 年代の場合のように，拡大が政策統合を強化する方向で深化を促すのか，それとも 1950 年代のように，拡大が自由主義と市場統合をさらに強める方向に傾くのか，今後

重要な争点となることはまちがいない。

4 「社会的欧州」の将来

　第4の問題は,「社会的欧州」をめぐる動向に対する拡大の影響である。欧州統合は, もともと欧州諸国民間の和解, 相互理解, 協力によって平和で豊かな空間を創出することを基本的目的としていた。そのために関心は経済の領域に限定されず, 政治や社会の領域に及んだ。とくに経済的進歩と社会的進歩を不可分の関係で捉えることは, 欧州統合の発想の重要な特徴であった。しかしEEC発足とともに経済統合優先の路線がとられると,「社会的欧州」の建設は, 経済統合の帰結として実現される, とみなされた。

　しかし「石油危機」による戦後の高度成長の終焉と失業の増大は, EEC発足以来の社会的進歩に対する消極姿勢を転換させる契機となり, 1970年代後半には失業・雇用問題に関する共同体レヴェルの意識的取組みが開始された。しかしその後の歩みは順調ではなかった。1980年代に2度の拡大が行われ, 多様な社会制度をもつ国々が新たに加盟したことも, 社会政策統一の取組みを遅らせる要因となった。このような状況に決定的な転換点を画したのは, 単一議定書において「社会経済的結束」の課題が掲げられたことである。その結果, 1989年の「労働者の基本的社会権に関する憲章」(いわゆる「社会憲章」) を経て, マーストリヒト条約 (1993年) 以後, 共同体レベルの社会政策はEUの重点課題の1つに掲げられるにいたった。ニース条約 (2000年12月) は,「欧州社会アジェンダ」を採択し, 雇用, 排除との闘い, 社会保護など6つの重点課題に取組むことを掲げた。社会政策の統一・調和にはほど遠いとはいえ, 目標と政策の収斂に向けた調整が本格的に着手された。

　拡大EUは, しばらく動き始めた「社会的欧州」の将来にいかなる影響を与えるだろうか。まず, 新加盟国内部の制度の多様性と発展格差が問題となる。歴史的にみて, 多様な制度をもつ国への拡大が「社会的欧州」の発展を妨げた要因の1つであったとすれば, 今回の拡大が社会政策の調整の課題に困難をもたらすことは想像に難くない。もちろん拡大によってこれまで実現された制度が後退することはありえない。しかしそのことは, 中東欧諸国の収斂を実現するために共同体が負担する社会的コストが大きいことを意味する。また市場経済への移行にともない, これらの国々では社会的不平等の拡大や賃金格差の拡大がみられた。このことは失業率の著しい格差とならんで, 社会的保護の制度調整をより困難にするであろう。また中東欧諸国の低賃金コストが有利な競争条件となるような「社会

的ダンピング」が働くならば，社会政策は下方に収斂する方向で実現される恐れがあり，旧加盟国の労働者の利害に反する結果となる。

　人口の高齢化とグローバリゼーションの影響を受けて，EUの福祉国家制度も危機にあるが，EUは少なくとも原則的には欧州の歴史的伝統である「連帯」の価値を放棄してはいない。90年代に緒に就いたばかりの「社会的欧州」を実体化する取組みが，拡大によって後退するならば，欧州市民からみれば，統合の存在意義自体が問題となる。第1次大戦後の「欧州意識」の誕生以来，欧州は外部の「敵」との対抗を自らのアイデンティティーの根拠としてきた[22]。1950年代に始まる欧州統合にとって，ソ連・共産主義の存在はアイデンティティーの重要な構成要素であった。共産主義体制崩壊の下で展開される中東欧の拡大は，欧州のアイデンティティーをめぐる新たな状況を象徴するものといえる。それだけに「社会的欧州」の建設は，欧州が効率的な経済活動の場を意味する経済的大市場におわらず，そこに居住する市民にとって意味ある生活空間となるために重要な課題である。それは欧州憲法の制定を契機に開始した「政治的欧州」の建設とならんで，欧州アイデンティティーの形成に寄与するであろう。

　歴史的にみれば，欧州統合は官僚，政治家，経済人，知識人など，時代の変化を察知した各国の一部のエリートが，近隣諸国間で変化に適応する地域的な枠組みを創出する試みとして開始された。それゆえに欧州アイデンティティーは存在するとしても，それは知的分析を通じて初めて認識されうるにすぎず，日常生活レヴェルで容易に意識されるものではなかった。市民は，欧州空間の固有の意味を実感することができないのである。中東欧への拡大は，第2次大戦後形成された欧州空間からの初めての根本的な離脱である。それだけにあらためて「欧州とは何か」という問いが提起され，欧州空間に具体的な意味を盛り込むことが要求されることになる。

5　独仏関係とフランスの影響力

　第5に，仏独枢軸の役割に対する影響が問題となる。欧州統合の歴史は，仏独関係の歴史といわれ，両国が統合のモーターの役割を果たしてきたことは，周知のことであろう。東方拡大は，この関係にいかなる影響を与えるだろうか。東方への拡大は，EU空間全体の東への移動を意味し，新たに加盟する地域に対して，投資額や貿易高が示すように，ドイツの役割が大きい。重心の地理的移動と経済的関係の変化がEU全体の動向に対するドイツの影響を高めることによって，仏独カップルにひびが入ることを懸念する声も強い。

第3章 拡大EUの経済的挑戦——経済統合史との関連で

　第2次大戦後のフランスは，経済復興を遂げたドイツが欧州の平和を再び脅かさないことを保障する枠組みの形成を目的の1つとして，欧州統合に着手した。1990年代のドイツ統一と中東欧諸国の拡大は，フランスの中でドイツの強大化と影響力の増大に対する不安をかきたてた。しかし第2次大戦後と同様に，それはむしろフランスの統合に対する姿勢を強める方向に働いた。フランスにとって，ドイツを統合の枠内に置くことが安全保障の鍵であったからである。ドイツの強大化は，フランスに統合の枠内での対独関係の強化を促す方向に作用するというのが統合の力学であろう。拡大EUによって欧州の経済的重心が東に移動することも，ただちに仏独関係の亀裂をまねくようにはみえない。

　統合の半世紀の経験は，仏独の経済政策の方向をめぐる違いを次第に縮める方向に働いた。戦後の経済政策の基本的方向は，ドイツが通貨安定・インフレ抑制を優先し，逆に，フランスが成長促進・インフレ容認を優先した。またドイツが市場と競争を重視し，国家介入に限定的であったのに対して，フランスは市場と競争の役割をより限定的に捉え，国家の介入・規制をより重視した。もとよりこの違いは根本的というより，重点の置き方の違いにすぎない。しかし両者の違いは，統合史のさまざまな局面で表面化した。たとえば1950年代，ドイツの経済相エアハルト（Ludwig Erhard）や社会的市場経済論者は，フランスのディリジスムを自由主義の原理に反するものと批判した。1970-80年代，フランスの財政運営は，ドイツから規律の弛緩を批判され，通貨協力拒否の理由にされた。しかしフランスは，1980年代後半以後，次第に通貨安定を重視する「通貨革命」を行い，国家介入の縮小（民営化と規制緩和）の方向に舵を切った。仏独間の経済政策理念の違いは，昔よりも狭まっている。

　しかしこれまで統合を推進してきたフランスからみると，拡大EUは統合の重要な変質の可能性を孕んでいる。中東欧諸国の加盟によって，市場統合優位の「自由競争モデル」が強化される可能性が濃厚だからである。EU15カ国からみた拡大の動機が，それを示しているだけではない。社会主義の崩壊によって新たに誕生した主権国家を含む中東欧は，半世紀に及ぶ統合史の過程で国家主権の委譲を積み重ねてきた西欧諸国の経験を共有しておらず，国家間の連帯と協力を追求する「共同主権モデル」に馴染み難く，独立と競争を重視する方向に傾きやすい。

　今回の拡大は，以上のように，経済統合史の観点から見てさまざまな点で重要な転換点となる可能性をはらんでいる。この点でも拡大EUの成立は，注目に値する出来事である。

注

（1） 今回の加盟国は，ポーランド，ハンガリー，チェコ，スロヴァキア，スロヴェニア，エストニア，ラトヴィア，リトアニア，キプロス，マルタの10カ国である。

（2） EU経済の制度・政策の概観については，大西健夫・岸上慎太郎編『EU政策と理念』早稲田大学出版部，1995年；田中素香他編『現代ヨーロッパ経済』有斐閣，2001年参照。

（3） 簡略化のために，ここでは2007年加盟予定の2国を含めて，一括して中東欧と表現する。また現在の「欧州連合」EUは，1958年発足の「欧州経済共同体」EECに起源をもち，その後1973年発足の「欧州共同体」ECを経て，マーストリヒト条約の発効を機に1993年以来現在の呼称に変化したが，とくに時期的な変化を明示する必要がある場合を除いて，ここではEUの呼称に統一する。

（4） 1994年12月のエッセン首脳会議は，前年6月のコペンハーゲン首脳会議における「加盟基準」の設定を受けて「加盟前戦略」を発表し，中東欧の移行と加盟を支援するために，通商関係の強化に止まらず，「立法の調和」と「インフラ整備」を支援することを打ち出した。

（5） 単一市場とは，関税障壁の撤廃（関税同盟の段階）だけでなく非関税障壁の撤廃によって，「財・資本・サービス・人の移動の自由」を実現する経済空間を意味し，1986年2月調印の「単一議定書」とともに開始し，1992年末に完成する。2002年のユーロ流通によって完成する通貨統合は，1993年に発効したマーストリヒト条約の柱となる。

（6） 「対外開放率」は，GDPに占める貿易額の割合を意味する。

（7） 「センシティブな製品」は，相手国と時期によって異なるが，鉄鋼，石炭，金属などの原材料と繊維，皮革，家具などの製品が中心であった。

（8） 住民1人当りGDPは，1988-2002年の間，ギリシャがEU平均の58%から69%に，スペインが72%から84%に，ポルトガルが59%から72%に上昇した。また1985-1999年の間，ポルトガルの1人当りGDPが64%増加したのに対して，ギリシャの増加は22%にすぎない。

（9） European Commission, *The Economic Impact of Enlargement*, 2001

（10） 「相対強度」とは，一国の投資総額に占める中東欧向け投資の割合を表す。

（11） 物価安定，低金利，為替相場の安定，健全財政の4条件を充たすことがユーロ参加の条件となる。

（12） さまざまな共通政策の中で，社会政策の統一は最も遅れた領域であるが，1990年代以来，「社会的欧州」あるいは「欧州社会モデル」の形成に関連して，社会政策の統一の問題が統合の新たな段階における争点のひとつとなっている。この点については，バンジャマン・コリア（廣田功訳）「社会的ヨーロッパ——基盤・賭け・展望」『土地制度史学』173号，2001年（永岑三千輝・廣田功編『欧州統合の社会史』

日本経済評論社, 2004 年に転載); 星野郁「欧州の社会モデルの現状と行方」『日本 EU 学会年報』, 第 23 号, 2003 年参照。
(13) PAC は, EEC とともに最も早く開始された共通政策であり, 1962 年に導入された。広義の地域政策としては, 第 1 次拡大に対応して, まず 1975 年に「地域開発基金」FRDF が設立され, 次いで第 2 次拡大による地域間発展格差の拡大に対応して,「単一議定書」で「社会経済的結束」の課題が提唱されたことを受けて, 1988 年に地域開発基金と「社会基金」,「農業指導保証基金」などの「構造基金」の大幅増額が行われた。さらに 1994 年には交通・インフラ整備の格差是正のために「結束基金」が設立された。農業政策 (44.9%) と地域政策 (34%) を合せると, EU 予算の 8 割近くに達する (2003 年の数値)。
(14) 支出面では, CAP について, 仏独のイニシャティブによって, 新加盟国に対する「直接援助」の段階的適用 (2013 年に 100% に達する) が決定されたが, 収入面では, 拠出金の他に「欧州税」の新設が検討されている。
(15) 2001 年の数値を基にすれば, 中東欧を含めた 27 カ国の GDP 総額は, 世界の GDP 総額の 22% に達し, アメリカ合衆国の 21.3% を上回る。この 22% という数値は 1987 年の EU の GDP にほぼ等しい。
(16) Z.M. Jakab et als., "How Far Has Trade Integration advanced ? An Analysis of Actual and Potential Trade of Three Central and Eastern European Countries," *Journal of Comparative Economics*, vol. 29, No. 2, 2001.
(17) 有名なクーデンホフ・カレルギー男爵の「汎欧州」構想を含めて, 当時の統合論者の多くは, 大陸欧州全体の統合を考えていた。汎欧州統合から西欧地域統合への旋回は, 1930 年代に生じるにすぎない。廣田功「フランスから見た仏独和解の歴史と論理」永岑・廣田編『前掲書』107-114 頁参照。
(18) 廣田功「戦間期フランスの経済統合構想」秋元英一・廣田功・藤井隆至『市場と地域〜歴史の視点から』(日本経済評論社, 1993 年) 参照。
(19) J. Gillingham, *European Integration 1950-2003, Superstate or New Market Economy*, Cambridge, 2003, Introduction 参照。
(20) この 2 つの経済思想については, 西沢保・服部正治・栗田啓子『経済政策思想史』(有斐閣, 1999 年) のフランス (廣田功稿) とドイツ (雨宮昭彦稿) の各章を参照。なおディリジスムは, 狭く「統制経済」の思想として捉えられることもあるが, 経済統合の基礎となるディリジスムは, 市場経済・自由競争を原則としながら,「市場の失敗」を補う国家の介入や規制を重視する思想である。
(21) 「単一議定書」と単一市場の意義については, 田中素香「単一議定書と市場統合」大西健夫・岸上慎太郎編『EU 統合の系譜』早稲田大学出版部, 1995 年を参照。
(22) ロベール・フランク (廣田功訳)『欧州統合史のダイナミズム』日本経済評論社, 2003 年, 第 1 章参照。

【文献案内】

大西健夫・岸上慎太郎編『EU 政策と理念』,『EU 統合の系譜』早稲田大学出版会, 1995 年

田中素香・長部重康他著『現代欧州経済』有斐閣, 2001 年

内田勝敏・清水貞俊編『EU 経済論』ミネルヴァ書房, 2001 年

百済勇『EU の「東方拡大」とドイツ経済圏』日本評論社, 1999 年

羽場久浘子『拡大ヨーロッパの挑戦』中公新書, 2004 年

ロベール・フランク（廣田功訳）『欧州統合史のダイナミズム』, 日本経済評論社, 2003 年

永岑三千輝・廣田功編『ヨーロッパ統合の社会史』日本経済評論社, 2004 年

廣田功・森建資編『戦後再建期のヨーロッパ経済』日本経済評論社, 1998 年

渡辺尚編『ヨーロッパの発見』有斐閣, 2000 年

日本 EU 学会編『日本 EU 学会年報』

第4章
経済統合の政治的インパクト

鈴木一人

　はじめに
I　理論的問題
　　1　新機能主義
　　2　政府間機構主義
　　3　新機能主義と政府間機構主義を超えて
II　ケインズ的福祉国家から新自由主義経済へ
　　1　ケインズ主義的福祉国家の成立
　　2　ケインズ主義的福祉国家の危機
　　3　ミッテランの政策転換
　　4　単一市場完成への道
III　グローバル化する経済と統合
　　1　マーストリヒト条約
　　2　経済統合と通貨危機
　　3　安定成長協定とユーロ導入
　　4　東方拡大
IV　アメリカへの挑戦？
　　1　欧州産業の競争力強化
　　2　グローバル化の進展とヨーロッパ・チャンピオン
　おわりに
【文献案内】

はじめに

　EU統合とは，とりもなおさず政治的な行為の結果である。欧州統合の父と呼ばれるモネ (Jean Monnet) やシューマン (Robert Schuman) は仏独間の「不戦共同体」の構築とヨーロッパ産業の強化をめざして欧州石炭鉄鋼共同体 (ECSC) の設立に尽力し，ジスカール=デスタン (Valéry Giscard d'Estaing) とシュミット (Helmut Schmidt) は共同して欧州通貨制度 (EMS) を設立し，それに基づいてド

ロール（Jacques Delors）が通貨統合への道を開いた。EU統合の過程には数多くの政治的リーダーシップを発揮した個人と，それに抵抗しつつ妥協する勢力との政治的駆け引きによって進められてきたといっても過言ではない。

しばしば，このEU統合の政治的プロセスは欧州諸国，その中でも英仏独といった大国の国益や国内事情に着目して説明されることがある。すなわち，フランスはドイツの脅威を封じ込めるためにEU統合を推進し，ドイツは国際社会への復帰のためにEUの一員としての立場を利用し，イギリスはアメリカとの「特別な関係」によってEUとは距離を置いている，といった説明である。これら各国の事情については本書の後半で詳細に説明されることになるが，はたしてこうした政治的な意図や利益といったことだけでEU統合のプロセスを論ずることは統合を理解するに十分なのであろうか。

EU統合は「不戦共同体」の構築とならんで経済統合をめざして進んできたものである。1958年に設立された欧州経済共同体（EEC）では関税同盟と共同市場の構築をめざし，域内の商品移動の自由を推進するだけでなく，共同市場に適用されるルールを統合し，単一の政策の下で経済活動が行える空間を作り出すことをめざしてきた。その延長線上に現在のEUが構築され，通貨金融政策まで統合されている。このような統合の進展は単なる国益の実現や国内事情といった理由で説明されるべきではない。

そもそも「国益」という概念は国際関係論の中では「長期的で固定的な利益」として位置づけられている[1]。しかし「国家の利益」とはきわめて曖昧で主観的に定義されるものであり，国家のおかれた環境や政権の性格などによっても変化しうる。また，国家の中には競争力のある企業やエリートなど，統合を進めることによって利益を得る階層がある一方，中小企業や工場労働者などは統合を進めることによって不利益をこうむる可能性が高い階層もある。共通通商政策では不利益をこうむる農民でも共通農業政策によって利益を得る場合もある。したがって国益は単数形（interest）として存在することはありえず，常に複数形（interests）となり，どの利益を優先するかは政策決定者の判断にゆだねられる[2]。こうした国益概念から考えると，EU統合が各国の固定的な国益の実現のため，長期的な戦略にもとづいて行われたという説明は困難である。むしろ，欧州各国は経済統合の進展によって，自らの「国益」を柔軟に変化させつつ，その場その場の状況に適合した統合のあり方を選択していったのではないだろうか。つまり，各国の利益や選好を固定的に考えるのではなく，経済統合が進展した結果，各国の経済状況や政治的な目的に変化が起こり，それに対応するためにさらなる統合を遂げてい

ったと理解する必要がある。言い方を換えれば，EU統合はそれ自身が欧州に新たな政治的ダイナミクスを生み出し，その結果，更なる統合の深化と拡大が進んだのである。

また，こうした経済統合が生み出すダイナミクスはEU域内で完結するものではなく，EU域外の動きとも大きく関係している。1970年代以降のグローバリゼーションの爆発的な進展と国際競争の激化がEU統合を推し進めたことは疑う余地のないところである。1980年代からの域内市場統合の完成と単一通貨の導入はこうしたグローバル化する市場経済に対応するために必要なものであった。EUにおける経済統合を理解するためには，域外における市場経済の変化も視野に入れておかなければならない。

本章では，まず経済統合が生み出す政治的ダイナミクスを理論的に把握するための枠組みをいくつか検討する。ここではEU統合の代表的理論研究である新機能主義と政府間機構主義を中心に紹介するが，両理論とも経済統合の政治的インパクトを把握するには十分ではないため，補完的に「構造の二重性」論を紹介し，本章の理解の助けとする。続いて，経済統合がEU各国に与えた影響を分析しつつ，それへの対抗としてさらなる統合を進めることになった1980年代の域内市場統合と1990年代の単一通貨導入プロセスについて解説する。さらに，経済統合が深化したEUがグローバル市場においてどのような役割を果たすのか，また最大の競争相手であるアメリカとどのような関係にあるのかを説明し，最後に経済統合はEU各国にどのような政治的インパクトを与えたのか，どのような新たな政治体制を作り出したのかを検討する。

I　理論的問題

EU統合を理論化する試みはかなり早い段階から行われ，国家が自発的に主権を委譲するという現象を理解するための思考の枠組みを提供してきた。ここでは代表的統合理論である新機能主義と政府間機構主義を取り上げ，この2つの理論が経済統合の政治的インパクトを取り扱ってきたのかに着目して検討したい。

1　新機能主義

新機能主義は1940年代半ばにミトラニー (David Mitrany) が主張した機能主義の議論を発展的に展開したものである。ミトラニーは科学技術の発展により，国境を越えた経済活動が飛躍的に発展するため，国際的な行政機関 (例えば万国郵便

連合や国際電気通信連合など)による調整が必要だと考えていた。こうした国際的行政機関が数多くの分野で発達すると,各国はそうした機関に強く依存することとなり,国際機関を通じた世界経済の網絡化 (enmeshment) が起こることで,国家の利己的行為を制約し,戦争の起こりにくい状態を作り出すと考えていた[3]。このミトラニーの機能主義の考え方を EU 統合の仕組みに当てはめ,再構成したのがハース (Ernst Haas) の論じた新機能主義理論である。

　新機能主義の中心的概念として「波及効果 (スピルオーバー)」がある。ハースによれば,ある産業セクターにおける統合は統合されていない他産業セクターとの間に政策の矛盾が生み出されるため,他産業セクターにおける統合の必然性が高まり,統合のスピルオーバーが起こる。また,経済統合の波及は欧州レベルでの全産業セクターにわたる産業政策の必要性を高め,産業セクターの政策統合から通貨統合を通じた財政金融政策の統合へと進むとしている。さらに超国家機関が政策決定の中心として機能することで,その政治的正統性が確立され,政治家や加盟諸国の国民がもつ「政治的忠誠心」が超国家機関へと移行し,最終的に政治統合へとスピルオーバーすると考えられている[4]。この過程では超国家機関(欧州委員会や欧州議会)と国境を越えて活動する圧力団体(欧州経営者連盟：UNICEなど)が欧州レベルでの政策統合の必要性を強調し,統合を推進するとされている[5]。しかしながら,非国家的主体の役割の過大評価,経済統合から政治統合へのスピルオーバーの方法論的脆弱性はホフマン (Stanley Hoffmann) によって厳しく批判され[6],現在でも批判の対象とされることが多い。

　とはいえ,新機能主義の議論が全く説明能力をもたないかといえば,そうではない。1980 年代の域内市場統合の加速化によって単一通貨の導入の必然性が議論され,研究開発政策,環境政策,地域政策などの共通政策が急速に展開したことをみても分かるように,経済統合が進むと他政策の調整・統合の必然性が高まることは間違いなく,その結果さらなる統合の深化が進んできたのである[7]。ハースが主張した新機能主義とひとつ大きく違う点を指摘するとすれば,他政策へのスピルオーバーは超国家的機関のイニシアチブによって行われるのではなく,自動的に起こるのでもなく,統合の必要性を認識した各国の政策決定者がその認識を共有することによって進むのである(もちろん,超国家的機関や圧力団体による「説得」や「リーダーシップ」が重要な役割を果たす場合もあるが)。各国の政策決定者は欧州全体で問題に取り組むべきとの認識を高めたときに政治的な交渉を行い,そこで合意がえられる限りにおいて統合が進むのである。したがって,いかに政策統合の必然性が高まろうともイギリス,デンマーク,スウェーデンのように自ら

の政治的な決定によって単一通貨に参加しないというケースも出てくるのである。

2 政府間機構主義

　政府間機構主義は，新機能主義に対する批判的理論として1990年代の統合理論に大きな影響を与えた議論である。政府間機構主義の主導的論者であるモラヴチック（Andrew Moravcsik）は，EU統合のプロセスは政治的な交渉によってのみ決定されるとし，大国，とくに英仏独の3カ国の国内における政治的な選好（preference）が変化したことによって各国間の合意が得やすくなったことが統合を進展させたと論じている[8]。

　このモラヴチックの議論は新機能主義が主張するスピルオーバーの自動性を批判し，政治的決定の重要性に焦点を当てている点で評価されるべきであるが，この理論は各国の国内における政策選好の形成について十分な説明を与えていない。政府間機構主義の議論は各国政府があたかも完全に自律的な存在であるかのような位置づけ，国内政治経済の変動を所与のものとして取り上げているが，経済統合が進むEU各国の国内政治経済が完全に自律的であるという前提はいささか無理がある。言い方を換えれば，モラヴチックは伝統的な国家と国益の概念——外部環境から自律的に決定する国家と固定的な国益——のイメージから理論を組み立てており，経済統合のもたらすインパクトを理論的枠組みから排除してしまっているのである。

3 新機能主義と政府間機構主義を超えて

　ここまで新機能主義と政府間機構主義の両理論をざっと概観したが，両者とも経済統合の生み出す政治的ダイナミクスを説明するには不十分な点があるといえる。新機能主義は超国家的機関や圧力団体の役割を過大評価し，EU加盟各国がどのような役割を果たすのか十分には説明できていない。他方，政府間機構主義は国内における選好の変化が所与のものであり，各国の国内政治経済の動向を説明する視点に欠けている。これらの理論的欠陥を補いつつ，EU統合のダイナミクスを説明する議論として，近年の国際関係論でもしばしば取り上げられる「構造の二重性（structuration）[9]」の概念を借りて説明して見よう。

　「構造の二重性」とは，イギリスの社会学者であるギデンズ（Anthony Giddens）の提唱する概念である。この「構造の二重性」を極端に単純化していえば，構造が主体の行為を一定の制約の中にはめ込むが，主体は自発的で能動的な行為能力をもっており，その行為の結果として構造のあり方に影響を与え，構造が変化し

ていく，という過程を説明する概念である。つまり，EU統合が進むことによって，加盟各国は行動の自由が部分的に失われる。EU統合は各国の主権を超国家機関に委譲するのだから，自らの決定権（主権）を一部失い，EUでの決定に従属しなければならなくなる。こうしたEUという制度にはめ込まれた加盟国は，その制度の中で何ができて，何ができないかを学習し，世代交代，政権交代を通じてアクターの入れ替えが起こると今度はその制度が所与のものとして受け入れられ，主体は制度の制約の中で自国の利益や選好を実現するための方法を追及するのである。つまり，政府間機構主義論者が述べるように，各国は一見したところ自由に国益や選好を決定しているようにみえるが，それはすでにEUという制度が確立し，EUを通じた市場経済活動が活発化したことを受けて，自らの国益や選好を再定義しなおした結果なのである。

　ここで注意しなければならないのは，通常「制度」や「構造」といった言葉は一定の不変性をもつ概念として捉えられているが，ギデンズの「構造の二重性」では制度が作られるだけではなく，制度は主体の行動によって変化するということが強調されている点である。実際，EU統合が1980年代の単一欧州議定書，1990年代のマーストリヒト条約，そして東方拡大と統合の深化と拡大を進めていったように，EUという制度は安定的なものではなく，常に変革を遂げてきた。セレン（Kathleen Thelen）とスタインモ（Sven Steinmo）は，制度とは「独立変数であり，安定した状況の中での政治的帰結を説明するが，制度が崩壊した時，その崩壊にともなう政治的な紛争によって規定される従属変数となる[10]」と論じている。たしかに，冷戦の終焉やドイツの再統一はEUという制度が大きく再構築されるきっかけとなった。しかし他方で制度主義経済学者や歴史的制度論者は「認識的変化」によって制度が変化すると論じている[11]。技術的，社会的，資源的な変化によって状況が変わると，それまで支配的であった価値観や規範に変化が起こり，その変化が「学習効果」によって制度参加者に広まっていくことで，既存の制度が疑問視され，変革の対象となるのである[12]。ノース（Douglass North）は公式のルールや手続きは戦争や革命で変化したとしても「習慣や伝統などの非公式の制約は政治が意図するよりもゆっくりと変化する[13]」と論じている。つまり，EU統合が進んでいくことで市場のルールが変わり，欧州企業の戦略や活動領域が広がっていき，またそれによって国際競争が激化し，競争力のない企業が倒産したり，失業が増えたりすることによって経済統合の効果を学習し，統合した市場の中で自らの国益や選好を再編するのである。

　このようにギデンズが提唱する「構造の二重性」という概念を用いて新機能主

義と政府間機構主義の議論を再考すると次のことが明らかになる。新機能主義が論じたように，ひとつの産業セクターにおける政策統合によって市場のルールが変わり，他の統合されていない政策領域との矛盾が出てくると，企業や投資家といった市場のアクターや政策決定者の認識が変化することで，さらなる経済統合が進む。しかしこれは超国家的機関や圧力団体の行動によってのみ引き起こされるものではなく，国内経済のマネージメントに責任をもつ各国政府の「認識的変化」によるものである。冷戦の終焉やドイツの再統一という大きな影響力を持つ外部的要因によってもこうした「認識的変化」は引き起こされるが，外部的要因であれ，内部的要因であれ，この「認識的変化」こそ政府間機構主義者が論じる政治的選好の変化であり，こうした認識の変化に基づいて新たな国益や戦略を組み直すことで欧州統合は進んできたのである。

II　ケインズ的福祉国家から新自由主義経済へ

では，EU の経済統合はいかなる「認識」にもとづいて制度構築がなされ，それがいかに変容していったかを概観してみよう。第 2 次世界大戦後の欧州は，1930年代から福祉国家体制を構築していった北欧諸国，1946 年の総選挙で労働党が政権をとり，企業の国有化を含めた混合経済と福祉国家体制をとったイギリスに続き，フランスやドイツにおいてもケインズ主義的福祉国家体制が支配的な国家体制となっていった。

1　ケインズ主義的福祉国家の成立

ケインズ主義的福祉国家とは，一言でいえば，国家が市場に介入し，景気循環のサイクルを調整する国家体制を指す。景気が悪くなれば政府が財政出動を行い，失業者や倒産企業の救済を行うことで有効需要を生み出し，また，全国民的な社会保障制度を通じた労働者の経済的同権化をめざした国家体制である[14]。そのために労働組合と経営者の間を仲介・調整し，雇用の維持と賃金水準の設定などを行い，労使の対立を緩和する役目も担う。

1950 年代に欧州統合が始まったのは，こうしたケインズ主義的福祉国家体制が成立していく過程の最中であった。一般に欧州統合は国家主権を超国家的機関に委譲することで「不戦共同体」を構築すると説明されることが多いが，イギリスの経済史家であるミルワード（Alan Milward）は，当時の欧州諸国はアメリカのヘゲモニーの下に形成された自由貿易体制の下で，自国の福祉政策・雇用政策・産

業政策の目標を達成するために，脆弱な国内産業部門を自由貿易から保護する必要性を認識しており，一国でそれが実現できないと判断したため，統合を通じてその政策を実現し，国民国家を「救済」しようとした，と論じている[15]。つまり，福祉国家が自らの政策を遂行するためには，自由貿易を通じて圧倒的な競争力をもつアメリカ製品を制限し，国内産業の強化を進めることで，福祉を進めるための「パイ」を拡大することが不可欠である。そのため，国際貿易からの影響を軽減しつつ，お互いの福祉国家政策を維持するために欧州経済統合という政策オプションが用いられた，ということである。このように，第2次大戦後の欧州はケインズ主義的福祉国家体制を構築し，自由市場経済をとりながら，社会秩序を維持するという政策を展開していったのである。

2 ケインズ主義的福祉国家の危機

　このようにケインズ主義福祉国家体制の下で安定した経済運営を行い，戦後復興から高度経済成長へと移行した欧州経済も1970年代には行き詰るようになってきた。その原因はさまざまなものが考えられるが，なんといっても大きな影響を与えたのは石油ショックであった。

　石油ショックとは1973年の第4次中東戦争をきっかけに中東の産油諸国（アラブ石油輸出国連合：OAPEC）がイスラエルを支援するアメリカを始めとする西側諸国に対して減産・禁輸措置をとり，原油価格が4倍にも跳ね上がったことを指す。これによりエネルギーはもとより，さまざまな製品のコストが急激に上昇した結果，物価の高騰（インフレ）が起こったことで国内の消費が落ち込む一方，コスト高に耐えられず企業が倒産する，ないしはリストラを進めた結果，失業率が増加するという傾向を止めることができなくなった。ケインズ主義的福祉国家体制をとっている欧州諸国においては，このスタグフレーションに対処すべく，政府が大規模な財政出動と社会福祉政策の充実を行ったがその効果はきわめて限定的であった。その原因についても諸説あるが，一番大きな原因となったのはそれまでに達成されたEU（当時EC）域内の市場統合の進展と相互依存の強化であるといえる。1970年代，欧州諸国が不況に苦しみ，域内貿易から自国産業を守るための非関税障壁（関税はローマ条約によって撤廃されている）を活用したが，それでもなお世界的な不況の時期にあって，輸出に不況脱出の活路をみいだそうとする各国はこぞって域内貿易を強化していった。

　このような域内貿易の進展にあって，為替相場の安定は非常に大きな政治的課題となった。1960年代後半からの基軸通貨であるドルの価値が下落することによ

って，欧州域内各国の通貨の価値も不安定となり，1970年代前半に金=ドル本位制の終焉を迎えることで本格的な変動相場制へと移行することとなった。各国は大きな為替リスクを背負い込むこととなり，不況下にあえぐ経済に更なるダメージを与えることになった。

この為替リスクを受容可能な範囲に収めることが国内経済運営に重要な意義をもつことを認めたフランスのジスカール=デスタン大統領とドイツのシュミット首相は1979年に共同で欧州通貨制度（EMS）を設立した。これは人工的に作られた通貨であるECUを中心にし，その価値の上下2.25％以内にEMS参加国の通貨価値を収めるという制度である。もし各国の経済事情が変化し，ある国の通貨価値が突出して高くなったり，低くなったりする場合は為替レートメカニズム（ERM）によって，各国の中央銀行が義務的に介入し，通貨価値を維持することになっている。

EMSの設立により，EC域内での貿易は安定的に推移し，加盟各国が相互に輸出しあう状況が進む中で，競争力をもたない産業は淘汰・合理化され，競争力をもつ産業がEC域内で強化されていくことで，EC域外でも国際競争に勝ち抜く力をつけていくと考えられていた。つまり，これまでのケインズ主義的福祉国家体制での国内産業の保護と雇用の維持という政策は，長期にわたる不況と国内産業の競争力低下をまねき，このままでは欧州各国の産業が共倒れになってしまうという危機感が強まっていったのである。

3　ミッテランの政策転換

欧州におけるケインズ主義的福祉国家が危機的な状況となり，福祉国家的な経済回復路線の限界が明らかとなったのは，1980年代前半のフランス・ミッテラン政権の経験によるところが大きい[16]。ミッテラン（François Mitterrand）はフランス第5共和制初の社会党政権として，共産党と連立を組んで1981年に政権についた。当時のフランスは1970年代の不況から立ち直っておらず，高い失業率とインフレに苦しんでいる時期であった。その経済不況を克服すべく，ミッテランは大統領選挙の公約であったケインズ主義的景気回復策，すなわち国家財政の出動による企業の国有化を通じた雇用確保，失業手当などの増大による有効需要の創出を柱とした経済政策を矢継ぎ早に展開した[17]。しかしながら，この政策は国家財政に多大な負担をかけただけでなく，フランス経済を危機的な状況に追い込むことになってしまった。というのも，大規模な国有化政策を嫌った投資家がフランスから急激に資本を引き上げたこと，そして積極的な財政政策によって増加した

フランス国内需要が他国からの輸入品や他国への投資に回ってしまったからである[18]。とくにドイツに向けての資本移動が急速に増大し，仏独間の為替相場がきわめて不安定となった。先に述べた EMS の仕組みの中では，下落するフランを 2.25％の範囲の中で収めなければならず，フランス銀行は為替市場に介入する義務が発生し，通貨を防衛することが最優先課題となった。

しかしながら，大規模な財政支出の増大によってバランスの崩れたフラン＝マルク相場は中央銀行の介入によっても回復せず，度重なる通貨危機を経て，1983年にはついにフランス銀行のマルク準備が底を付き，これ以上の為替市場介入によって相場を安定させることが出来なくなるという状態に追い込まれた。このとき，ミッテラン政権に残された選択肢は，① EMS を離脱して通貨を変動相場制にしてケインズ主義的政策を続ける，② EMS に残留し，ケインズ主義的政策を放棄して通貨を安定させる，という 2 つであった[19]。

ミッテラン政権の中では共産党，社会党左派が強硬に①の選択肢を主張したが，結果的にミッテランは②の残留を選んだ。その最大の理由はフランスが仮にEMS から離脱したとしても，ケインズ主義的政策によってフランス企業が国家財政に依存し，経営努力を怠るようなことになれば，フランスの経済基盤は脆弱なままであり，国際競争力をもちえないため不況からの脱出は不可能である，と判断をしたからである。

つまり，EC の枠組みに残留する限り，国境を越えて外国からの輸入は継続されるであろうし，EC から離脱したとしても，グローバルな相互依存が進んでいる中で，フランス一国だけが鎖国することもできない。フランス企業はいずれにしろ外国からの輸入品と競争しなければならないのであり，ケインズ主義的政策を維持し続けるかぎり，国際競争に打ち勝つだけの力を得ることはできない，と理解したのである。その結果，ミッテランは EMS に残留して，EC 域内での貿易を活発化させ，その競争の中でフランス企業の競争力をつけていくことを選択したのである。いい換えれば，ミッテランは大統領選の公約を捨て去り，企業の倒産や失業者の増大も辞さない覚悟で市場統合の推進と EMS 残留を決意したのである。

4　単一市場完成への道

1980 年代にケインズ主義的政策を放棄し，国際競争力強化政策へと転換したフランスは欧州統合を積極的に推進する政策へと突き進んでいった。1984 年にはフランスが議長国となってフォンテーヌブロー欧州理事会を取り仕切り，EC の制

度改革を検討するドゥーグ (James Dooge) 委員会を設立して，真の単一市場を創設すべく積極的な取り組みを始めることとなった。また1985年にはドロール蔵相を欧州委員長の職に送り込み，1992年プロジェクトと呼ばれる，非関税障壁の撤廃と域内のモノ，サービスの移動を完全に統合することを目指した単一市場プログラムを進める原動力となった。

こうしたフランスの国内政策の転換は，当時イギリスの福祉国家体制の破壊を進めたサッチャー (Margaret Thatcher) 首相，欧州統合の進展によりドイツ産業の市場を拡大しようとするコール (Helmut Kohl) 首相の政策方針に合致するようになり，その結果，1966年以来継続してきた「ルクセンブルクの妥協」，すなわち，国家の死活的利益に関わる問題については全会一致で決定する，というルールを改正することとなった。この「ルクセンブルクの妥協」は各国に拒否権を与えるものであり，自国産業が大きな影響をこうむる場合は統合が前進しないという問題を抱えていた。そこで1986年に調印された単一欧州議定書では，市場統合にかかわるECのルールを作る際には「特定多数決」を導入し，少数国の反対があったとしても，多数決により反対を押し切って決定を下すことができるようにした[20]。

このように，ケインズ主義的福祉国家政策は，ECの域内貿易の増加と相互依存の強化によりEMSを必要とし，そのEMSができたことによって，一国ケインズ主義的政策を推進することが困難になるという制度的制約が生まれ，そこから「学習」することで自らの国益の定義を変容させることで，新たなルール（単一市場の完成と特定多数決の導入）を受け入れることとなった。こうしてケインズ主義的福祉国家のパラダイムは変容し，新たな統合欧州への道筋がつけられたのである。

III グローバル化する経済と統合

単一欧州議定書の発効と1992年プロジェクトによる域内単一市場の完成に向けて経済統合を進めるECは，折からの世界的な好景気にも恵まれ，順調に不況から脱することとなった。欧州域内の国際競争が一段と激化することで，競争力のない企業が淘汰，合併される一方，国際競争力をもつ企業も現れるようになってきた。

こうした市場統合が一層進む中で，ドロール欧州委員長を中心に通貨統合を推進する動きが強まってきた。EC域内の相互依存がさらに強化されることによって，各国が異なる通貨を使うことによる為替リスクが明らかになってきており，単一市場を完成させるための単一通貨の必要性が強く認識されるようになってき

た。1989年4月には通貨統合に向けての政府間会議の開催が合意されるまでにいたった。

　この通貨統合への動きを加速させたのは国際政治の大変動であった。1989年秋から始まるの東欧諸国の民主化革命，1990年の東西ドイツ再統一，1991年のソ連邦の消滅は統合を進める欧州にとって大きな影響を与えるものであった。長期的には国際秩序の再編と旧東欧諸国との関係の構築という大きな課題があったが，短期的にはドイツ再統一をめぐる対応として通貨統合の議論が急速に進んだ。

1　マーストリヒト条約

　1989年の東欧諸国の民主化革命とそれに引き続くドイツ再統一は，欧州における「ドイツ問題」を再燃させることとなった。すなわち，統一されたドイツは再び欧州にとっての脅威になる可能性があり，ドイツが一人歩きしないよう，統合をさらに深化させ，ドイツの行動の自由を制約しようとする議論である。

　その結果が1991年に合意されたマーストリヒト条約である。細かい説明は第2章に譲るが，本章の観点からいえば，マーストリヒト条約によって単一通貨の導入を進める具体的な合意がなされたことが大きい。またこの条約では，単一通貨に参加する加盟国は次の4つの基準をクリアしなければならないことが定められた。

　　①インフレーション——物価安定の観点から，インフレ率が最も低い3カ国の平均から1.5ポイント以内に収まっていること。
　　②政府財政——年間の財政赤字はGDPの3％以内，政府債務残高はGDPの60％以内
　　③為替相場の安定——2年間にわたって極度の緊張に陥ったり切り下げを行うことなく，為替相場メカニズム（ERM）における通常の変動幅に収まっていること。
　　④長期金利——インフレ率が最も低い3カ国の平均金利水準の2％ポイント以内に収まっていること。

　単一通貨の導入は参加加盟国の金融政策の統合を必要とする。金融政策とは一言でいえば金利の上げ下げによって，市場に流通する通貨供給をコントロールすることである。景気が悪いときは金利を下げることで，貸出金利が低くなり，企業の資金繰りを容易にすることができるが，景気がよい時はインフレを避けるた

め，金利を上げて通貨供給量を縮小する，といった操作を行う。しかし金融政策を統一することで，各国は自国の経済状況に応じた金融政策をとることは不可能となり，欧州中央銀行（ECB）が設定する単一の金利によって金融政策を運用する（one-size-fits-all 政策）。つまり，A 国では景気が過熱気味なため金融引き締め（金利の上昇）が必要であるにも関わらず，その他の国では景気が悪いため，ECB が低金利政策をとった場合，A 国におけるインフレは収束するどころか加速する可能性もある。

このように一国の経済運営に大きな影響を与える金融政策の決定権（通貨主権）を超国家機関である ECB に委譲する意義はどこにあるのであろうか。もちろん，単一通貨の導入によるメリット（為替リスクの回避，価格の透明性の向上など）はあるが，それ以上にこれまでの EMS 時代，特にドイツ再統一以来の困難からの「学習効果」が大きい。

東西ドイツの再統一がベルリンの壁崩壊から 1 年という短い時間の間に成し遂げられたため，旧東ドイツ地域における社会インフラや経済基盤の整備がなされることなく，旧東ドイツ地域が EU に編入された。統一ドイツ政府は巨額の財政出動を行い，旧東独地域の開発に全力を挙げることになったが，その結果，大量の資金が市中に流通することとなった。インフレを恐れるドイツ連邦銀行（ブンデスバンク）は極めて高い金利を設定することで，増加した通貨供給量を抑えようとする政策を取った。この政策が EMS を通じて欧州各国に過大な金融財政上の制約を課すことになったのである。

ここで具体的な説明に入る前に，なぜドイツの金融政策が EMS を通じて欧州各国に影響を与えたのかを「国際金融のトリレンマ」から説明しておく必要があるだろう。国際金融のトリレンマとは，①為替の安定，②自由な資本移動，③自律的な金融政策，の 3 つの施策は同時に成立しないという原理である。EMS という比較的安定した為替安定メカニズムをとる場合，①の為替の安定が成立していると仮定できる。また EC の単一市場の完成のためには他国での企業設立や資本の移動の自由が認められなければならないため，②の自由な資本移動は保障されなければならない。そのため，③の自律的な金融政策を犠牲にせざるを得なくなるのである。ブンデスバンクが高い金利をつけているため，金利による利ざやを求めて自由に移動する資本はドイツに集中する。そうなれば通貨の需給バランスが崩れ，為替を安定させることはできない。したがって，EMS を維持するためには，ドイツ以外の国々はドイツよりも高い金利を設定することで資本流出を食い止める必要がでてくる。したがって，③の自由で自律的な金融政策をとることは

できないのである。

　1983年にEMS残留を決意し、単一市場に踏みとどまったフランスは自国産業を強化するため、低い金利によって積極的に企業に資金供給を行い、自国経済の活性化をめざすところであったが、EMSの枠組みに残る限り、ドイツマルクとの為替安定を維持する義務があり、ドイツにあわせた高金利政策をとらざるを得なかった。つまり、フランスは事実上の金融政策の決定権を失っていたのであり、ドイツ・ブンデスバンクのみが自由に金融政策を遂行できる立場にあった。

　しかし、単一通貨を導入すれば、金融政策はブンデスバンクではなくECBにおいて一元的に決定されることになる。となれば、ドイツ以外の加盟国も金融政策の決定に参加することができるようになる。金融政策の決定はECB総裁、副総裁と4人の専務理事からなる専任役員会と、専任役員と各国の中央銀行総裁から構成される運営理事会によって決定される。つまり、最低でも自国の中央銀行総裁が1名は意思決定に参加し、場合によっては自国から選出される人物が専任役員会に入る可能性もある。フランスがECB発足にともなう初代総裁の選出に当たって、フランス人のトリシェ（Jean-Claude Trichet）をごり押しし、ドイツなどが推薦するオランダのドイセンベルグ（Wim Duisenberg）の任期を半分（4年）に短縮してでもフランス人を総裁にすると主張したのは、ブンデスバンクによる金融政策支配から解放され、フランス人によって金融政策を決定することができると考えたからである。

2　経済統合と通貨危機

　マーストリヒト条約が調印されたことで単一通貨の導入と金融政策の統合という、さらなる経済統合の深化への道筋がつけられたが、その道のりは平坦なものではなかった。1992年6月のデンマーク国民投票によるマーストリヒト条約批准否決と9月のフランスにおける僅差の国民投票での批准可決は、欧州全域にショックを与えただけでなく、単一通貨の実現可能性に疑問を付すことになり、それが材料となって欧州各国の通貨に大量の投機的資金が流れ込むことになった。その結果、1992、1993年の欧州通貨危機が引き起こされたのである。

　皮肉なことに、この通貨危機において最も大きなダメージを受けたのは、ユーロへの参加条項の適用除外（opt out）を得たイギリスであった。サッチャー政権は長い間、EMSのうち義務的に為替を安定させるための為替レートメカニズム（ERM）は国家主権の侵害であり、為替相場は市場メカニズムによって決定されるべきであるとして参加を拒んできた。しかしながら、EC単一市場の完成が近づく

ことによって,いっそう EC 域内の貿易量が増大し,相互依存が高まったことで為替リスクに対する懸念が高まり,また産業界や欧州最大の金融センターであるシティを持つ金融界からの強い圧力があったため,1990 年についに ERM に参加することを決定した。ところが,ポンドの平価が相対的に高かったこととドイツの高金利のため,ポンドの価値は下落傾向にあり,イングランド銀行は通貨を支えるのに必死であった。また 1992 年にはデンマークとフランスの国民投票の動向から,単一通貨の実現が不可能になると予測されたことをきっかけに通貨投機が発生し,通貨防衛に失敗したポンドはイタリア・リラと共に ERM 離脱を余儀なくされた(イタリア・リラは後に ERM に復帰したが,ポンドは離脱したまま)。イギリスはすでにユーロに参加しないことを明らかにしていたが,この経験が元で,現在でもイギリス国内ではユーロへの参加に対する反対が強く,欧州経済統合のさらなる前進に懐疑的な見方が強く残ることとなった[21]。

　欧州通貨危機は翌 1993 年にもアイルランド・ポンドを中心にイタリア・リラ,フランス・フランなどを狙い撃ちにした通貨投機に見舞われ,結果として EMS の根幹である通貨変動幅を上下 2.25％から上下 15％に拡大することで,事実上の変動相場制を導入して危機を乗り切った。通貨投機は経済的な基盤の弱い通貨が無理して固定的な相場を維持しようとする矛盾を狙って起きるものであるが,EMS が事実上の変動相場制を認めたことにより通貨投機は収束し,単一通貨の発足まで何とか漕ぎつけることとなった。

　このような通貨危機はなぜ起きたのであろうか。通貨危機の後に出された欧州委員会のレポートでは,加盟国間の経済パフォーマンスの収斂が不十分であり,ドイツが高金利政策を一方的に取っており,域内における資本移動が自由だからであると結論づけている[22]。域内市場統合にともなって資本移動が自由となれば,高金利政策をとるドイツに資金が集まる。それを避けるためにはドイツ以外の加盟国の経済パフォーマンスを上げ,魅力的な投資環境を整えるか,ドイツ以上の高金利政策をとって資金流出を抑える以外,安定的な為替相場を維持することはできない(上述の「トリレンマ」参照)。各国の経済パフォーマンスを向上するということは何を意味するかといえば,より競争的な環境を導入し,企業のコスト負担を減らすような政策を推進することを意味する。すなわち,欧州経済統合が進むことによって,これまでのケインズ主義的な政策パラダイムの中心となっていた一国経済の保護と育成というコンセプトは,通貨危機というより大きな国家的危機に直面することによって限界に至ったのである。

3 安定成長協定とユーロ導入

　ユーロの導入にともない，各国の金融政策は超国家機関であるECBに統合されることとなったが，金融政策と共に経済政策の両輪をなす財政政策の統合は進んだのであろうか。再統一後のドイツにみられるように，政府による財政政策が放漫で，多大な財政出動がなされた場合，通貨供給量を抑えるための高金利政策という金融政策をとらなければならなくなる。金融政策を安定的に進めるためには財政政策との調和が必要なことは論を待たない。しかしながら，財政政策は国家予算の配分や税率，税制のあり方を決めることである。政府が公共投資や社会保障，防衛費などにどのくらいの予算を当て，所得税の税率をどのくらいにするのかは，各国政権の政策を規定する重要な問題であり，財政政策の自由がなくなれば，国家権力そのものを失うことになる。したがって，マーストリヒト条約においても財政政策は各国に残される権限として位置づけられており，税制の調和に向けての努力などが規定されているにすぎない。

　しかし，たとえばA国が自国の経済事情や政治的な理由で財政支出を無制限に増やしたり，そのために国債の発行を増加するなどすれば，A国内に限らず，ユーロ全体の供給量が増えることとなり，ECBは全体の金利を上げなければならなくなる。つまり，ユーロに参加する限り，財政政策も一国の都合だけで決定することはできない相談である。

　このような国家権力，政治の根幹としての財政政策を各国の裁量に残しつつ，財政政策の規律をとるために，1997年のアムステルダム欧州理事会において「安定成長協定（Stability and Growth Pact）」が合意された。これはEU全加盟国の財政均衡という目標を設定し，過剰な財政赤字（GDP比で3％の年間財政赤字）を超えた場合，GDPの0.2％-0.5％の財政制裁措置が科されるというルールである[23]。要するに，安定成長協定は各国の税制（歳入）や予算のプライオリティ（歳出）の調整はしないが，大枠の制約を設定することで財政政策を規律し，ユーロの価値を安定させることを目的とした。

　しかし，大枠の制約とはいえ，安定成長協定によって各国の財政政策の自由度は極端に失われているといえよう[24]。特に不景気の年には税収が予定を下回ることになり，歳入不足となるが，予算は年度当初に組んだとおりに執行されるため財政赤字が膨らんでしまう。また2002年のドイツのケースのように大洪水などの自然災害が起こった場合の復旧費がかさむことで歳出が超過すれば，こちらも財政赤字が増加する。さらに新規の公共投資や産業振興策，防衛調達，研究開発支出など，短い期間のみの出費であっても年間財政赤字の拡大に寄与する政策は手

控えられることになる。事実，2002年度から3年連続してフランス，ドイツは財政赤字3％を突破しており，そのほか多くの加盟国も安定成長協定の遵守が難しくなってきている[25]。つまり，経済統合が進展し，通貨統合まで進んだ結果，各国の政治的制約はよりいっそう厳しくなっている。不況時の財政出動によって有効需要を創造し，景気回復に導くというケインズ主義的な政策はきわめて困難な政策的選択肢となってしまったのである。とはいえ，現在では安定成長協定を厳格に適用するのではなく，ある程度経済状況にあわせて柔軟に対応すべきとの議論も出ている[26]。また，2005年1月から，ユーロ参加12カ国によって構成されるユーロ圏非公式財務相会合（Eurogroup）の常任議長（任期は2年半）に，現ルクセンブルク首相であるユンケル（Jean-Claude Juncker）が就任することとなっている。これによって一層各国の財政政策の調和が図られ，各国の自由度に制約が加えられることになるかもしれない。

4 東方拡大

ここまで経済統合の「深化」の側面がいかに政治的なインパクトをもたらしたかを論じてきたが，2004年に中東欧諸国を含めた10カ国が加盟し，EUが「拡大」したことによって政治的にどのようなインパクトが与えられたのかを検討してみたい。

まず新規加盟国にとって見れば，EUへの加盟は大きな制約であると同時に経済発展の機会であった。10カ国の内，マルタとキプロスを除けばすべて共産主義体制をとっていた国であり，1989年の民主化革命によって長きにわたるソ連の影響力から解放され，自律的な政治経済の運営を謳歌するはずであった中東欧諸国は，すぐさま国際政治経済の現実に直面することとなった。それは最大の貿易相手国であるEU諸国との間のさまざまな貿易障壁であった。EU諸国に自国製品を輸出するにしても，EU域内で認可される安全基準や衛生基準に満たなければ輸出は許可されない。しかも，EUとの国境では長い審査が待っており，仮に外国資本を誘致して工場を作ったとしても，輸出に手間がかかるようであれば投資の魅力は失われる。したがって，中東欧諸国にとってはEUに加盟していない状況でも自国の衛生基準や安全基準などはEUのルールを適用せざるをえないのに，輸出は困難であるという状態が起きていた。しかもそのルールは自国が参加して作ったものではなく，あくまでもEU加盟国のみが参加して決定したものである。つまり，中東欧諸国にとって，EUに加盟すれば輸出が大幅に容易になり，なおかつEU諸国からの投資を誘致することができ，さらにはEUのルール策定プロセス

に関与することができる機会が生まれるのである。

　しかし，他方でEU加盟には多大な負担と制約がともなっている。市場におけるモノの移動に関するルールだけでなく，環境基準や労働基準，産業への国家支援や農業補助金の問題など，EUがこれまで積み上げてきた法体系（acquis communautaire）を受け入れなければならない。更には単一通貨に参加することを意図するとしないとにかかわらず，モノの移動を活発にするためには為替の安定が重要となり，その結果，前述したような国際金融のトリレンマによって国内の金融政策の自律性は失われ，財政政策にまで大きな制約が及ぶこととなる。ただでさえ市場経済システムに適応することに苦労している中東欧諸国は，きわめて厳しい条件を比較的短い期間の間にクリアしなければならないという状況に追いこまれたのである。つまり，彼らは共産主義体制からの転換以降，自由で自律的な政治経済運営をする機会を持たないまま，EU加盟へと突き進まざるをえなかったのである。

　しかしながら，民主化革命以降，きわめて政治的にも経済的にも不安定な状況であった中東欧諸国にEU加盟という目標があったこと，また加盟に向けての国内制度の整備が進んだことは，中東欧諸国が秩序だった国家建設を進める上で重要な役割を果たしたことはまちがいない。1993年のコペンハーゲン理事会における，民主主義制度の確立や人権の尊重，少数民族の保護といった「コペンハーゲン基準」は地域の安定化に大きく貢献したといえるであろう。

　このEU拡大は旧加盟国（15ヵ国）にとっても非常に大きな制約と機会を与えている。市場経済が十分に発達していないこれら中東欧諸国は格好の新規マーケットであり，何の障壁もなく投資・輸出することができる巨大なマーケットである。しかし，それは同時に自国企業が中東欧諸国に工場を移転し，比較的安い労働力で生産活動を行い，自国の大消費地に向けた輸出が出来る生産拠点が増えたことも意味する。つまり，ドイツやフランスなどの比較的高賃金を得ている工場労働者は工場の移転にともない職を失い，その工場は新規加盟の中東欧諸国に作られ，そこに雇用が生まれる。その結果，旧加盟国政府は工場の移転にともなって発生した失業者対策や雇用創出に向けた政策が求められるのであるが，前述したように，各国政府の金融政策はすでにECBに統合されており，財政政策も強い制約の下にあって，ケインズ主義的福祉国家の時代のような大規模な財政出動による失業者の救済という選択はできなくなっている。また，労働者の側でも，福祉国家時代に築き上げた高度な社会保障制度と労働時間を短縮して，集中的に働きゆっくり休むことが「文明の進化」であるという哲学を一部犠牲にしてでも工場の流

出を思いとどまらせるような努力もなされている[27]。将来的には中東欧諸国の所得水準が向上し、旧加盟国との格差が小さくなるとしても、しばらくの間はEU拡大による新旧加盟国国内における政治経済的な問題が続くであろう。

IV　アメリカへの挑戦？

これまでは経済統合がもたらす政治的制約の側面を中心に論じてきたが、統合は制約という負の側面だけではなく、積極的に国家の目標や政策選好を実現する意義をもつからこそ、各国は自発的に統合を進めていったのである。

では、その積極的意義とは何であろうか。一般によく聞かれる議論として、EUはアメリカに挑戦し、アメリカに対抗する勢力となろうとしている、というものがある。はたしてこれは正しいEU理解なのであろうか。

1　欧州産業の競争力強化

たしかに1980年代の欧州統合の進展、とくに単一欧州議定書の発効と1992年プロジェクトは、当時急激な勢いでグローバルに展開するアメリカや日本の多国籍企業に対抗するため、欧州企業の国際競争力を強化するという意図が強く出た結果であった。1970年代後半に登場したサッチャー政権は、「英国病」と呼ばれる、高福祉による労働意欲の欠如、経済パフォーマンスの低下、慢性的な失業と低成長経済を改革し、イギリス産業の競争力を強化するために国有企業の民営化や規制緩和といった市場における競争原理を徹底することで欧州産業の強化を進めた[28]。また前述したように、フランスのミッテラン政権は一国ケインズ主義政策を放棄し、フランス企業の競争力強化をめざして域内市場統合を推進した。オランダは「オランダ病」と呼ばれる経済政策の失敗に苦しんでいたが、労使協調によって危機を克服し、オランダモデルと呼ばれるワークシェアリングの仕組みを作って労働コストの上昇を抑えることで国際競争力の回復をめざし、欧州市場での競争力回復を推進するために統合を推し進めた[29]。

さらに、日米多国籍企業がハイテク部門、高付加価値産業において圧倒的な競争力をもっていることから、EU各国もサービス産業や知識集約型の産業の強化、また研究開発政策の推進といった政策を進めていった[30]。単なる市場統合を通じた競争原理の導入による産業競争力の強化に限らず、積極的な産業構造の転換とハイテク・高付加価値部門への特化を進める政策もとられていった[31]。しかしながら、これらの政策は各国の足並みが揃わず、また欧州企業全体を強化するとい

うよりは，各国が自国企業の強化を進めることを優先したため，十分な効果が上がったとはいえない[32]。

1980年代の統合の推進と国際競争力強化政策は，アメリカへの対抗というよりは，欧州経済が生き延びるための苦渋の選択の結果であり，各国が経験してきたケインズ主義的福祉国家政策の危機からの「学習」の結果であった。したがって，欧州各国は市場統合を通じた産業の統合と規模拡大といった措置よりは，自国産業の保護と育成を重視したのである。その結果，EUレベルでの有効な産業政策を進めることができなかったのである。

2　グローバル化の進展とヨーロッパ・チャンピオン

マーストリヒト条約の発効から2度の通貨危機を経て，欧州経済はいよいよグローバルな経済の影響力に対応しなければならないという意識が強まっていった。アメリカ経済はレーガン（Ronald Reagan）政権の新自由主義的政策を通じて国際競争力を強めており，金融市場を含むあらゆる産業部門において欧州企業を凌駕していると思われるようになった。同様にバブル期に大きく成長した日本企業も欧州にとっては脅威となっていた。また，1980年代の市場統合を通じて国際競争力を回復してきた欧州諸企業は成長するアジア市場などで米国企業と競争する立場となり，グローバリゼーションと日米（特にアメリカ）への対抗を強く意識するようになってきた。

そこで打ち出されたのが「ヨーロッパ・チャンピオン」の思想である[33]。1960年代以降の欧州経済の基本的パターンとして，基幹産業の国有化を通じた産業の集約を進め，一産業あたり一社か二社を「ナショナル・チャンピオン」として育てる政策が主流であった。ナショナル・チャンピオン政策は研究開発などの資金や人材を一手に集中させることで，チャンピオン企業の国際競争力を高め，同時に基幹産業・国家を代表する企業としての社会的責任を負わせることで，容易な解雇などができないという，ケインズ主義的政策の手段としての位置づけもなされていた[34]。しかしながら，欧州各国の市場はアメリカのそれと比べてきわめて狭く，ナショナル・チャンピオンも国際市場においては中堅程度の規模しかないため，競争力も限られていた。そうした中でEUの市場統合が進み，国境を越えた競争が進むと共に，企業合併を通じて欧州規模の巨大企業を設立し，アメリカ企業に対抗しようとしたのが「ヨーロッパ・チャンピオン」構想である。

実際に製鉄，自動車，航空宇宙，防衛，製薬などさまざまな産業部門において国境を越えた欧州企業同士の合併が進み，現在でも欧州レベルでの産業再編は継

続されている。また，ヨーロッパ・チャンピオン構想を積極的に推し進めようとするフランスは2004年5月の第3回独仏合同閣僚会議において，ドイツ政府を巻き込み，EU全体で欧州産業に積極的に介入することで競争力を強化する提案を行った。しかしながら，この構想はドイツ国内から企業保護の政策であるとの批判が上がり，またこの構想は市場原理に反するとしてイギリス政府からも批判されることとなった[35]。このように企業レベルでは合併を通じて規模を大きくしなければ国際競争力が得られないとの認識が強まっている一方，欧州レベルで単一の産業政策を策定し，企業に介入するというコンセンサスは得られていない[36]。つまり，欧州各国の政策決定者もEU全体としてもアメリカに対抗する産業を育てるという統一した産業政策をもっていないのが現状なのである。

アルベール (Michel Albert) が指摘したように，資本主義は各国の文化や歴史的背景を背負って発達するものであり，フランスの「国家主導型経済（ディリジスム）」やドイツの「ラインモデル（社会市場経済）」といった特徴をもっている[37]。欧州各国は，それぞれの判断にもとづいて域内市場の統合を選択し，ひとつの経済アリーナにおいて共通政策を適用することを認めているが，それはあくまでも各国固有の資本主義のあり方に合致する限りで受け入れられているのである。つまり，欧州経済統合は積極的にアメリカと対抗することを目的としているわけではなく，過去の経済危機のような事態を避けつつ，またグローバルな資本の影響に振り回されないよう，統合による市場競争を導入して自らの競争力を強化するという選択をしてきたのである。

おわりに

本章では経済統合がもたらした政治的インパクトを，統合による市場・金融システムの変更と，そこから生まれた新しい経済的環境が各国政府の政治的選択の幅を制約し，その制約の限界を「学習」することで，政策選好や利益を作り直し，さらなる統合に進んでいくというダイナミックな過程を1980年代から1990年代を中心に検討してきた。この時期の欧州統合はEMSの設立，単一欧州議定書の制定，単一市場の完成，通貨統合，安定成長協定と次第に統合の度合いが深化し，各国政府の政治的選択肢が限定されていく中で，グローバル化への対応と欧州産業の競争力の強化へと進んでいった時期であった[38]。

欧州経済統合が通貨統合にまで展開した現在，欧州における政治秩序は20年前，30年前のそれとは大きく異なっていることはまちがいない。すでに市場が統

合されていることは「当たり前」になっており，通貨が統合されていることすら所与のものとして考えられている。30年前では考えられなかったことが，今では「常識」になっており，その常識にもとづいて現在の欧州における政治秩序が構築されているのである。では，経済統合を遂げた欧州政治秩序とはどのような特徴をもつものであろうか。

第1に，EUの役割と法的権限はきわめて大きくなり，加盟各国が独自に政策を決定し，自国の事情にのみ適応した政策をとることは困難になってきている。金融政策はもちろんのこと，財政政策までも強い制約の下にあって，社会的弱者である年金生活者や失業者，競争力をもたない中小企業は常に不安定な状態にさらされることになる。欧州レベルでの社会政策や超国家的労使対話などは進められているが十分なレベルとはいえない。その結果，不満を持った人々はデモやストライキに参加するだけでなく，欧州統合を否定的に捉える政党（特に極右政党）を支持したり，過激な反グローバリゼーション運動に参加したりする場合もある。つまり，これまで経済政策の立案・実施の責任は各国政府にあり，市民は政府を民主的にコントロールしているという前提で政治秩序は構築されていた。しかし，経済統合が進むことで，各国政府の権限がブリュッセルに移転しているにもかかわらず，市民は民主的なチャンネルを通じて，ブリュッセルをコントロールできると考えていない。そのため，民主的なチャンネルの正統性が失われ，非民主的な手段による異議申したてがなされているのである[39]。

第2に，そうした社会的不安定さを抱えながらも，グローバル化する国際経済の中で生き残るだけでなく，自国の行動の自由を得るためには国家そのものが「競争国家化[40]」し，自国経済を強化することが不可欠となる。経済統合が進んだ欧州においては国家同士が競争し，資本を誘致できるほど魅力的な政策をもち，さまざまな支援を通じて産業を活性化させなければ，企業は容易に他国に移転できてしまうのである。

第3に，EU各国は「競争国家化」しつつも，環境基準や消費者保護，食品衛生などさまざまな分野においてEUは高いレベルの規制をかけており，社会生活の高水準を保っている。また，ケインズ主義的福祉国家時代に築き上げた労働者の権利を保護する法律や制度も社会生活の水準を維持する重要な機能をもっている。通常，企業が規制を遵守し，雇用維持の義務を負わされているのであれば，それだけ余計なコストがかかるため，追加的コストを嫌う企業はEUから逃げ出してしまう。そのため，純粋な「競争国家」であれば少しでも基準を下げ，労働条件を犠牲にしてでも，企業の誘致・流出阻止に躍起になり，際限のない規制緩和競

争 (race to the bottom) が起こるであろう。しかし，EU は基準を低くすることで他地域に対して競争力をもつのではなく，高い基準での社会生活が送れる状況を選択した。京都議定書の成立に積極的な役割を果たしていることにみられるように，EU 各国は短期的な利得をめぐる競争だけに明け暮れているわけではない。EU は競争力の向上と社会生活水準の維持の間で何とかバランスをとろうとしているのである。そのひとつの表れが 2003 年 3 月に欧州理事会で採択された「リスボン戦略」である。この戦略は雇用拡大，社会的結束を確保しつつ，持続的発展を可能にする知識集約型経済 (knowledge-based Economy) を構築し，競争力のある社会を作るというものである。ここでは競争力の向上は決して社会生活を犠牲とするものではなく，社会の発展のために競争力が強化されると位置づけられている。

第4として，環境基準や企業への規制などの新たなルールを制定する場合でも，政策決定の主たる権限は各国代表が集まる閣僚理事会にあり，各国政府の合意の下でルール作りは進む。もちろん特定多数決は多くの政策分野に導入されており，自国政府が反対しても決議が可決され，新たなルールとなって自国の政策を拘束することもある。しかし，実際の閣僚理事会における意思決定はできる限り全員の合意が得られるような粘り強い交渉がなされており，特定多数決制度も反対する国を説得するための材料として使われることが多い[41]。

このような政治秩序が成立したのは，一方で EU がグローバル化する世界の中でヨーロッパ全体として一定の自律的な政策決定を行い，発言権を確保するために必要な力を得るためであり，他方で EU の統合と拡大が進むことによって EU 加盟各国が完全に自律的な決定権を失うことを避けるためでもある。つまり，グローバル化する世界，EU，欧州各国の 3 つのレベルにおいて，対外的な自律性と発言権の強化を進めることと，加盟各国の独自性を残すことのバランスの上に成り立った政治秩序なのである。

その結果，極めて複雑でわかりにくい政治体制が生まれてしまった。2003 年から精力的に続けられた欧州憲法条約の交渉は，こうした分かりにくさをすっきりさせる狙いがあったとはいえ，EU としての統一性，自律性を確保しながら，加盟各国の独自性をいかに残すかというバランスに腐心し，結果的にそれほどすっきりした憲法条約とはならなかった。しかしながら，欧州各国がグローバル化の渦の中で，一方では金融通貨主権を含む多くの国家主権を失いながら，自らの独自性を保持し，自国と欧州の経済発展，産業競争力の強化を得ようとしたことは，同じくグローバル化の渦に巻き込まれている日本においてもさまざまな教訓を得ることはできる。欧州の経験から学ぶことは多い。

注
（1） 元々国際関係論の中で構築された「国益」概念は，国際社会が無政府状態（Anarchy）であり，国家の独立と安全保障が中心的課題であるという現実の状況の中で発達した。例えば Helen V. Milner, *Interests, Institutions and Information: Domestic Politics and International Relations*, Princeton University Press, 1997, p. 5 の定義を参照。
（2） W. David Clinton, *The Two Faces of National Interest*, Louisiana State University Press, 1994.
（3） David Mitrany, *A Working Peace System*, Quadrangle Books, 1943.
（4） Haas, Ernst B., *Byond the Nation-State: Functionalism and International Organization*, Stanford University Press, 1964.
（5） こうした論点は Wayne Sandholtz and Alec Stone-Sweet, *European Integration and Supranational Governance*, Oxford University Press, 1998 に強く継承されている。
（6） Stanley Hoffmann, "Obstinate or Obsolete?: The Fate of the Nation-State and the Case of Western Europe," *Daedulus*, no. 95, 1966.
（7） Jeppe Tranholm-Mikkelsen, "Neofunctionalism: Obstinate or Obsolete?A Reappraisal in Light of the New Dynamism of the European Community," *Millenium, Vol. 20, 1991, pp. 1-22.*
（8） Andrew Moravcsik, "Negotiating the Single European Act: National Interests and Conventional Statecraft in the European Community," *International Organization*, Vol. 45, No. 1, 1991, pp. 651-688.
（9） Anthony Giddens, *The Constitution of Society*, Polity Press, 1984.
（10） Kathleen Thelen and Sven Steinmo, 'Historical Institutionalism in Comparative Politics,' in Sven Steinmo, Kathleen Thelen, and Frank Longstreth (eds.), *Structuring Politics: Historical Institutionalism in Comparative Analysis*, Cambridge University Press, 1992, p. 15.
（11） 例えば Paul D. Bush, "The Theory of Institutional Change," *Journal of Economic Issues*. Vol. 21 No. 3, 1987, pp. 1075-1116 など。
（12） Martha Finnemore and Kathryn Sikkink, "International Norm Dynamics and Political Change", *International Organization*. Vol. 52 No. 4, 1998, pp. 887-917.
（13） Douglass C. North., *Institutions, Institutional Change and Economic Performance*, Cambridge University Press, 1990, p. 6
（14） 田口富久治編『ケインズ主義的福祉国家：先進6カ国の危機と再編』青木書店，1989年。

(15) Alan S. Milward, *The European Rescue of the Nation-State*, University of California Press, 1992.
(16) 拙稿「ミッテラン政権の経済政策とフランスの欧州政策」『日本 EC 学会年報』16 号, 1996 年, 73-100 頁, および, 拙稿「1981 年から 1991 年までのミッテラン政権における欧州政策の変遷」(Ⅰ) (Ⅱ) 『立命館国際研究』8 巻 2・3 号, 1995 年 10 月・12 月, 205-222, 343-362 頁。
(17) 藤本光夫『ミッテラン政権と公企業改革』同文舘, 1988 年。
(18) ノースカットによれば, 大統領選挙の第 1 回目投票と第 2 回目投票の間に 70 億フラン, ミッテラン当選後に 30 億フラン, 大統領就任前には 1 日 10 億フラン, 大統領就任の日には 1 日で 15 億フランが海外に流出した。Wayne Northcutt, *Mitterrand: A Political Bibliography*, Holmes & Meier, 1992.
(19) 仮にフランスが EMS を離脱すればフランスはドルに対して 20% も安くなり, 当時抱えていた 400 億ドルの対外債務が膨張すること, EMS を離脱してもドルからフランを防衛しようとしても, 外貨準備高が 40 億ドルしかなく, フランを防衛するためには金利を 20-21% に設定しなければならない状況にあり, IMF による介入が必然化していた。Phillippe Bauchard, *La guerre des roses*, Bernard Grasset, 1986, pp.145-146.
(20) Desmond Dinan, *Ever Closer Union*. L. Rienner Publishers, 1999.
(21) Leila Simona Talani, *Betting for and against EMU: Who wins and who loses in Italy and in the UK from the process of European monetary integration*, Ashgate, 2000.
(22) Commission of the EC, "ERM Tensions and Monetary Policies in 1993," *European Economy*, No. 56, 1994.
(23) 当初は無利子の預託金という形をとり, 2 年たっても状況が是正されない場合には罰金に切り替えられる。
(24) Andrew Hughes Hallet, Michael M. Hutchison, and Svend E. Hougaard Jensen (eds.), *Fiscal Aspects of European Monetary Integration*, Cambridge University Press, 1999.
(25) フランスとドイツは度重なる安定成長協定の違反にもかかわらず, 経済財政相閣僚理事会 (Ecofin) において制裁を科さないという決議を出すことで制裁を逃れてきたが, 2004 年には欧州司法裁判所が制裁回避を違法と判断し, Ecofin の決定を無効とした。
(26) Dermot Hodson and Imelda Maher, "Economic and Monetary Union: Balancing Credibility and Legitimacy in an Asymmetric Policy-mix," *Journal of European Public Policy*, Vol. 9, No. 3, 2002, pp. 391-407.
(27) 前田充康『EU 拡大と労働問題』日本労働機構, 1998 年。

(28) 小笠原欣幸『衰退国家の政治経済学』勁草書房，1993年。
(29) 1970年代，オランダ沖の北海天然ガスの発見により輸出が増加し，為替レートが急激に上昇した。その結果，オランダの製造業の輸出競争力が失われたが，天然ガスによる収入の増加によって，社会福祉制度を充実させて失業者対策を手厚く行った。しかし，石油ショックが落ち着き，天然ガスの価格が下落したことにより，財政収入は低下したが，企業の競争力は回復せず，社会保障制度は維持されたため構造的な不況に陥ることとなった。水島治郎『戦後オランダの政治構造』東京大学出版会，2001年。
(30) 拙稿「欧州産業政策の政治経済学：先端技術開発政策への統合領域の拡大」，関下稔・石黒馨・関寛治編『現代の国際政治経済学：学際知の実験』法律文化社，1998年。
(31) Wayne Sandholtz, *High-Tech Europe: The Politics of International Cooperation*, University of California Press, 1992; John Peterson, *High Technology and the Competition State: An Analysis of the Eureka Initiative*, Routledge, 1993.
(32) John Peterson and Margaret Sharp, *Technology Policy in the European Union*, Palgrave MacMillan, 1999.
(33) Jack Hayward (ed.), *Industrial Enterprise and European Integration: From National to International Champions in Western Europe*, Oxford University Press, 1995.
(34) Raymond Vernon (ed.), *Big Business and the State: Changing Relations in Western Europe*, Harvard University Press, 1974.
(35) *Le Monde*, 2004年5月15日，*Financial Times*, 2004年5月17日，6月8日。
(36) Hussein Kassim and Anand Menon (eds.), *The European Union and National Industrial Policy*, Routledge, 1996; *Le Monde*, 2004年7月7日。
(37) ミシェル・アルベール『資本主義対資本主義——フランスから世界に広がる21世紀への大論争』竹内書店新社，1992年。
(38) Vivien A. Schmidt, *The Futures of European Capitalism*, Oxford University Press, 2002.
(39) Larry Siedentop, "Europe's crisis is centred on Paris," *Financial Times*, 2004年6月23日。またEUの正統性については，遠藤乾「ポスト・ナショナリズムにおける正統性の諸問題——ヨーロッパ連合を事例として—」日本政治学界編『年報政治学：20世紀における三つのデモクラシー』岩波書店，2002年を参照。
(40) Phillippe Moreau-Defarges, "Les differents modeles d'état concurrentiel," in Rene Lenoir (ed.), *Ou va l'état: La souveraineté économique et politique en question*, Le Monde Editions, 1992, pp. 142-154.
(41) Fiona Hayes-Renshaw and Helen Wallace, *Council of Ministers*, Palgrave

Macmillan, 1996.

【文献案内】
田口富久治編『ケインズ主義的福祉国家：先進 6 カ国の危機と再編』青木書店，1989 年
小笠原欣幸『衰退国家の政治経済学』勁草書房，1993 年
佐々木隆生・中村健一編『ヨーロッパ統合の脱神話化――ポスト・マーストリヒトの政治経済学』ミネルヴァ書房，1994 年
田中俊郎『EU の政治』岩波書店，1998 年
水島治郎『戦後オランダの政治構造』東京大学出版会，2001 年
田中素香『ユーロ』岩波新書，2002 年
田中素香・藤田誠一『ユーロと国際通貨システム』蒼天社，2003 年
力久昌幸『ユーロとイギリス：欧州通貨統合をめぐる二大政党の政治制度戦略』木鐸社，2003 年
ロベール・フランク（廣田功訳）『欧州統合史のダイナミズム：フランスとパートナー国』日本経済評論社，2003 年
日本比較政治学会編『EU のなかの国民国家：デモクラシーの変容』早稲田大学出版部，2003 年

第5章
拡大EUと欧州安全保障防衛政策（ESDP）

植田隆子

はじめに
I　ESDPの発展の背景
II　実動する危機管理
III　国連との協力関係
IV　安全保障戦略文書
V　欧州近隣諸国政策（ENP）
VI　ESDPの将来
【文献案内】

はじめに

「拡大は明らかに，EUの外交政策の最も成功した手段だった。拡大は1990年代初頭以来，中・東欧に起きた大規模な政治・経済の変容の主要なモーターだった。」EU Institute for Security Studies (EU ISS), *Partners and Neighbours: a CFSP for a Wider Europe* (Chaillot Papers, No. 64), Paris, September 2003, p. 121.

「過去25年間にわたりEUの共通外交政策の最も効果的な手段は，EUが据えた政治・経済の基準を加盟申請国が受諾することを条件とする，拡大の約束だった。……EUは西欧が1950年代，および1960年代に達成した民主主義，繁栄，市民社会，相互の信頼を南と東に拡張することに成功した。」William Wallace, "Looking after the Neighbourhood: Responsibilities for the EU-25," Policy Papers No. 4, July 2003, Notre Europe, Paris, July 2003, p. 3.

EUが共通外交安全保障政策（CFSP）と呼ばれる対外関係を任務としたのは1993年11月にマーストリヒト条約が発効してからである[1]。CFSPの前身は欧州政治協力（EPC）といわれた政府間の外交政策の調整であった。EPCはEC加盟国によるものであったがECの制度的枠外において1970年代に始まった。CFSPは，マーストリヒト条約の構造の中で「第2の柱」と呼ばれる政府間協力による

統合であり，外交および安全保障の主権は加盟国が維持し，欧州委員会の権限が限られた分野である。

1993年11月以降も，CFSPはEPCの時代と同様，「宣言外交」の域を出ず，期待値よりもパフォーマンスが低いとの評価をEUの専門家らから受けてきた。2003年初頭のイラク問題をめぐるEU内の対立は，共通の対外政策の策定の困難さを世界に印象づけた。

他方，共通外交安全保障政策の1つの「道具」といわれる「欧州安全保障防衛政策（ESDP）」と呼ばれる分野は，イラク問題をめぐるEU内の対立が進行中であった2003年に飛躍的な発展を遂げた。EUが警察や軍隊を紛争地域に展開する「危機管理」が実動したからである。EU諸国間には，なおEU域内の領域防衛をEUとして実施することについては意見の不一致があり，欧州統合軍創設にもほど遠い。しかし，EUは組織として安定化作戦のために軍隊を展開するところまでは発展してきた。1954年に欧州防衛共同体（EDC）構想が頓挫してから，50年かかってようやく，危機管理（日本語でいうPKO）にEUとして軍隊を出すところまできたのである。

本稿冒頭で引用したように拡大自体は外交政策の最も成功した手段と評されている。本章では，拡大との関係を念頭においてこの展開を跡付けることとする。

I ESDPの発展の背景

1989年の東欧諸国の体制転換と東西ドイツ統一の機運を受けて欧州の政治統合は一挙に進んだ。英国はきわめて消極的であったが，1991年暮れに合意されたマーストリヒト条約は共通外交安全保障政策と司法内務協力という政府間協力による政治統合部分を基本条約に組み込んだのであった。同条約はこの政治統合部分と共通通貨ユーロの段階的導入により，統一ドイツを欧州統合の中に埋め込む意義をもった。ドイツ自身が政治統合の導入に積極的であった。

共通外交安全保障政策を論じるにあたり，出発点となる条約上定められた目的は，①国際連合憲章の原則に従い，共通の価値，基本的な利益，連合の独立を守る，②あらゆる方法で連合の安全保障を強化する，③国際連合憲章，ヘルシンキ最終合意書，パリ憲章の諸原則に従い，平和を維持し，国際安全保障を強化する，④国際協力を増進させる，⑤民主主義および法の支配，人権および基本的自由の尊重を発展させ，堅固なものにするとされ，対象は広範である（ニース条約）。

初期のCFSPは期待された成果をあげられなかったが，1998年10月以降，英国

第5章　拡大EUと欧州安全保障防衛政策（ESDP）

が従来の政策を転換し，EUが危機管理目的で軍隊を展開することを支持したことによって，ESDPは急速な発展を遂げることになった。

　EUの安全保障面を伸張させる場合，EUの多くの国々がNATO加盟国であり，冷戦期を通じて，米国が欧州の防衛の中枢的役割を占めていたことにより，常に米国との同盟である北大西洋条約機構（NATO）との調整が問題になった。欧州への防衛に欧州がより大きな発言権を占める方向を推進するフランスと，防衛はあくまでNATOが担うとする英国を中心とする国々の間の対立が底流にある。この対立はマーストリヒト条約交渉時点から続いている。しかしながら，領域防衛面ではなく，危機管理をめぐっては合意が成立したのである。

　英国の政策転換とは，1998年10月のEU非公式首脳会議（ペルチャッハ）におけるブレア（Tony Blair）首相発言であり，欧州連合が危機管理のために防衛能力を持つべきとした。ブレア首相の考え方は，米国の欧州に対するコミットメント維持を欧州側が望むのであれば，欧州はその責任を分担すべきとするところにあった。すでにアムステルダム条約を交渉したときに，スウェーデンとフィンランドはEUが危機管理を実施することを提案しており，同条約ではWEU（西欧同盟）がEUに対してペータースベルグ任務（救難，平和維持，危機管理，平和創造）における作戦能力のアクセスを提供することになっていた。マーストリヒト条約交渉以来，2つの立場の妥協の産物として，WEUはNATOとEUの架け橋として位置づけられてきた。

　ブレア首相のイニシアチヴにより，危機管理をめぐる議論が進み，1998年12月5日，サン・マロにおける英仏首脳会談では，NATOが全体として関与しない場合，EUが軍事的危機管理を実施する可能性を開いた(2)。EUが地域紛争の安定化のために軍隊を展開する場合，域外展開能力のある軍隊を備えているのは英国とフランスであり，この2国の合意は非常に重い意味を有する。

　1999年4月のNATO首脳会議（ワシントン）コミュニケでは，EUの防衛能力に関し，EUが自律した行動をとる能力をもち，NATOが全体として関与しない場合にEUが決定し，軍事行動を是認するというEUの決意を認め，（9項a），NATOとEUは，NATOとWEUが築いたメカニズムの上に，効率的な相互協議，協力，透明性を発展させるべきであるとされた（同b）。

　いわゆるベルリン・プラスと呼ばれる第10項では，NATOが全体として軍事的に関与しない場合，EUがNATOの集合的なアセットと能力にアクセスするために必要な取り決めを採択する用意があり，以下に対処するとされた。EU主導の作戦のための軍事計画に貢献しうる，NATOの計画能力へのEUのアクセスを保障

(同a), EU主導の作戦の場合, 事前に特定したNATOの能力と共通のアセットをEUに提供する可能性(同b), EU主導の作戦の場合の欧州の指揮の範囲の特定および欧州連合副司令官の役割の発展(同c), EU主導の作戦のため, より包括的に戦力の利用可能性を統合するため, NATOの防衛計画システムを適用(同d)。ここに, NATOとEUがWEUを介在せずに, 直接協力する途がつけられた。

1999年6月3-4日のケルン欧州理事会では, EUが軍事的危機管理に踏み出す歴史的決定が出された。議長国結論文書の付録第3部として添付された「安全保障・防衛に関する共通の欧州政策強化に関する欧州理事会宣言」では, EUが国際舞台で十分な役割を演じるべきとする認識の下に, EUに, 紛争を防止し, ペータースベルク任務による責任を果たすための必要な手段と能力を与えるとしている。この目的で, EUは, NATOの行動を損なうことなく国際的危機に対処するために, 信頼に足る軍事力に支えられた自律的行動能力やこれを発動することを決定する手段をもたなければならないとされた[3]。議論の基礎となった「安全保障・防衛に関する共通の欧州政策強化を巡る議長国報告書」では, 危機管理の場合に効率的な政策決定をEUが行うための組織構造についても提案されている[4]。

WEUはペータースベルグ任務遂行のための能力向上を図り, NATOの96年のベルリン外相理事会決定の履行としてNATO=WEU間で危機管理をめぐる協力取り決めの交渉が進んでいたが, 2000年12月にWEUの同任務がEUに移管(組織としてのWEUは集団防衛取極の基本条約第5条とともに存続)されたため, EUとNATOの間で取り決めを交渉する必要が生じた。WEUとEUとでは加盟国が異なっており, 組織も異なるからである。同じブリュッセルに拠点を置きながら, 全く正式の接触がなかったNATOとEUの間で, 2000年7月から開始された両者間の交渉は, トルコのEU加盟やトルコとギリシャの歴史的対立とのリンクがなされたために難交渉となった。

他方, EUは, 軍事的危機管理実施に向けて, 組織内の整備を始めた。1999年12月のヘルシンキ欧州理事会では, 2003年までに60日以内に1年間は維持可能な5-6万の兵力をペータースベルグ任務のために展開できるようにするという, いわゆるヘッドラインゴールを掲げた。2004年6月には, 緊急展開能力や質を重視した「ヘッドラインゴール2010」が打ち出された。EUに加盟を希望する国々は2004年5月の加盟前から軍事力のコミットメントを行っていた[5]。

ヘルシンキでは, EUの軍事化と世論との両立を重視する軍事的非同盟の国々の立場を反映して, 非軍事的な危機管理メカニズムも並行して設置されることになった。2000年6月のフェイラ欧州理事会で合意された優先分野は, 第1に警察,

第2に法の支配の強化，第3に民生行政の強化，第4に民間防衛（災害時の捜索，救難を含む）とされた。非軍事的危機管理についても目標値が設定され，2003年までに文民警官を5000人までプールし，30日以内に1000名までを展開できるようにする，などが掲げられ，判事，検事などについても誓約がなされた。

政策決定にかかわる組織構造も整備され，CFSP関連事項を恒常的に扱う政治安全保障委員会（PSCまたはCOPSと略称される）をブリュッセルに置き，これに軍事的助言を与える軍事委員会，ペータースベルグ任務のために早期警戒，情勢アセスメントを行い，戦略計画を作成し，加盟国の戦力を精査するなどの任務をもつ軍事幕僚部を新設した。非軍事的危機管理についても，委員会が理事会のもとに置かれた。

II 実動する危機管理

軍事的危機管理をEUが実施するうえでのNATOとの協力取り決めは，EU非加盟であるNATOの欧州の国々のEUの作戦への参加問題，NATOのアセットと能力へのEUのアクセスの2点がとくに難航した。NATOが全体として参加しない作戦の場合，EUがNATOのアセットと能力を借りて作戦を遂行することが，とくに米国の側からすれば，NATOと重複する能力をEUが構築することを阻止でき，EUの側からすれば，経済合理性のある方法だった。2002年12月のコペンハーゲン欧州理事会で，キプロスのEU加盟を巡ってトルコがもっていた懸念をEU側が払拭したことにより，NATOとEUの間の交渉は2003年3月に妥結し，その直後にマケドニアでEUがNATOの任務を引き継ぐことになった。

軍事的危機管理を実施していく上で，能力が不足している分野の向上についてのイニシアチブである「欧州能力アクション・プラン（ECAP）」に2001年11月にEU加盟国の国防大臣が合意した。NATOの枠組みでも必要な能力向上が図られており，重複する分野についてはNATOとEU間での調整がなされている。

(1) 欧州連合警察ミッション（EUPM）

2002年2月18日，欧州連合外相理事会は2003年1月1日から国連のIPTF（国際警察タスクフォース）の後継任務を実施する用意があるとし，同年3月11日の外相理事会でこれを決定した。

ボスニア=ヘルツェゴヴィナに置かれるEU初のミッションの目的は，第1に警察の独立性と責任を発展させる（警察の非政治化，警察幹部の強化，活動のモニタリ

ング，透明性の増大による），第2に組織犯罪と腐敗に対する戦い（上級代表事務所（OHR）と合同の戦略を遂行する，地方警察の実動能力面の支援，地方警察の捜査能力支援，国家レベルの警察組織設置支援），第3に，地方警察の財政面の保障（効率的であり実践的であることの支援，財政面を焦点とする地方警察の監査，警官の給与増額支援），能力構築のための仕組作り（マネジメント能力向上，地方での採用と昇進手続き作りの監督，国家国境警察（SBS）および国家情報防護庁（SIPA）を強化）である。

　これらの任務をまっとうするため，EUPMは7つのプログラムを実施している。第1は刑事警察プログラムであり，法執行を独立して支えることのできる，近代的かつ多民族から編成される警察作りである。第2は，刑事裁判所プログラム，第3は，国際人権基準や民主的な警察行動の原則に合致した，法執行機関であるよう内部で管理する仕組みを作るプログラム，第4は，警察行政プログラム，第5は，公秩序を維持するプログラム，第6は，国境警察プログラム，第7は国家情報防護庁プログラム（各警察間の協力，調整を容易にするための国家レベルの組織）である[6]。

　2004年1月30日付のデータによれば，EU 15カ国から396名，当時のEU非加盟国（ブルガリア，カナダ，キプロス，チェコ，エストニア，ハンガリー，アイスランド，ラトヴィア，リトアニア，ノルウェー，ポーランド，ルーマニア，ロシア，スロヴァキア，スロヴェニア，スイス，トルコ，ウクライナ）から76名の警官およびそれぞれシビリアンのスタッフが加盟国から53名，非加盟国から4名が参加していた[7]。

　EUPMは2005年末までの予定であり，開始時点の費用は1570万ユーロ，3年間の経費総額は3800万ユーロと見積もられている。

(2)　コンコルディア（CONCORDIA）

　作戦名コンコルディアは，EU初の軍事的危機管理であり，マケドニアでのNATOの作戦終了後にNATOとの協力のもとに行われた。

　NATOはマケドニア大統領の要請に基づき，2001年6月20日にアルバニア系過激派および民族解放軍の武装解除支援を実施することを決定し，その約2カ月後に約3500の兵力を送った（作戦名Essential Harvest）。この作戦終了後，同年9月27日にマケドニアに展開されているOSCE（欧州安全保障協力機構）およびEUの国際監視要員の安全確保を任務とする作戦を実施することになり，約700名の兵員が用いられた（作戦名Amber Fox）。2002年12月16日からは400名程度の兵員で任務を若干，変更し，国際監視要員の安全確保に加え，マケドニア政府が全領域の安全保障に自ら責任をもてるように支援するという任務を実施した（作戦

第 5 章　拡大 EU と欧州安全保障防衛政策（ESDP）　　123

名 Allied Harmony）。

　コンコルディアはマケドニア大統領の要請および国連安保理決議 1371 に基づいている。国連安保理決議 1371（2001 年 9 月 26 日）は，同年 8 月 13 日のマケドニア大統領および 4 政党首間の枠組合意調印を歓迎し，OSCE, EU および他の国々が民族間の緊張のエスカレーションを防止し，枠組合意履行を容易にする国際的な努力についても歓迎するとしている。2003 年 3 月 18 日，欧州連合は作戦を遂行することを決定した。

　参加国は，アイルランドとデンマークを除く EU 加盟 13 カ国から 308 名，および非加盟 14 カ国（ブルガリア，カナダ，チェコ，エストニア，ハンガリー，アイスランド，ラトヴィア，リトアニア，ノルウェー，ポーランド，ルーマニア，スロヴァキア，スロヴェニア，トルコ）から 49 名だった[8]。

　作戦の目的は，上記枠組合意をマケドニア政府が履行しうる安定した環境作りに貢献することである。兵員は 22 のチームに分かれ，パトロール，監視，偵察，情勢報告などを行った。NATO の協力による作戦であったため，作戦司令部は欧州連合軍最高司令部（SHAPE, 欧州連合軍とは Allied Powers Europe の日本語訳であり，EU とは無関係である）に併設された。NATO の EU に対する主要な支援は，作戦計画立案であった。作戦司令官は欧州連合軍副司令官（DSACEUR）でドイツ出身のファイスト（Rainer Feist）海軍大将が兼務し，作戦開始時の部隊指揮官はフランスが責任国であったため，フランス出身のマレル（P. Marel）少将だった。EUROFOR（European Operational Rapid Force, フランス，イタリア，スペイン，ポルトガルの合同軍）が次期の責任を引き受けたため，EUROFOR の最高司令官であるポルトガルのフェレイラ=ドスサントス（L.N. Ferreira dos Santos）少将が 10 月 1 日から作戦終了の 12 月 15 日まで部隊指揮をとった。当初は半年間の任務とされたが，マケドニア大統領の要請により，同日まで延長された。EU はマケドニアの枠組合意の完全な履行のために特別代表ブロン（Alexis Brouhns）を任命し，作戦は同代表との密接な調整のもとに行われた[9]。

　スコピエに EU の部隊司令部が置かれ，同所には NATO の KFOR（安定化部隊）の後方部隊の司令部もある。マケドニアには NATO の兵力約 2000 が駐留しており，事態が悪化した場合は NATO が EU の部隊を救出することになっていた。12 月 15 日の任務終了後は EU の警察ミッション（作戦名プロクシマ）が展開された。

（3）　アルテミス（ARTEMIS）

　NATO の支援を受けずに EU が独自に軍事的危機管理を実施した最初の事例

がアルテミスである。コンゴ民主共和国の北東部の情勢悪化に直面した国連は，安保理決議1484（2003年5月30日）で国連コンゴ・ミッション（MONUC）の増強が達成されるまでの間，2003年9月1日まで，国連憲章の下で，暫定緊急多国籍軍を展開するとした。作戦の目的は情勢の安定化，ブニヤの人道状況の改善，空港およびブニヤの国内避難民収容所の保護，および，情勢によっては市民，国連要員，人道支援団体の安全確保だった。EUは1996年以来，コンゴ民主共和国の紛争解決に関与していた。

　フランスはコンゴ情勢悪化の機を捉えて，これをEU独自の軍事的危機管理の対象とすることに成功し，作成の枠組国（framework nation）となった。EUは2003年6月5日にコンゴにおける作戦を遂行することを決定し，作戦は同月12日に開始された。作戦司令部はパリに置かれ，作戦司令官はフランスのネヴ（B. Neveux）少将，部隊指揮官はフランスのトニエ（J.-P. Thonier）旅団長が任命された。部隊司令部はウガンダのエンテベに，前哨がブニヤに置かれた。議長国，EUの大湖地域特別代表アジェロ（Aldo Ajello）に補佐されたソラナ上級代表との密接な調整の元に作戦は遂行された。フランスの参謀本部のプレス・コミュニケによれば，総兵力は約2000であり，EU非加盟国を含む17ヵ国が参加した[10]。兵力を提供した国々は，フランス，ドイツ，ベルギー，ギリシャ，スウェーデン，英国，南アフリカ，ブラジル，カナダであり，作戦司令部もしくは部隊司令部にはフランスのほか，ドイツ，オーストリア，ベルギー，スペイン，ギリシャ，アイルランド，イタリア，オランダ，ポルトガル，スウェーデン，英国，ハンガリー，ブラジルが要員を派遣した。作戦は国連のPKOが増強された9月初めに完了し，国連に引き継がれた。EUの予算規模は共通費用として700万ユーロが計上された。

　ソラナ（Javier Solana）理事会事務総長兼CFSP上級代表は，7月18日の国連安全保障理事会での演説で，EUはブニヤの虐殺を止めることや空港の防護などに成功し，和平過程を再開することに成功したと述べた[11]。EU側の評価は概ね，国連の要請後，2週間足らずで欧州域外の作戦を迅速に実施できたことを強調するものであった。

（4）　プロクシマ（EUPOL Proxima）

　プロクシマは，2003年12月15日に開始された，マケドニアにおける警察ミッションである。2003年9月29日にEUにより決定され，コンコルディアと同様，2001年9月26日の国連安保理決議1371を基礎としている。目的は，①組織犯罪に対する戦いを含む，法と秩序の強化，②警察を含む，内務省の全般的な改革，

③国境警察の創設を含む,統合的な国境管理の増進,④地方警察に対する住民の信頼の構築,⑤警察行動の領域における隣接国との協力増進である[12]。

要員は2004年7月時点で26カ国の187名,うち,非加盟国としてはトルコ,ノルウェー,スイスが貢献しており,現地警官のモニタリング,指導,助言を行っている[13]。

2004年10月の外相理事会（総務）では2005年12月15日までの延長が採択された。

(5) グルジアの法の支配ミッション（EUJUST THEMIS）

法の支配と刑事裁判制度はグルジアに対する欧州委員会の支援プログラムTACIS（対CIS技術支援）の中核をなしているが,グルジアの要請により,EUは「法の支配」ミッションをESDPの枠組みの中で展開することになった。2004年6月28日のEUの決定により同年7月16日から約1年間の予定で開始された。

約10名の要員が指導,助言のためにグルジアに送られた。国際要員は,刑事裁判制度改革全般や刑事訴訟法の制定などについて助言を与えることになった。国際要員は,法務省,内務省,検察庁,最高裁判所などに配置された[14]。

(6) ボスニア゠ヘルツェゴヴィナの軍事的危機管理ミッション（EUFOR-Althea）

2004年12月2日からEUはNATOのSFORを引き継ぎ,兵員7000名規模の軍事的危機管理を遂行することになった。このミッションは,NATOの支援を得て実施される。作戦司令部はSHAPEに置かれ,英国出の欧州連合軍副司令官リート（General John Reith）が作戦司令官に,部隊司令官にも英国出のリーキー少将（A.D. Leakey）が任命された。EUのボスニア゠ヘルツェゴヴィナ特別代表アシュドーン（Lord Ashdown）がEUの全般的な政治レベルの調整を行い,EUの司令官とも緊密に調整が行われることになっている。

作戦の主目的は,短期的にはデイトン和平合意履行のための安定した環境を維持し,中期的には,安定・連合協定署名によるEUへの統合に向けての進歩を支援し,和平履行におけるEUの執行権限を終らせること,長期的には,同国が隣接国と平和裏に協力し,EU加盟に向かって逆行することのない,安定した平和な多民族国家となることである。

EU加盟国に加え,アルゼンチン,ブルガリア,カナダ,モロッコ,ニュージーランド,ノルウェー,ルーマニア,スイス,トルコの参加が見込まれている[15]。

(7) キンシャサの警察ミッション

コンゴ民主共和国の要請により，2004年12月に派遣が決定された。要員は約30名で12カ月間を予定している。任務は，国家機構の防護，治安機関の強化に貢献する統合警察ユニット（IPU）の設置及びその運営の支援である。

III　国連との協力関係

EUは，NATOやOSCEとのみならず，危機管理実践における国連との協力を非常に重視している。2003年9月24日，ニューヨークにおいて国連とEUの危機管理における協力に関する共同宣言がアナン国連事務総長とベルルスコーニ（Silvio Berlusconi）EU議長（イタリア首相）によって出された[16]。両者は前文で非軍事的および軍事的危機管理面でとくにバルカンおよびアフリカにおける協力関係を歓迎し，このような協力を深化させ，確実かつ持続しうるメカニズムを設置する目的で以下に合意した。①国連憲章に従い，国際の平和と安全の維持の第一義的責任は国連安保理にあるという前提の下に，両者は結束し，かかる枠組の中で欧州連合は危機管理面で国連の目的に貢献するという誓約を再度，主張する。②両者は次の危機管理において協力が目覚しい発展を遂げたことを認める。第1はIPTFのEUPMへの移管，第2は国連安保理の要請によってコンゴにEUの軍隊を緊急展開したこと，第3はキンシャサに統合的な警察を置く支援方法をEUが積極的に検討していること，である。

③以下の分野について，相互の調整と互換性を高める手段を検討する目的で実務者レベルで合同協議メカニズムを置くことに合意する。〈1〉計画分野。アセスメント・ミッションの相互支援および，とくに，兵站部門のリソースの割り当ておよび目録，装備の相互運用可能性に関する双方のミッション計画ユニット間の接触と協力の増大を含む。〈2〉訓練。軍事および民生要員の合同の訓練基準，手順，計画を確立する。文民警官，軍事リエゾン要員，軍事監視要員の投入前の訓練を一致させること。訓練セミナー，会議，演習を制度化すること。〈3〉通信。状況把握センター間の協力を増大させる。必要な場合，リエゾン要員を交換する。ニューヨークとブリュッセル間の担当官の直接の対話の確立。〈4〉最高度の実践。ミッションの移管および調達をめぐる情報の共有を含む，教訓および最高度の実践経験に関する定期的および体系的な情報交換。

2003年12月12日の欧州理事会では，マルチラテラリズム重視の観点からの国連強化を誓約し，欧州委員会が理事会および欧州理事会宛に発出した「コミュニ

ケーション（政策指針文書）」（同年9月10日付）である「欧州連合と国連——マルチラテラリズムの選択」[17]を歓迎した。同様に12月の欧州理事会は同月8日の外相理事会（総務）で採択されたEUと国連の関係強化に関する結論文書を歓迎した。同文書では，国連システムにおいてEUが指導的役割を務めるとされている。

2004年6月の欧州理事会では，「軍事的危機管理作戦におけるEU－国連協力」と題される文書が，前年の両者の共同宣言の履行として採択された。ここでは，第1にEUが加盟国の兵力とりまとめの情報センターの役割を果たしうること，第2に，EU自身の作戦として国連を支援する選択肢があげられている。ここでは，アルテミスの事例のように国連が増強するまでの「橋渡し」モデルと，「待機モデル」が検討例としてあげられている[18]。今後，国連とEUとの間の協力は発展するものとみられる。

IV 安全保障戦略文書

2003年がEUのCFSP分野で特筆すべき年であったもうひとつの理由は，5月のEU非公式外相理事会で議長国ギリシャのイニシアチヴにより，EUの外交安全保障政策全般に関する戦略文書起草のとりまとめがソラナ代表によってなされることになったことである。米国の「国家安全保障戦略」文書が念頭に置かれているといわれる。EUの戦略文書は加盟国政府間の交渉とせず，理事会事務局のクーパー（Robert Cooper）CFSP局長ら側近が起案し，加盟国に送付してコメントを求め，3回の欧州のシンクタンクでの「公聴会」を経て12月に採択された。

「よりよい世界におけるより安全な欧州　欧州安全保障戦略」[19]と題された本文書は，序文では，欧州はかつてないほどに繁栄し，安定し，自由であるとされ，EUの創設自体がこのような発展の中核であったとされる。米国は，欧州統合に対する支持およびNATOを通じての欧州への安全保障のコミットメントによってこのような成功には重要な役割を演じた，とされる。さらに，冷戦の終結は，米国に軍事的アクターとしての支配的な地位をもたらしたとしながらも，いかなる一国も，その国だけでは今日の複雑な問題と取り組むことはできない，と指摘している。欧州は，いまだに脅威と挑戦に直面しているとし，バルカンの紛争の勃発を想起させている。

25カ国に拡大した欧州連合は，4億5千万以上の人口と世界のGNPの4分の1を占め，広範な手段を有しており，必然的にグローバルなプレーヤーであるとしている。ここで，欧州はグローバルな安全保障の責任とよりよい世界を構築す

るための責任を引き受けるべきであるとの考えが打ち出されている。

第1章「安全保障環境：グローバルな挑戦と中心となる脅威」では，貧困，飢餓などの問題を取り上げ，安全保障は開発の前提条件であるとし，紛争と不安定性，貧困の悪循環を説く。

欧州にとっての中核的脅威として，テロリズム，大量破壊兵器の拡散，地域紛争，破綻国家，組織犯罪およびこれら相互のつながりが指摘される。

第2章の戦略目標では，グローバライゼーションの中で，遠隔の地の脅威自体も懸念材料であり，新しい脅威に対する防衛の最前線は，多くの場合，外国にある，とされる。冷戦後の新たな脅威は純軍事的なものでないだけに，たとえば，テロに対しては，インテリジェンス，警察，司法，軍事やそのほかの手段が用いられる。地域紛争では政治的解決が必要で復興には経済的手段や非軍事的危機管理が役立つ。この点で，EUは多面的な情勢への対応に必要な手段をもっているとされる。

次に，近隣地域で安全を構築することの必要性が説かれる。拡大はEUの安全を増大させるが，問題のある地域に隣接することになる。拡大が新たな分断線を引いてはならないとする。南コーカサス，アラブ＝イスラエル紛争，地中海地域が懸念材料としてあげられている。

EUは，目標として，より強固な国際社会，よく機能する国際機関，法に基づく国際秩序の発展を掲げている。ここで，国際関係の基本的な枠組は国際連合憲章であるとし，国連安全保障理事会は国際の平和と安全の一義的責任をもつとされ，国連強化がEUの優先事項であるとしている。ここで，国際システムの中核となる1つの構成要素は大西洋関係（対米関係）であると強調している。

EUの安全は，よく統治された民主主義国から成る世界によって最高度に護られるとし，よい統治を広め，社会・政治改革を支援し，腐敗と権力の乱用に対処し，法の支配を樹立，人権を保護することが国際秩序を強固なものにする最良の手段とされる。EUの対外関係の中心である貿易，および開発政策は，問題国の改革のための強力な道具であるとされる。

第3章「欧州に対する政策上の含み」では，EUは，早期の迅速で強力な介入を促進する「戦略文化」を発展させる必要があるとされ，「予防的な関与」によって将来のより深刻な問題を回避しうるとされる。

最後に，EUのみで対処しうる問題はほとんどないとし，国際組織およびパートナーを通じて目的を追求するとされる。新しい脅威は最も緊密なパートナーとの共通の脅威であるとする。第1のパートナーとして米国をあげ，米国とEUが共に

行動することの重要な意義が示されている。次にロシアをEUの安全保障と繁栄の主要因として緊密な協力を続けるべきとした。このほか，日本，中国，カナダ，インドがEUとの戦略的パートナーシップを発展させるべき国としてあげられている。

この安全保障戦略文書は，履行されることになっている。採択された2003年12月の欧州理事会では，優先分野として，①国連を核とするマルチラテラリズム，②テロリズムに対する戦い，③中東地域に対する戦略およびボスニア＝ヘルツェゴヴィナに対する包括的な戦略が上げられ，順次，履行に移されている。

V 欧州近隣諸国政策（ENP）

2004年5月の歴史的な第5次拡大を終えたEUにとって，CFSPの枠を超えるものである，重要な対外政策は「欧州近隣諸国政策（ENP）（旧名称「広域欧州」）」であるので，ここで言及しておくことにする。上述の安全保障戦略でも拡大による新たな隣接地域の不安定性への対処が指摘されている。ウォレス（William Wallace）教授は次のように指摘する。「EUの近隣諸国に対する脆弱性は，EUの境界を越えて波及する混乱という，背景をなす脅威があるからだ。……境界の周囲に安定と協力を投じることはEUの最強の自己利益である。近隣の不安定な国々からEUを守るコストは，その境界を越えて繁栄と安全を増進するコストよりもはるかに高い。」[20]

欧州委員会のデータによれば，EUの1人当りのGDPを100とするとモルドヴァは1.8，ウクライナは3.4，ベラルーシは5.7，ロシアは8.3，アルジェリアは7.8，エジプトは7.3，モロッコが5.6，ヨルダンは8.3，シリアは4.8，パレスチナ占領地域は6.4，レバノン19.1，イスラエルが79.7であり，イスラエル以外とは大きな経済的格差がある[21]。

欧州近隣諸国政策の背景を概観すれば，1998年春以来，EUに「東部ダイメンション」（EUの東部隣接地域の安定化策）導入を提議したのはポーランドだった。ポーランドはリトアニア，チェコとともにEU加盟前に委員会の政策指針文書「広域欧州」策定に関与した[22]。

2002年3月，ストロー（Jack Straw）英外相は，東方の近隣諸国に対する新たなアプローチを提案し[23]，翌月の外相理事会はソラナ上級代表とパッテン委員に「広域欧州」の検討を課し，11月の外相理事会では安定化策である「新近隣諸国イニシアチヴ」が打ち出された。当初は，ウクライナ，モルドヴァ，ベラルーシ3

カ国を対象としていたが，12月12-13日のコペンハーゲン欧州理事会では，地中海の南の国々も含めた。従来の「欧州―地中海パートナーシップ」と呼ばれる地域政策も履行は成功していなかった。コペンハーゲン欧州理事会結論文書は，拡大を，欧州統合に新たなダイナミクスをもたらし，共通の政治的，経済的価値を基礎とし，近隣諸国との関係を進める重要な好機とした。ここで，EUは欧州の分断線を避け，EUの新たな境界の内外で安定と繁栄を増進する確固たる決意を有するとしている。

それに先立つ同月6日，ECSA-WORLD大会でプローディ（Romano Prodi）欧州委員長は広域欧州に関する政策演説を行った。ここで，「メンバーシップの約束から始めるのではないが，結果としてのメンバーシップを排除するものではない」，「組織以外のすべてをEUと共有する」という説明をなした[24]。

翌年3月，欧州委員会は「広域欧州」と題する政策指針文書[25]を出した。同文書は，EUが繁栄し友好的な隣接地域，「友人の環」を発展させることを目的としなければならないと提案している。EUの基本的な方針として，貧困を減少させ，より深い経済統合，強化された政治・文化関係，国境をまたがる協力の強化，紛争防止の責任の共有を基礎とする，繁栄と価値を共有する地域を創設することがあげられている。具体的には，政治および経済改革の進展の度合いによって，具体的な利益と特恵的な関係を，それぞれ異なる枠組でEUが供与する。近隣諸国にはEUの共通市場および人，物，サーヴィス，資本の自由移動を増進する更なる統合と自由化から利益を得られるという展望が与えられるべきであるとしている。2003年6月16日の外相理事会（総務）は上記政策指針文書を歓迎し，欧州委員会とソラナ代表にこれを具体化するためのアクションプランの策定，具体的手段に関する政策指針文書の提出などを要請し，同月の欧州理事会がこの結論を是認した。欧州委員会は7月に協力の現状を評価し，2006年までとそれ以降の2段階のアプローチを提唱する政策指針文書[26]を提出した。

2004年5月には，欧州委員会はアルメニア，アゼルバイジャン，グルジアを加え近隣諸国政策を具体的に実施するための政策指針文書「欧州近隣諸国政策 戦略ペーパー」[27]を発出し，翌月の外相理事会（総務）および欧州理事会はこれを是認した。ヨルダン，モロッコ，チュニジア，モルドヴァ，ウクライナ，イスラエル，パレスチナ占領地区とのアクションプランも2004年12月にとりまとめられウクライナについては情勢の安定次第，進められることになった。アクションプランは以下の構成要素から成っている。①EUの域内市場へのアクセスを増大させるため，EUに沿った法制度や規制を作るための支援，②教育・研究・環境など

を含む EU のプログラムへの参加，③国境管理・移民・人身売買・組織犯罪・マネーロンダリング・経済犯罪をめぐる協力の設定，④エネルギー・運輸・IT の分野における EU とのリンクの改善，⑤テロ対策・大量破壊兵器の不拡散・地域紛争の解決に関する対話と協力の増大。

Ⅵ　ESDP の将来

　2004 年 6 月にまとめられた欧州憲法条約では，CFSP/ESDP は前進している。外相職の設置が決定され，ペータースベルグ任務も強化された。「共通安全保障防衛政策は，共通外交安全保障政策の不可欠の部分をなすものとする。共通安全保障防衛政策は，連合に非軍事的および軍事的設備を利用する作戦能力を提供するものとする。連合は，国際連合憲章の原則に従った平和維持活動，紛争防止活動および国際安全保障強化のための連合域外での使命において，当該設備を利用することができる。」(Ⅰ-41.1)[28]この任務には，共同武装解除活動，人道救助活動，軍事的助言支援活動，紛争予防および平和維持活動，平和創出および紛争後安定化を含む危機管理における戦闘部隊活動などが含まれる，とされる (Ⅲ-309.1)。

　Ⅰ-43 条は，連帯条項と呼ばれ，次のように規定している。「1. 連合および構成国は，いずれかの構成国がテロ攻撃または天災もしくは人災の被害を受けたときは，連帯の精神により共同して行動するものとする。連合は，次の目的のために，構成国の供与する軍事資源を含め，連合に利用可能なあらゆる手段を発動するものとする。(a)―構成国領土内でのテロの脅威を防止する，―民主的機関および文民たる市民をあらゆるテロ攻撃から保護する，―テロ攻撃があった場合，構成国の政治当局の要請を受けて当該国をその領土内において支援する。」

　軍事侵略の場合の相互援助規定は以下のとおりである。「ある構成国が，その領土において武装侵略の被害を受けたとき，他の構成国は，国際連合憲章第 51 条に従って，その行使できるあらゆる手段により，当該国に対する救援および支援の義務を負うものとする。構成諸国の安全保障および防衛政策の特定の性格を害しないものとする」(Ⅰ-41.7) 後段においては，NATO における確約と両立するとしている。EU 内の軍事的非同盟国は上記規定の義務に拘束されないものと解釈されうる。

　「構造協力」と呼ばれる，一部の国々による防衛協力関係の策定も可能となった。(「軍事能力が高水準に達し，かつこの領域において最も要求水準の高い使命のために相互に，より高度の拘束力のある誓約を交わした構成諸国は，連合の枠内において制度的

に明確な協力関係を設立するものとする。」（I-41.6））構造協力は、軍事能力差のある加盟国内でどのように機能するのか、今後、実施の態様を見る必要があろう。

「欧州軍備軍事研究能力開発機関」の設置は憲法条約で定められ、任務は以下があげられている。(a)構成国の軍事能力目標を特定し、構成国の確約した能力の遵守を評価することに貢献すること。(b)作戦行動上の必要物の調和を推進し、実効的かつ相互適合的な調達方式の採用を推進すること、(c)軍事能力面の目標の達成のための多数国間の企画を提案し、構成国が実施する計画の調整および特定の協力計画の運営を管理すること、(d)防衛技術研究を支援し、共同研究活動および将来の作戦の必要性に対応する技術的解決策の研究を調整および計画すること、(e)防衛部門の産業技術基盤強化および軍事支出の実効性向上のためのあらゆる有益な措置を特定し、必要に応じて実施することに貢献すること（Ⅲ-311）。

上記機関は憲法条約の発効を待たずして、「欧州防衛庁」として2004年のうちに設置された。

憲法条約の発効までには紆余曲折があるものとみられるが、2003年を通じての域外での軍事・非軍事的危機管理の実施は、EUが「宣言外交」の域を脱し、国際社会におけるEUとしての発言力に重みを加えるものであった。2003年4月29日にブリュッセルで開催されたフランス、ドイツ、ルクセンブルク、ベルギーの、防衛問題に関する首脳会議の中で、欧州独自の司令部組織を設置する提案があり、米国や英国の不興を買ったが、2003年12月には、次のような妥協が成立した。①NATOのアセットと能力を用いる作戦については、「EU班」をSHAPEに設置するとともに、NATOにEU軍事幕僚部とのリエゾンを確立することを求める、②EUの独自作戦については、加盟国の司令部を用いることが主要な選択肢であるが、それがとりえない場合にはEU軍事幕僚部にその都度置かれる「作戦センター」を用いるとする、EU議長国提案が2003年12月の欧州理事会で歓迎され、ソラナ上級代表がその実施にあたることになった[29]。

1991年のマーストリヒト条約の共通外交安全保障政策部分の交渉の時点と比較するならば、EUの安全保障面は、NATOの集団防衛を損なわないという前提はあっても飛躍的に進展してきたといえよう。ボスニア=ヘルツェゴヴィナのNATOのSFORを引き継ぐ軍事的危機管理は、警察ミッションとともに将来の加盟国を軍事・非軍事双方の包括的な手段で安定化させる方策の一環として注目される。東方拡大によって、安全保障防衛領域は米国との同盟関係を重視する国々が増えている。間歇的に続く拡大によって安全保障防衛領域がマルチ・スピード

第5章　拡大 EU と欧州安全保障防衛政策（ESDP）

で進むのか，EU の一体性を維持できるのか，今後の実践を注視する必要があろう。

注
（1）本稿は，事実関係など，以下の拙稿と部分的に重複している箇所があることをおことわりしておく。植田編著『現代ヨーロッパ国際政治』岩波書店，2003 年，「第4章　欧州連合の防衛能力」，村田良平編『EU——21 世紀の政治課題』勁草書房，1999 年，189-224 頁，「欧州連合をめぐる安全保障問題」『国際問題』409 号，1994 年，17-38 頁，「欧州連合の軍事化と米欧関係」『日本 EU 学会年報』20 号，2000 年 9 月，185-209 頁，「欧州連合の軍事的・非軍事的危機管理——欧州の地域的国際組織による国際平和維持活動の構造変動」『国際法外交雑誌』102 巻 3 号，2003 年 11 月，92-110 頁。
（2）以下の詳細は，村田編『EU——21 世紀の政治課題』に収録の前掲拙稿「第 4 章　欧州連合の防衛能力」を参照せよ。
（3）Presidency Conclusions. Cologne European Council, 3 and 4 June 1999. Annex III. European Council Declaration on Strengthening the Common European Policy on Security and Defence.
（4）Ibid. Annex III. Presidency Report on Strengthening of the Common European Policy on Security and Defence.
（5）Simon Duke, *Beyond the Chapter Enlargement Challenges for CFSP and ESDP*, Maastricht, 2003, pp. 16-17.
（6）G. Lindstrom, "On the ground: ESDP operations," N. Gnesotto, ed., *EU Security and Defence Policy: The first five years (1994-2004)*, Paris, 2004, pp. 113-115.
（7）*Ibid.*, p. 113.
（8）*Ibid.*, p. 117.
（9）*Ibid.*, pp. 117-118.
（10）Etat-Major des Armées, Communiqué de Presse, Fin de l'opération "Arthemis," Paris, le 8 septembre 2003
（11）Intervention by Javier Solana, EU High Representative for the Common Foreign and Security Policy, Public meeting of the UN Security Council, "Democratic Republic of Congo," New York, 18 July 2003, S0148/03.
（12）Lindstrom, *op. cit.*, pp. 121-122.
（13）欧州理事会のホームページ Proxima 作戦のデータによる。
（14）European Union Rule of Law Mission to Georgia, Facts on EUJUST THEMIS.

(15) EU Council Secretariat Factsheet, ATN 02 (update 2), 1 October 2004, EU military operation in Bosnia and Herzegovina (Operation EUFOR- Althea).

(16) Joint Declaration on UN-EU Co-operation in Crisis Management, 12510/03 (Presse 266).

(17) Communication from the Commission to the Council and the European Parliament, "The European Union and the United Nations: The Choice of Multilateralism, Brussels, 10.9.2003, COM (2003) 526 final.

(18) EU-UN co-operation in Military Crisis Management Operations: Elements of Implementation of the EU-UN Joint Declaration, Adopted by the EU Council (17-18 June 2004).

(19) A Secure Europe in a Better World, European Security Strategy, Brussels, 12 December 2003.

(20) William Wallace, "Looking after the Neighbourhood: Responsibilities for the EU-25," Policy Paper No. 4, Notre Europe, Paris, p. 19.

(21) Commission of the European Communities, "Communication from the Commission to the Council and the European Parliament Wider Europe-Neighbourhood: A New Framework for Relations with our Eastern and Southern Neighbours," (以下 Wider Europe と略記する) Brussels, 11.3.2003, COM (2003) 104 final, p. 19, Chart I.

(22) D. Lynch, "2. The new Eastern Dimension of the enlarged EU," Chaillot Papers, No. 64, *Partners and neighbours: a CFSP for a wider Europe*, Paris, 2003, pp. 47-48.

(23) *Ibid.*, p. 48.

(24) Romano Prodi President of the European Commission, "A Wider Europe—A Proximity Policy as the key to Stability," Sixth ECSA-World Conference, Brussels, 6 December 2002.

(25) "Wider Europe."

(26) Communication from the Commission, "Paving the way for a New Neighbourhood Instrument," Brussels, 1 July 2003, COM (2003) 393 final.

(27) Communication from the Commission, "European Neighbourhood Policy, Strategy Paper," Brussels, 12.5.2004, COM (2004) 373 final.

(28) 欧州憲法条約の邦訳については中村民雄助教授による衆憲資第56号（委託調査報告書）『欧州憲法条約——解説および翻訳』平成16年9月、衆議院憲法調査会事務局を参考にした。

(29) European Defence: NATO/EU Consultation, Planning and Operations.

【文献案内】

植田隆子編著『現代ヨーロッパ国際政治』岩波書店，2003 年

植田隆子編著『21 世紀の欧州とアジア』勁草書房，2002 年

村田良平編『EU——21 世紀の政治課題』勁草書房，1999 年

植田隆子「欧州連合（EU）の紛争防止」東京大学ドイツ・ヨーロッパ研究室紀要『ヨーロッパ研究』3 号，2004 年 3 月，127-139 頁

植田隆子「欧州連合の軍事的・非軍事的危機管理」『国際法外交雑誌』102 巻 3 号，2003 年 11 月，92-110 頁

植田隆子「バルカンの地域紛争と欧州安全保障組織の変容——EU, NATO を中心に」『国際問題』496 号，2001 年 7 月，45-59 頁

植田隆子「欧州連合の軍事化と米欧関係」『日本 EU 学会年報』20 号，2000 年 9 月，185-209 頁

植田隆子「EU, NATO の拡大と欧州国際政治の変容——その影響と二つの拡大の相克」『国際問題』458 号，1998 年 5 月，14-36 頁

植田隆子「欧州連合・共通外交・安全保障政策・共同行動としての欧州安定条約」『日本 EC 学会年報』15 号，1995 年，14-37 頁

植田隆子「欧州連合をめぐる安全保障問題」『国際問題』409 号，1994 年，17-38 頁

第6章
EUの民主的ガヴァナンス

戸澤英典

　はじめに
Ⅰ　欧州民主主義の史的展開
Ⅱ　欧州民主主義の実際
　　1　欧州議会選挙
　　2　欧州議会選挙後の政局
Ⅲ　「民主主義の赤字」再考
　おわりに
【文献案内】

はじめに

　2004年6月18日，EU 25ヵ国による政府間会議（IGC）は，難航していた欧州憲法条約の採択に漕ぎつけた。この欧州憲法条約は同年10月29日の調印式を経て，25ヵ国での批准手続きに付された後，最終的な発効となる。この欧州憲法条約の合意によって，従来の主権国家や国際組織とは異なる「独特の政体」（sui generis polity）と表現されることも多いEUは，「憲法」を擁する新たな段階に入ったようにもみえる[1]。

　しかし，すでにこの欧州憲法条約の最終発効までの長い道のりにはその前途を危ぶむ声の方が強い。2004年6月の欧州議会選挙（本章Ⅱ1参照）の結果は，そうした悲観的な見方を裏打ちするものであった。とくに，批准手続きとして欧州憲法条約を国民投票に付す予定の約10ヵ国では，マーストリヒト条約の批准が国民投票によって否決された1992年の「デンマーク・ショック」の再来も懸念されている。この「デンマーク・ショック」以降，エリート主導のテクノクラシーという側面も色濃かったヨーロッパ統合に対する民意のあり方が根本的に問い直され，「民主主義の赤字」（democratic deficit）に関する議論がEU研究の中心的なテーマの1つとなった。また，これと輻輳しながら，補完性の原則（subsidiarity principle）についての議論も盛んとなった[2]。

本章では，今なお問われ続けている EU の民主的ガヴァナンスのあり方を，その史的展開（I節），欧州議会（II節），理論上の考察（III節）の諸側面から省察し，おわりに，で小括を付す(3)。

I 欧州民主主義の史的展開

ヨーロッパ統合は EU 統合と同値ではなく，歴史的にみれば様々な「統合」のオプションが存在したのであり，第2次大戦後の西欧統合は「EU-NATO-CE 体制」ともいうべき複合体制の成立と発展としてみる必要がある(4)。とはいえ，現在の EU の直接の前身は EC を構成する三共同体であり，その最初のものである欧州石炭鉄鋼共同体（ECSC）は，組織構成原理をみる上で重要な意味をもつ。

この ECSC は，1950年5月に石炭・鉄鋼生産の共同プール化を提案したシューマン・プランに基づいて実現したもので，その政策領域が限局されていたものの，史上初めて「超国家性」（supra-nationality）を具備した国際機関となった。

それまでの国際機関は，総会―理事会―事務局から成る伝統的な三者構成をとるようになっていた。これは各々同等の権利をもつ国民国家を基本ユニットとする主権国家体系（Nation-State-System）の下，各国一票かつ全会一致制の総会を基本としながら，独立・中立の事務局が事務総長の下で議案を準備し，理事会という限定的な討議の場をもたせた制度である。もっとも，より普遍性に傾斜した戦間期の国際連盟が第2次世界大戦の惨禍を防ぎ得なかったという反省の上に構想された第2次大戦後の国際連合では，常任理事国による拒否権という制度を設け，軍事力や経済力といった国力の差を現実的に反映させる方策がとられた(5)。

ECSC は，表見的にはこの三者構成と似ているが，実はその構成原理が大きく異なる。

シューマン・プランを起草したモネ（Jean Monnet）は，当初，最高機関（欧州委員会の前身にあたる）と裁判所のみを構想していた。

フランスのディリジスム（国家主導の市場経済体制）を色濃く反映したモネの当初構想に対して，最高機関への民主的コントロール不在を危惧したベネルクス三国の意向に基づき，共同総会（Assembly）を設けることが合意され，さらにその後の6カ国交渉の過程で，加盟国の「国益」を意思決定に直接反映させる機関である理事会を設ける「オランダ方式」で組織に関する妥協が成立した。

この ECSC の組織構成とその運用は現在の EU にまで引き継がれる意思決定過程の原型を提供した。すなわち，最高機関（EU では欧州委員会）によって提案さ

れ，共同総会（後に欧州議会）の諮問を経て，理事会が決定するという形式である。

この意思決定過程で最も重要な機関は理事会であり，特にその特定多数決の際の加重票決数にECSC独特の工夫がなされ，大国（仏独伊）と小国（ベネルクス三国）の間に絶妙のバランスが図られた（**表6-1**参照）。

特定多数を得るためには，最高機関（欧州委員会）による提案の場合には大国3カ国で決定でき，そうでない場合には賛成国数の要件（3分の2＝4カ国）が加わり，大国2カ国＋小国2カ国以上が必要となる。反対に，阻止少数（Blocking Minority: B/M）を確保するためには，大国1カ国＋小国1カ国（ルクセンブルク以外）で十分であり，また最高機関（欧州委員会）の提案でない場合には，小国3国のみでも阻止少数を形成できる。

この理事会の加重票決数に関する制度的な工夫は，国際機関としての民主主義の1つのあり方を体現したものであり，その後も拡大の都度，加盟国間での様々な連合の可能性を睨みながら，長時間の交渉を経て改正されていった。

他方，より民主的な原理に基づく共同総会の方は，1962年に自らの再度の決議によって議会（Parliament）に名称を変更したものの，実際には諮問機関にとどまっていた。

1958年に欧州経済共同体（EEC）と欧州原子力共同体（Euratom）が創設され，1967年の併合条約で三機関が併合されてECと総称されるようになった後も，ECは基本的には国際機関とみなされ，1970年代までは，国際機関としての民主主義以上が問題にされることはなかった。民主的正統性は基本ユニットである主権国家内部の問題であった。

1976年の欧州議会直接選挙法の導入は，連邦主義者の長年の夢の実現であり，また1979年に行われた第1回直接選挙は目新しくもあり相当の関心を惹き付けた。とはいえ，若干の予算審議の権限の他には特に欧州議会の権限が強化されたわけではなく，ECの民主的正統性の観点からは疑問符がついた。

この間，「法による統合」（integration through law）が進展し，1980年代半ばからの「欧州再始動」によって市場統合が加速化すると，市民生活にも目にみえる影響が出るようになってきた（具体的なケースとしては第2章を参照）。その結果，ヨーロッパ統合の進展による影響とそれに対する民主的コントロールの弱さが意識され始め，ECのテクノクラシー（ヨーロッパ官僚）に対する反感が静かに広がっていった[6]。

冷戦終結後の1992年に一気に統合の水位を高めるマーストリヒト条約は，そうしたECのもつ民主的正統性との緊張感の高まりを白日の下に晒した。デンマー

表 6-1 理事会の加重票決数（第 4 次拡大まで）

1958 年　EEC 発足当初（6 カ国）

票数	国
4	フランス，ドイツ，イタリア
2	ベルギー，オランダ
1	ルクセンブルク

→総数 17，特定多数 12（委員会の提案によらない場合には 3 分の 2 以上の賛成国数が必要），B/M（阻止少数）6
※欧州委員会による提案については，大国 3 カ国で決定できる
　そうでない場合は小国のみで B/M を形成；大国 1 国のみでは B/M にならない

1973 年　第 1 次拡大（9 カ国）

票数	国
10	フランス，ドイツ，イタリア，＋英国
5	ベルギー，オランダ
3	＋デンマーク，＋アイルランド
2	ルクセンブルク

→総数 58，特定多数 41，B/M 18
※ 4 大国のみでは特定多数に足りず，大国＋中国＋小国は B/M を形成

1981 年　第 2 次拡大（10 カ国）

票数	国
10	フランス，ドイツ，イタリア，英国
5	ベルギー，オランダ，＋ギリシャ
3	デンマーク，アイルランド
2	ルクセンブルク

→総数 63　特定多数 45　B/M 19

1986 年　第 3 次拡大（12 カ国）

票数	国
10	フランス，ドイツ，イタリア，英国
8	＋スペイン
5	ベルギー，オランダ，ギリシャ，＋ポルトガル
3	デンマーク，アイルランド
2	ルクセンブルク

→総数 76　特定多数 54　B/M 23
※ 5 大国＋中国＋α が特定多数には必要，スペイン＋ポルトガルは大国 1 カ国を味方につければ B/M 形成

第6章　EUの民主的ガヴァナンス

1995年　第4次拡大（15カ国）

票数	国
10	フランス，ドイツ，イタリア，英国
8	スペイン
5	ベルギー，オランダ，ギリシャ，ポルトガル
4	＋オーストリア，＋スウェーデン
3	デンマーク，アイルランド，＋フィンランド
2	ルクセンブルク

→総数87　特定多数62　B/M 26
※英国の猛反発により（例えば英＋独＋蘭でも25票でB/Mにならない等），「反対票が23-25票となった場合には，合理的な期間内に少なくとも65票を得られるように最大限の努力をする」という「イオニアの妥協」が1994年3月に成立

※第5次拡大後（現行ニース条約）加重票決数については第1章の表を参照

クでの批准否決は，1954年8月30日に欧州防衛共同体（EDC）条約の批准を否決した仏国民議会での批准否決以来で，ヨーロッパ統合の歴史上，2度目の大事件であった。

これ以降，「民主主義の赤字」に関する議論は一気に燃え広がり，またその方向性が拡散していった。また，より広くEUの民主的ガヴァナンスをめぐる問題群をとらえるべく，「透明性」(transparency) や「市民に近いEU」といったキーワードも導入され，その議論がますます多様化しており，この問題に取り組むアプローチに迷うような状況となっている。

次節では，まず欧州議会を分析の焦点において，この問題群に取り掛かってみよう。

II　欧州民主主義の実際

1　欧州議会選挙

EU諸機関の中で，唯一の民選機関である欧州議会は，EUの民主的ガヴァナンスの問題を考える際の要である。その選挙や「議会」としてのあり方には多くの論点があるが[7]，ここではまず選挙に着目する。

第5次拡大を受けて2004年6月10-13日に行われた第6回欧州議会選挙は，EU 25カ国の有権者約3億4900万人が候補者14,669名（政党数487, 候補者リスト数947）から計732名の議員を選出するという，世界でインドに次ぐ2番目の規

模の民主選挙となった。

　この第6回欧州議会選挙の結果は，(EU拡大や欧州憲法条約の批准といった) EUの将来に対して，以下の3点で暗雲を投げかけるものであった（**表6-2**参照）。

　第1に，EU全体の平均で45.5％という低投票率である。これは事前にある程度は予想されていたものの，特に新規加盟国において EU 加盟の国民投票等に比べ一気に下がった投票率は，想像を超えるものであった。

　第2に，政権政党に対する批判票の噴出である。ドイツでの社会民主党（SPD）の歴史的大敗，英国での労働党の大敗，チェコを初めとする新規加盟国での政権与党の惨敗などである。チェコでは，これが結局政権交代という事態をもたらした。

　第3に，欧州懐疑派の伸張ぶりである。EU からの脱退を綱領に掲げる英国独立党（UKIP）が自由民主党を抜いて第3党に躍進したことや，ポーランド家族連盟（LPR）や「自衛（Samoobrona）」などのように EU 加盟による「負け組」という自己認識の広がった社会階層に支持を広げた新規加盟国の欧州懐疑勢力が目を引いた。さらには EU 機関の不正・腐敗を単一争点として訴える中小国のリストも健闘して話題となり，EU の信頼性を傷つける有様であった[8]。

　この選挙結果が浮き彫りにする欧州議会の問題点をまとめると以下の点が指摘できる。

　まず，一貫して下がり続ける低投票率にあえぐ欧州議会選挙が果たしてヨーロッパ市民の民意を代表しているのか，という点である。欧州議会は，近年の基本条約改正のたびに，「民主主義の赤字」の議論を追い風にその権限を強化させてきた。それと反比例するかのように下がり続ける投票率は，欧州民主主義の中で欧州議会が与えられてきた位置づけに深刻な疑念を投げかけるのである。

　次に，低投票率をもたらす背景として，EU，とりわけ欧州議会が市民に遠い存在であるということが改めて認識された。言い換えれば，ヨーロッパ市民のアイデンティティや公共空間がナショナル（national）なままということである。

　また，選挙の争点がナショナルなものとなる構造的要因として，選挙のあり方の問題がある。この点については，選挙制度自体の問題を指摘する声も根強いが[9]，むしろ候補者リストの任命を各国政党が行う従来からの構造に変化がないという点が決定的であるように思われる。すなわち，欧州議会議員といえども（特に再選をめざすのであれば）その帰属は一義的には各国政党となり，EU レベルでの政党グループの凝集性はそれだけ弱まることになる[10]。

　以上に加えて，この選挙結果が EU 政治にどのような意味をもつのかという点

表 6-2 欧州議会選挙の国別投票率

	1979	1984	1989	1994	1999	2004
EU全体	62.5	59.0	57.2	56.8	49.4	45.4
ベルギー	91.4	92.2	90.7	90.7	90.0	90.1
チェコ	—	—	—	—	—	27.9
デンマーク	47.8	52.4	46.2	52.9	50.4	47.8
ドイツ	65.7	56.8	62.3	60.0	45.2	43.0
エストニア	—	—	—	—	—	26.7
ギリシャ	78.6[1]	77.2	79.9	71.2	66.0	62.8
スペイン	—	68.9	54.6[2]	59.6	63.6	45.9
フランス	60.7	56.7	48.7	52.7	46.8	43.1
アイルランド	63.6	47.6	68.3	44.0	50.2	59.7
イタリア	84.9	83.4	81.5	74.8	71.0	73.1
キプロス	—	—	—	—	—	71.2
ラトヴィア	—	—	—	—	—	41.2
リトアニア	—	—	—	—	—	48.2
ルクセンブルク	88.9	88.8	87.4	88.5	90.0	90.0
ハンガリー	—	—	—	—	—	38.5
マルタ	—	—	—	—	—	82.4
オランダ	57.8	50.6	47.2	35.6	29.9	39.1
オーストリア	—	—	—	67.73[4]	41.0	41.8
ポーランド	—	—	—	—	—	20.4
ポルトガル	—	72.4	51.2[3]	35.5	40.4	38.7
スロヴェニア	—	—	—	—	—	28.3
スロヴァキア	—	—	—	—	—	16.7
フィンランド	—	—	—	60.3[4]	38.1	41.1
スウェーデン	—	—	—	41.64[3]	38.8	37.2
英 国	32.3	32.6	36.2	36.4	23.0	38.9

[1] 1981年, [2] 1987年, [3] 1995年, [4] 1996年

出典：欧州議会事務局集計資料，国名の順番は原語表記のアルファベット順

がはっきりしないことが指摘できる。この点に関して，次節で選挙後の政局との関係をみながら詳述しよう。

2 欧州議会選挙後の政局

　欧州議会選挙から約1週間後に行われたEU首脳会議は，欧州憲法条約の採択には漕ぎつけたものの，次期欧州委員長候補の選出については，仏独の推すフェアホフシュタット（Guy Verhofstadt）・ベルギー首相と英伊の推すパッテン（Chris Patten）欧州委員が対立して合意ができなかった。結局，6月末の再度のEU首脳会議で，双方の妥協の産物としてポルトガル首相のバローゾ（José Manuel Durão Barroso）が次期欧州委員長候補として選出された。

　7月20日が初登院となった新欧州議会は，22日にバローゾ次期欧州委員長候補を承認（賛成413，反対251，棄権47）した（図6-1参照。その他，欧州議会の国別・会派別議席数については巻末の資料参照）。これを受けて，バローゾ次期欧州委員長は各国の欧州委員推薦リストに基づいて組閣作業を進め，8月12日に新しい欧州委員会の陣容を公表した。

　その後，同年9月末から10月初旬にかけて，欧州議会の新欧州委員候補に対するヒアリング（承認聴聞会）が開かれた。このヒアリングは，各欧州委員の職掌に対応した常任委員会の場で開かれるもので，1994年に当時のサンテール（Jacques Santer）欧州委員会の欧州委員候補に対して初めて行われ，制度化しつつあるものである。

　このヒアリングの場では，女性や同性愛者に対する発言が左派やリベラル勢力の反発を招いたブティリオーネ（Rocco Buttiglione：イタリア，司法・自由・治安担当）の他にも，元素周期表の知識すら覚束なかったコヴァチ（Laszlo Kovacs：ハンガリー，当初エネルギー担当予定）等，専門知識や職業倫理上の観点から若干の欧州委員候補に疑問符がつけられた。

　バローゾ次期欧州委員長は，職掌変更という最小限の対応で事態の収拾を図ったものの，これが欧州議会側の反発をまねき，10月27日に予定されていた欧州議会での承認投票の直前に投票の延期を要請する異例の事態となった。結局，2人の欧州委員候補を差し替え，さらにコヴァチ委員の職掌を変更するという対応を余儀なくされ，それにより欧州議会の承認を取り付け（賛成449，反対149，棄権82），11月22日に3週間遅れでようやく新欧州委員会が発足することとなった。

　こうした欧州議会選挙後のEU政治の動きから，欧州民主主義のあり方に関して，次の3点が指摘できるだろう。

　第1に，欧州憲法条約の採択や新欧州委員会の選出というEUの発展に最重要の案件が，欧州議会選挙（の結果）とはほとんど関係なく進行した，という点である。バローゾ欧州委員長の選出にあたっては，欧州人民党グループ（保守派）が第

第6章　EUの民主的ガヴァナンス

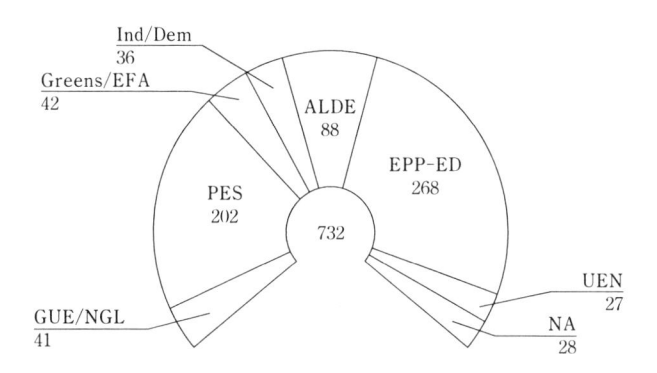

図6-1　欧州議会の会派別議席数（2004年12月17日現在）
出典：欧州議会ホームページ
※会派（政党グループ）の名称：GUE/NGL＝欧州統一左翼／PES＝欧州社会党グループ／Greens/EFA＝緑グループ／Ind/Dem＝独立・民主主義グループ／ALDE＝欧州自由民主連合グループ／EPP-ED＝欧州人民党グループ／UEN＝諸国民のヨーロッパ／NA＝無所属

1党となったことに配慮したという説明もなされたが，その選出過程の報道等から判断すれば，せいぜい二義的な意味合いしかもたなかったと思われる。また，バローゾ欧州委員会自体が，欧州議会での承認に必要な多数派工作を軽視していた点も見逃せない。

　第2に，上記とは一見矛盾するかもしれないが，EU政治にとって欧州議会の重要性が確実に高まっているという点である。1999年3月には予算不正使用問題でサンテール欧州委員会を総辞職に追い込み，プローディ欧州委員会の成立時にも存在感を示した欧州議会ではあるが，個別の欧州委員の差し替えに成功したのは今回が初めてである。欧州議会の欧州委員会に対する政治的監督権は，欧州憲法条約の規定でもなお「一体として」（as a body）の承認および不信任に限られているが，こうした議会運営が続けば，事実上の個別任免権を獲得し，各欧州委員の職掌である政策領域への影響力が飛躍的に高まる可能性もある。

　さらに，新欧州議会の多数派形成が，25カ国への拡大や欧州懐疑派の躍進によってますます難しくなっており，議会工作に一層の時間と資源を要することが示されたことも重要である。

　第3に，上記の2点の背景をなす点でもあるが，欧州民主主義の制度がなお流動的であり，時々の状況とも連動しつつ今まさに形成途上であることである。例えば，欧州議会選挙の結果はバローゾ欧州委員会の成立自体にはほとんど影響を与えなかったものの，ヴァルストロム（Margot Wallstrøm）副委員長が「機構関係・

広報戦略」という新しい職掌を担当することとなったのは，選挙結果の直接の反映と思われる。この人気の高い女性副委員長に割り振られた新しいポストは，欧州憲法条約の批准手続き，特に国民投票を控え，EUへの不満を募らせる欧州市民に向けて，その意義と重要性を語りかける役割を与えられている。

また，かつてのサンテール欧州委員会と同様に，妥協の産物として選出され欧州議会の承認手続きに難航したバローゾ新欧州委員会は，その職務遂行にあたって理事会や欧州議会との関係に神経を使うこととなろう。欧州議会の個別の政策領域に対する影響力強化や，加盟国政府・議会のEUガヴァナンスへの関与のあり方は，バローゾ新欧州委員会の運営によってその態様を大きく変えることになるかもしれない。

III 「民主主義の赤字」再考

前節では，欧州議会を焦点に，EUの民主的ガヴァナンスを現実に即してみてきた。この節では，より理論的な考察に話を進めよう。

「民主主義の赤字」をめぐる議論が拡散している状況については前述したが，いわゆるリアリストの中には，政府間主義の原則を貫徹し，EUを国際機関の1つに過ぎないとする立場も存在する。そうした見方に立てば，ことさらにEUについて「民主主義の赤字」を問題にする必要はなくなる。もちろん，その場合でも国際機関の民主的ガヴァナンスの側面は論点となりうるが，それは国際連合や国連専門機関，さらには様々な地域機構等を含め，国際機関一般に論じるべき問題となる[11]。

また，この対極として，EUをいずれ連邦国家へと「なるであろう政治体」("would-be polity")と捉え，従来の連邦国家に擬制する立場の場合には，現在のEU機構を主権国家の三権分立に準じた権限関係に改革し，そうした制度と現実の公共空間とのずれを政治教育やシンボル操作によって克服（公共空間のヨーロッパ化を実現）していくことが課題となる[12]。

この両者に対して，上記の対立軸とは位相を異にして，EUを「独特の政体(sui generis)」と定義し，EUを中心とする欧州ガヴァナンスを従来の主権国家体系を超えた何らかのあり方とする見方に立てば，その民主的正統化の問題を特別に論じることが必要である。

「民主主義の赤字」が，実はEUレベルに限られないことは既に多くの論者によって指摘されている。EU各国の国政選挙においても投票率は漸減傾向にあり，政

党や労働組合の組織率や政党への帰属感も低下傾向にある(13)。

　このEUレベルに限られない「民主主義の赤字」は，よりグローバルな規模での議会制（代議制）民主主義の危機をその背景とし，グローバリゼーションの進展によりその危機を尖鋭化させている。

　その構造的要因としては，グローバリゼーションと高度情報化社会の進展がある。新しい社会・経済的な条件に対する対応（意思決定）に速度と効率性の要請が強まり，そうした点で優れた「市場」が席巻する。こうした状況で，出力志向（output-oriented）の正統性という観点から，「政治」の有効性が失われる(14)。

　また，巨大科学・技術の発展により，公共の事柄が，公式の政治的回路（議会や行政府）ではなく，非政治的・技術的次元でますます決定されるようになっている。ベックらのいう「サブ政治」である(15)。

　さらに，EU―国家―地方自治体―市民社会の連動したマルチレヴェル・ガヴァナンスの進展は，EUや国家のみを取り上げるのではなく「複合的政治体」（composite polity）としてその総体をみることを必須のものとする。そうした「複合的政治体」についての民主的正統性を議論するにあたっては，多層レベルのアクターが，(1)テクノクラティックな正統化，(2)民主代表的正統化，(3)司法的正統化，(4)社会的正統化，に分化した正統化を図り互いに競合する「断片化する正統性」の仮説が有効であろう(16)。

おわりに

　本章ではEUの民主的ガヴァナンスをテーマに論じてきたが，Ⅰ節でも触れたように，特にEU政治に関して百花繚乱の如く噴出した「民主主義の赤字」に関しては，どのような側面に焦点をあてて考察すべきであるかという点に合意がない状況である。

　筆者は，EUを従来の主権国家体系のパラダイムに収まらない「独特の政体」と定義し，EUを中心とする欧州ガヴァナンスについてはその民主的正統化の問題を特別に論じることが必要という立場に立っている。また，そうした欧州ガヴァナンスのあり方はグローバル・ガヴァナンスの一類型と思われ，そうであればEUの民主的ガヴァナンスを省察することは，他の地域にも共通する新時代の民主主義のあり方を考える上で有意義な作業と位置づけている。

　その場合に，EUの民主的正統化は，以下の3つの観点から論じることが必要となろう。

第1部　変容する欧州を見る視界

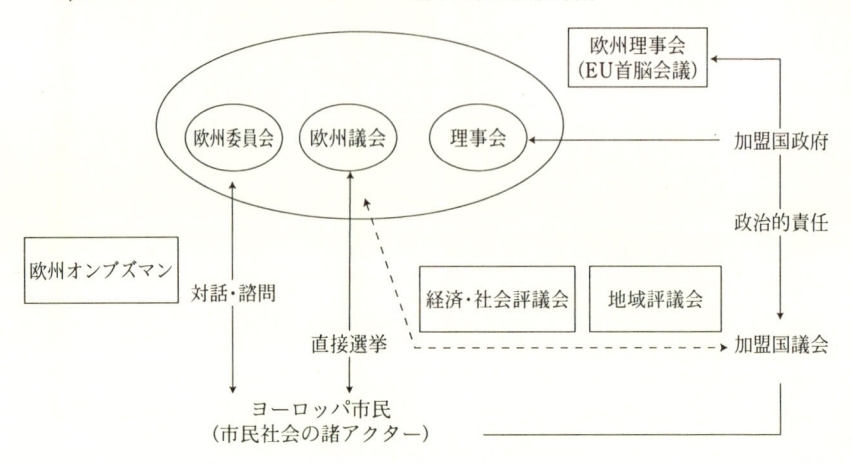

図 6-2　EU の民主的ガヴァナンス
出典：欧州委員会事務総局作成「欧州憲法条約の市民向けプレゼンテーション資料」
http://europa.eu.int/futurum/comm/documents/presentations_en.htm
（但し点線部分は筆者による加筆）

　第1に，EU―国家―地域（地方自治体）―市民社会の総体としての民主的正統性を高める工夫である（図6-2参照）。
　この点について，欧州憲法条約が打ち出した国内議会の関与は興味深い。これまでのEU機構の意思決定は，加盟国の国内議会との連繋が弱く，そのことがEU政治の入力における行政府の優位をもたらした観がある。今後，EUの政治過程への国内議会の関与が実質化されれば，加盟国の議会を媒介にする形でEUの理事会と欧州議会との関係にも変化が生じてくるだろう（図6-3参照）。
　第2に，政治的コミュニケーションの質を高める努力である。これは，ラディカル・デモクラシー論のうち，とりわけ熟議（討議）民主主義（deliberative democracy）の観点である。
　ただし，EUに特有の政策執行や規制を各種委員会に委任するコミトロジー（comitology）を熟議（deliberation）の中心とする観点の有効性には，疑問を禁じ得ない。コミトロジー委員会の「熟議」は実体的には理論の想定する機能を果してきたわけではなく，むしろ専門家や利害関係者による「密室政治」が，市民を遠ざけてきた弊害が目立つ。
　この点で，1つの鍵となるのは，欧州議会や国内議会を中心として政治的コミュニケーションの質を高める方策の検討であろう。欧州議会は，なお日の浅い議会であり，多言語や所在地の分散による会期や審議時間等の制約も踏まえ，その

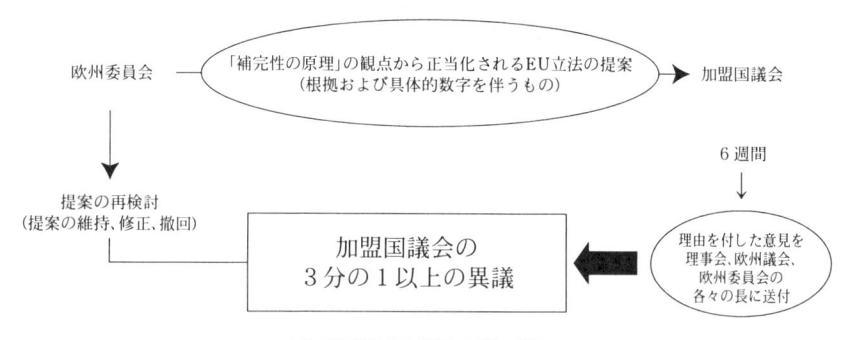

第6章　EUの民主的ガヴァナンス

```
欧州委員会 ──→ ┌「補完性の原理」の観点から正当化されるEU立法の提案┐ ──→ 加盟国議会
                 └      （根拠および具体的数字を伴うもの）         ┘
     │                                                                    │
     ↓                                                               6週間 ↓
  提案の再検討                    ┌──────────────┐              ┌──────────────┐
(提案の維持, 修正, 撤回) ←──────│ 加盟国議会の  │ ←────────── │ 理由を付した意見を│
                                  │ 3分の1以上の異議│              │ 理事会, 欧州議会, │
                                  └──────────────┘              │ 欧州委員会の    │
                                                                    │ 各々の長に送付   │
                                                                    └──────────────┘
```

・立法手続開始後も類似の同様の関与
・この地に、加盟国から欧州司法裁判所への提訴の可能性

図 6-3　欧州憲法条約の規定による各国議会の関与のあり方

出典：図 6-1 に同じ

審議の質を高める方策は従来からの課題である。

同時に、国内議会の関与の際にも問題となるところであるが、「熟議」の徹底がもたらしかねない「民主主義の過剰」を如何に防いでいくか、さらにはEU政治過程への影響力がアクターのもつ資源によって左右され不公平に陥るのを如何に是正するのか、その制度的工夫は今後の課題である。

第3に、「出力」の正統性を高める工夫である。

EUの立法・行政には、「執行の赤字」（implementation deficit）の問題が指摘されて久しい。たとえば、環境政策の分野において（時に実現性を度外視したかのような）理念を打ち出すEUの姿勢は魅力的であるが、しかしそれも立派なお題目に終わるばかりではいずれ説得力を失うに違いない[17]。

こうした欧州民主主義の抱えるアポリア（難題）を克服して、新たな民主制モデルを打ち出すことができれば、EUの試みは国際社会や他の地域・国家を含めたグローバル・ガヴァナンスにとっても有益な経験となるであろう。

注
（1）　中村は、「憲法条約」について、これが憲法か条約かという問いの立て方が既存のパラダイムの延長上のものに過ぎず、ヨーロッパ統合の進展に伴ってそうしたパラダイム自体の転換が必要となるのではないか、という。中村民雄『欧州憲法条約──解説及び翻訳──』（衆議院憲法調査会委託報告書56号）(2004)および本書の第2章参照。

（2）　補完性の原則に関する議論については，遠藤乾「ポスト主権の政治思想――ヨーロッパ連合における補完性原理の可能性」『思想』2003年1月号，207-228頁参照。
（3）　なお，本章ではEU―国家―地方自治体―市民社会という多層の統治のあり方に「EUガヴァナンス」という用語をあて，その民主的正統性を問題にするという意味で「EUの民主的ガヴァナンス」という表題を用いている。また，このEUガヴァナンスの民主主義のあり方を意味するものとして「欧州民主主義」（Euro-democracy）という用語を当てている。
（4）　拙稿「中東欧EU加盟の世界史的意味」『海外事情』2003年10月号，53-63頁参照。
（5）　18世紀のヨーロッパ協調という大国間協調の国際システムに由来をもち「エリート型・選民型」機関である「理事会」と，主権平等という普遍性に基づく「総会」は，原理的に異なる性格をもつ。最上敏樹『国際機構論』東大出版会，1996年，1章‐4章参照。
（6）　一例を挙げれば，西ドイツの作家エンツェンスベルガーは1987年の著作で，フィンランドの農民の言葉として「わしたちは，この何十年もの間，ヨーロッパのキマイラみたいなものを追い求めてきたようなものなんじゃ，ヨーロッパの統一という怪物をな。政治家どもは，管理者と軍事専門家とテクノクラートのヨーロッパを合言葉にし，わしたちの尻をたたいてきたのじゃ」と記している。Enzensberger, Hans Magnus, *Ach Europa!* Frankfurt a/M: Suhrkamp, 1987（石黒英男ほか訳『ヨーロッパ半島』晶文社，1989年）引用は邦訳570頁。
（7）　欧州議会を中心テーマとする研究は，なお数多いといえない。主要著作については章末の参考文献参照。邦語による最初のまとまった著作として，金丸輝男『欧州議会』成文堂，1982年。最近のものに，児玉昌巳『欧州議会と欧州統合』有信堂，2003年もあるが内容的に学術的な著作とは言い難い。
（8）　欧州議会ビル内部に隠しカメラを仕掛け，同僚議員の手当詐取を告発し2004年2月にPSEから除名されたマーティン（Hans-Peter Martin）は，欧州議会の浄化を公約に掲げた独立リストで立候補し，オーストリアで14％の得票（2議席）を獲得する大成功を収めた。また，1999年3月のサンテール欧州委員会の総辞職という事態をもたらした欧州委員会の腐敗と予算不正使用の内部告発を行った元EU官僚のファン・バイテネン（Paul van Buitenen）によるリスト「透明な欧州」（Europa Transparant）は，オランダで7.3％の得票（2議席）を獲得した。
（9）　欧州議会の選挙制度は，当初のローマ条約（EEC条約138条）では，「全加盟国で統一的な手続き」により実施されると規定されていた。しかし，欧州議会議員が長らく各国から国会議員の互選により派遣されていたという経緯もあり，1976年の直接選挙導入後も各国の国内選挙制度に準じる制度がとられてきた。こうした状況を追認するように，アムステルダム条約では，EC条約190条（旧138条）の文言が

「統一的な手続き」(uniform electoral procedure) から「共通の原則」(common principles) に弱められた。

ただし，1998年7月の「アナスタプロス報告」の採択等を経て，この「共通の原則」に比例代表制が含まれることが確認され，これに基づいて英国でも1999年6月の欧州議会選挙より小選挙区制から比例代表制に制度が改正された。したがって，選挙制度自体についてはEU大での「調和化」が実現した，と評することも可能だろう。

(10)　ただし，政党グループの凝集性に関しては，近年，質的な変化が生じているという有力見解もある。欧州議会の計量的研究を行っているロンドン大学（LSE）の欧州議会研究グループ（EPRG）によれば，欧州議会議員の投票行動を通時的に計測すれば，出身国別よりも会派別の凝集性が強まっているという。Hix, Simon/ Noury, Abdul/ Roland Gerard, "A Normal Parliament? Party Cohesion and Competition in the European Parliament, 1979-2001," *EPRG Working Paper*, No. 9, 2002. (http://www.lse.ac.uk/collections/EPRG/working-papers.htm).

(11)　Moravcsik, Andrew, "Is there a 'Democratic Deficit' in World Politics? A Framework for Analysis," *Government and Opposition*, Vol. 39, No. 2, 2004, pp. 336-363.

(12)　特に連邦議会と連邦参議院の二院制をEUレベルに敷衍した構想はドイツに伝統的なものであり，最近の例では2000年5月のフィッシャー演説が，EUの将来像に関する議論の焦点となった。Fischer, Joschka, "Vom Staatenverbund zur Föderation—Gedanken über die Finalität der europäischen Integration," Rede am 12. Mai 2000 in der Humboldt-Universität in Berlin. (http://www.auswaertiges-amt.de/www/de/index_html) （中島大輔訳「国家連合から連邦へ——欧州統合の最終段階に関する考察」鹿児島大学経済学会編『経済学論集』53号，269-282頁，2000年11月）

(13)　小川有美「ヨーロッパ民主主義」小川有美編『EU諸国』自由国民社，1999年，151-172頁。

(14)　民主的正統性を入力志向／出力志向（input-oriented / output-oriented）に二分する立場はシャルプに依拠するものである。Scharpf, Fritz W., *Governing Europe: Effective and Democratic?* Oxford: Oxford University Press, 1999. 参考文献の遠藤論文も参照。

(15)　Beck, Ulrich/ Giddens, Anthony/ Lash, Scott, *Reflexive Modernization: Politics, Tradition and Aesthetics in the Modern Social Order*, Cambridge: Polity Press, 1994. （松尾精文・小幡正敏・叶堂隆三訳『再帰的近代化』而立書房，1997年）参照。こうした「サブ政治」の側面は，代議制民主主義をバイパスしているという観点からは民主的正統性にマイナスに作用していると評価できるが，他方で例えば

EUの典型的な「サブ政治」であるコミトロジーを「熟議民主主義」の観点から積極的に評価する見解もある。Eriksen, Erik Oddvar/ Fossum, John Erik, eds, *Democracy in the European Union—Integration through Deliberation?* London: Routledge, 2000.
(16) 参考文献の小川論文を参照。
(17) 自動車リサイクルと家電リサイクルのケース・スタディーを通して、この問題を論じたものとして、拙稿「EUにおけるロビイング——二つのリサイクル指令のケースを通して——」『阪大法学』53巻1号（2003年5月）、47-111頁も参照願いたい。

【文献案内】

ヨーロッパ民主主義の諸側面に関する論考は数多いが、さし当たり以下の著作・論文を参照のこと。とくに、欧州議会に関しては、日本語による紹介が十分でないため英文の著作を参照する必要がある。

網谷龍介「EUにおける『市民社会』とガヴァナンス——『ヨーロッパ公共空間の共有』は可能か？」『神戸法学雑誌』53巻1号（2003）、33-67頁
遠藤乾「ポスト・ナショナリズムにおける正統化の諸問題——ヨーロッパ連合を事例として」日本政治学会編『年報政治学 二〇世紀における三つのデモクラシー：自由民主主義・社会民主主義・キリスト教民主主義』岩波書店、2002年、123-142頁
平島健司『EUは国家を超えられるか』岩波書店、2004年
小川有美「ヨーロッパ化と政治的正統性の行方」日本比較政治学会編『EUのなかの国民国家 デモクラシーの変容』早稲田大学出版部、2003年、1-24頁
篠原一『市民の政治学——討議デモクラシーとは何か』岩波新書、2004年
Corbett, Richard/ Jacobs, Francis/ Shackleton, Michael, *The European Parliament*, 5th ed. London: John Harper Publishing, 2003.
Kreppel, Amie, *The European Parliament and Supranational Party System: A Study in Institutional Development*, Cambridge: Cambridge University Press, 2001.
Lodge, Juliet eds., *The 1994 Elections to the European Parliament*, London: Pinter, 1996.
Schmitter, Philippe C., *How to Democratize the European Union... and Why Bother?* Lanham, MD: Rowman & Littlefield, 2000.
Siedentop, Larry, *Democracy in Europe*, London: Penguin Books, 2000.
Westlake, Martin, *The European Parliament*, London: Pinter, 2000.

第2部 拡大EUと国家

拡大EU 25ヵ国と加盟候補国の首脳　ⓒ EU, 2005

第7章
ドイツ連邦共和国とEU

森井裕一

  はじめに
I ヨーロッパ統合政策の歴史的展開
   1 アデナウアーの基本路線
   2 東方政策と西側統合
   3 コール政権のヨーロッパ政策
   4 ドイツ統一とEUの成立
II EUとドイツの国内政治
   1 基本法第23条
   2 連邦憲法裁判所判決
   3 「拡大」のための「深化」
   4 旧ユーゴスラヴィア問題と安全保障政策の変容
III シュレーダー政権と拡大EU
   1 シュレーダー政権のヨーロッパ政策
   2 イラク問題と大西洋関係
   3 拡大EUとドイツ
  おわりに
 【文献案内】

はじめに

 ドイツは地理的にヨーロッパの中心に位置し、歴史的にヨーロッパの秩序に常に大きな影響を与えてきた。近代の国際関係の始まりを象徴する30年戦争の主戦場とその講和条約であるウエストファリア条約が結ばれたのはドイツであるし[1]、20世紀に入るとドイツは第1次世界大戦と第2次世界大戦において国際秩序を大きく揺るがせた。
 ドイツが長年にわたる領邦国家時代を経て、ひとつの統一国家として国際関係に登場するのは、ヨーロッパの大国としては比較的に遅い1871年であるが、遅れて登場した国民国家ドイツは、ヨーロッパにおけるその地理的な中心的位置と、

巨大な経済力，大きな人口などによって，周辺諸国のみならず，国際秩序にもさまざまな面で多大な影響を与えた。

　第2次世界大戦を引き起こし，敗北したドイツは，1949年にドイツ連邦共和国（西ドイツ）とドイツ民主共和国（東ドイツ）という2つの国家として新たに国際社会に復帰した。大戦後ドイツはアメリカ，イギリス，フランス，ソ連の4カ国によって分割占領され，かつての首都ベルリンも4分割され占領されていた。アメリカとソ連の対立が激化し冷戦という体制間対立にいたると，ドイツを統一した形で戦後秩序に復帰させることは不可能となった。こうして冷戦によってドイツは2つの国家に分断されることを余儀なくされた。

　アメリカ，イギリス，フランスの占領地域に建国された連邦共和国は，民主的ではあったものの，政治的な不安定によってナチスの台頭を許してしまった第1次世界大戦後のワイマール共和国の失敗の経験を重く受け止め，国家制度が構築された。連邦共和国の政治制度は，権力分立に基づく民主主義を制度的に保証することは自明であるが，同時にきわめて強く政治的な安定を指向するものである。1949年から現在（2004年）までわずか15回しか国政選挙が行われず，首相を7人しか輩出していないのはその結果である。

　また連邦共和国は，その名称からも明らかであるように，連邦国家として地方分権色がきわめて強い制度を有している。連邦の権力が司法・立法・行政という水平分立になっているのと対比されて，連邦と州の間には垂直的権力分立が存在している。連邦を構成する州（Land）にはそれぞれ憲法と州政府があり，とりわけ教育と文化の政策領域が象徴的であるが，多くの領域で強い行政権限を有している。州政府の意見は，連邦議会（Bundestag）とならぶ連邦参議院（Bundesrat）を経由して連邦の法律に反映される[2]。同意立法とよばれる連邦参議院の同意を必要とする立法にあたっては，連邦参議院は連邦議会と対等の権限をもっている。

　しかし，このようにして成立した連邦共和国は，容易に国際社会に復帰することはできなかった。成立当初の連邦政府には外務省すら存在しなかった。それは外交主権がなお占領国に留保されていたからであり，この外交主権の回復は戦後ドイツにとっての重要な目標であった。もちろんドイツの分断を克服することはきわめて重要な目標であったが，初代首相コンラート・アデナウアー（Konrad Adenauer）のリーダーシップの下に，連邦共和国は西側陣営に属するヨーロッパ諸国とのヨーロッパ石炭鉄鋼共同体に始まる経済統合，北大西洋条約機構（NATO）の枠内におけるアメリカ，西欧諸国との軍事同盟を軸として，外交主権の回復を行った。

その後連邦共和国は、ヨーロッパ内においてはフランスとの緊密な関係をとくに重要な基軸として、経済的にも政治的にもヨーロッパ統合の積極的な推進者として、統合を進めていった。またそうすることによってのみ、連邦共和国は過去のドイツに対する周辺国からの不信をとりのぞき、対等のパートナーとして国際社会へ復帰することが可能であった。

冷戦がソ連を中心とした東側諸国の体制転換による社会主義陣営の崩壊という形で1989年から終りを迎え始めるとすぐに、連邦共和国が民主共和国を吸収する形で1990年10月3日に統一がなされた。だれしも予想だにしなかったドイツ統一が国際社会の祝福の下に平和裡に成し遂げられたのは、連邦共和国がヨーロッパ統合の枠組みのなかに自らをしっかりと埋め込んできたからである。

その後も連邦共和国はEU条約(マーストリヒト条約)、アムステルダム条約、ニース条約、ヨーロッパ憲法条約の採択にいたるまで、ヨーロッパの政治・経済統合の制度発展に積極的に貢献してきている。EUなしのドイツはもはや考えられない。しかし、同時にドイツ抜きのEU、またはヨーロッパ秩序も考えられない。連邦政府はEUを制度的に発展させることに積極的であるし、その他の国内政治・経済アクターもヨーロッパ統合のいっそうの強化には総論で賛成している。しかし、注意しなければならないのは、ドイツにもはっきりとした政治・経済・社会的利害があり、近年とくに明確にこれらの利害をEUの枠組みの中で実現しようとしていることである。域内市場計画が始まる前までのECの経済統合は、その統合のレベルがあまり高くなく、カバーする領域がさほど広くなかったこともあって、ドイツの利害と「ヨーロッパの」利害を一致させることはあまり難しくなかったし、巨大なドイツ経済はそのコストを引き受けることが可能であった。しかし、統一後経済的に大きな問題を抱えたままの旧東ドイツへの所得移転という高いコストを負い、またグローバル化によって国内産業の空洞化の危機にさらされ、高コスト高負担の福祉国家の維持が次第に難しくなってきたドイツは、かつてのようなヨーロッパ全体の利益のために、主として自国がコストを負担するというやり方は続けられなくなりつつある。

以上のような特徴をもつドイツとEUの関係について、この章では第1に、ドイツとヨーロッパ統合の関係について歴史的な展開を概観する。第2に、現在のEU制度とドイツの国内政治の制度的な連繋と、冷戦終焉後の中東欧諸国へのEU拡大を前提としたEUの制度改革をめぐるドイツ国内の議論について考察する。これらの議論を前提として、第3に、2002年の連邦議会選挙以後のシュレーダー政権における対外政策の変容と拡大EUの今後について検討していくこととする。

I ヨーロッパ統合政策の歴史的展開

　冒頭で紹介したように，第2次世界大戦後成立した連邦共和国にとっては，冷戦という国際環境の下でいかに国家主権を回復し，信頼されるパートナーとして国際社会に復帰するかが重要な課題であった。以下ではドイツのヨーロッパ統合政策の歴史的展開を検討しながら，連邦共和国の統合政策の特徴について考察してみよう。

1　アデナウアーの基本路線

　連邦共和国の憲法である基本法（Grundgesetz）[3]は，議院内閣制を規定している。1949年8月に実施された連邦議会選挙の結果9月に首相に選出されたのは，保守系政党キリスト教民主同盟（CDU）のアデナウアーであった[4]。CDU/CSUは31.0％の得票率で最大会派となったものの，この第1議会期には社会民主党（SPD）は29.2％，自由民主党（FDP）が11.9％を獲得し，その他多くの小政党も議会内に多数議席を獲得したことから[5]，与野党の差はごくわずかで，きわめて困難な政策運営を強いられた。国内経済政策，対外政策などの，政策においても諸政党間の政策の間には大きな隔たりがあったし，CDU内ですらさまざまな意見があり，これをとりまとめていくことは容易ではなかった。

　1876年生まれで，ラインラント地方で暮らし，第2次世界大戦前には西部ドイツの中核都市ケルン市の市長を務めたアデナウアーは，連邦共和国を西ヨーロッパの一員として明確に定義した。このことは，当時の分断されたドイツにとってはきわめて重大な意味を持つものであり，「西側統合（Westintegration）」つまり，西側世界，西ヨーロッパに政治・経済的に統合していく諸政策を推進することは，ドイツ統一のオプションを棚上げしてしまうことも意味していた。アデナウアーはソ連を中心とした共産主義の脅威に対抗しながら，外交主権を回復し，国際的な地位を取り戻し，荒廃した経済を復興することに尽力した。

　1950年5月に発表されたシューマン・プランはアデナウアーにとって，最も重要な転換点のひとつであった。フランスの外相ロベール・シューマン（Robert Schuman）が発表した欧州石炭鉄鋼共同体（ECSC）構想は，フランスの政策転換を示すものであり，本格的なヨーロッパ機関のもとで経済統合をめざした具体的な構想であった。フランスは占領期からアメリカとイギリスと比べると，制約の強い厳しい対ドイツ政策をとっていた。またフランスがそのドイツ占領地域とは

切り離して管理していたザール (Saar) の帰属問題は，ドイツの対フランス感情を悪化させていた。このような背景の中でシューマン・プランは，戦争の原因を構造的に解消しようとする，きわめて未来志向的な，アデナウアーの考え方とも合致したものであった。

ECSC と，結局実現することはなかったものの，欧州防衛共同体 (EDC) 条約，その失敗を受けて実現した NATO への加盟，さらに欧州経済共同体 (EEC) と原子力共同体 (Euratom) の設立は，その後の連邦共和国の西側統合政策のゆるぎない基盤となった。1949 年の連邦議会選挙を受けて，かろうじて首相に選出されたアデナウアーであったが，西側統合政策は経済復興をもたらした「社会的市場経済」[5]政策と並んで国民の支持を受け，1953 年の選挙で安定した勢力を確保し，1957 年の選挙では「実験はするな！ (Keine Experimente!)」というアデナウアーの実績を前面に打ち出し，社会的市場経済にもとづいた経済復興と西側統合の継続を訴え，大勝した。アデナウアーの政策は，SPD が 1959 年にバート・ゴーデスベルクで採択した綱領で社会的市場経済を受け入れたこと，さらに安全保障政策も転換したこと，1957 年の選挙以降連邦レベルでは CDU/CSU, SPD, FDP という安定した 3 政党システムが 1983 年の緑の党の連邦議会進出まで継続したことから，連邦共和国の基本政策となったのであった[7]。

フランスの第四共和制が植民地独立問題などによって揺らぎ，1958 年にド＝ゴール (Charles A. J. M. de Gaulle) がフランス第 5 共和制の大統領として再登場したことによって，独仏関係は新しい時代に入ることとなった。ド＝ゴールのヨーロッパ観は「祖国からなるヨーロッパ」であり，ECSC や EEC の機関が強大な権限をもって経済統合を進めるのではなく，あくまでも国家がヨーロッパの国家間協力の中心に据えられなければならないというものであった。経済統合は，国家の利益にかなう限りにおいて推進されるべきものであった。アデナウアーとド＝ゴールは個人的にも信頼関係を築き，指導者レベルでは独仏関係はかつて無い蜜月時代を迎えた。フランスは経済統合のみならずヨーロッパの政治協力を推進すべくフーシェ・プランを発表したが，フランスを中心とした大国主導のシステムができることを懸念したベネルクス諸国の反対も強く，構想は実現しなかった。このため，フランスはドイツと緊密な協力関係を制度化することをめざし，自らの退任後も独仏関係が特殊な関係として維持されることを願ったアデナウアーの考えとも一致したため，独仏協力条約（エリゼ条約）が 1963 年に締結された。このエリゼ条約は政治協議を協力制度化するほかに文化面において青少年の交流などを拡大・制度化し，その後の独仏関係の基礎となった。

1963年に87歳のアデナウアーは退陣し，社会的市場経済の運営を成功させ戦後ドイツ経済復活の象徴でもあったエアハルト（Ludwig Erhard）経済相が連邦首相となった。フランスとの関係をとりわけ重視するいわゆる「ゴーリスト」とは違って，対米関係，国際経済システム全体との調和を重視する「アトランティスト（大西洋主義者）」の代表であったエアハルトは，エリゼ条約の締結にあたっても，これが対米関係を阻害するような独仏連合にならないことに腐心した。アデナウアー政権末期には対米関係と対英関係を重視するアトランティストが政府内でも優位であり，アデナウアーが対仏政策でフリーハンドをもっていたわけではなかった。条約交渉が行われた1962年には1961年にEECに加盟申請したイギリスが交渉を行っていたが，連邦議会の多数は，イギリスがEECに加盟することがきわめて重要であると認識し，同時にNATOとアメリカとの関係が独仏条約によって悪影響を受けないことを求めていた。その結果，エリゼ条約には連邦議会における批准法においてアトランティストの求める前文が加えられたのであった。

アトランティストの見解をみるとよくわかるように，ドイツの多くの政治アクターは，独仏関係の強化のみならず，イギリスを始めとする西欧諸国がEECに加盟し，経済統合が拡大することを強く望んでいたのであった。結局1960年代にはフランスの反対によってEECの拡大は実現しなかったが，経済統合がより大きなヨーロッパの枠組みに拡大していくことが望ましいとするドイツの基本姿勢は当時から変わっていないのである。

2 東方政策と西側統合

冷戦が終焉するまで連邦政府の「ヨーロッパ政策（Europapolitik）」とは，すなわち西側統合政策であり，その対象は現実的には西欧諸国のみがパートナーとして考えられていた。とりわけアデナウアーの時代には，体制間対立が厳しく，ハルシュタイン・ドクトリンとして知られた原則，すなわち，東ドイツと国交を結ぶ国とは連邦共和国は国交を結ばない，という原則をもっており，また連邦共和国は民主共和国を国家としてその存在を認めてすらいなかった[8]。1958年のベルリン最後通牒や1961年の壁建設に象徴されるように，東ドイツ領内に浮かぶ西ベルリンの存在は，分断国家の現実を誰の目にも明らかにしていたが，キューバ危機後米ソ対立に緊張緩和がみられ，ヨーロッパでも東側との関係の改善が求められるようになると，連邦共和国は次第に政策を転換していった。1966年に誕生したCDU/CSUとSPDの大連立政権ではCDUのキージンガー（Kurt Georg Kiesinger）が首相，SPDのブラント（Willy Brandt）が外相を務めた。ブラントは

西側のみならず，東側諸国との関係正常化をめざし，全ヨーロッパの平和秩序の構築を目標とした。SPDとFDPによる連立政権が1969年に成立すると，さらに東方政策は加速され，1970年のソ連との武力行使禁止を核として第2次世界大戦後の国境線不可侵の承認を規定したモスクワ条約，ポーランドとの関係正常化を達成したワルシャワ条約，1972年の東ドイツとの関係を規定した基本条約の署名などがその代表的成果となった。

ブラントはこのように東側陣営諸国との関係を構築し安定化させた東方政策で知られるが，同時にアデナウアー以来の西側統合路線も継承している。この点においてアデナウアー以来の路線はSPD政権下においても堅持されていたということが可能である。ド＝ゴール退陣後のECの将来を議論した1969年のハーグ首脳会議ではイギリスを中心としたECの「拡大」が合意されたが，ブラント政権もイギリス加盟を強く支持していた。

ブラント政権は東方政策で大きな成果をおさめ，1972年の連邦議会選挙においてもその政策は国民から承認された。しかし，1974年春に首相府の側近が東ドイツのスパイであったことが発覚すると，ブラント首相はその責任をとって辞任した。ブラントの突如の辞任を受けて連邦首相に就任したのはシュミット（Helmut Schmidt）であった。ブラント政権において内相を務めてきたFDPのゲンシャー（Hans-Dietrich Genscher）は外相に就任した。シュミット首相は同時期に大統領に就任したジスカール＝デスタン仏大統領と緊密な関係を築いた。シュミットが首相に就任した時期はちょうど世界経済が石油危機の経済的混乱に巻き込まれていた時期であり，石油価格の高騰によるインフレの抑制と経済の安定化が急務であった。シュミットはジスカール＝デスタン（Valéry Giscard d'Estaing）と共にECの首脳会議を欧州理事会（European Council）として制度化し，首脳間の緊密な連携による制度の効率的な運営をめざした。こうして，シュミット首相の在任期間には，1979年の欧州議会直接選挙の導入，欧州通貨制度（EMS）の設立など，その後の統合の展開に重要な役割を果たした成果をあげた。しかし，シュミット首相の首脳外交によってヨーロッパの将来を決めるやり方が示していたのは，EC機関への信頼は決して高いものではないということであった。当時のECは，石油危機後の経済的混乱の中にあり，また非効率な農業共同市場の運営に多大な予算を割いていた時代であった。非効率なヨーロッパ機関の官僚主義に対する批判は厳しく，それを乗り越えた統合を進めることを可能にする条件は当時まだ整っていなかったといえよう。またシュミット政権末期は1979年のNATO二重決定，ソ連のアフガニスタン侵攻への対処など，1975年の全欧安保協力会議によって東西

関係が安定化し緊張緩和が進んだ後に、再び東西対立が厳しくなった新冷戦の時代であった。シュミットは次第にSPD内の支持を失い、経済・財政政策、NATO二重決定などをめぐって、連立パートナーFDPとの距離が広がっていった。

3　コール政権のヨーロッパ政策

　ゲンシャー外相は、シュミット政権の末期に日々の諸課題を解決するのみのヨーロッパ政策を超えてECに新たなダイナミズムを与えるべく、改革案を提示した。1981年始めに公表されたこのヨーロッパ議定書案は、後にイタリア外相コロンボ (Emilio Colombo) の支持を受けて内容的に拡張される形で共同提案され、ゲンシャー・コロンボ・プランと呼ばれるようになった。この提案は、政治協力を一層進めることと、域内市場に代表される経済統合を完成させることをめざすものであったが、1982年10月のSPD・FDP連立政権の崩壊によって、次のコール (Helmut Kohl) を連邦首相とするCDU/CSU・FDPの連立政権に引き継がれることとなった。

　コール政権においても、1974年以来外相の座にあったFDP党首のゲンシャーは引き続き外相ポストを得た。ヨーロッパ政策分野においては、アデナウアー以来の基本路線はシュミット政権にいたるまで着実に引き継がれてきていたが、政権交代はこの伝統に何ら変化をもたらさず、さらにゲンシャー外相の留任によって、対外政策の継続性は担保されたのであった。またアデナウアーの政治路線の継承者であることを強く自認していたコール首相は、ヨーロッパ政策の分野においてはとくに、前任者とはちがって、心情的、イデオロギー的コミットメントを強く打ち出した。

　1930年生まれのコールと1927年生まれのゲンシャーは、いずれも子供時代の戦争の記憶と悲惨な戦争の実体験を有しているが、直接には戦争にかかわらなかった世代の政治家である。これ以前に首相となったシュミット（1918年生まれ）やブラント（1913年生まれ）以前の世代は成人として直接にナチス支配と第2次世界大戦をさまざまな形で経験した。コール首相とゲンシャー外相は年齢の近さもあり、個人的にも親しい関係を築いていた。コール首相はヨーロッパ統合の目標は単なる経済統合ではなく、ヨーロッパ合衆国であり、政治統合であるということをしばしば表明した。もちろん、このヨーロッパ合衆国の具体的内容が明確に表明されたわけではないが、遠い目標として、アデナウアー時代から使われてきたドイツのヨーロッパ統合の最終イメージであるヨーロッパ合衆国がしばしば口にされるようになったのであった。

シュミット政権下で提案されたゲンシャー・コロンボ・プランは、コール政権の下で推進され、ドイツが理事会議長国をつとめた 1983 年にシュトゥットガルト欧州理事会で「欧州連合へ向けた厳粛な宣言」として採択された。当時の EC では多数決制の利用を増加させるような制度改革や政治協力の強化を行う EC 条約の改正を行うことには合意は得られなかった。そのため「厳粛な宣言」という政治声明にすぎないものしか EC 全体としてはまとめることはできなかったのであるが、コール政権になって EC の再活性化のためには制度改革を行う必要性があることが強く認識されるようになったことは重要である。

コール政権はその後、域内市場計画と単一欧州議定書の実現を、独仏協調という枠組みを利用し、共同提案を行うなどフランスと歩調を合わせながら推進した。EEC 条約採択以来の実質的かつ大規模な条約の改正である単一欧州議定書とこれにもとづく域内市場計画の実現にあたって、コール政権は国内の幅広い安定したヨーロッパ政策への支持を背景として、政府間会議などの EC レベルの交渉において、積極的な役割を果たしたのであった。

4　ドイツ統一と EU の成立

1985 年にソ連でゴルバチョフ政権が誕生し、ペレストロイカが始まり、東ヨーロッパ諸国の自立的な動きがみられるようになっても、東西ドイツがすぐに統一できるような変化が起きるだろうとはだれしも予想だにできなかった。1989 年夏からハンガリー、チェコスロヴァキア、ポーランドなどを経由して、東ドイツ市民が西側に大量脱出を始め、国内では大規模な民主化要求デモが周期的に組織されるようになり、東ドイツ政府は次第に追いつめられていった[9]。11 月 9 日の夜、東ドイツからの出国が実質的に自由化されると（いわゆる「ベルリンの壁崩壊」）、両ドイツの将来が国際政治の主要課題として急浮上してきた。ベルリンの壁崩壊前後までは、米ソの指導者も、ヨーロッパの多くの指導者も、東西ドイツが統一したり、戦後に構築された東西の枠組みや同盟組織の構造が急激に変化したりすることはだれも望んでいなかった。しかし、冷戦のくびきからベルリンの壁崩壊によって解き放たれた東ドイツ市民の動きは急で、政治は早急な対応が求められた。

ドイツ統一をめぐる国際交渉は、戦後ドイツの行方に国際法上の責任をなお留保していたアメリカ、ソ連、イギリス、フランスの戦勝 4 カ国を中心に行われた。しかしその動きを加速したのは東ドイツ市民の行動であった。1989 年の冬から 1990 年の初めにかけて、東ドイツの将来についてさまざまな選択肢が議論された

が，東ドイツ市民は3月18日に実施された人民議会選挙において，連邦共和国の基本法23条を利用して東ドイツが連邦共和国に加入することを主張した保守系「ドイツのための同盟」が勝利し，SPDは当初の予想に反して大敗した。東ドイツ市民は即時にドイツが統一されることを望み，また東ドイツ経済が西ドイツ経済と一体となることを望んだのであった。この選挙の過程において，コール首相は統一の経済的実現の前提となる東西ドイツ経済同盟の実施にあたって，東ドイツの通貨マルクと西のマルクを1対1で交換することを発表し，東ドイツ市民の強い支持を受けたのであった[10]。このような東ドイツ市民の決定は国際政治の早急な対応を求めた。また基本法23条が利用されたことによって，連邦共和国の政治制度はドイツ統一によってなんら影響を受けないこととなった[11]。

1990年春から夏にかけて，きわめて密度の濃いドイツ統一をめぐる国際交渉が行われたが，最終的にはソ連が7月のコール・ゴルバチョフ会談で統一ドイツのNATOへの帰属を認めたことによって，10月3日の統一が可能となった[12]。ECもこの間に臨時欧州理事会を開催するなど対応したが，12月にローマで開催された欧州理事会においてEC条約を改正する政府間会議の開始を決定した。

ECはドイツ統一の可能性が生じるずっと以前の1988年から，1987年に発効した単一欧州議定書によって実現する域内市場の次の経済統合の段階として，通貨統合を具体的に議論してきた。この経済通貨同盟の計画には，ドイツ統一によってECの政治的機能を大幅に強化する必要が生じたため，政治同盟計画というもうひとつの計画が加わり，1990年12月から開始された政府間会議で議論されたのである。

約1年間にわたる政府間会議における議論の結果，1991年12月にマーストリヒトで開催された欧州理事会は欧州連合（EU）を設立する条約で合意した。この結果，経済通貨同盟が遅くとも1999年には実現することとなり，戦後ドイツ経済の象徴であるばかりではなく，ドイツ人のアイデンティティーのひとつともいわれた通貨ドイツマルク（Deutsche Mark）がヨーロッパ単一通貨に取って代わられることとなった。ドイツは新しく発行される単一通貨がドイツマルクと同程度に安定した，政治から独立した中央銀行によって運用される通貨となることと引き替えに，通貨主権を委譲したのであった。コール政権はEUの枠組みの中に，とりわけ経済通貨同盟に不可逆的にドイツを埋め込むことによって，冷戦後のヨーロッパ秩序の中でドイツが統合されたヨーロッパの一部となることを，明示的に示したのであった。

これまでドイツとヨーロッパ統合の関係について歴史的な展開を振り返ってき

たが、次節ではEUの成立後、ドイツにおいてヨーロッパ統合の問題がどのように議論され、EUとドイツがどのように結びつけられているかについて検討していこう。

II　EUとドイツの国内政治

　前節で見たように、ドイツ統一には基本法23条がつかわれたため、連邦共和国の政治制度に大きな影響を与えなかった[13]。しかし、EUの成立は統合の進展によって構成国の政治制度とEUの政治制度をより強く連繋させる必要性を生じさせた。本節ではまず、この制度的連繋がどのように担保されたか、またこの問題をめぐってどのような政治的議論があったかについて検討し、その後に中東欧諸国へEUが拡大することが自明のこととなるにつれて、ドイツの国内ではEUの将来の制度のあり方についてどのような議論が行われたかについて紹介していくこととしよう。

1　基本法第23条

　EU条約は、それまでのヨーロッパ経済統合関連の条約とは違って、ドイツ国内でも大きな注目を集めた。ドイツにおいては、ヨーロッパ経済統合はこれまで安定した幅広い国内コンセンサスが存在していたために、国民的な論争となることはなかったが、EU条約はドイツの世論から懐疑の目でみられるようになった。このような国内世論に対処すべく、連邦政府は「市民に身近なヨーロッパ」を実現していくために「補完性原則」の強化などをヨーロッパ・レベルにおける議題として積極的に提示した。しかし、EU条約の批准にあたって国民投票を実施したフランス、アイルランド、デンマークとは違って、ドイツにおける批准手続きは連邦議会と連邦参議院の採決のみで行われたため、その批准過程には大きな問題は生じなかった。主要政党間では、与党も野党も原則的にEU条約、ヨーロッパ統合の発展には従来どおり積極的な評価を与えていた。

　EU条約の批准と同時期にドイツ統一後の憲法改正作業を進めていた連邦議会と連邦参議院の合同憲法委員会は、EU条約の批准にあたっても基本法を改正することで合意した[14]。EU条約の交渉過程で、補完性原則の導入、地域委員会の設置、権限のある分野における州代表の閣僚理事会への出席という連邦参議院、すなわちドイツの州の要求はほぼ受け入れられていたが、連邦参議院はさらに批准にあたって基本法の改正をとおして権利を強く規定することを求めた。従来連邦

共和国ではヨーロッパ統合は，基本法24条1項の「連邦は，法律により，主権を国際機関 (zwischenstaatliche Einrichtungen) に移譲することができる」とする「主権作用の移譲規定」によって進められてきた。しかしEUは，もはや「国際機関」の概念ではカバーできないものになったという解釈から，新たなEU条項が基本法の中に作成されることとなった。

新しい23条はきわめて長い規定をもつが，ヨーロッパ統合を実現するために，連邦共和国が主権を移譲できることを規定し，さらにその際の連邦政府，連邦参議院，連邦議会の同意手続きを詳細に規定している。この規定により，「国際機関」の範疇にはもはや含まれないEUへの主権の移譲の道が開かれたのである[15]。また連邦議会と連邦参議院は基本法改正と関連立法によって，連邦政府がEU関連の立法の判断を行う過程でのより大きな発言権を確保した。

2 連邦憲法裁判所判決

ドイツにおいては連邦レベルの国民投票は基本法に規定がないため，EU条約に対する世論の反対が盛り上がっても，これが直接に批准過程に影響を与えることを懸念する必要はなかった。しかし，1992年6月2日にデンマークの国民投票においてマーストリヒト条約が否決されると，ドイツにおいても条約反対者は力をつけ，ドイツでもEU条約批准のための国民投票を実施することを求める声が出てきた。たとえば「マーストリヒトに反対する経済学者60人宣言」はその代表的なものであった。これに対抗して経済通貨同盟に賛成する立場からは「経済学者60人宣言への3大銀行エコノミストの意見」が出され，EU条約に対する経済学者たちのテーゼは，過去の時代の精神を引きずり，80年代以後のヨーロッパの経済状況を無視しているとの反論がなされた。その後「ヨーロッパ経済学者の経済通貨同盟支持意見」，「ドイツ法律及び経済学者によるマーストリヒト批判」，「ヨーロッパ研究者によるマーストリヒトへの賛成意見」などがつぎつぎと出された。

このような議論は，連邦憲法裁判所にEU条約が基本法違反であるという違憲抗告がなされたことによって，さらに注目を集めることとなった[16]。EU条約を基本法違反であるとする主張では，EU条約が3つの観点から民主主義の正当性の原則から外れていることが問題であるとされている。第1に，条約の交渉および決定の過程が，民主主義において求められる最低レベルの公開性を満たしていない。第2に，EU条約はECの「民主主義の赤字」を取り除くものではなく，かえって拡大するものである。第3に，ドイツの立法府はEU条約に合意することによって，国民にのみ行うことが認められる憲法制定的決定を行い，許された権限を

超越した。EU条約はヨーロッパ連邦へ向かうものであり,このように基本法の改正をこえて新しい憲法を作るに相当するような場合には,憲法制定権力,すなわち国民のみが決定を行うことが可能であって,換言すればEU条約の批准および基本法の改正には国民投票が必要である,と主張された。

　連邦憲法裁判所は憲法異議を却下した。判決の主旨は,EU条約によって成立するEUは構成国から構成される国家結合 (Staatenverbund) であり[17],構成国のアイデンティティーを尊重し,独自の自己権限を有する存在ではないため,ドイツ人の選挙権,基本法が保証する民主主義原則は損なわれないというものである。連邦憲法裁判所はEU条約によって誕生するEUはあくまでも構成国の民主的正当性にもとづいており,EUの権限は限定されていて,今後とも構成国,連邦議会が影響を与える機会は十分に保証されていると判断したのである。このためEU条約反対論者が訴えたような民主主義原則の侵害は起きないと判断されたのであった。また個人の基本権は基本法秩序の中でのみ保証されるのであって,新しい憲法の制定の手続きや内容を保証するものではないので,基本法の基本原則を国民投票によって変更することは排除されているとも判断した。

　この判決を受けて,連邦大統領はEU条約批准書の寄託を行ったため,EU条約の発効は当初の予定よりも遅れて,1993年11月に発効した。EU条約は議会における批准手続きは済んでいたものの,連邦大統領が憲法裁判所の判断を待って批准書の寄託を行わなかったため,加盟12カ国中でドイツが最後に批准手続きを完了したのであった。

3　「拡大」のための「深化」

　このようなEU条約の批准過程は,ヨーロッパ統合が世論も巻き込む形で広く議論され始めたという点で,ドイツにおけるヨーロッパ政策の意味合いを変え始めたともいえよう。ドイツではEU条約の発効後,すぐにEU条約で積み残された諸課題にいかに対処するかについての議論が盛んになった。統一ドイツの政策決定者たちは,冷戦終焉後のヨーロッパが中東欧も広く含めて再び一体性を持った政治経済的に安定したヨーロッパとなることを望んでおり,EUが体制移行を遂げた中東欧諸国に拡大していくことは自明のことであった。1994年にはフィンランド,スウェーデン,オーストリア,ノルウェーとのEU加盟交渉が妥結し,1995年からのEU拡大が決まっていたが[18],次の中東欧への大規模な拡大をみこして,いかにEUの制度を構成国が大幅に拡大しても機能できるものに改革するかについての議論が盛んになっていった。

この中でもっとも大きな議論を引き起こしたのが，いわゆる「中核ヨーロッパ」構想である。EU条約に規定された経済通貨同盟は，条約に規定された経済的基準を満たした国のみが経済通貨同盟に移行できることを規定したが，ドイツにおいてはEUが拡大すればするほど，構成国は政治的にも経済的にも多様になり，ヨーロッパ統合という目標に向かう方向はひとつであっても，その目標に向かう速度が意志と能力に応じて多様になることは不可避であるし，またその方が望ましいという考えが広まっていた。与党会派CDU/CSUの議員団長ショイブレ (Wolfgang Schäuble)，外交問題部会長のラーマース (Karl Lamers)，CSU外交安全保障部会長のグロース (Michael Gros) は1994年9月にヨーロッパ政策についての政策構想（「ショイブレ・ラーマース・ペーパー」）を発表した[19]。この「中核ヨーロッパ構想」として知られるペーパーでは，ドイツがヨーロッパ統合によって周辺国から「ドイツに対する安全保障」から「ドイツと共に安全保障」を達成するという構造を作り上げてきたという認識に立ち，東ヨーロッパをヨーロッパ統合にいかに組み込むかを考察している。この政策ペーパーが政治的に大きな論争を引き起こしたのは，EUの拡大と制度改革にあたって，行動能力と効率性を高めるために，統合に積極的かつ協力的なEU加盟国から構成される中核ヨーロッパが先行して統合を進めることを主張していたからである。中核ヨーロッパとしてはベルギー，オランダ，ルクセンブルク，フランス，ドイツの5カ国が想定され，金融，財政・予算，経済・社会政策分野での緊密な調整が求められていた。この考え方は，政府間協力に限定されたり，「アラカルテのヨーロッパ ("Europe à la carte")」という言葉であらわされるような，分野別のみの協力に終わったりせずに，EU条約の中に柔軟な統合，先行する中核諸国が統合を先導することを可能にする規定を制度化すべきであるという認識にもとづくものであった。今後統合をさらに進めるには，これまで通貨統合やシェンゲン協定などの分野で見られた柔軟な統合の推進を，EUの一般的制度として規定することを求めていた。もちろんこのペーパーは中核ヨーロッパを5カ国に限定しようとするものではなく，外交・安全保障，通貨などの重要な分野で条件の整っている国を念頭においたのみであったが，中核からはずれると認識された国などから強い批判がでた。

　この構想のアイディアは，後にアムステルダム条約で緊密化協力として導入され，柔軟性の原理として知られるようになった。ドイツはEU条約の経済通貨同盟の規定に比べると，特にEUの第2の柱である共通外交安全保障政策にみられるように，政治協力の分野において経済の分野とは不釣合に協力が進んでいない状況を改善しなければならないと認識していた。1995年の拡大により，EU構成国に

中立国が増加したが、中東欧に拡大すれば政治的多様性はさらに拡大することが予想される。そのことを念頭に置いて、「拡大」のための制度的な「深化」を次の条約改正においては達成しなければならないと認識されていたのである。

EU条約の大幅な改正とEUの強化がドイツでは期待された。しかし1996年に行われた条約改正のための政府間会議では連邦政府の求めた「政治的にも安全保障面においても行動能力のあるヨーロッパ」を作るための改正にはEUレベルで合意が得られなかった。とくにイギリスとの安全保障政策での認識の違いはなお大きく、1997年に採択されたアムステルダム条約は、EU条約の小幅な修正による改革にとどまった。

この交渉の過程では、とりわけ旧ユーゴスラヴィアの問題でみられたように、EU内の意見の相違からEUが全体として行動できなくなるような事態を制度的に回避することが必要であると強く認識されていた。そこで次節では冷戦終焉後のドイツのヨーロッパ政策に大きな影響を与えた旧ユーゴスラヴィア問題を検討していこう。

4 旧ユーゴスラヴィア問題と安全保障政策の変容

EU条約によって欧州政治協力から発展した共通外交安全保障政策(CFSP)分野は、経済統合のECの柱と並び立つ第2の柱となっていたが、その発展の水準はECの柱には遙かに及ばないものであった。ドイツにとってEU発足と前後して勃発した旧ユーゴスラヴィアの内戦は、社会的・経済的結びつきの強さを考えるとき、きわめて身近な問題であった。しかしEUはなお具体的な行動能力をもっていなかった。

NATOは国連決議にもとづき旧ユーゴスラヴィア上空の飛行禁止を監視するために早期警戒管制機(AWACS)の派遣を決定したため、連邦政府はドイツ連邦軍兵のAWACS乗務を決定した。このいわゆる連邦軍のNATO域外派遣問題は、SPDとFDPが憲法裁判所に訴えたため、憲法裁判所で争われる問題となった[20]。ドイツはそれまで自然災害などでの人道支援のためには連邦軍をNATO域外にも派遣していたが、戦闘部隊をNATO域外に派遣したことはなかった[21]。従来の憲法解釈は、基本法がNATO域外への連邦軍の派遣を禁じているというものであった。この解釈によって、1991年の湾岸戦争やボスニア内戦勃発時に行動を制約された。ドイツ統一後の憲法改正作業の中で、この問題も議論されていたが、与野党間で合意にはいたらなかった。また野党SPD内では議論が収斂せず、党内でも意見が割れていた。1994年7月の連邦憲法裁判所判決は、連邦軍の

NATO域外派遣を合憲と判断したが,派遣にあたっては連邦議会の単純多数による承認を義務づけた。この判決によって,憲法解釈論争によって政府の政治行動が拘束されることはなくなった。

また同時に,この裁判では連邦軍のNATO域外派遣を禁じる仮処分命令がすでに憲法裁判所に棄却されていたこともあってSPDの外交・防衛専門家たちの間でも,妥協点をはかる動きが見られたし,ボスニアにおける内戦が悲惨の度をますにつれて,野党SPDや緑の党[22]の中でも多くの議員が,軍事行動の必要性を認識していった背景がある。1994年7月の判決はドイツ外交にNATOや国連などの枠組みの中であれば,戦闘行動も含めて連邦軍の利用を可能にした点において,きわめて重要な意味をもつものである。

その後旧ユーゴスラヴィアにおける内戦への対応で,ドイツはボスニアの平和実施軍(IFOR)に連邦軍を派遣した。この1995年12月の連邦議会における決定では,与党のみならず,野党SPDも緑の党の連邦議会議員の多くも採決にあたって賛成した。その後IFORを引き継いだSFORにも連邦軍は派遣され,このボスニア問題への対応の過程でドイツの主要政党のNATO域外への連邦軍の派遣問題をめぐる議論は収斂していった。その結果1998年の連邦議会選挙によって16年にわたったコール政権が退陣し,SPDを中心とした政権が誕生しても,ドイツの基本政策は変化しなかったのである。

III シュレーダー政権と拡大EU

1998年9月に実施された連邦議会選挙は戦後ドイツの歴史のひとつの転換点を象徴するものであった。それは連邦共和国の歴史上初めて,政権交代が選挙によってもたらされたことと,新たに誕生したSPDと緑の党の連立政権が,コール政権までの戦後政治の継続性に変化をもたらすことになったためである。連邦共和国の政権交代は,これまでいずれも議会選挙による直接の結果ではなく,政党間の連立の組替えによってもたらされてきた[23]。1998年の選挙で国民は16年続いたコール政権ではなく,新しい改革者のイメージをもって登場したSPDのシュレーダー(Gerhard Schröder)ニーダーザクセン州首相と緑の党のフィッシャー(Joschka Fischer)の組み合わせを選択したのであった。

1 シュレーダー政権のヨーロッパ政策

1998年の政権交代が,単なる政権交代ではなく,戦後ドイツからの転換という,

より大きな意味をもつものであるというテーゼは,ヴァイデンフェルト（Werner Weidenfeld）によって比較的早い時期から主張されてきた。ヴァイデンフェルトは,シュレーダー政権の誕生を第2次世界大戦と戦後を自ら経験した世代から次の世代の政治家への世代交代を示すものであって,アデナウアー以来の戦後ドイツの終焉であるとしている。そしてこの世代交代とならんで,同時に進行するグローバリゼーションに代表される社会経済の構造的な変化が,ヨーロッパ政策や対米関係などでも新しい対応を求めており,それまでのように継続性を中心に据えるのみでは政策を遂行していくことができないことを指摘した[24]。ヴァイデンフェルトの指摘は,その後のシュレーダー政権の政策をみていくと,まさに正鵠を射たものである。シュレーダー政権は,アデナウアーの長い影から出て,コール政権までの政権とは違った,新しいグローバリゼーションの時代と変化したヨーロッパの環境が要請する新たな対応をさまざまな政策分野において次第に示していったのであった。

しかし,シュレーダー政権の発足後間もない時期には,政権は意図的にコール政権からの継続性の強さを強調し,国際社会に対してドイツが引き続き安定した信頼のおけるパートナーであることを訴えた。とりわけ反核平和運動と環境問題の市民運動政党として登場した緑の党のフィッシャーが外相に就任したことは,当初対外政策における大きな変化をもたらすのではないかと心配されたものの,フィッシャー外交は予想外の安定性をみせたのであった。フィッシャー外相は就任直後のインタビューの中で,さまざまな機会をとらえてことさら外交の継続性を就任後強調していることについて,緑の党のこれまでの政策から多くの誤解をまねく要素もあるが,自分が外相になってもドイツ外交の安定性とヨーロッパ統合ならびに大西洋同盟との関係が揺らぐことはないことをまず理解してもらうことによって初めて新政権の独自色を出すことが可能になるのであると説明していた[25]。また政権交代とほぼ同時期に決定されたセルビアへのNATOによる攻撃問題では,コール政権とシュレーダー新政権の与野党は完全に共同歩調をとり,実際にコソヴォ問題でセルビアに対して空爆が行われた際には,シュレーダー政権は連邦軍の戦闘機を作戦行動に参加させたのであった。また,1999年の前半はドイツがEUの理事会議長国であったが,共通防衛安全保障政策（ESDP）の構築にあたっても積極的に議長国として行動し,のちにヘルシンキ・ヘッドラインゴールと呼ばれるようになったEUの緊急展開部隊システムの構築によるESDPの実現に貢献した。

EUの拡大問題についてもシュレーダー政権は前政権の基本路線を継承した。

1999年ベルリン欧州理事会におけるアジェンダ2000の採択は，発足まもないにもかかわらず，理事会議長国を務めたシュレーダー政権にとって，大きな成果であった。シュレーダー政権において，新たなヨーロッパ統合のイニシアチブをとり，EU内の議論に大きな影響を与えたのはフィッシャー外相であった。2000年5月にベルリン・フンボルト大学において行われた演説は，ヨーロッパ統合の将来についての議論を活性化させた[26]。フィッシャー演説は，EUの具体的改革を技術的に議論するのではなく，ヨーロッパ連邦という最終形態を構想し，もっとも望ましい制度のあり方を大胆に議論した点で，大きな影響力をもった。この構想はしかし同時に，これまでドイツで議論されてきた中核ヨーロッパ構想などもとり入れ，EUが大幅に構成国を拡大した場合でも，十分効率的かつ有効に機能できる制度を，民主主義の原則に十分に配慮し，市民にわかりやすい，ヨーロッパの制度と国家の制度の権限の明確化が行われたヨーロッパ連邦をめざしていた。そのため，ドイツ内では野党も含めてこの構想には賛意が示されたのであった。

しかしEU構成国の多くは，フィッシャー構想のような大胆なアイディアをすぐに受け入れる環境は整っておらず，中東欧諸国を受け入れるための制度改革は2001年2月に合意されたニース条約という不十分な改革に終ってしまったのであった。このためドイツの関心はすぐに次の抜本的な制度改革に移っていった。EU拡大は目前にせまっているために，ニース条約の失敗を繰り返している余裕はもはやヨーロッパにはない，というのが国内の共通認識であった。与野党が共通して求めていたEUの改革は，「市民の欧州」というキーワードに象徴されるEUの民主的コントロールの強化であり，効率的かつ有効なヨーロッパ・レベルの共通政策を決定遂行するための行動能力の強化であり，そのために必要なEUの制度改革であった。それは具体的には特定加重多数決をいっそう増加させ迅速な理事会決定が行えるようにすること，欧州議会権限をさらに強化すること，EU委員会を小規模化することなどであった。

2002年2月から議論を開始したジスカール=デスタン元フランス大統領を議長とする「ヨーロッパの将来に関する諮問会議」の議論はドイツではおおむね好意的に受け入れられた。2002年8月からはフィッシャー外相自らがこの諮問会議のメンバーとなって議論に参加した。この2003年6月にまとめられた諮問会議の合意をフィッシャー外相は「成功したよい妥協」と評しているが，与野党も，また州の諸政府も，おおむね同様に積極的な評価を行っている。この結果ドイツは諮問会議の成果である憲法条約案をできる限りそのまま政府間会議で採択することを求めたのであった。2003年12月の欧州理事会は憲法条約の採択に失敗した。主た

る理由はポーランドとスペインの閣僚理事会におけるもち票数の問題であったが，このような問題が生じた背景として，イラク問題をめぐって米欧関係が揺らぎ，ヨーロッパ内でもアメリカの政策を支持する諸国とドイツ，フランスを中心として異なったイラク政策をとる国々との間に政治的に微妙な問題が存在していたことも指摘できよう。

2　イラク問題と大西洋関係

　2002年9月の連邦議会選挙を前にして，8月になって選挙戦が本格化し始めた。ハノーファーのSPD集会で演説したシュレーダー首相は，「私が指導者であるこの国には冒険をする用意はない」と述べ，アメリカによるイラクに対する軍事力の行使にあたってドイツは参加しないことを明言した。最も重要な同盟国アメリカの政策に同調しないばかりか，冒険であると批判することは，きわめて重大な意味をもった。さらにミュンテフェーリング（Franz Müntefering）SPD幹事長が，たとえ国連決議があってもドイツはイラクに対する攻撃には参加しないと発言した。SPDは同盟国のアメリカであっても，まちがった政策には正しい忠告を行うことが本当の友人のすることである，としてその主張を継続した。2001年9月11日のアメリカにおける同時多発テロの直後にはシュレーダー首相はアメリカに対する「無条件の連帯」を表明し，テロとの戦いのため連邦軍の精鋭特殊部隊をアフガニスタンに派遣していたが，イラク問題をめぐってシュレーダー首相は，決して連邦軍をイラクに送らないことを明言し，アメリカとの関係が一挙に悪化した。このような方針を，対米関係を悪化させてまで打ち出さざるをえなかったのは，きわめて不利な形勢で進んでいた選挙戦で挽回するためであったが，そのねらいは的中し，シュレーダー政権はきわめて僅差であったものの，選挙で再び承認された[27]。フィッシャー外相を全面的に選挙戦の中心におき，かつてないほどフィッシャー個人に支持を求める選挙戦術をとった緑の党は[28]，とりわけ対イラク戦争をめぐる議論と地球温暖化を想起させる8月のエルベ川流域の大洪水によって，設立時以来の環境と平和という中核的イシューで再び支持を回復し，連立の維持に大きく貢献した。

　2002年の連邦議会選挙は米欧関係に亀裂を生じさせ，さらにイラク政策をめぐる対米路線の違いからEU構成国内の分裂をまねいた。EUはイラク問題をめぐって共通外交政策をとることに完全に失敗したのであった。ケーガン（Robert Kagan）の指摘を待つまでもなく，アメリカとヨーロッパの間には，とりわけEUの中心に位置し，直接の安全保障上の脅威を周辺国から感じなくなった国々の間

には，世界の見方について大きな認識の違いが存在している。シュレーダー政権は忍耐強く交渉と外交によって紛争解決をめざし，軍事力の行使は最終的にどうしても不可避になった場合にのみ抑制的に行うべきであるとする世界観をもつヨーロッパの典型的な代表となった。コール政権までの世代は，たとえ類似の世界観をもっていたとしてもアメリカに対する配慮から，また第2次世界大戦と冷戦時代の経験から，大西洋関係を揺るがすような政策をとることにはきわめて抑制的であった。しかし，ケーガンがフィッシャー外相のフンボルト大学演説を引用していることによく表されているように，まさにフィッシャー外交はEUの成功によってウエストファリア条約以来の戦争によって特徴づけられた近代ヨーロッパを乗り越えた，法の支配によって特徴づけられるポストモダンのヨーロッパを象徴しているのである[29]。

　ヨーロッパの中心に位置するドイツは，2004年のEU拡大によって，周辺をすべてEU諸国によって取り囲まれ，もはや自国の領土を国家による侵略から防衛する必要はほぼなくなってしまった。そのためドイツの安全保障政策は，領域防衛を中心とする男子皆兵の原則にもとづき「制服を着た市民」で構成される連邦軍に依拠するものである必要はなくなり，EU共通防衛政策の枠組みの中でEU周辺や世界の不安定地域で危機管理を行う安全保障政策へと転換しつつあるのである。シュレーダー政権発足後設置された共通安全保障と連邦軍の将来を審議する元大統領ヴァイツゼッカー（Richard von Weizsäcker）を代表とする委員会が2000年5月に出した答申によく表されているように，連邦軍は徴兵による兵員の大幅な削減を求められ，職業軍人による高度な危機管理，紛争対応が可能な軍隊への転換が求められるようになった。

　しかし，ヨーロッパ内でもすべての国が古典的な勢力均衡の世界から脱し，EUという安定した安全保障環境の中にあるわけではない。2004年にEUに加盟した諸国の周辺はなお近代の勢力均衡にもとづく思考に支配され，古典的な領土防衛の安全保障観によって拘束されている地域が多いのである。拡大EU諸国のおかれた環境の違いは，イラク政策をめぐる対米関係で明らかになったように，EUが一体として行動する際には大きな問題となりうるのである。

　米独関係の修復には多大な困難がともなったが，2004年2月の米独首脳会談を経て，6月にアメリカで開催された先進国首脳会議までには表面的にはほぼ関係修復が遂げられたと考えてよいであろう。ドイツがアフガニスタンにおいて引き続き大きな軍事的貢献を継続し，2003年10月にはこの任務をさらに拡大して駐留する連邦軍を増派したことはアメリカからも高く評価された。イラク問題をめ

ぐって，シュレーダー政権は連邦軍の利用を否定したが，アフガニスタン，ボスニア，コソヴォなどでは引き続きさまざまな枠組みの中で軍事的貢献を継続し，従来の政策に変更がないことにも注意しておく必要がある。

3 拡大EUとドイツ

2004年5月に実現したEUの拡大は，連邦政府を始め主要なドイツの政治アクターから一貫して強く支持されてきた。しかし，市民のレベルではこのEUの拡大に少なからぬ懸念があったことも事実である。冷戦終焉直後，さまざまな理由から毎年数十万人の難民申請者がドイツに押し寄せていた時代から比べると，ドイツへの人の流入は安定した状況にあるが，EUの拡大がヒトの自由移動を認めるものであるために，新規加盟国から大量の安価な労働力が流入し，高コストのドイツ人労働者の職を奪うのではないかと言う懸念がしばしば聞かれた。

シュレーダー首相はこのような一般的な懸念に対して，新規加盟国からの労働者の自由移動に移行期間を設けて，ドイツ経済が急激な影響を受けない制度を設けたことが，加盟交渉に当たってのドイツのひとつの成果であると評価した。EUは新規加盟国の労働者に対して，2004年から2年間の間はこれまでの国ごとの規則が適用されることを規定し，その後国ごとに段階的に労働力自由移動の撤廃を規定している。ドイツの場合最大の懸念は人口の大きなポーランドの労働者であるが，マルタとキプロスを除くすべての新規加盟国に対して，合計で最高7年間にわたって労働力の移動を制限する移行期間が設けられている。このような制限を設けることによって，連邦政府はただでさえ失業率の高いドイツで新規加盟国からの安い労働力によって職が奪われる懸念に応えようとしたのであった。

ドイツ経済はシュレーダー政権のさまざまな労働市場自由化と規制緩和による経済改革の試みにもかかわらず，回復の兆しがみられない。統一から15年を経ても旧東ドイツ地区の失業率ははるかに旧西ドイツ地区を上回ったままである。さらに，単一通貨ユーロのための安定成長協定によって，政府は財政出動を規制されている。グローバリゼーションによって，労働者の権利を手厚く保護する高コストのシステムはドイツ経済に大きな負担となっている。このような環境のなかでは，かつてはヨーロッパ統合の財政的コストを政治的判断から引き受けてきたといえども，ドイツにさらなる財政的，社会的負担を引き受ける余裕はないのである。

ドイツの政治家の多くが中東欧諸国のEU加盟を歓迎し，その政治的・歴史的な意義を強調する一方で，EU加盟がドイツ経済に負担にならないような方策をと

ることは，これまでのドイツと EU の関係を考えるときにそれほど例外的なことではない。これまでもドイツはその個別の政治的，経済的，社会的利益をヨーロッパ統合という枠組みの中で実現しようとしてきたからである。しかし，シュレーダー政権下のドイツは，これまで以上に明確にドイツの利益を前面に押し出す政策スタイルを取り始めている。とりわけ産業立地としてのドイツを守り，雇用を確保することに関しては，そのスタンスが明確である。

2004年11月に発足するバローゾ (José Manuel Durão Barroso) 新欧州委員会では，ニース条約の規定によってドイツの欧州委員がこれまでの2名から1名に減員された。シュレーダー首相は新しい欧州委員会の中でもドイツの委員が強い権限をもつことを明確に求めた。2002年の内閣改造で行ったのと同様に，経済と雇用政策を1人の権限下におくことを EU 委員会でも求め，この強力な権限をドイツ選出の EU 委員に与えることを要求したのである。この要求は受け入れられることはなかった。しかしドイツ出身のフェアホイゲン (Günter Verheugen) 委員は比較的重要であると評価される産業政策担当となった。このような要求に見られるドイツ政治のスタイルは，やはりシュレーダー政権の対外政策が，自国の利益実現のために次第に直截なものになりつつあることを示しているように思われる。

おわりに

本章では，アデナウアー以来の歴史的な展開を紹介しながら，連邦共和国と EU の関係について考察してきた。その上で，シュレーダー政権のイラク政策と対米協調路線からの逸脱はドイツ外交の変容を示していることを紹介した。

選挙という内政要因によって，対外政策が影響を受けるということは多くの国にとっては当たり前のことであるかもしれないが，連邦共和国はアデナウアーの長い影の下で，対外政策の信頼性と対米協調，そしてヨーロッパ統合へのコミットメントを揺るぎない前提として行動し，与党も野党も世論がどのように揺れようとも議会の中では一致して対外政策の安定性を維持してきた。連邦共和国の安定を強く指向する政治制度はこのことを可能にしてきた。しかし2002年の転換は，ドイツが普通の国になり始め，内を向き始めたことを示しているようである。これは，EU が発展，拡大し，独仏和解はもはや揺るぎないものとなり，ヨーロッパからドイツにとっての安全保障上の脅威が消えたことによって，ドイツの対外政策環境が冷戦時代から大きく変わったことが主な理由である。

同時に，第2次世界大戦という負の遺産に対する反省から，きわめて寛容な難

民政策をとってきた社会も，冷戦が終わり統一のコストが高くなったことによって，1993年の基本法第16条改正が象徴したように変わり始めた。この改正によって難民申請者数はなお絶対数では数万人規模であるとしても激減した。1990年代初頭の極右の台頭は，ドイツ社会の寛容が限界にあることを示し，国民の支持を得られる難民受け入れ政策に転換せざるをえなかったのである。ドイツがEUの共通外交安全保障政策に熱心な理由のひとつは，難民を創出する紛争地域や貧困地域の安定を回復し，地域の発展により難民を生み出さない秩序をヨーロッパが力を合わせて構築すること，そうすることによって世界的な平和と安定を築くことが望ましいという考え方によるものである。ドイツはEUという枠組みを利用しながら，単独では解決できない問題の解決をめざしている。

今後のEUとドイツの関係を考える際最も問題となるのは，ドイツのめざすEUの機能の仕方と，他の構成国が描くEUのあり方に乖離が生じる場合である。本章の中でも議論されたように，ドイツはEU全体で合意がとれない場合には中核ヨーロッパ構想にあるような柔軟性原理を用いてでも有効な問題解決策をめざし続けるであろう。この独仏を中心とした中核が全体のバランスを崩さずにEUを発展させていけるかどうか，注目されるところである。

注
（1） ウエストファリアとはドイツ北西部のヴェストファーレン（Westfalen）地方の英語名称である。ウエストファリア諸条約は，この地方の中心的都市であるミュンスター（Münster）とオスナブリュック（Osnabrück）という2つの都市で1648年に締結された。
（2） 連邦参議院（Bundesrat）は，州の権限に関係する立法などでは連邦議会と対等の権限を有する。Bundesratに参加するのは，州首相，あらかじめ決められた州閣僚であり，16の連邦州はその大きさにおおよそ応じて6票から3票を有しており，これらの票は分割して投票することはできない。
（3） 基本法という名称は，憲法制定時にいずれドイツ統一のあかつきに，統一ドイツの憲法を定めるという希望をもって，あえて暫定的な意味合いをもたせて使われた。しかし実質的な効力は国家の憲法と全く同じである。基本法にはこのため146条に「この基本法は，ドイツ国民が自由な決断により制定した憲法の効力の生じる日に，その効力を失う。」という規定がおかれていた。しかし，本章でも議論されているように，ドイツ統一にあたってはこの146条ではなく，23条が適用された。このため，今日でもなおドイツ憲法は基本法という名称を有している。
（4） CDUとキリスト教社会同盟（CSU）は姉妹政党であり，連邦議会内では常に統

一会派を構成している。CSU はバイエルン州のみに存在する政党であり，CDU はバイエルン州では候補者を立てない。両者はその意味で地域補完的関係にある。政党組織は全く別であり，CSU は保守色が CDU より強い。CDU が首相を出している場合，CSU は重要閣僚を政権に送り込んできた。CSU の党首がこれまで連邦首相になったことはないが，1980 年にはシュトラウス（Franz Josef Strauß），2002 年にはシュトイバー（Edmund Stoiber）が CDU/CSU 共通の首相候補として連邦議会選挙を戦った。

（5）　連邦議会選挙においては，比例選挙において 5％以上の得票率を得るか，3 つ以上の小選挙区に議席を得なければ，連邦議会内において議席が得票率に応じた配分を得られないという「5％条項」がよく知られている。しかし，1949 年の第 1 回選挙は現行の制度とは異なる点が多い。有権者は 1 票しか投票権をもたず，いわゆる 5％条項は今日的意味では存在していなかった。5％条項は州ごとに適用され，さらに小選挙区で 1 議席でも獲得した政党には比例区での得票に応じて議席が配分されたためである。1990 年のドイツ統一後の選挙では，5％条項が東西別々に適用された。

（6）　社会的市場経済（Soziale Marktwirtschaft）とは，市場経済を原則としながらも，市場の歪みや問題を国家が部分的に介入してただそうとする政策である。1950 年代にはまだ SPD が社会主義的経済をめざしていたこともあって，ドイツにおいて社会主義的経済か市場主義的経済かの選択は，連邦共和国設立時には自明のことではなかった。詳細は以下を参照のこと。島野卓爾『ドイツ経済を支えてきたもの——社会的市場経済の原理』知泉書館，2003 年。

（7）　アデナウアーと連邦共和国初期の政治についての詳細は次の文献のアデナウアー関連の章を参照のこと。大嶽秀夫『アデナウアーと吉田茂』中央公論社，1986 年。また戦後の SPD については次の文献を参照のこと。安野正明『戦後ドイツ社会民主党史研究序説——組織改革とゴーデスベルク綱領への道』ミネルヴァ書房，2004 年。

（8）　ハルシュタイン（Walter Hallstein）はアデナウアー政権において外務次官（1951-1958 年）であったが，その後 EEC の初代委員長（1958-1967 年）となった。

（9）　この過程で中東欧諸国が東ドイツ市民を西側に脱出させることを助け，後のドイツ統一過程でも支持を与えたことは，ドイツ政府が EU の拡大に対して積極的な支持を行ったひとつの重要な背景となった。

（10）　この決定は今日からみると東ドイツ経済の復興を遅らせる主要な要因となったことは明らかであり，経済学的には誤った決定であったといえるが，当時の政治情勢からすれば，コール政権にとっては取らざるをえない政治的選択肢であったといえよう。

（11）　東ドイツでは多くの政党が成立したが，最終的にはドイツ統一後連邦共和国の

既存政党に統合されていった。政治制度が揺るがなかったのみならず，政党システムも基本的には影響を受けなかった。ただし東ドイツ地区からは旧共産党系の民主社会党（PDS）が連邦議会に議席を獲得した。

(12) ドイツ統一の政治過程については，連邦共和国首相府は通常の文書公開規則を当てはめず資料を研究者に公開した。また資料の一部は出版されている。Bundesministerium des Innern (Hrsg.), *Deutsche Einheit: Sonderedition aus den Akten des Bundeskanzleramtes 1989/90*, München, Oldenbourg, 1998. その結果ドイツでは以下の決定版的研究が統一後10年もたたずに発表されている。Korte, Karl-Rudolf, *Deutschlandpolitik in Helmut Kohls Kanzlerschaft: Regierungsstil und Entscheidungen 1982-1989*, Stuttgart, DVA, 1998. Weidenfeld, Werner, *Außenpolitik für die deutsche Einheit: Die Entscheidungsjahre 1989/90*, Stuttgart, DVA, 1998. Jäger, Wolfgang, Die Überwindung der Teilung: Der innerdeutsche Prozeß der Vereinigung 1989/90, Stuttgart, DVA, 1998. Grosser, Dieter, Das Wagnis der Wahrungs-, Wirtschafts- und Sozialunion, Stuttgart, DVA, 1998. ドイツ統一過程についての日本語の研究は以下を参照のこと。高橋進『歴史としてのドイツ統一——指導者たちはどう動いたか』岩波書店，1999年。

(13) 23条はドイツ統一後削除され，空欄となった。これは23条を維持し続けることによって，連邦共和国がドイツ統一時に完全に放棄した，1937年以前の旧ドイツ領などの地域が加盟によってドイツに復帰するのではないか，という周辺国の猜疑心を完全に打ち消すためである。

(14) 連邦共和国の憲法である基本法の改正は，連邦議会と連邦参議院のそれぞれで3分の2以上の賛成を得れば可能である（79条2項）。基本法はしばしば改正されており，連邦共和国においては憲法改正過程そのものが政治イシューとはならない。

(15) 基本法23条の規定についての詳細は以下を参照のこと。岡田俊幸「ドイツ憲法の〈ヨーロッパ〉条項——基本法第23条をめぐって」，石川明・櫻井雅夫編『EUの法的課題』慶應義塾大学出版会，1999年。

(16) 法的な分析は以下を参照のこと。川添利幸「欧州連合の創設に関する条約の合憲性——マーストリヒト判決」ドイツ憲法判例研究会編『ドイツの憲法判例（第2版）』信山社，2003年。

(17) 川添の指摘するように，この国家結合は新しく導入された概念であり，何を意味するのかについてコンセンサスがあるわけではない。連邦国家(Bundesstaat)には達していないが緩やかな国家間の結びつきである国家連合(Staatenbund)よりはダイナミックな発展の可能性をもつと定義しても，既存の概念の枠に入らない新たな概念を設けただけである。川添利幸「欧州連合の創設に関する条約の合憲性」ドイツ憲法判例研究会編，前掲書。

(18) ノルウェーは加盟が国民投票で否決されたため，EUには加盟しなかった。

(19) „Überlegungen zur europäischen Politik: Positionspapier der CDU/CSU-Bundestagsfraktion vom 1. September 1994", in: *Blätter für deutsche und internationale Politik*, Nr. 10, 1994, S. 1271-1280.
(20) この問題についての詳細は以下を参照のこと。松浦一夫『ドイツ基本法と安全保障の再定義——連邦軍「NATO域外派兵」をめぐる憲法政策』成文堂、1998年。
(21) ドイツでは連邦軍が派遣されること自体には抵抗は少なく、戦闘行為を伴わない人道支援活動は規模は小さいものの数多く行われてきた。冷戦終焉後問題になったのは、戦闘行動に関わる可能性のある連邦軍のNATO域外派兵問題である。
(22) 緑の党 (Die Grünen) は旧東ドイツの複数の市民運動が結成した同盟90 (Bündnis 90) が1993年に政党となった後に合併したので、正確には同盟90/緑の党 (Bündnis 90/ Die Grünen) が正式名称である。1990年の連邦議会選挙で緑の党は議席を失ったが、この時の選挙の特例で旧東ドイツ地区の同盟90/緑の党は議席を獲得した。便宜上、本章では同盟90/緑の党も緑の党と表記する。
(23) もちろん政権交代の後に信任投票的意味をもつ議会選挙が行われたりしているので、国民の意思と乖離して政権が政党間でたらい回しにされてきたわけではないが、連邦共和国の政治において、議会内政党の果たす役割はきわめて大きいのである。
(24) Werner Weidenfeld, *Zeitenwechsel: Von Kohl zu Schröder, Die Lage*, Deutsche Verlags-Anstalt, Stuttgart, 1999.
(25) „Interview des Bundesministers des Auswärtigen, Joschka Fischer, zur Außenpolitik der neuen Bundesregierung mit der Zeitung, Der Tagesspiegel, vom 5.November 1998," *Internationale Politik*, 12/1998, S. 79-81.
(26) „Rede des Bundesministers des Auswärtigen, Joschka Fischer, „Vom Staatenverbund zur Föderation — Gedanken über die Finalität der europäischen Integration", am 12. Mai 2000 in der Humboldt-Universität in Berlin", *Internationale Politik*, 8/2000, S. 100-108.
(27) SPDと野党CDU/CSUの得票率はほぼ同率であり、緑の党の貢献によって連立が維持されたといってもよい。イラク問題をうまく利用したことによってSPDは旧東ドイツ地区のPDS支持者層の票も取り込み、かろうじて敗北を免れたのであった。2002年連邦議会選挙の重要な諸イシューをめぐるドイツ政治の詳細については以下を参照のこと。森井裕一「2002年ドイツ連邦議会選挙と政治動向」、東京大学ドイツ・ヨーロッパ研究室（DESK）紀要『ヨーロッパ研究』第2号、2003年、50-63頁。
(28) たとえば、これまでの連邦議会選挙における緑の党のポスターは政策内容を訴える抽象的なものが多かったが、今回のポスターではフィッシャー外相のポートレートが用いられた。「外は大臣、中は緑 (Außen Minister, Innen Grün)」というス

ローガンが書かれており，外相（Außenminister）という語を分解して，フィッシャーは外向きには外相であるが，もともとは緑の党の政治家であるということを言葉遊びで訴えていた。
(29) ロバート・ケーガン（山岡洋一訳）『ネオコンの論理——アメリカ新保守主義の世界戦略』光文社，2003年。

【文献案内】
大嶽秀夫『アデナウアーと吉田茂』中央公論社，1986年
穴場歩・安井宏樹「ドイツ」馬場康雄・平島健司編『ヨーロッパ政治ハンドブック』東京大学出版会，2000年
網谷龍介「ドイツ」小川有美編『EU諸国』自由国民社，1999年
岩間陽子「ドイツの安全保障政策と新たな課題」『国際問題』「統一ドイツの現在」2002年8月，33-46頁
川村陶子「ドイツとヨーロッパ統合」坂井一成編『ヨーロッパ統合の国際関係論』芦書房，2003年
島野卓爾『ドイツ経済を支えてきたもの——社会的市場経済の原理』知泉書館，2003年
走尾正敬『ドイツ再生とEU——シュレーダー政権のめざすもの』勁草書房，1999年
平島健司『EUは国家を超えられるか——政治統合のゆくえ』岩波書店，2004年
平島健司「政治構造の変容と政策変化——欧州統合の中のドイツ」日本比較政治学会編『EUのなかの国民国家——デモクラシーの変容』早稲田大学出版部，2003年
高橋進『歴史としてのドイツ統一——指導者たちはどう動いたか』岩波書店，1999年
田中俊郎「ドイツとヨーロッパ統合——その相互関係」『国際問題』「焦点：統一ドイツの現在」2002年8月，2-17頁
戸原四郎・加藤榮一・工藤章編『ドイツ経済』有斐閣，2003年
三好範英『戦後の「タブー」を精算するドイツ』亜紀書房，2004年

第8章
フランスのヨーロッパ政策
―― イラク危機から東方拡大,欧州憲法条約へ

上原良子

はじめに
I　フランスのヨーロッパ統合政策の特質
　　1　国益とヨーロッパ:ヨーロッパにおける「puissance 大国」
　　2　90年代:ポスト冷戦体制
II　イラク危機とフランス外交の展開
　　1　イラク危機をめぐるシラク=ド=ヴィルパン外交
　　2　自律と多極化
III　東方拡大をめぐる議論
　　1　拡大をめぐる政治的議論
　　2　経済的インパクト:軽微な影響
　　3　ヨーロッパの境界とは何か:トルコ加盟問題
IV　フランスのヨーロッパ戦略:孤立か,パワーか
　　1　「Europe puissance パワーヨーロッパ」の追求
　　2　フランスの影響力の拡大への試み
おわりに
【文献案内】

　　　　　　　　　　はじめに

　2004年5月1日,EUは中東欧の新規加盟国10カ国を迎えた。この東方拡大と並行して,「欧州憲法条約」の草案が発表され,各国での批准にむけての議論が始まっている。EUは「深化」と「拡大」の両面において,大きく転換を遂げようとしており,まさに,21世紀のEUの方向性が問われているのである。このヨーロッパ統合の歴史において,フランスは,ヨーロッパ統合こそ自らの影響力の拡大の機会,と認識し統合の推進役を担ってきた。こうしたフランスにとって,EUとはヨーロッパ的なる独自の諸価値を実現する枠組みであると同時に,もはや超大国ではない「大国」の一国にすぎない国が,発言権の確保,影響力の行使を可能

とする場なのである。まさしくフランスの将来とヨーロッパの将来は緊密に結合しているのである。

しかしながら、冷戦の終焉とイラク危機を経て、フランスは自らの外交路線の再考を迫られている。EUへの加盟国の増加、さらに「帝国」アメリカの時代において、影響力の低下は否めない。それでは、東方拡大とEU憲法というヨーロッパの方向性をめぐる議論において、フランスはいかなるヨーロッパの構築をめざすのであろうか。

本章では、「puissance ピュイサンス、パワー」をキーワードとして、フランスのヨーロッパ政策を読み解きたい。フランスは、国際関係において、いかなる「パワー」であろうというのであろうか。またヨーロッパはどのような役割を果たすのであろうか[1]。

フランスのEU政策を考察するにあたり、2つの軸に注目したい。第1の軸は、冷戦が終焉し、「9・11」「イラク危機」を経た国際秩序のあり方である。イラク危機においてフランスはアメリカと激しい対立を繰り広げ、「帝国」アメリカとは異なる国際秩序を提示してきた。フランスはイラク危機後、EUにいかなる役割を期待しているのであろうか。フランスの対ヨーロッパ政策を考察するにあたって、イラク戦争後のフランス外交の概要を視野に入れる必要がある。

第2の軸は、グローバリゼーションにより、世界各地の地域の多様性が失われ、1つのモデルへの収斂（アメリカニゼーション）が指摘されるが、今後、ヨーロッパはいかなるモデルを追求するのか、という点である。中東欧の「新しいヨーロッパ」の加盟とともに、ヨーロッパにおいてもアングロ・サクソン的な「リベラルモデル」の普及と、「古いヨーロッパ」が確立してきた「ヨーロッパ社会・経済モデル」の秩序の変質が危惧されている。フランスにとってのEUの東方拡大と欧州憲法条約をめぐる議論は、21世紀のEUの新しい役割、方向性をめぐる問題でもある。

以下、フランスの外交政策・統合政策の特徴を概観し、イラク危機のインパクトとフランス外交の方向性、とくに自律的なEUの外交・安全保障政策の重視、東方拡大をめぐる諸論点等を考察した上で、フランスの追求するヨーロッパ像を抽出したい[2]。

I フランスのヨーロッパ統合政策の特質

1 国益とヨーロッパ：ヨーロッパにおける「puissance 大国」

「国民国家」、「ナショナリズム」を超越する「ヨーロッパ統合」、という図式は、日本における統合研究の出発点であった。数度の大戦を経て、戦争を克服し平和を確立した「不戦共同体」「安全保障共同体」（鴨武彦）というヨーロッパ統合のイメージは、近隣諸国との協調関係よりも米国との関係を重視する日本と対比するに、鮮烈なイメージを与えた[3]。

しかしながら、こうした図式において、国家の「自律」「偉大さ」「ナショナリズム」というフランス外交の特徴と、国際協調を重視する統合のリーダー・フランスというイメージとはうまく像を結ばない。むしろ、フランス外交を説明するには、90年代の統合研究に旋風を巻き起こし、すでに定説となった感のある「国民国家の救済」（ミルワード）論のように、国益がヨーロッパ統合への動機であった、という視点の方が、より説得的であろう[4]。

フランスがヨーロッパ統合に本格的に取り組み始めるのは、第2次世界大戦、そして戦後復興期に遡る。19世紀には、英国に次ぐ植民地帝国を擁し、文明の中心に位置したフランスであったが、第2次世界大戦においては、既に「没落」「凋落」の只中にあった。

1940年の「敗戦のショック」と、米軍の介入なしには達成しえなかった国土解放は、もはやフランス単独では「大国」たりえないことの何よりの証明であった。第2次大戦後のフランス外交の目標は、経済力・軍事力等が低下し、国際政治における影響力を低下させた「大国」が、いかにして国際的なポジション・ランクを上昇させ影響力を発揮しうるのか、という構造的な制約に対する政治的挑戦であった。「パワー」の獲得、「大国」願望こそ、戦後フランス外交における党派を超えた悲願なのである。とはいえ、フランス流のパワーの獲得にあたっては、いくつかの選択肢が存在した。

ひとつはゴーリスム（ド＝ゴール主義）である。外交におけるゴーリスムとはレジスタンスの英雄で、のちの第5共和制の初代大統領となるド＝ゴール（Charles de Gaulle）が、戦後直後より「フランスの偉大さ」の回復を掲げ、第5共和制期に国家の「自律」を追求した外交政策である。NATO軍の軍事機構からの撤退によるアメリカとの関係悪化も辞さず、核兵器の保有と、第三世界の支持を基盤に、国際関係における自律を重視し、独自外交・多極化を展開した。自国の国益を優先するド＝ゴールのヨーロッパ政策は、国家主権を損なわない「政府間主義的」な統合、超国家主義ではない「諸国家からなる欧州」、新たな覇権国アメリカに対し「自律」したヨーロッパの構築であった。

こうしたフランス単独の安全保障、独自外交の一方で、多角的な国際機関の重

視こそ国益を確かなものにすると考える潮流が存在する。戦後復興・近代化計画である第1次5カ年計画（モネ・プラン）以来，一国単位ではなく，ヨーロッパ大の市場の獲得と，ヨーロッパにおける地域的な「大国」となることが常に意識されていた。ヨーロッパ統合こそ，フランスの「パワー」を獲得する最良の手段と考えられたのである。近年，イラク危機における国連等の国際機関，集団安全保障体制の尊重に見られるように，こうした傾向はさらに強まっている。フランスにとっては，ヨーロッパ統合（超国家的統合も含む），国連安全保障理事会，サミット等の多国間交渉の場こそ，フランスが大国の一員として位置し，グローバルなアクターとして議論に参加し，影響力を行使しうる「場」である。フランスはグローバルアクターとして「そこに存在することが重要」なのである(5)。

もちろん，ヨーロッパ支持派には，国益よりも，むしろヨーロッパという理想像を強く抱く確信的ヨーロッパ主義者も数多く存在する。「ヨーロッパ連邦主義」「社会主義」「キリスト教民主主義」といった諸潮流は，フランスにおけるヨーロッパ統合のイデオローグとして，フランスの統合構想を先導した。また，彼らは，ヨーロッパと同時に福祉国家の実現にも力を注いできた(6)。

2　90年代：ポスト冷戦体制

(1)　「国防」から「安全保障」へ：対米協調と多国間主義

冷戦終焉後の国際関係において，いかなる戦略をとるべきか？　ド＝ゴール以来，フランスは核と第三世界，特にアフリカとの友好関係を影響力の源泉としてきた。しかし冷戦構造の崩壊後，ソ連・東欧諸国を仮想敵としてきた核兵器は必ずしも有効な抑止力とはなりえない。また従来フランスと関係の深かったアフリカにおいてもアメリカが影響力を拡大させつつある。加えて本国の防衛よりもヨーロッパ域外の地域紛争へ，多国籍軍の一員としての介入が求められるようになった。こうした中で，ドクトリンの再検討が行われ，徴兵制の廃止，専門化，規模の縮小が進められた（1994年の『防衛白書』および『新しい防衛1997年-2015年』）。さらに1995年に大統領に就任したシラク（Jacques Chirac）は，NATO軍事委員会への復帰によりゴーリスト的な外交政策からの一層の転換を促した（「シラク革命」ボゾ）。またフランスは，ポスト冷戦期の米国主導の国際秩序を積極的に支持し，冷戦の崩壊後の湾岸戦争への参加，旧ユーゴスラヴィアの数度の地域紛争へ介入してきた。こうした中で，ゴーリスムの流れを継ぐ共和国連合（RPR），社会党とも左右を問わず，対米重視，NATO支持の「アトランティスム（大西洋主義）」へと転換したのである(7)。

とりわけ，大統領と首相が異なる政党であるコアビタシオン（保革同居）期の社会党の外相ヴェドリンヌ（Hubert Védrine ミッテラン以来の社会党の外交アドバイザーであり，1997年から2002年の外相）は，まさにポスト冷戦期におけるフランス外交の再構築を試みた。ゴーリストほど過度にフランスの自律を強調するわけではないが，基本的には，国際共同体におけるプレゼンスを重視している。「危機において存在」し，国際政治の主要な議論に介在することこそ，「大国イメージ」を与えうるとして，「グローバルなアクター」としての影響力の行使を追求しているのである。後のシラク―ド=ヴィルパン外交もこうした多国間主義を基本的に継承している[8]。

また核の抑止力の比重を低下させ，むしろNATO，国連，EUといった多国間での安全保障システム，集団安全保障を重視するようになった。ソ連および共産圏を仮想敵国としてきたフランス本土の「国防」から，国外のみならず，ヨーロッパ域外の地域紛争，人権侵害，独裁，テロの防止等に対する人道的介入，多国籍軍による平和維持活動への参加という，「安全保障」への転換が模索されているのである。また米国の関心が冷戦終焉後，ヨーロッパからアジア重視へと変化する中で，ヨーロッパ独自の外交・安全保障の早期確立の必要性が意識されるようになった。こうした文脈において，フランスでは，ヨーロッパの枠組みで共通外交安全保障政策（CFSP）が重視されてきた。とりわけ1998年のサンマロでの英仏宣言後，英国とともに，より自律的なヨーロッパの安全保障防衛政策（ESDP）の推進に努めるようになる[9]。

(2) EUの東方拡大への躊躇

フランスでは，EUの方向性をめぐって「Europe espace 広域ヨーロッパ」か「Europe puissance パワーヨーロッパ」か，という選択肢の間で論じられることが多い。前者は，ヨーロッパの地理的「拡大」を重視し，後者は加盟国の増加よりも，制度・政策の「深化」を重視している。

フランスは元来，東方拡大にさほど積極的ではなかった。ヨーロッパ統合創設メンバー，またそのリーダー国として地理的な「拡大」よりも，むしろ「深化」を重視してきた。しかしながら，冷戦が終焉し，旧共産主義国の中東欧が民主化を進める過程で，これらの諸国がEUに加盟することは不可避となってきた。旧ユーゴスラヴィアにおける数度の地域紛争，特にコソヴォ危機後，EU加盟により，地域の安定を確立することが有益であると考えられるようになってきたのである。

フランスは，90年代中盤より，「マルチスピードヨーロッパ」「補完的協調」を

主張するようになる。これは拡大によりコンセンサスの形成が困難となることを危惧し、ヨーロッパの深化を進めるために、一部の加盟国のみで先進的なヨーロッパ政策をすすめるべきである（フランスでは「固い核」と表現されることが多い）、という考慮からであった[10]。

II イラク危機とフランス外交の展開

1 イラク危機をめぐるシラク＝ド＝ヴィルパン外交

「9・11」のテロは、フランスにも衝撃を与えた。すでに90年代より、アルジェリア危機を背景として、イスラム系の原理主義者のネットワークがフランスおよびヨーロッパに広がり、フランス各地でもテロが頻発していた。「イスラム」と「テロ」という組み合わせはフランスでは既知の図式であり、アメリカの経験は他人事ではなかったのである。

2002年9月以降、イラクの大量破壊兵器の保有問題を引き金として、イラクへの軍事行動の是非をめぐって激論が繰り広げられた。アメリカは、イラクへの早急な軍事行動を主張するのに対して、シラクと外相ド＝ヴィルパン（Dominique de Villepin）は、米の単独行動主義と先制攻撃を批判し、十分な査察と国際法の遵守を訴えた。

とはいえ、フランスの主張は、あらゆる武力行使に反対する絶対的平和主義を掲げているわけではない。湾岸戦争以後、90年代には国家主権、特に内政不干渉原則が緩和し、普遍主義ないし民主主義の名のもとで地域紛争、虐殺等に対して人道的介入がすすめられ、フランスはこれを支持し、「正戦論」を受け入れてきた。コソヴォでは、国連は関与しなかったものの、特に疑問視はされなかった。

しかし、イラク危機においてフランスが問題としたのは、こうした人道的介入の正当性と民主主義をめぐる問題であった。フランスはコソヴォへの介入にあたり、多くの犠牲をだしながらも、介入の正当性と意思決定の曖昧さが明らかとなり、人道的介入の限界と困難さを認識したといわれる。さらに民主主義の形態、民主化のプロセスにおいても、西欧的な規範の押し付けには消極的であった。湾岸戦争以降のフランスの人道的介入政策の再検討がうながされているともいえよう。

こうしたシラク＝ド＝ヴィルパン外交に対し、フランス議会および世論も強い支持を与えた。外交路線を熱烈に支持した「世論」とは、社会党・共産党といった左翼、ゴーリスト・右翼の人民運動連合（UMP）といった既成政党、既存の平和運動にとどまらず、トロツキスト、高校生、バンリュー（郊外）の若者、イスラム

主義,反グローバリゼーション運動,第三世界擁護派,であり,国際世論の強い支持を受けた。米仏の外交関係は険悪な様相を呈したが,反米的な世論はむしろ盛り上がりを見せたのである(11)。

2　自律と多極化
(1)　多角的交渉枠組みの重視と多極化：対米自律か,反米主義か

シラク=ド=ヴィルパン外交は単なる反米主義のゴーリスムの再来なのであろうか。たしかにフランスの反米主義の伝統は根強く,米国との対立が深めるほど,世論の支持を獲得しうる。

シラクは大統領就任後,米国との協調関係を重視してきたが,その反面,京都議定書や包括的核拡散防止条約の批准拒否等,米国の単独行動に不信感を募らせていた。イラク危機では,NATO の一員として米国の同盟国であったとしても,単なる追随ではなく,見解が異なる場合には,独自の発言・行動も辞さないという自律志向を強めたともいえる。

こうした自律性を獲得する手段として,核兵器ではなく,NATO,国連,EUの「軍事的ヨーロッパ」の構築といった集団的安全保障,もしくは多角的な交渉枠組みを重視した点がド=ゴールと大きく異なる点であろう。国連や EU といった国際機関を通じて民主主義と「法の支配」を確立し,多様性を尊重する新国際秩序を構築することを目指している。また「力による平和」ではなく「法による平和」への転換に加え,環境,人権,文化（文明化の対話）等,普遍的かつ道義的なレトリック・メッセージの主張により,国際世論の支持の獲得も可能であろう。最終的には「帝国」アメリカの一極支配から,「多極化」へと国際関係をゆるやかに転換させることを目標としているのである。

とはいえ,保守派のゴーリストと共に,90 年代において,民主主義と自由,平和の擁護のための人道的介入を支持してきた知識人（特に「ヌーヴォー・フィロゾフ」たち）は,独裁や虐殺に対し,積極的に軍事介入すべきではないか,と批判を加えた。確かに独裁や地域紛争に対していかなる選択肢を用いるべきか,有効な回答は見出せない。軍事力の行使を避けたとしても,経済制裁もマイナスの影響が大きい。また現在の国連には,民主主義を守るための安全保障や,人道的介入の法的基準,正当性,意思決定のプロセス,実効性ある軍事力といった手段等,制度的な限界が存在している。

大国の意向に押し切られる可能性が否定できず,客観性を保障しえないため,フランスは国連改革,国際刑事裁判所の設置を主張してきた。さらにイラク危機

において、シラクは、米国の関与のないヨーロッパの安全保障システムの確立、軍事的な「Europe puissance 強いヨーロッパ」を強く主張している。

イラク危機が象徴するように、影響力を欠く「大国」にすぎないフランスには、一国のみでの行動・発言は限界がある。一方、問題に応じて、様々な国際機関の交渉の場を活用することは、選択肢の幅、影響力を拡大しうる。国連の安全保障理事会と EU はフランス外交のパワーの維持・獲得において不可欠の組織なのである[12]。

(2) アラブとの友好関係の確立

イラク危機において、フランスはたしかにアメリカときわめて険悪な関係に陥った。しかしながら、その対価としてアラブ諸国との信頼関係を構築したことは得難い成果であった。フランス外交の主張は、アラブ諸国、特に世論の支持を獲得した。アラブ諸国は、アメリカの攻撃がイラクの隣国に波及し、自国への攻撃やひいては中東の不安定化を招くことを恐れていたからである。フランスは、欧米の先進国の間では「孤立」しているものの、アラブ諸国との信頼関係を構築することに成功したのである。

フランスの認識では、「9・11」のテロは、そもそもアメリカの親イスラエル政策によるパレスチナ問題が未解決であること、さらにグローバリゼーションの過程でアラブ諸国において反米的な感情が高まっていることに原因があると考えられている。アメリカに対するテロは、単に、テロリストや原理主義者にとどまらず、アラブ諸国と欧米諸国との対立に起因している、という「文明の衝突」として把握しているのである。

この間、マグレブ諸国（アルジェリア、チュニジア、モロッコ）との友好関係を回復したことは、フランス外交にとって画期的な成果であり、最大の収穫であった。とりわけ、アルジェリアは、90年代に原理主義政権が誕生し、反仏感情が爆発し、一時は渡航禁止の状態にあったが、2003年3月にシラクが大統領としては独立後初めて訪問し、両国の間で友好関係が構築されたのは大きな転換であった[13]。

フランスの左派の国際政治の論客、ボニファスが指摘するように、イラク危機におけるフランスの外交は、単なる反米主義や国内のムスリムの存在によるものではなく、むしろ石油危機以来の親アラブ政策を基礎とした「戦略的な選択」なのであった[14]。

こうしたフランスのアラブ重視、パレスチナ問題の解決、マグレブ諸国との友好関係の確立は、EU の地中海政策の背景となっていく。

III 東方拡大をめぐる議論

1 拡大をめぐる政治的議論

フランス政府は東方拡大に元来消極的であったが,拡大直前の世論調査では,約60％強の人々が拡大を支持するにいたっている。とはいえ,積極的に賛成というよりも,むしろフランスにおいては拡大そのものに対する関心は低かったともいえよう。一方,政治家,インテリ,様々な社会アクターの間では,むしろ拡大問題にEU憲法の批准問題が加わり,ヨーロッパの方向性,将来像をめぐる議論へと発展しつつある。以下,フランスにおける東方拡大の論点をまとめてみよう[15]。

(1) 民主主義の勝利と中東欧の政治的安定

東方拡大の第1の意義は,冷戦期の東西ヨーロッパの分断を経て,西側民主主義が勝利した,という点である。このヨーロッパの「再統一」は,「ヨーロッパの父」シューマン(Robert Schuman),モネ(Jean Monnet)の夢でもあった。そして何より,旧共産主義国であった10カ国が,90年代の民主化の過程を経て,NATOとEUに加盟することは,ヨーロッパの政治的安定と平和の確立を意味しているのである。

(2) ヨーロッパのパワーの拡大

東方拡大賛成派のもう1つの論点は,アメリカに対する対抗勢力として,EUの拡大をヨーロッパのパワーの拡大と把握している点である。

国民議会に提出された東方拡大に関する情報レポートが指摘しているのは,世界においてヨーロッパ経済が停滞する中で,この拡大がヨーロッパの影響力の喪失を回復するチャンスと捉えられている点である。その停滞の大きな原因は,人口の減少にある。21世紀の前半において,ヨーロッパでは,北米およびアジアと比較すると,人口の大幅な減少により経済,技術,文化,軍事力等あらゆる領域でのヨーロッパの地盤沈下が予想されるのである。そのため,人口のみならず,貿易,戦争・テロ,グローバリゼーションの処方箋として,一国ではなくヨーロッパという「政治連合」を形成することが強調されている。「グローバルなアクター」であるためには,拡大は不可欠であり,米国とは異なる独自の価値観,国際秩序を保持するためには,国際的な「法」と「規範」,独自の「価値」,これを裏打ちする軍事力等を備えた政治統合の進展が不可分なのである[16]。

(3) 拡大への批判:「共和主義的価値」の擁護

　一方,東方拡大に反対する論者は,2つのグループに分類できよう。両者に共通するのは,フランスであれヨーロッパであれ,戦後に追求・確立されてきた秩序・理想像の「希釈」を招く,という危惧である。

　ひとつは,「ヨーロッパ懐疑派」であり,いかなる形態であれ,ヨーロッパ統合に反対している。マーストリヒト条約の批准をめぐる論争以後,90年代は中道を中心に,社会党の右派,中道のフランス民主連合 (UDF),ゴーリスムを継承する右翼のRPRの一部が統合を支持し,極左,共産党,社会党の左派,さらにRPRの右派,極右が反ヨーロッパの「ヨーロッパ懐疑派」を構成してきた。特に両翼の「ヨーロッパ懐疑派」は,マーストリヒト条約の批准をめぐる論争以後,国民国家および国家主権こそ,フランスの共和主義的価値とその諸成果を擁護するという「主権主義者」として位置づけられてきた。

　ところが,90年代の主権主義者は,民主主義・自由を擁護する国家の役割を重視してきたが,近年,主権の有無という制度上の問題よりも,むしろ「共和主義者」として共和主義的「諸価値」の尊重にその主張の重心を移しつつある。ヨーロッパは,フランスが「共和国」において培ってきた様々な成果を損なう,という批判である[17]。

(4) ヨーロッパ社会モデルの「希釈」:「リベラル・ヨーロッパ」の脅威か

　もうひとつの拡大批判論は,「ヨーロッパ懐疑派」ではなく,むしろヨーロッパ統合の理念に共鳴する人々の批判である。彼らにとって,「拡大」はヨーロッパの前進ではなく,むしろヨーロッパの機能不全をもたらし,「深化」を損なうものである。とくに社会党の中で,80年代に「ソーシャル・ヨーロッパ」の理念に賛同して,ヨーロッパ統合支持派となった人々にとっては,地理的に限定した小ヨーロッパの規模で,「政治的ヨーロッパ」「社会的(ソーシャル)ヨーロッパ」を実現する「深化」こそが重要である。また,ヨーロッパ統合に反対する人々が,EUの「深化」をくい止めるために,逆に「拡大」を推進している,とも指摘されている。さらに前述の主権主義者の一部が,リベラルなグローバリゼーションが社会の不平等を拡大している,と批判し,リベラリズムの脅威に対し,「ナショナルアイデンティティ」もしくは「ヨーロッパ社会モデル」の擁護を訴え,場合によっては,「ソーシャル・ヨーロッパ」支持を媒介として,ヨーロッパ支持に転じて批判を加えるという場合もある[18]。

　彼らによれば,イラク危機の前後より,安全保障のみならず,経済においても

「ロンドン‐マドリッド‐ローマ枢軸」を中心として,「リベラル・ヨーロッパ」の傾向を強めつつある(スペインは 2004 年春に政権交代)。また,経済格差のある新規加盟国の経済発展のモデルとして,しばしば 73 年に加盟したアイルランドが成功モデルとして指摘されているが,アイルランドの加盟後,仏独には,賃金・社会保障等を低く設定し外国からの投資を誘導するという「ソーシャル・ダンピング」により,不公平な競争を強いられた,という苦い記憶がある。実際,ポーランドをはじめとして,アメリカの戦闘機の導入等,NATO にとどまらず,経済においてもアメリカ的なリベラリズムの導入が危険視されている。

　国内においても,仏独の社会モデルの国内的な基盤である福祉国家の再検討が迫られる一方で,ヨーロッパ・レベルでの「ソーシャル・ダイアログ」,雇用政策の調整といった「ソーシャル・ヨーロッパ」はまだまだ不十分な段階にある。そしてグローバリゼーションのなかで,ますますアングロ=サクソンの経済的リベラリズムや市場原理が影響力をもち,英国,アイルランドの「リベラル・ヨーロッパ」とでもいうべきモデルが,並存している状況である。こうした状況で,東欧諸国が「アイルランドモデル」ないし「リベラル・ヨーロッパ」に傾いたとき,仏独が構築してきた経済・社会の「ヨーロッパモデル」は危機に瀕するのではないか,という懸念が表明されている[19]。「古いヨーロッパ」と「新しいヨーロッパ」への分裂は,安全保障のみにとどまらず,社会・経済においても亀裂を生みつつあるのである。

(5)　フランスの影響力の喪失

　イラク危機は,深刻な米仏対立と,フランスの孤立をまねいた。さらにヨーロッパにおいても,米国の介入に反対する「古いヨーロッパ」と,米国に同調する東欧諸国の「新しいヨーロッパ」との亀裂を生んだ。そのためイラク危機においては EU というアクターが交渉に登場することはなかった。同時に,きたるべき拡大後,EU は単一の主体として果たして行動しうるのか,という疑問を露呈させたのである。

　ヨーロッパ統合出発時の 6 カ国(「オリジナル 6」)の時代であれば,フランスが主導権を発揮することは容易であった。しかしながら,数度の拡大を経て,25 カ国のヨーロッパにおいて,論争軸が複雑化し,アクターも多様となるなかで,リーダーシップの発揮どころか,フランスの意向が尊重されることは困難と予想される。また新規加盟国の中東欧はドイツの影響力が強いのみならず,仏独といった「古いヨーロッパ」よりも,アメリカおよび NATO を重視する傾向が強い。イ

ラク危機と東方拡大を経て，フランス外交は，将来の EU の方向性のみならず，政策形成過程においても，そのリーダーシップ，影響力の喪失が不安視されているのである[20]。

2 経済的インパクト：軽微な影響

　この東方拡大は，経済的にフランスにいかなる影響を与えるのであろうか。過去4次の拡大と比較すると，今回の拡大では 10 カ国と国家の数は多いものの，人口については 25 カ国の約 15％，面積は約 19％にすぎない。しかし，ギリシャ，スペイン，ポルトガルの場合，国民1人当りの GDP は旧加盟国の平均の 60％程度であったのに対して，今回は 40％前後程度であり，さらに新規加盟 10 カ国全体の GDP は，旧加盟国全体の5％以下というように旧加盟国との所得水準および経済規模の格差が大きいことが特徴である。

　今回の第5次拡大においては，その冷戦崩壊後，加盟までの準備期間が長かったゆえに，課税障壁の漸進的削減や，直接投資はハイペースで進んでいる。すでに 10 カ国自体，ヨーロッパレベルでの分業体制に組み込まれており，今後も貿易の拡大が見込まれている。フランスと 10 カ国との貿易についても過去 10 年間で5倍以上の拡大をみせ，今後さらなる成長が期待されている。

　フランスの政府機関の多くが根拠とするシンクタンク，国際未来研究情報センター（CEPII）の報告でも，貿易・移民等の拡大の影響は主に隣接するドイツ，オーストリアが被り，その結果「フランス経済へのインパクトは極めてわずかであるか，もしくは無視可能」と予測されている。また経済的格差・不均衡の是正についても中期的には旧加盟国と収斂するであろうと想定されている。拡大にかかわる予算に関しても，公的には，2006 年度までの予算についてはブリュッセルの見解同様，フランス大蔵省対外経済局等，政府レベルでは小額と見込まれている。

　世論調査などでしばしば指摘される移民の増加と失業の増大についても，フランスでは EU 全体での5年間の規制に加えて，フランス政府独自に2年間の移行期間が設定されており，15 カ国の労働者の雇用・社会保障が優先されることになっている。しかし，新規加盟国の人々にとって，フランスへの移民はさほど魅力的ではなく，実際には少数にとどまると予想されている。

　フランスにとって，もっとも影響をおよぼすと危惧されてきたのは農業である。短期的には，近代化の遅れた東欧の農産物がフランスに氾濫することはない，と予測されている。しかし，EU の予算の半分近くに及んでいる共通農業政策（CAP）において，就農率の高い中東欧が加盟した後，大幅な財政支出は不可避であるが，

現在の水準の維持がどこまで可能であろうか。問題は，CAP 改革の方向性によって，最大の享受国であるフランスが大きな影響を被ることは避けられないことである。そして，この EU の財政問題は，農業のみにとどまらない。豊かな旧加盟国と，新規加盟国の貧しい地域との経済格差が存在する中で，相互の「連帯」，つまり地域的不均衡の是正，経済発展のための財政負担は可能なのであろうか。この問題は 2007-2013 年の次期予算案の大きな争点となることが予想される[21]。

3 ヨーロッパの境界とは何か：トルコ加盟問題

　トルコはヨーロッパか，非ヨーロッパか。フランスにおいては東方拡大にともない，ヨーロッパの「境界」の位置，そして「ヨーロッパアイデンティティ」とは何か，が改めて議論されている。とはいえ長らく EC/EU への加盟を待ち望んできたトルコに対し，ヨーロッパは不十分な民主主義体制や人権侵害といった基準から，トルコの加盟を先送りしてきたのである。

　フランスの上院の議会報告書でも指摘されているように，近年のトルコは，加盟に必要なコペンハーゲン基準達成への取組みに積極的であり，状況は大きく変わってきた。またヨーロッパである基準を，平和，繁栄，民主主義の構築等，特有の社会モデルといった「諸価値」の共有，優越に求める傾向にあるが，これらの点から，むしろトルコ加盟を支持する声も大きい[22]。

　冷戦崩壊後も，トルコは，中東，中央アジア，バルカン半島等を結ぶユーラシア半島の地政学的拠点として，さらにカスピ海の豊富な石油資源のパイプラインの設置，さらにイスラエルとの関係（水の供給，軍事協力等）等の重要性も指摘されている[23]。

　また，EU がトルコに民主主義や人権を理由として加盟を事実上先送りしていることに対し，「偽善的」であり，口実にすぎないと批判的な見解も存在する。むしろ，トルコの加盟に反対する理由の多くは，文化・宗教的な相違にあるのである。

　この宗教問題は，特殊フランス的な事情により議論が複雑化している。革命を経験した「共和国」フランスは，政教分離，キリスト教の公的空間からの排除を公的原理としてきた。したがって，ヨーロッパである基準をキリスト教に求めることはできない。トルコがたとえ政教分離であろうとも，イスラム教の国である，という点から非ヨーロッパとみなすことは，自らを「キリスト教クラブ」と認めることになるのである。したがって，欧州憲法条約をめぐる議論においても，ヨーロッパの基準・基盤をキリスト教に特定するような一切の文言に対して，フランスは反対してきた。

とはいえ，2002年11月にEUの憲法草案をまとめた会議の議長でもあるジスカール=デスタン（Valéry Giscard d'Estang）が，「トルコはヨーロッパの国ではない」と公に発言して以来，右派の政治家や，与党のUMP自体，トルコ加盟に反対の意向を公にするようになった。ジスカール=デスタンは，「トルコへの拡大を唱える勢力は，EUの敵」であり，「EUの終りだ」とさえ語ったが，これは前述の東方拡大の「希釈論」からの反対でもあった。

そこでEUには加盟しないものの，戦略的なパートナーとして「協力以上，加盟以下」の新しいステイタスの付与，もしくは，2004年4月に上院に提出されたトルコのEU加盟をめぐる情報レポートにおいても，「特権的パートナーシップ」構想の是非が議論されるようになっている。シラクは，トルコ加盟をめぐる決定を10年後に延期し，政府，EU委員会ではなく，「市民」が決めるべきである，という考えを打ち出している[24]。

IV フランスのヨーロッパ戦略：孤立か，パワーか

1 「Europe puissance パワーヨーロッパ」の追求

東方拡大に消極的であったフランスであるが，拡大の最終決定にあたり，表立って反対することはなかったが，積極的に議論・交渉をすすめることもなかった。とはいえ，フランス国内では，東方拡大だけではなく，イラク危機，グローバリゼーション等による国際関係の変動といった長期的な趨勢において，フランスの孤立と影響力の喪失が危惧されている。こうした状況で，拡大よりもむしろ自らの望む方向での「深化」を実現しうる欧州憲法条約の成否が議論されている。その際，EUの将来像としてしばしば言及されているのは，「パワーヨーロッパ」の構築である。フランスにおける「パワーヨーロッパ」論は，連邦的な超国家的アプローチへの制度改革，政策領域の拡大（社会的ヨーロッパ）等の共同体アプローチの「深化」，また国際社会における影響力を及ぼしうるアクターとなることや軍事力の拡充といった権力政治的な観点等，論者により，その内容は異なるが，以下の2つのグループに分けられよう。

(1) ユーロ・ゴーリスト：「強いヨーロッパ」論

ひとつの潮流は，ゴーリストがヨーロッパ支持へと転じた「ユーロ・ゴーリスト」とでもいうべきグループである。シラク大統領を中心として，一国単位での外交・防衛政策の限界に直面し，「ヨーロッパの自律」，つまりヨーロッパレベル

での自律的かつより強力な軍事力の構築を主張するようになった。EUの枠組みにより有効な外交・安全保障の手段を備えてこそ，ヨーロッパは国際関係における信頼ある自律したアクターとなりうる，と考えられている。くわえて，冷戦の終焉とテロとの闘いにおいてヨーロッパからアジアへと重点をシフトさせる中で，ヨーロッパ自身が安全保障を確立し，またEU域外への派兵が可能な体制を整えることが急務となっている。国防高等研究所の報告書も，「ヨーロッパの拡大により，(ヨーロッパを，筆者注) 希釈へと導くべきではない」と提言し，仏独による「固い核」「補完的協調」の推進，さらに外交・安全保障における主権の委譲も含めて，「強いヨーロッパ」のための根本的な制度改革を提言している[25]。

イラク危機をめぐる激論を背景として，シラクは，90年代以来削減傾向にあったフランスの防衛予算の増額を決定した。2003-2008年の軍事プログラムでは，6％から10％の予算の増額が見込まれ，国外，とりわけ中近東，アジアへの多国籍軍での派兵も想定している。これに連動して，ヨーロッパレベルでの軍需産業の合併，ヨーロッパ装備庁の設置，またガリレオ計画(ヨーロッパ独自のGPS測位衛星システムの実用化) を推進している。国内に有力な宇宙・軍需産業を抱えるフランスにとっては，こうした動向は，公的資金の投入という産業政策，さらに米国に遅れをとっている情報・通信分野の技術革新でもある[26]。

しかしながら，ドイツについては安全保障についてはいまだ行動に限界があるため，イギリスとの連携が不可欠であるが，米国との「特別の関係」から，フランスと歩調を合わせるのは困難である。またフランスの国内世論においても，「強いヨーロッパ」論はそれほど支持されていない点等，問題は多い。むしろトドロフが主張するように，ヨーロッパは「静かな大国」にとどまり，「ソフトパワー」であり続けることを望む声も存在する[27]。

(2) 「価値の共同体」と「ソーシャル・ヨーロッパ」

もう一つの潮流は，社会党のヨーロッパ支持派を中心とするヨーロッパ的な「諸価値」および「ソーシャル・ヨーロッパ」を重視する人々である。東方拡大における「リベラル・ヨーロッパ」への批判が，憲法の批准問題を通じて激化しようとしているのである。

近年，「帝国」アメリカとの対比において，ヨーロッパは「ハードパワー」として劣ることは認めざるをえないが，むしろ「ソフトパワー」としての役割や，ヨーロッパが構築してきた独自の経済，社会，文化の重要性といった「ヨーロッパ的価値」「ヨーロッパモデル」の追求が強調されている。グローバリゼーションにお

いて，地域の独自性が消失し，アメリカニゼーションないし均質化が進展している中で，この「ヨーロッパ的価値」としての福祉国家や公共サービスの擁護を主張している。つまり「帝国」アメリカに対抗するためには，軍事・外交のみならず，むしろ域内の経済・社会・文化の独自性を再強化することが不可欠と考えられているのである(28)。

とりわけ，拡大と欧州憲法条約をめぐる争点となりつつあるのが，ヨーロッパレベルでの失業対策，社会政策の充実を図る「ソーシャル・ヨーロッパ」論である。「ソーシャル・ヨーロッパ」論は，80年代にドロールやヨーロッパ支持派の社会主義者を中心に，新しいヨーロッパのあり方として，支持を集め，マーストリヒト条約後，90年代に下火となっていたものの，近年，フランスでは拡大と欧州憲法条約をめぐる議論の中で，国内問題と連動し，その実現要求への声が高まっている。すでにフランスの経済社会評議会は，東方拡大をめぐる答申（2000年6月）において，拡大そのものについては支持しながらも，共産党系の労組，労働総同盟CGT，および社会党系の労働総同盟・労働者の力派CGT-FOから，拡大における社会政策の不備，もしくは社会的ヨーロッパの弱さについて反対意見が表明されていた(29)。

こうした中で，革命記念日である2004年の7月14日，シラクは欧州憲法条約の批准をめぐる9回目のレフェランダムの実施を発表した。このレフェランダムの実施については，ほぼ支持を得ているものの，その内容に対する批判の矛先はシラクのヨーロッパ政策と連動して国内の社会問題にも向けられている。

フランスは，グローバリゼーションにおいて，比較的うまく対応し90年代末より好況にある。しかし「SDF」と呼ばれるホームレスも解消にいたってはおらず，貧富の格差，もしくは社会の亀裂は依然克服されてはいない。こうした状況の中でガス・電気等の公共サービスの民営化，様々な規制緩和，社会保障の削減案等，シラクの福祉国家の改革が，「リベラル」である，として厳しい反発をまねいているのである(30)。

ヨーロッパについても，ヨーロッパ懐疑派・主権主義者のEU憲法反対に加え，ヨーロッパ支持派の一部からも，「リベラル・ヨーロッパ」への反発が強まっている。ヨーロッパの是非ではなく，「いかなるヨーロッパ」を築くべきか，という点に議論が集まっているのである。その際，目標とされるのは，「ヨーロッパ社会モデル」「ソーシャル・ヨーロッパ」の実現である(31)。

社会党は80年代以来，ミッテラン大統領のもとで，ヨーロッパ支持へと転回した。とりわけ，党内では「ソーシャル・ヨーロッパ」論こそ社会主義のヨーロッ

第8章 フランスのヨーロッパ政策――イラク危機から東方拡大,欧州憲法条約へ

パ・レベルの実現として人気を獲得した。とはいえ,マーストリヒト以後,政治統合の進展は顕著であるものの,「ソーシャル・ヨーロッパ」の試みは停滞している。党内のリーダーの1人であるオーブリー(Martine Aubry)が「われわれはみなヨーロッパの熱狂的支持者であるが,憲法に失望しており,ソーシャル・ヨーロッパを待望しているのである」とコメントしたように,憲法条約案において社会的次元を欠いていることが問題視されているのである[32]。

旧来,反ヨーロッパを掲げてきた共産党も,ヨーロッパへの全面的な反対から,ヨーロッパレベルでの社会の進歩,ヨーロッパ市民権の拡大,民主主義の赤字の克服,平和の実現等を目指し,条件付きでヨーロッパ支持へと転換しつつある。共産党は,欧州憲法条約の草案を「ウルトラリベラル」,「ヨーロッパ反社会モデル」と批判し,失業対策を重視した「ソーシャル・ヨーロッパ」「ヨーロッパ社会モデル」の実現を,そして,各国の公共サービスの民営化ではなく,ヨーロッパ・レベルでの公共サービスの実施,対米自律等を主張している。東方拡大,欧州憲法条約を迎え,ヨーロッパそのものに反対するよりも,むしろヨーロッパを自らの政治的イニシアティヴの場と把握し,ヨーロッパの方向性についての議論への積極的な参加へと,戦略を転換させつつあるのである[33]。国内社会問題の「ヨーロッパ化」,ないしヨーロッパレベルでの民主主義・共和主義の実現が問われている,といえよう。

その中で,2004年6月には,超党派的なアピールとして「ソーシャル・ヨーロッパへの5つの基準」が発表され,①万民のための雇用―5％以内の失業率,②連帯的社会―5％以内の貧困率,③一人一人のための屋根―悪質な居住環境の改善,④機会の平等―識字率の向上,⑤南との真の連帯―GDP 1％以上を発展のための公的支援へ配分,の5点である。興味深い点は,このアピールには,ECからEUへの発展を導き,「ソーシャルヨーロッパ」を提唱してきたドロール元欧州委員会委員長と,反グローバリゼーション運動のリーダーであるATTACのジョゼ・ボベ,またカトリック,プロテスタント,政教分離派,また金融界というように,従来では想像しがたいメンバーが,分野,党派を越えて署名している点である。彼らは政治統合の一層の進展を望んでおり,「帝国」アメリカに対するカウンターバランスとして,また国際関係における多様性ないし多様な価値観の並存のために「ソーシャル・ヨーロッパ」が不可欠であると確信している。EUの官僚主導もしくは民主主義の欠如という制度的な欠陥に対して,社会保障システムや公共サーヴィスの重要性に対する認識を喚起しようとしているのである[34]。

とはいえ,福祉国家が財政破綻から危機に瀕する今日,「完全リベラル」および

「福祉ヨーロッパ」のいずれも，将来のモデルにはなりえない。今後，ヨーロッパでは，その是非ではなく，その方向性，モデルをめぐって議論が続けられるであろう[35]。

2 フランスの影響力の拡大への試み

(1) バルセロナプロセス：「東方」拡大へのバランス

東方拡大の影で無視されがちであるが，ローマ条約以後，EC では地中海沿岸諸国との2国間のさまざまな協定・友好関係が構築されており，フランスはその推進役でもあった。70年代の石油危機後，エネルギーの安定供給と，地域の安定化のために「グローバルな地中海政策」(1972年) を進め，中東政策もこの枠内で考慮されるようになった。

冷戦の崩壊に連動して，ドイツが中東欧との関係に専心するようになった一方で，自国の影響力の喪失を危惧するフランス，スペインは，「東」重視に対するバランスを図るべく「南」，つまり地中海諸国との連携強化を訴えるようになった。

1990年の欧州理事会で採択された「新地中海政策」，1995年の財政援助計画 MEDA に加え，同年11月に「バルセロナ・プロセス／ユーロ・地中海パートナーシップ」が宣言された。この枠組みは，EU 15 カ国と，地中海沿岸 12 カ国との間での，政治・安全保障，経済・金融，社会・文化におよぶ包括的なプログラムである。南北間での経済格差，移民問題，アラブと非アラブという「文明の対立」，パレスチナ問題等の地域紛争等，多面的かつ多層的な問題が凝集しているこれらの地域に対し，あえて人為的に「地中海」という枠組みを設定し，より対等の関係での信頼関係の構築を目指している。また90年代以降，アメリカの影響力が増大している地中海にヨーロッパが積極的に関与し，国際的な自律したアクターとして発信することを目標としている。とりわけパレスチナ問題においては，親イスラエルのアメリカ外交に対し，よりアラブの利益を考慮し，公平な立場での問題の解決をめざしている[36]。

ここで EU が目指しているのは，CFSP や ESDP に代表される軍事力にとどまらず，「ソフトパワー」としての戦略でもある。これはアメリカが圧倒的な軍事力と経済力を背景とした「ハードパワー」「帝国」であるのに対し，EU はむしろ信頼関係の構築につとめ，国際関係における独立したアクターとして，間接的ながらも影響力の拡大を図っているともいえる。

フランスは，この「南」重視のユーロ・地中海パートナーシップに加え，2003年よりすすめられている「ヨーロッパ近隣国 (ENP) アプローチ」の推進役でもあ

る。地中海に面した国として，また旧植民地であるマグレブ諸国との歴史的な関係という点からも，地中海とヨーロッパとの結節点・仲介役を自認している。とりわけ，東方拡大によりドイツの発言権の増大と，中東欧という新規加盟国という新しいアクターが登場する中で，フランスが今後も影響力を発揮するためには，地中海という「南」への「再均衡」と，「南」の利益の擁護が不可欠である，と考えている。とりわけ，イラク危機の中で，フランスが地中海のアラブ諸国から，強い支持を獲得したことは，こうした関係推進の追い風である。また，欧米とアラブとの間の「文明間の対話」を促進することは，グロバリゼーションの時代における使命でもある。イラク危機後のアメリカが提唱している「中東民主化構想」がアメリカの視点から一元的な民主化の推進を提唱しているのに対して，フランスおよびヨーロッパのアプローチは，より対等の視点で「真のパートナーシップ」をめざし，地域の事情や多様性へ配慮しているのである[37]。

(2) 「固い核」：仏独パートナーシップ

2003年1月22日は，仏独協調のシンボルともいえるエリゼ条約40周年記念日であった。19世紀以来，ドイツによる3度の侵略にさらされてきたフランスであったが，この条約において，「仏独対立」を克服して「仏独和解」が宣言された。しかしヨーロッパ統合の歴史は，この仏独枢軸によって主導されてきたものの，90年代，冷却化の一途をたどっていた。そこで，フランス側はイラク危機と東方拡大の中で，欧州統合のさらなる深化とリーダーシップの確立のために，改めて仏独による「固い核」を重視している。そしてこの40周年を期に，その最重要のパートナーとしてドイツと従来以上の友好関係の制度化が図られるようになった。

この仏独パートナーシップの特徴は，単に1月22日の「仏独デイ」の設置，若者の交流等といった従来の文化・教育政策にとどまらない点にある。40周年で発表された仏独共同宣言において，「仏独協調のための事務局」の相互設置，仏独閣議の開催が提唱された。さらに，仏独以外の諸外国における，ヴィザ，安全の確保，情報の交換といった領事館業務の共同化に加え，防衛，対テロ，経済，環境，研究，衛生，社会，文化，教育，さらに将来のEUレベルでのEurodistricts（地域・自治体の区分）の設置を視野に入れた，国境を越えた地域協力の推進等，従来では想像も困難な政治・経済分野におよぶ仏独共同の取組みが着手されつつある。今後は，外交・安全保障，経済社会改革，共通市民空間の展開等も対象となると考えられている[38]。

もちろん，いかに制度化が実現しようとも，結局は，両国の政治的な足並みが

揃わない限り，こうした協調関係が単なる掛け声に終る可能性もある。とはいえ，フランス政府としては，仏独を軸としたヨーロッパ統合のさらなる推進，またイラク危機の経験をふまえ，アメリカや，「新しいヨーロッパ」に左右されない，より自律的な外交政策の展開が期待されているのである。

おわりに

　2004年4月29日，数日後のEUの東方拡大を目前に，シラクが東方拡大に関するコメントにおいて強調したのは，拡大の意義よりも，むしろこれまで構築してきた「ヨーロッパ社会モデル」「価値の共同体」であり，「パワー」の追求を可能とするヨーロッパ像であった。
　「……ヨーロッパとは利益の共同体である前に，まず諸価値と諸原理の共同体である。市場のヨーロッパであるよりも，人間のヨーロッパであり，自由と法のヨーロッパなのである。
　ヨーロッパは，世界の他の大規模な集合体と比較すると，その社会モデルの特殊性や個人の自発性，全く同様に，公正と連帯という諸価値に，深く結びついているのである。……フランスの将来とヨーロッパの将来がいかに緊密に結合しているか，強調したい。ヨーロッパはわれわれの国家の代替ではなく，諸国家からなる連邦である。ヨーロッパとは，国家をより強力にするための集合体である。ヨーロッパとは，われわれのアイデンティティの断念，放棄，希釈ではなく，逆に，反映，公正，世界における影響力の拡大の同義語なのである。……」[39]
　軍事的，経済的なパワーを欠いた国家は，影響力をもちえないのか。こうした構造的制約は，おそらく，20世紀において，アメリカ以外の先進国の多くが直面した課題であろう。冷戦が終わり，「帝国」アメリカの時代において，フランスは単独ではなく，むしろヨーロッパ統合，国連，仏独関係，地中海諸国との連携といった多国間での複数の交渉枠組みの確立に努めてきた。中でもヨーロッパ統合の推進こそ，フランスの「puissance パワー，影響力，力」獲得の最良の手段である，という認識は，戦後フランス外交の基本路線でもある。またその手法も，軍事的な「ハードパワー」にとどまらず，政治的対話，多様性の尊重，文化・社会を重視する「ソフトパワー」であることを強く意識している。
　イラク危機と東方拡大により，フランスにとって，影響力の喪失，孤立が危惧されている。その中で，むしろフランスおよびヨーロッパの自律をはかり，米国との対等の関係を保持するためにも，EUはフランス外交にとって不可欠であり，

一層の「深化」と,地中海および仏独関係の強化に力が注がれるであろう。
　しかし,フランスが追求するのは国益のみではない。福祉国家の再検討,グローバリゼーション・アメリカニゼーションの圧力を受けながらも,EU は独自の民主主義,法の支配,自由,人権,さらに社会,経済におよぶ「ヨーロッパ的価値」の実現等,「ヨーロッパモデル」の構築に力を注いできた EU が今後いかなる方向へ向おうとしているのか。そして,フランスはいかなる選択をするのか。こうした問題は,欧州憲法条約をめぐる議論のなかで改めて論じられるであろう。

注
（1）　フランス外交における「puissance」とは,「power」という表現でいい換えることもできる。英仏両語とも「力」「大国」「影響力」等,様々な意味を持つが,フランスの puissance 論には,軍事のみならず,経済,社会,文化もしくは,仲裁・仲介役といった政治的役割も含めた「ソフトパワー」の側面を重視する場合が多い。本論文では,文脈に応じて,puissance の複合的な意味をもたせる場合には「パワー」,その他,特定の意味に用いる場合には「強さ」「大国」等と訳す。パワーについては Hubert Védrine, *Face à l'hyper-puissancem Textes et discours 1995-2003*, Fayard, 2003, p. 231; Robert *Frank, La hantise du déclin, La France, 1920-1960: Finannces, défense et identité nationale*, Belin, 1994. ソフトパワーについては,ジョセフ・S・ナイ（山岡洋一訳）『ソフト・パワー』日本経済新聞社,2004 年を参照のこと。
（2）　本稿の執筆にあたっては,次の新聞,雑誌,その他フランスおよび EU の公的機関のサイト（外務省 MAE,経済・財務・産業省 MINEFI,大統領府,首相府,元老院,国民議会,EU 関係）等を利用したが,紙幅の関係から注記は最低限にとどめた。*Politique étrangère de la France, Le Monde, Le Figaro, La Libération, Défense nationale, Politique étrangère, Problèmes économiques, Question internationales, La revue internationale et stratégique*. また,森井裕一氏,遠藤乾氏,戸澤英典氏,吉田徹氏から有益なご示唆をいただいた。記して感謝したい。
（3）　鴨武彦『国際安全保障の構想』岩波書店,1990 年。同『国際統合理論の研究』早稲田大学出版部,1985 年。
（4）　戦後フランスの政治外交の概説に関しては以下を参照。中山洋平「フランス」小川有美編『EU 諸国』自由国民社,1999 年；同上「フランス」馬場康雄・平島健司『ヨーロッパ政治ハンドブック』東京大学出版会,2000 年；渡邊啓貴『フランス現代史,英雄の時代から保革共存へ』中公新書,1998 年；Seuil 社の Nouvelle histoire de la France contemporaine のシリーズ（15 巻～19 巻,一部英訳もあり）。Frédéric Bozo, *La politique étrangère de la France depuis 1945*, La Découverte,

1997. 論点別のサーヴェイとしては以下を参照。Michel R. Gueldry, *France and European Integration, toward a Transnational Polity?*, Praeger, 2001; Alain Guyomarch, Howard Machin, Peter A. Hall and Jack Hayward (ed.), *Developments in French Politics 2*, Palgrave, 2001; Alain Guyomarch, Howard Machin and Ella Ritchie, *France in the European Union*, St. Martin, 1998.

(5) フランスのヨーロッパ統合政策の歴史的過程については以下を参照。川嶋周一「冷戦と仏独関係, 1959-1963」『国際政治』134号（2003年）；廣田功「ヨーロッパ戦後再建期研究の現状と課題」「フランスの近代化政策とヨーロッパ統合」廣田功・森建資編著『戦後再建期のヨーロッパ経済, 復興から統合へ』日本経済評論社, 1998年；廣田愛理「仏独経済関係と欧州統合 (1945-1955年)」『現代史研究』49号（2003年）；同「フランスのローマ条約受諾」『歴史と経済』45巻1号（2002年）；宮下雄一郎「第二次大戦期の『西欧統合』構想と自由フランス (1943-1944)」『現代史研究』50号 (2004年)；上原良子「フランスのドイツ政策―ドイツ弱体化政策から仏独和解へ」油井大三郎・中村正則・豊下楢彦編『占領改革の国際比較』三省堂, 1994年。同「『ヨーロッパ文化』と欧州審議会の成立」『国際政治』129号（2002年）。

(6) 上原良子「フランス社会党の欧州統合構想と欧州審議会」『西洋史学』198号 (2000年)。同「フランスのキリスト教民主主義勢力とヨーロッパ統合：MRP（人民共和運動）, 1947年から50年」『現代史研究』44号（1998年）。

(7) Frédéric Bozo, "La France et l'alliance atlantique depuis la fin de la guerre froide, Le modèle gaullien en question (1989-1999)," *Cahiers* (Centre d'Etudes d'Histoire de la Défense), n° 17, 2001, pp. 47-65. その他, 90年代の防衛政策については次を参照。Anand Menon, *France, NATO and the Limits of Independence 1981-97*, Macmillan, 2000; Shaun Gregory, *French Defence Policy into the Twenty-First Century*, Macmillan, 2000.

(8) ヴェドリンの外交思想に関しては Védrine, *op. cit.*

(9) Assemblée nationale, *Rapport d'information*, n° 2254 (16/3/2000), "La polituque étrangère, de sécurité et de défense commune de l'Union européenne"; Frédéric Bozo, "La France et l'alliance atlantique depuis la fin de la guerre froide," *op. cit.*, pp. 47-65; Patrice Buffotot, "Un engagement européen actif," in Buffotot (dir.), *La Défense en Europe, Nouvelles réalités, nouvelles ambitions, Edition 2001, Notes et études documentaires*, n° 5136-37, juillet 2001, pp. 97-117; Marie-Christine Kessler & Frédéric Charillon, "Un «rang» à réinventer," in Charillon (dir.), *Les politiques étrangères, Ruptures et continuités*, La documentation française, 2001, pp. 101-129. EUの安全保障政策に関しては, 植田隆子「欧州連合の拡大と欧州安全保障防衛政策（危機管理問題）」植田隆子編『現代ヨーロッパ国際政治』岩波書店, 2003年。外務省委託研究報告書

『欧州安全保障システムの新展開からの米欧同盟の考察』日本国際問題研究所, 2001年, および同『新しい米欧関係と日本』日本国際問題研究所, 2003年の片岡論文等参照のこと。

(10) Commissariat Général du Plan, *Perspectives de la coopération renforcée dans l'Union européenne*, La documentation française, 2004, pp. 13-36; Charillon, "France dans l'Union européenne: une stratégie à redéfinir," *Question internationales*, n° 7, mai/juin 2004, pp. 86-89. 鈴木一人「欧州統合における柔軟性概念における研究・序説」『筑波法政』34号 (2003年), 45-81頁。

(11) イラク危機をめぐる外交交渉・論点に関しては多数存在するが, さしあたり以下を参照。*Annuaire français de relations internationales, 2004,* La documentation française, 2004, pp. 179-326; Dominique de Villepin, *Un autre monde*, L'Herne, 2003, pp. 39-145. イラク危機におけるフランス外交については, 渡邊啓貴氏の以下の論考をはじめとする諸論文を参照のこと。「フランスのアンチアメリカニスム」『アステイオン』59号 (2003年), 33-53頁。「イラク戦争と米欧対立」『国際問題』519号 (2003年), 72-78頁。

(12) 保守派の論者の一部は, 論争時には沈黙していたが, むしろシラクに批判的であった。90年代に親米派のアトランティストに転換していた彼らは, シラク外交を「非現実的」, ヨーロッパの亀裂とフランスの孤立は国益にむしろマイナスであり, 外交上のゴーリスムは放棄すべし, といった批判を加えた。こうした「無責任なデマゴギーは……フランス外交の伝統的欠点」である, ブッシュは「民衆の敵」として槍玉にあげられたが, これは「ジャコバン主義の国際版」にほかならないといった批判があいついだ。*Le Figaro*, 2004; "Deux points de vue critiques," 6/5/2003; "Paris, Washington et le monde," 4/6/2003. *Le Monde*, Entretien avec Dominique Moïsi, 16/6/2003; "La faute," 14/4/2003.

(13) MAE, Rapport d'activité 2003, http://www.diplomatie.gouv.fr/mae/rapport2003/1438.html

(14) *Le Monde*, Pascal Boniface, "Diplomatie française et principes politiques," 20/2/2004.

(15) 拡大をめぐる諸論点については, 以下を参照。*Le Monde*, Dossiers-Europe: les enjeux de l'élargissement, 26/11/2002; "Reunification" et "Un «empire bienveillant»...," 28/04/2004.

(16) Assemblée nationale, Rapport d'information, n° 773 (8/4/2003), "L'élargissement de l'Union européenne à dix pays candidats"; MAE, "L'Europe élargie, Les avantages pour la France," 23/4/2004.

(17) 主権主義については, 吉田徹「現代フランス政治における主権主義政党の生成と展開」DESK研究紀要『ヨーロッパ研究』2号 (2002年)。右派の諸政党は, 2002

年の大統領選挙において保守合同を遂げ，UMP（大統領与党連合）を結成し，選挙後名称変更により UMP（人民運動連合）となった。また，他国同様，エリートがヨーロッパを支持し，庶民はヨーロッパに関心を示さない，という構図も存在する。

(18) 注(16)参照。

(19)　Martine Aubry, "Replacer l'homme au centre des valeurs européennes," in Pascal Boniface (dir.), *Quelles valeurs pour l'Union européenne?*, PUF, 2004, pp. 103-113; Védrine, *op. cit.*, pp. 326-333; *Le Monde*, "Entretien avec Robert Frank," 26/11/2002; "L'Europe à 25" et "Pauvres nouveaux Européens...," 28/4/2004.

(20)　IHEDN (Institut des Hautes Etudes de Défense Nationale), Rapport, "Elargissement de l'Union européenne et cohérence des politiques de défense et de sécurité communes," avril 2003; "Vers une nouvelle stratégie d'influence," Janvier 2002; Françoise de La Serre, "La France et l'élargissement à l'est de l'Union européenne," *Annuaire français de relations internationales 2004*, *op. cit.*, pp. 506-517.

(21)　統合の経済的影響については主に以下を参照。MINEFI, "Elargissement de l'Union européenne: un nouveau marché," avril 2004; "Elargissement de l'Union européenne, Quelles opporotunités pour les entreprises industirelles ?"; "PME/PMI Les opportunités d'afffaires offertes par l'élargissement," 2003-2004; Mohamed Hedi Bchir & Mathilde Maurel, "Impacts économiques et sociaux de l'élargissement pour l'Union européenne et la France," CEPII, Document de travail n° 2002-03 (avril); Jean-Joseph Boillot, *L'Union européenne élargie, Un défi économique pour tous*, La documentation française, 2003.

(22)　*Le Monde*, Entretien avec Robert Frank, 26/11/2002; "UE: pour un choix enfin clair," 26/4/2004.

(23)　Sénat, Rapport d'information n° 279, 29/4/2004, "La candidature de la Turquie à la l'Union européenne".

(24)　http://www.elysee.fr/magazine/actualite/sommaire.php?doc =/documents/discours/2004/CP040429.html　*Le Monde*, 8/11/2002; "Les bienfaits de l'élargissement"; "De nombreuses questions non résolues ou éludées," 26/11/2002; "Chirac repousse à dix ans l'adhésion de la Turquie," 29/4/2004; "La droite affiche son hostilité à adhésion de la Turquie," 29/4/2004; "Europe: pour ou contre La Turquie," 9/11/2002.

(25)　IHEDN, "Elargissement et l'Union européenne ...," *op. cit.*; Colloque, "Aprés le 11 septembre: conséquences stratégiques pour la France", *Défense nationale*, (octobre 2002), pp. 149-202.

(26) *Ibid.*, pp. 11-32.
(27) *Le Monde*, "L'Europe-puissance, un rêve non partagé", 10/6/2004. Tzvetan Todorov, *Le nouverau désordre mondial, Réflexions d'un Européen*, Robert Laffont, 2003.
(28) Aubry, *op.cit.*, pp. 103-113; Védrine, *op. cit.*, pp. 326-333; Christian Saint-Etienne, *La Puissance ou là mort, L'Europe face à l'empire américain*, Seuil, 2003.
(29) CES (Conseil économique et social), Avis adopté par le CES, "L'élargissement," 28/6/2000. CES, Note de présentation, "Contribution à la convention sur la dimension sociale de l'Europe, Quelles compétences sociales, quels acteurs dans une union euopéenne élargie?," 23/10/2002.
(30) フランスにおける「リベラリズム」という語の政治的配置に留意する必要がある。政治的には，アメリカの「リベラル」は革新派，ないしは左翼を意味するが，フランスで「リベロー」は，右派，もしくは中道右派を指す。経済的にも国家による介入主義的な経済政策が強いフランスにおいては，リベラルな経済政策とは，中道右派，もしくは右派に特徴的な政策である。http://www.elysee.fr/magazine/actualite/sommaire.php?doc=/magazine/actualite/2004/07/14/147974_page_0.htm *Le Monde*, Entretien avec Laurent Fabius, 29/4/2004; "Approbation sur le référendum, critiques sur le social," 14/7/2004; "Douze ans après Maastricht," 15/7/2004.
(31) Nouveau Monde, "La France face à l'offensive libérale" et "Il faut des critères de convergence sociaux en Europe," http://www.gauche-socialiste.com/
(32) *Le Monde*, "L'oppposition des souverainistés s'est assagie," 28/4/2004; "Douze ans après Maastricht," 15/7/2004; Daniel C. Vaughan-Whitehead, *EU élargement versus social Europe ?, The Uncertain Future of the European Social Model*, Edward Elgar, 2003. 80年代のターンについては鈴木一人「ミッテラン政権の経済政策とフランスの欧州政策」『日本EC学会年報』第16号（1996年）。中島康予「フランス左翼とヨーロッパ統合」高柳先男編『ヨーロッパ統合と日欧関係』中央大学出版部，1998年。渡邊啓貴『ミッテラン時代のフランス』芦書房，2001年。
(33) PCF, "Propositions du PCF pour l'Europe," 14/5/2004, http://www.pcf.fr/w2/?iddoc=3446
(34) htp://www.europesociale.com *Le Monde*, "Pour une Europe des services publics," 18/6/2004.
(35) *Le Monde*, "Réunification"; "L'Euorpe à 25," 28/4/2004. Charillon, "La difficile définition de l'identité européenne," in Alfred Grosser (dir.), *Les pays de l'Union euopéenne, Edition 2003*, La Documentation française, 2003, pp. 17-37.

(36) EUの地中海政策については以下を参照。*Ricardo Gomez, Negotiating the Euro-Mediterranean Partnership, Strategic Action in EU Foreign Policy?*, Ashgate, 2003; Rémy Leveau (dir.), *Afrique du Nord Moyen-Orient, Espace et conflits*, La documentation Française, 2003; Sabine Saurugger, "Vers une politique étrangère autonome?" in Frédéric Charillon (dir.), *op. cit.*, pp. 285-309.

(37) フランスの政策については以下を参照。Assemblée nationale, Commission des affaires étangères, Rapport d'information, n° 1297 (16/12/2003), "L'Avenir du processus euroméditerranéen"; Hayète Chérigui, *La Politique méditerranéenne de la France: entre diplomatie collective et leadership*, L'Harmattan, 1997; *Le Figaro*, Entretien avec D. de Villepin, 19/2/2004.

(38) http://www.france-allemagne.fr/
　　http://www.diplomatie.gouv.fr/actu/article.asp?ART =43334
　　http://www.diplomatie.gouv.fr/actu/actu.asp?DOS =35321

(39) http://www.elysee.fr/cgi-bin/auracom/aurweb/search/file?aur_file = discours/2004/CP040429.htm

【文献案内】

植田隆子編『現代ヨーロッパ国際政治』岩波書店，2003年

小川有美編『EU諸国』自由国民社，1999年

小川有美・岩崎政洋編『アクセス地域研究II』日本経済評論社，2004年

奥島孝康・中村紘一編『フランスの政治』早稲田大学出版部，1993年

長部重康『変貌するフランス』中央公論社，1995年

佐々木隆生・中村研一編『ヨーロッパ統合の脱神話化』ミネルヴァ書房，1994年

田中素香・長部重康・久保広正・岩田健治『現代ヨーロッパ経済』有斐閣アルマ，2001年

馬場康雄，平島健司編『ヨーロッパ政治ハンドブック』東京大学出版会，2000年

原輝史編『フランスの経済』早稲田大学出版部，1993年

ロベール・フランク（廣田功訳）『欧州統合史のダイナミズム：フランスとパートナー国』日本経済評論社，2003年

細谷雄一・矢澤達宏編『国際学入門』創文社，2004年

舛添要一『赤いバラは咲いたか』弘文堂，1983年

渡邊啓貴『フランス現代史，英雄の時代から保革共存へ』中公新書，1998年

渡邊啓貴『ミッテラン時代のフランス（増補版）』芦書房，1993年

渡邊啓貴編『ヨーロッパ国際関係史：繁栄と凋落，そして再生』有斐閣アルマ，2002年

第9章
イギリスとEU

木畑洋一

はじめに
I ヨーロッパ統合の開始とイギリス
    1 チャーチルとベヴィン
    2 シューマン・プランからEECへ
II イギリスのEC加盟
    1 2度のEEC参加申請とド=ゴールによる拒否
    2 EC加盟と国民投票
III サッチャー政権とメイジャー政権
    1 サッチャーの対EC姿勢
    2 メイジャー政権とマーストリヒト条約
IV ブレア政権のEU政策
    1 ブレアとEU
    2 ユーロ政策
    3 ヨーロッパ統合の深化・拡大とブレア政権
おわりに
【文献案内】

はじめに

　欧州連合（EU）の共通通貨ユーロが導入された1999年，イギリスでは19世紀末から20世紀初めにかけて活躍した大作曲家エドワード・エルガー（Edward Elger）の肖像画を配した新しい20ポンド紙幣の使用が開始された。この話題から筆を起こして，エルガーについて短いながら秀逸な紹介文をものした等松春夫氏が述べるように，「イングランド銀行があえて新紙幣の発行に踏み切ったのは，英国がEU主導の通貨統合に加入しない決意の表明であったのか，それともたんに新世紀到来の祝賀の一環であったのか」は，定かでない[1]。しかしいずれにせよ，ユーロ参加国では金融機関での決済にユーロが使われ始め，その3年後の2002年にはユーロ紙幣・硬貨の流通開始によってそれまでの通貨が姿を消すことが確実

になっていた年に，新たな紙幣が発行されたという事実が，ヨーロッパ統合の進展に対するイギリスの姿勢を象徴的に示していたことは疑いない。

　英仏海峡を隔ててヨーロッパ大陸の沖合いに位置するイギリスは，ヨーロッパの政治や経済において主導的な役割を演ずる国であったにもかかわらず，第2次世界大戦後のヨーロッパ統合の動きに消極的な姿勢をとり，EUの前身である欧州共同体（EC）に加盟したのは，その発足から15年もたった1973年のことであった。それ以降も，さまざまな曲折はあれ，イギリスがヨーロッパ統合の深化に距離を置く状況は変わっていない。本章では，ヨーロッパ統合の進展に対するイギリスの姿勢を歴史的に概観した後，最近の状況について，少し詳しく論じてみることにしたい[2]。

I　ヨーロッパ統合の開始とイギリス

1　チャーチルとベヴィン

　こうしたヨーロッパ統合へのイギリスの態度からみて，どちらかといえば不思議に思われるかもしれないが，第2次世界大戦直後，1940年代後半におけるヨーロッパ統合運動のなかでは，イギリスの政治家が果たした役割はかなり大きかった。それは，第2次世界大戦中に首相としてイギリスの戦争を指導した保守党のウィンストン・チャーチル（Winston Churchill）や，大戦終結直前の1945年7月に成立した労働党内閣の外相アーネスト・ベヴィン（Ernest Bevin）の動きにみてとることができる。

　チャーチルは，1946年9月にスイスのチューリッヒで「ヨーロッパ合衆国」についての演説を行った後，47年初めには，「ヨーロッパ統一運動」という組織をイギリスで作っていた。この組織が中心となって，1948年5月にオランダのハーグで，統一ヨーロッパをめざす「ヨーロッパ会議」が開かれ，彼はそこで中心的役割を演じたのである。このハーグ会議は，「ヨーロッパ議会」の設立などを提唱し，ヨーロッパ統合運動に大きなはずみをつけることになった[3]。

　一方ベヴィンは，1948年初頭に，イギリス外交の目的をヨーロッパ諸国との緊密な連合による「西欧同盟」の形成に置くべきであるとする重要な覚書を記し，そうした同盟の実現に対して努力を傾注する姿勢をとった。「もし我われが，……西欧システムを組織できるなら，また英連邦とアメリカの資源と軍事力に支えられるなら，我われの国力と影響力をアメリカやソ連のそれらと対等なものへと発展させることが可能であろう」とする発想に支えられたベヴィンのこう

した構想は，アメリカ，ソ連という2大勢力を意識した「第三勢力」構想として知られるが，やはりヨーロッパ統合の方向へとつながる契機を有していたのである[4]。

ここで当然浮かんでくる疑問は，このような考え方を指導的な政治家が抱いていたにもかかわらず，そのすぐ後から進展してくることになるヨーロッパ統合過程にイギリスが距離を置くことになったのはなぜか，という問いであろう。その答えは，チャーチルやベヴィンが共有していた，世界のなかでのイギリスの位置についての自己認識に求めることができる。

チャーチルは，世界におけるイギリスの位置を表現するに際して，①帝国＝コモンウェルス（英連邦）のつながり，②英米関係を中心とする英語国のつながり，③ヨーロッパとのつながり，という「3つの輪」を想定し，イギリスがそのすべてに属していることをもって，世界でのイギリスの重要性の根拠としていた[5]。世界大国としてのイギリスの地位を守るためには，これらのつながりを強化していくことが必要と考えられたが，その中で最も重視されていたのが，帝国＝コモンウェルスとの関係であったことに注意しておく必要がある。チャーチルのヨーロッパ統合論は，イギリスとヨーロッパとの関係を中心にすえた発想ではなく，あくまでも帝国＝コモンウェルスの中心としての大国イギリスがヨーロッパを主導していくという発想の上に立っていたのである。

同様のことはベヴィンに関してもいうことができる。中東におけるイギリスの帝国権益をめぐって特に顕著にあらわれたように，帝国としての勢力の縮小をいとわなかった労働党内閣の首相クレメント・アトリー（Clement Attlee）と対照的に，ベヴィンは帝国＝コモンウェルスの中心国としてのイギリスの力の保持に熱心であった。ベヴィンの「第三勢力」論は，そうしたイギリスの力を前提として展開されたものだったのである。また，チャーチルの場合にもいえたことであるが，3つの輪のいまひとつである英米関係をベヴィンは非常に重視していた。そのため，48年2月のチェコスロヴァキア危機などによって冷戦がより深刻化していくと，ベヴィンはアメリカとの「大西洋同盟」重視に力点を移していくことになったのである[6]。

現在のヨーロッパ統合の問題からみてはるかに過去のことと考えられるかもしれない第2次世界大戦直後の状況について，このように少し詳しく述べたのは，ここでみられたようなヨーロッパ統合に対するイギリスの政治家の基本的視座が，現在にいたるまでヨーロッパ統合とイギリスとの間の関係をかなり規定し続けていると，筆者が考えているからである。ヨーロッパ統合に対するイギリスの対応

を考察するに際しては，世界最大の帝国支配国であったという歴史的背景と，アメリカとの関係（それは第2次世界大戦以降とくに密接さをまし，イギリス側では「特別な関係 (special relationship)」と呼ばれた）を重視する姿勢とを，常に念頭に置く必要がある。

2 シューマン・プランから EEC へ

現在の EU につながるヨーロッパ統合は，石炭・鉄鋼業をめぐる統合を提案した 1950 年のシューマン・プランによって始まった。欧州石炭鉄鋼共同体（ECSC）の設立に結実したこのシューマン・プランに対しても，また，フランス議会での批准拒否によって実現をみなかった欧州防衛共同体（EDC）形成を提案した同じく 1950 年のプレヴァン・プランに対しても，イギリス政府は消極的な姿勢をとった。シューマン・プランが出された時，それへの参加拒否を示して当時の与党労働党が出した声明には，「我われイギリス人にとっては，ヨーロッパよりも，世界のかなたにいるオーストラリアやニュージーランドの同族の方がより近い存在である」と記されていたが[7]，これは前述した帝国＝コモンウェルス重視というイギリスの基本的姿勢をよく示していた。またプレヴァン・プランに対してベヴィンは「フランス案に潜む一つの考えとは，疑うまでもなく，フランスのリーダーシップの下での大陸ブロックの形成である」として，強い警戒の念を示した[8]。イギリス政府は，シューマン・プランやプレヴァン・プランに，イギリスが脇役となるようなヨーロッパ統合の芽を感じとり，それに参加しないことを決めたのである。こうした姿勢は，51 年秋に労働党にかわって政権に就くことになった保守党も共有していた。

この姿勢は，欧州経済共同体（EEC）の設立に際してもみられた。EEC 設立へのはずみをつける会議となった 1955 年 6 月のメッシーナ会議に，他のヨーロッパ各国が外相級の代表を送ったのに対して，イギリスは商務省の官僚をオブザーバーとして派遣するにとどまり，熱意のなさを示したのである。EEC は 1957 年 3 月のローマ条約によって結成されることになった（発足は 58 年 1 月）が，イギリスはそれに加わらないことにしたのみならず，むしろそれに競合する形で，EEC 6 カ国をも含むより広い自由貿易地域の創設を提唱していた。その際，自由貿易の対象として想定されていたのが工業製品のみであり，食糧が除外されていたことは，帝国＝コモンウェルスとの特恵制度を守ろうとするイギリスの姿勢の表明にほかならなかった。G 計画と呼ばれたこの自由貿易地域案への賛同が広がらない中で（フランスはとくに強く反対した），イギリスは 59 年 11 月，EEC 加盟国以外のヨー

ロッパ諸国（オーストリア，デンマーク，ノルウェー，ポルトガル，スウェーデン，スイス）とともに，欧州自由貿易連合（EFTA）を創設するにいたった[9]。

II　イギリスのEC加盟

1　2度のEEC参加申請とド=ゴールによる拒否

　しかし，1960年5月に発足したEFTAは，経済的にも政治的にもイギリスにとって十分に満足できるものではなかった。当時の首相ハロルド・マクミラン（Harold Macmillan）は，かつてのチャーチルやベヴィンと同様イギリスのリーダーシップの下でのヨーロッパ統合を望んでいたが，EFTAはそうした望みを満たすものでは全くなかったのである。それにひきかえ，EECの方はイギリスが予測した以上の活力をもって経済発展を遂げていく様相を示していた。また帝国＝コモンウェルス体制の方も，1956年のスエズ戦争における失態に続いて，60年に顕著になったアフリカ諸国の独立の波の高まり（マクミランはそれを「変化の風」と表現した）によって，大きな変容を遂げ，帝国＝コモンウェルスの盟主としてのイギリスの自己意識はいっそうの揺らぎをみせていた。

　そのため，1961年になると，EECへの加盟によってイギリス経済の活性化を図ろうとする機運が政府部内で強まってきた。その結果，61年7月の閣議決定を経て，イギリス政府はEECへの加盟申請に踏み切ったのである。しかし，この加盟申請は，フランスのシャルル・ド=ゴール（Charles de Gaulle）大統領の拒否によって，実現しなかった。「ヨーロッパ人によるヨーロッパ」を追求していたド=ゴールは，イギリスによる加盟申請の背後にイギリスと密接な関係にあるアメリカの影を見て，イギリスがいわば「トロイの木馬」となってヨーロッパでのアメリカの力が強まることを警戒したのである。またコモンウェルスの特恵制度に固執するイギリスの姿も，ド=ゴールの好まぬところであった。先に紹介したチャーチルの「3つの輪」に即していえば，英語国の輪と帝国＝コモンウェルスの輪に相変わらず重きを置いたイギリスを，ヨーロッパの輪を代表する形でド=ゴールが拒絶したということができるであろう[10]。

　同じ状況は，1967年にハロルド・ウィルソン（Harold Wilson）が率いる労働党内閣が再びEECへの加盟申請を行った時にも生じた。ド=ゴールはやはりイギリスの加盟を通してアメリカの影響力が拡大することを懸念して，イギリスの加盟を拒否したのである[11]。

2 EC加盟と国民投票

このようにして繰り返しイギリスのEEC加盟を拒否してきたド=ゴールが、フランスにおける1968年の民衆運動（「68年革命」）の余波で、69年に大統領辞任を余儀なくされたことにより、イギリスのEC（ウィルソン政権による加盟申請の直後に、EEC、ECSCおよびヨーロッパ原子力共同体の執行・決定機関を統合することによって、ECが発足していた）加盟をめぐる条件は大きく変化した。70年にウィルソンにかわって政権についた保守党のエドワード・ヒース（Edward Heath）首相は、それまでもイギリスのヨーロッパ統合参加に積極的姿勢をとってきた人物であり、政権獲得直後からEC加盟に向けての交渉を開始した。

ド=ゴールという障壁が消えていたとはいっても、イギリスの加盟に向けての交渉は決してスムーズに進んだわけではなかった。最も大きな問題となったのは、農業政策であった。フランスが主導していたECの共通農業政策（CAP）が自国にとって不利であり、コモンウェルス諸国との関係にとって打撃になるとイギリス側は考えたが、結局のところフランスに有利なCAPを受け入れざるをえなかった。こうした課題解決のために交渉には時間がかかり、イギリスのEC加盟条約が調印されたのは、1972年1月のことである。そして73年1月1日、イギリスはECに加盟した。

しかし、イギリスにおけるEC加盟への反対論は、加盟実現によっても弱まらなかった。EC加盟反対派の反対理由の主なものは、次のような諸点への恐れであった。①加盟による生計費、とくに食料品価格の上昇、②安い労働力の流入による失業増大、③コモンウェルス諸国の損害、④EC諸国との競争激化による工業・農業の損害、⑤政治的主権の喪失。このような点をめぐって世論が分かれている状況下で74年に再度政権についた労働党のウィルソンは、ECにそのままとどまるべきか否かについて国民の意思を問う国民投票を行うことにした。75年に実施された国民投票で、EC脱退を求める人々は、EC加盟によって物価がどれほど上ったかを強調するキャンペーンなど積極的な運動を展開したが、政府が残留賛成運動を主導しマスメディアもほぼ賛成側につくなかで、支持を広げることができず、賛成票が反対票の約2倍に上る投票結果となった[12]。それにより、イギリスがECの一員としてとどまることが確定したのである。

III　サッチャー政権とメイジャー政権

1　サッチャーの対EC姿勢

第9章　イギリスとEU

　イギリスがECの一員であるという現実は、その後のイギリスの対外政策の基本的前提となった。1979年に政権について90年に退陣を余儀なくされるまで、足かけ12年の長きにわたって首相をつとめたマーガレット・サッチャー（Margaret Thatcher）は、ヨーロッパ統合に対して消極的姿勢をとったものの、その政権の具体的なEC政策は、あくまでもこの現実に沿ったものであった。サッチャーがまず取り組んだのは、EC予算に対してイギリスが過剰負担をさせられているとして、負担削減を求めることであったが、これも当然のことながらECの一員としてのイギリスの条件闘争だったのである。ただし、サッチャーはこの問題をめぐるECとの交渉においてきわめて強硬な交渉態度に終始し、EC予算からの還付金獲得には成功したとはいえ、フランスとドイツを中軸とする他の加盟国とイギリスとが対立するという構図を作りだしていった[13]。

　このEC予算分担金をめぐる交渉は、12年間のサッチャー政権の前半に展開した。その同じ時期、サッチャーはアメリカのロナルド・レーガン（Ronald Reagan）大統領とのきわめて親密な関係作り（「特別な関係」の深化）に腐心する一方、1982年のフォークランド戦争にみられるように帝国支配の残滓を重視する態度を明確に示した。あらためてチャーチルの「3つの輪」論に即していえば、サッチャー首相のもとのイギリス政府はEC加盟の後も、帝国＝コモンウェルスの輪と英語国の輪とを相変わらず強調し続け、ヨーロッパの輪に比重をかけようとはしなかったのである。

　そのようなサッチャーの姿勢をよく示したのが、1988年9月に彼女がベルギーのブリュージュで行った次のような演説である。「独立した主権国家間の積極的で活発な協力こそヨーロッパ共同体の建設を成功に導く最善の道です。……ヨーロッパがさらに強くなるのは、フランスはフランスとして、スペインはスペインとして、イギリスはイギリスとして、それぞれ独自の習慣や伝統、アイデンティティをもっているからなのです。」[14]すなわち、サッチャーは、ECの一員としてのイギリスの位置は受け入れながらも、各国の主権が薄まっていくようなヨーロッパ統合の深化にコミットしていくことは固く拒絶していく態度をとったのである。

　その点は、EC の通貨政策をめぐるサッチャー政権の政策に最もよくあらわれた。ECは、サッチャー政権が成立する少し前の1979年3月、欧州通貨制度（EMS）を発足させていた。その制度の中核となったのが、為替相場メカニズム（ERM）で、加盟国の為替変動が一定の幅を超えた場合に政府が市場に介入することを義務づける制度であった。イギリスはEMS、ERMに加わっていなかったが、経済界、大蔵省やイングランド銀行といった通貨当局や、保守党内部からも参加を希

望する声が出ていた。しかし，サッチャーはERM参加に消極的な意向を示し続けた。この姿勢は，83年から蔵相をつとめていたナイジェル・ローソン（Nigel Lawson）とサッチャーとの間に強い軋轢を生む結果となり，ローソンは89年10月に蔵相を辞任するに至ったのである(15)。後任の蔵相となったジョン・メイジャー（John Major）は，サッチャーと同じ路線をとるものと当初見られていたが，実際の経済運営に携わるなかで彼もERM参加の必要性を説くようになり，結局サッチャーの意向に反する形で，イギリスは90年10月ERMに参加することになった。

　サッチャーはこれに対してきわめて不満であり，10月30日の下院討論において，EC諸機関の権限拡大の方向に関して，「ノー，ノー，ノー」と叫び，激烈な調子で拒否の姿勢を示した。当時サッチャーは，「人頭税」と呼ばれた地方税の導入をめぐって国民の強い批判にさらされており，ECについてのこの演説もきっかけとなって，首相の座を去らざるをえなくなった。

2　メイジャー政権とマーストリヒト条約

　サッチャーの後任首相は，蔵相としてERM加盟を決断したメイジャーであった。メイジャーは，首相に就任した直後，ある演説の中で「ECの中のイギリスについての私の目的は，簡単に述べることができる。私は，わが国がその本来の位置につくことを望んでいる。それはヨーロッパの中心（at the very heart of Europe）である。そこで，パートナーたちとともに未来を築いていくのだ。」と述べた(16)。この演説はヨーロッパ統合に対して距離をとりつづけてきたサッチャー政権下の対欧姿勢からの変化を示すものとして，注目を集めた。しかし，メイジャーの対EC政策の実態は，この演説から受ける印象とは異なっていた。

　メイジャーの対欧姿勢が具体的に試されたのは，ECのいっそうの統合深化に向けて作られたマーストリヒト条約をめぐる交渉である。1991年12月，オランダのマーストリヒトで開かれたEC理事会は，ヨーロッパ統合の出発点となったローマ条約を大きく改める条約を採択した。その改革の柱となったのは，EC議会の権限の拡大などの制度改革，通貨統合の新たな段階，ECの政策領域の拡大，ヨーロッパ市民権の規定であり，共通外交・安全保障政策および司法・内務問題をめぐる政府間協力も合意された。イギリス政府もこの条約に賛成したものの，通貨条項（欧州中央銀行の設立と統一通貨の導入にいたる過程を明記）と社会条項（共通の社会政策に関する議定書の作成を明記）からのイギリスの除外（オプトアウト）を認めてもらうということが，その賛成の前提となったのである。「ヨーロッパの中心」

に位置しようとする国とはとてもいえない消極性が、そこには明らかに存在していた。

しかも、このような留保つきでメイジャーが賛成したマーストリヒト条約の批准をめぐって、イギリスの国内は真っ二つに分かれていった。さらに92年秋、ポンドが投機筋の攻勢にさらされた末、ERMから離脱しなければならなくなるという事態が生じたことによって、マーストリヒト条約についての国内対立にはさらに拍車がかかることになった。マーストリヒト条約をめぐる対立は、保守党内でも労働党内でも激化したが、とくに保守党内での対立は激しく、メイジャーは薄氷を踏む思いで批准への手続きを進めなければならなかった[17]。

議会での保守党議員の造反を含むいくつかの難局を経た末に、イギリスはマーストリヒト条約を93年8月2日に批准するにいたった。しかし、その後もヨーロッパ統合の深化をめぐるイギリス国内の対立、とりわけ保守党内の対立はおさまることがなかった。保守党内では、イギリスのEC加盟を実現したヒースが統合反対派のビジョンの欠如を嘆くのに対し、サッチャーが反対姿勢をますます強硬に示すなど、首相経験者の間でも著しい意見の対立が続いていった。

またこうしたメイジャー政府の態度をみて、フランスやドイツは「2つのスピードからなるヨーロッパ」(すなわち先行して統合の深化にコミットする仏独などと遅れてついていくイギリスなど)を考えるようになったが、メイジャーの方は「多様な走路、多様なスピード、多層のヨーロッパ」が望ましいとして、イギリスの姿勢の正当化を図った[18]。

一方、労働党の中でもEC政策をめぐる対立は存在したが、労働党は全体として統合支持の姿勢を強めていっており(労働党はヨーロッパ統合への党としての態度を1980年代に統合反対から統合支持へと転換していた)、92年から党首となったジョン・スミス (John Smith) も、また94年にスミスが急死した後をうけて党首となったトニー・ブレア (Tony Blair) も、明確な統合支持姿勢を示していた。このブレアのもとで、労働党は産業国有化推進条項を含む党綱領の全面改訂を行うなどイメージの刷新を図り、1997年の総選挙で大勝をおさめた。

Ⅳ　ブレア政権のEU政策

1　ブレアとEU

選挙に勝利して首相の座についたブレアは、97年11月の演説において、20年間の孤立を終わらせ統合ヨーロッパの主要なパートナーになっていくという決意

をあらわにするなど,ヨーロッパ統合問題について保守党政権よりも積極的な姿勢を打ち出していった。外相ロビン・クック (Robin Cook) も彼の施政方針演説のなかで,イギリスがヨーロッパにおける指導的なプレーヤーになっていくという決意を表明した。ブレアは,2000年10月にポーランドのワルシャワで行った演説で,統合ヨーロッパは超大勢力 (super power) ではあるものの超大国 (super state) ではなく,加盟している国民国家が共通の目的をもっているという力の上に成立していると述べるなど,国家主権を解消するような統合深化については常に疑念を呈し続けている。その点では,前述したサッチャーのブリュージュ演説での主張と共通していると指摘する向きもあるが[19],基本的にはサッチャーはもとより,メイジャーよりもはるかに前向きにヨーロッパ統合に関わっていく態勢をとった。

　欧州連合 (EU:マーストリヒト条約の発効によって1993年11月ECはEUに編成替えされた) に対するブレア政権の政策の,それまでの保守党政権下の政策との違いは,まず社会政策をめぐって示された。マーストリヒト条約でオプトアウトしていた社会政策に加わるという方針は,労働党の選挙綱領でうたわれており,その公約通り,政権掌握直後の1997年6月にアムステルダムで開かれた欧州理事会でのアムステルダム条約採択に際しては,社会政策をも含めてイギリスは合意したのである。

　同じように顕著な変化がみられたのは,防衛政策である。98年10月のEU首脳会談で,ブレアは,①ボスニア紛争でのヨーロッパ側の負の経験 (ヨーロッパとして有効な対処ができず,軍事的にも和平プロセスでもアメリカに依存したこと),②アメリカをヨーロッパにつなぎとめておくためにも,ヨーロッパ側の責任分担が必要であること,③EUが発言しても軍事的裏打ちがなければ国際的に信頼を欠くこと,などから,EUが独自に軍事的危機管理を実施することを提言したのである[20]。98年12月の英仏首脳会談でも確認されたこうした姿勢は,大陸ヨーロッパへの軍事的コミットメントを飛躍的に高めるという意味で,イギリス政府の防衛政策の大転換であった。ただし,ブレア政権がこのような姿勢をとるに当って,それまでイギリスの防衛政策の軸としてきた米国との協力関係を薄めようとしたわけでは決してなかったことには,注意しておく必要がある。米国から自立したヨーロッパの防衛力構築をめざすフランスなどとの違いは,やはり大きかった。実際,98年12月にアメリカがイラク攻撃を行った際には,イギリスはアメリカと共同行動をとる唯一つの国となったのである。

2 ユーロ政策

　保守党政権と比べて，変化があまりみられなかったのはEUの共通通貨問題である。1999年からの導入が予定されていたユーロに対するブレア政権の姿勢は，ゴードン・ブラウン（Gordon Brown）蔵相が，97年10月の下院で行った演説で表明された。ブラウンは，イギリスがユーロに参加するためには次の5つの条件が満たされなければならないと述べ，当面ユーロに加わらないという態度をはっきりさせた。

　　①景気循環と経済構造がユーロ圏と一致するか。
　　②外的な問題に十分に対応しうる経済の柔軟性があるか。
　　③イギリスに投資する企業の長期的経営判断に好影響が及ぶか。
　　④シティの金融業の競争力にとってプラスになるか。
　　⑤安定的な経済成長と雇用を促すか。

　しかし，このブラウン演説は，こうした条件が満たされた時点でイギリスも単一通貨を使用するという，将来のユーロ加盟方針の表明でもあった。

　また，99年2月にブレア政府はユーロ導入への手続きを示した「移行計画」を発表し，次のような道筋を提示した。

　　①まず政府が，経済面の条件に照らし，ユーロ参加に関する国民投票の実施を決定する。
　　②その4カ月後に国民投票を実施する。
　　③国民投票で参加が承認されると，ポンドとユーロの交換レートを固定する。
　　④国民投票から24〜30カ月でユーロ紙幣・硬貨を流通させる。
　　⑤その後6カ月でポンドを回収する[21]。

　このようなブレア政権の姿勢は，いかなる場合でもポンドを守ろうとするユーロ反対派の危機感をあおった。各種の世論調査が一致して示すところでは，イギリスの世論は90年代を通して一貫してユーロ参加に約6割の人々が反対するという傾向を示しており，ユーロ反対派はそうした世論に支えられていた。1999年の欧州議会選挙で保守党が大勝し，EUからの離脱を主張する連合王国独立党（UKIP）という政党がはじめて3議席を獲得した背景には，ユーロをめぐるイギリス世論のこうした消極性が強く働いていたのであり，ブレア政権にとってはユーロ参加問題がきわめて悩ましい問題となったのである[22]。

　保守党の側は，ブレア政権第1期の間は，次の議会会期の終りまではユーロ加盟はありえないという条件付きの参加反対姿勢をとっていたが，このようなユーロ参加反対の世論にのるべく，2001年6月の総選挙での敗北後はユーロ参加への

完全な反対という路線に切りかえていった。

3 ヨーロッパ統合の深化・拡大とブレア政権

ブレア政権は,その総選挙で再び大勝し(この選挙に際して労働党はユーロ問題が争点となることを極力回避した),第2期政権に乗り出したが,ヨーロッパ統合の深化への対応,とくに単一通貨ユーロへの参加問題をめぐっては,足踏みを続けている。ブレア自身はイギリスが将来的にユーロに参加していくとの見方を示しているが,労働党内部の意見は一致しておらず,また世論の状況も90年代からほとんど変化していない。

ユーロの流通が始まった状況下で,イギリスの経済界のなかには,長期的にみて,ユーロに参加していなければイギリスの競争力が失われるとして,ユーロ参加を説く声が強い。たとえば,2003年5月には,ヴォーダフォン,ブリティッシュ・ペトロリアムなどの有力企業の首脳がブレアに宛てて,ユーロ参加見送りはイギリスの競争力に深刻な影響を及ぼすと警告した。また,イギリスに進出している日本企業も,イギリスのユーロ参加を促す見解を表明したりしている。しかし,ブレア政権のもとでのイギリスの経済成長がめざましく,ユーロ発足以後のユーロ圏の成長率をイギリスの成長率が上回る状況が生じたことは,経済界からのこのような声の力をそぎ,ユーロ反対派を元気づけている。

2003年6月ブラウン蔵相は,ユーロ参加についての国民投票(すでに紹介した99年の「移行計画」で打ち出され2001年総選挙の際の公約となっていた)を見送るとの報告を行ったが,それに際して,先に紹介したユーロ参加のために満たさなければならないとされていた5条件に触れ,④(シティの競争力)は条件をみたしたこと,①(景気循環)と②(経済の柔軟性)については大きな進歩がみられたがいっそうの構造改革を実行中であること,そしてこれらが実現されれば③(企業の長期的経営判断)と⑤(安定的な経済成長と雇用)も満たされることになるだろうと述べた。しかし,ユーロ参加への道はまだ遠いというのが,現状である。

イギリスがユーロ参加へと向かうことを阻んでいる大きな要因である世論の傾向は,2004年6月に行われた欧州議会選挙においてもはっきりとあらわれた。EUからのイギリスの離脱を説く連合王国独立党が支持を伸ばすであろうことは,事前から予想されていたが,同党は選挙戦が終ってみると大方の予想をさらにこえる12議席を獲得したのである。これは,保守党の27議席,労働党の19議席には及ばぬものの,EUに最も積極的な政党自民党と並ぶ獲得議席数であった。欧州議会選挙の結果がそのまま国政選挙に反映されるということはありえないため,こ

れがイギリス政界の変動に直接つながるとは考えられなかったが、ユーロ参加促進派に冷水をかける選挙結果であったことは否めない。

最後に、最近のEUの大きな2つの変化に対するイギリスの対応について触れておこう。

第1は、EUの拡大への対応である。EUは2004年5月に新たに10カ国を迎え入れ、さらに拡大を続けていく方向性を示しているが、イギリスはEUの拡大を一貫して支持する姿勢をとってきている。拡大対象となって2004年5月にEUに新たに加わった国々の内、旧ソ連圏の国々は、フランスやドイツを警戒して米国に親近感を抱く傾向があり（イラク戦争に際して積極的に米国を支援したポーランドが典型的である）、その点でイギリスとの共通性がみられるという要因も、ここでは重要である。これまでのヨーロッパ統合の過程で、フランスやドイツに押されがちであったイギリスとしては、拡大を機に自らの仲間を増やしEUのなかでの発言権を拡大していくことをねらっていると考えられる。

第2は、欧州憲法条約の制定過程でのイギリスの態度である。加盟国数が一挙に増す状況のもとでは、それまでのEUの運営方式ではどうしても無理が出てくるため、発足以来ひたすら複雑化してきた運営体制を改めて整備するとともに、EUのめざす方向性を明確にすることが、この憲法制定の目的であった。「強い外交」と「市民参加」という基本理念によって裏打ちされる憲法草案は、2003年6月にEU諮問会議によって採択されたが、その内容をめぐって、新たに加盟することになっていた国々をも含め、激しい論議が巻き起こった。

イギリス政府はとくに閣僚理事会で多数決によって決まる分野が増していくことに対して批判的態度をとり、税制や外交・防衛分野で加盟国の拒否権が事実上残る体制をとらせることに成功した。欧州憲法条約は、最終的に2004年6月、ブリュッセルでの首脳会議で採択されたが、その会議でフランス大統領ジャック・シラク（Jacques Chirac）は、「欧州憲法条約という大きな望みがイギリスによって弱められようとしている。実に問題だ。」と、そのようなイギリスの姿勢をあからさまに非難した[23]。ヨーロッパ統合の深化に消極的なイギリスの態度は、このように顕著な形であらわれ続けているのである。

ただし、この点でイギリスと仏独の間の違いを強調しすぎることに問題があることにも注意しておいた方がよいであろう。閣僚理事会での決定方式でEU内の大国の力が保証されることには、他の大国も歩調を合わせていたのであり、全体としてみれば新規加盟国も含めて大国（イギリスもその1つである）対中小国という対比の構図が浮かび上がっている。そうしたなかで、イギリス政府が主張してきた

「多様なスピードのヨーロッパ統合」という様相も強まっているのである。

おわりに

　ここで，本章で繰り返し言及したチャーチルの「3つの輪」論に立ち戻ってみると，ブレアの対外政策は，9.11以降のそれに示されているように，英語国の輪，すなわちアメリカ合衆国との「特別な関係」に力点を置いているという感が強い。いま1つの輪，帝国＝コモンウェルスの輪がもつ意味は現在低くなっているものの，イギリスが自国の位置を統合ヨーロッパの一部であるとはっきり規定し，その輪の中に自国の拠り所をまず求めた上で，それを基盤として内外政策を行っていくという状況はまだ生じていないのである。もとより，イギリスがとるべき姿勢の望ましい形に関しては論者によってさまざまな見解がありえようが，筆者は，イギリスが統合ヨーロッパの中により深く根を張ることこそ，イギリスの将来を保証する条件であると考えている。

　ヨーロッパ大陸の沖合いにあって，統合ヨーロッパへの関与の深化に逡巡しているイギリスの姿を批判的に観察することは，アジア大陸の沖合いに位置して，アジア（そこではヨーロッパとはまだはるかに程度が違うものの，やはり協力や統合に向けての多様な試みが進行中である）への関与に必ずしも積極的でない国日本に暮らす我々にさまざまな教訓を投げかけてくれるはずであり，イギリスの模索は我われにとって，決して他人事ではないことを，最後に指摘しておきたい。

注

（1）　等松春夫「帝国の吟遊詩人――エルガーの社会文化史」『創文』467号，2004年，11頁。

（2）　本章の記述は，川北稔・木畑洋一編『イギリスの歴史　帝国＝コモンウェルスのあゆみ』有斐閣，2000年，第5章（木畑執筆）および佐々木雄太・木畑洋一編『イギリス外交史』有斐閣，2005年，第7章，第8章（木畑執筆）と重なるところが多いことをお断りしておく。

（3）　細谷雄一『戦後国際秩序とイギリス外交　戦後ヨーロッパの形成1945年～1951年』創文社，2001年，107-110頁。

（4）　同上書，79-90頁。

（5）　David Sanders, *Losing an Empire, Finding a Role. British Foreign Policy since 1945*, Macmillan, 1990, pp. 1-8.

（6）　細谷雄一注（2），93-97頁。

(7) Peter Stirk, *A History of European Integration since 1914*, Pinter, 1996, p. 122.
(8) 細谷雄一注（ 2 ），240 頁。
(9) 参照，工藤芽衣「1950 年代における英国の対欧州政策 「自由貿易地域」構想（プランG）立案過程をめぐって」『国際関係学研究』29 号，2003 年。
(10) John W. Young, *Britain and European Unity, 1945-1992*, Macmillan, 1993, pp. 82-83.
(11) 参照，Oliver J. Daddow, ed., *Harold Wilson and European Integration. Britain's Second Application to Join the EEC*, Frank Cass, 2003.
(12) 参照，David Butler and Uwe Kitzinger, *The 1975 Referendum*, Macmillan, 1976.
(13) 力久昌幸『イギリスの選択 欧州統合と政党政治』木鐸社，1996 年，307-321 頁。
(14) マーガレット・サッチャー（石塚雅彦訳）『サッチャー回顧録』下，日本経済新聞社，1993 年，355-356 頁。
(15) Nigel Lawson, *The View from No. 11. Memoirs of a Tory Radical*, Bantam Press, 1992, Ch. 77.
(16) Hugo Young, *This Blessed Plot. Britain and Europe from Churchill to Blair*, Macmillan, 1998, p. 424.
(17) 力久昌幸『ユーロとイギリス 欧州通貨統合をめぐる二大政党の政治制度戦略』木鐸社，2003 年，52-54 頁。
(18) David Miers, "Britain in Europe: Community to Union, 1973-2001," in: Philip Giddings and Gavin Drewry, eds., *Britain in the European Union. Law, Policy and Parliament*, Palgrave, 2004, p. 25.
(19) Ibid., p. 31.
(20) 植田隆子，「欧州連合（EU）の軍事的・非軍事的危機管理」『国際法外交雑誌』102 巻 3 号，2003 年，95 頁。
(21) 若松邦弘「イギリスにおけるヨーロッパ政策の国内化」坂井一成編『ヨーロッパ統合の国際関係論』芦書房，2003 年，114 頁。
(22) 1999 年のユーロ導入直後のイギリスの世論調査の分析によると，男性に比べて女性の間で参加反対が強く，また階級的には労働者階級の間での反対が強い。*The Guardian Weekly*, 1999.1.10. 他方，『エコノミスト』誌が同じ頃行った経済学者を対象とした調査によれば，回答した経済学者の 3 分の 2 はユーロ参加に賛成していた。*The Economist*, 1999.4.17.
(23) 『朝日新聞』2004 年 6 月 20 日。

【文献案内】

川北稔・木畑洋一編『イギリスの歴史　帝国＝コモンウェルスのあゆみ』有斐閣，2000年

坂井一成編『ヨーロッパ統合の国際関係論』芦書房，2003年

マーガレット・サッチャー（石塚雅彦訳）『サッチャー回顧録』上下，日本経済新聞社，1993年

細谷雄一『戦後国際秩序とイギリス外交　戦後ヨーロッパの形成1945年～1951年』創文社，2001年

力久昌幸『イギリスの選択　欧州統合と政党政治』木鐸社，1996年

力久昌幸『ユーロとイギリス　欧州通貨統合をめぐる二大政党の政治制度戦略』木鐸社，2003年

渡邊啓貴編『ヨーロッパ国際関係史』有斐閣，2002年

第10章
拡大EUと中・東欧，ワイダー・ヨーロッパ
――多元的な世界秩序の構築に向けて

羽場久泥子

はじめに：冷戦の終焉と新しい世界秩序の模索
I 中・東欧からみたヨーロッパ：西の統合と東の分断
  1 中・東欧の「ヨーロッパ・アイデンティティ」と「ナショナル・アイデンティティ」
  2 第2次世界大戦後，「ヨーロッパ」の分断による統合
  3 1950-80年代：繰り返しの改革の試み
II 中・東欧におけるEU・NATOへの加盟の試み
  1 「ヨーロッパ回帰」と世界経済・安保への関与
  2 EU・NATOへの加盟展望
III 欧州拡大とナショナリズムの成長
IV ヨーロッパ拡大とイラク戦争：「新しいヨーロッパ」とアメリカの影
  1 アメリカに対抗するEUの登場
  2 中・東欧のアメリカ支持
V ヨーロッパの東の境界線とワイダー・ヨーロッパ
  1 西ウクライナ問題：西側国境の国すべてが，EUに加盟
  2 ワイダー・ヨーロッパ（広域欧州圏）：EUの世界戦略
VI EU加盟と欧州議会選挙
  1 欧州議会選挙：なぜ市民は政権党を支持しなかったか
VII 欧州憲法条約草案をめぐる東西の相克
おわりに：EU拡大，今後の課題
【文献案内】

はじめに：冷戦の終焉と新しい世界秩序の模索

2004年5月1日，中・東欧および地中海諸国10カ国がEUに加盟し，25カ国の拡大ヨーロッパが誕生した。これにより，4億5000万の人口，10兆ドルのGNP，アメリカにならび人口においてはしのぐ大経済圏が成立した。元加盟国にとっては，1989年の冷戦体制終焉から15年，営々と積み重ねてきた歴史的転換の結果に

よる「ヨーロッパ統一」であり，新加盟国からみれば，冷戦終結による悲願の「ヨーロッパ回帰」であった[1]。

拡大EUは，2007年にルーマニア，ブルガリア，2013-15年（テッサロニキでの提案）頃までに「西バルカン」5カ国（クロアチア，セルビア=モンテネグロ，ボスニア=ヘルツェゴヴィナ，マケドニア，アルバニア）へとヨーロッパの領域を拡大する予定である。さらに，ノルウェー，スイスに加えて，ウクライナ，グルジアなどが，EU加盟に名乗りを上げている。（前）欧州委員長プローディ（Romano Prodi）も，「バルカンの安定なくしてヨーロッパの発展はない」として，西バルカンの安定化と加盟に意欲をみせている。

トルコは2004年12月に，加盟交渉開始が決定される。ただし，今回の10カ国加盟が基本的にはキリスト教（カトリック，プロテスタント）を基盤とした文化的共通性をもつ拡大であることからも，トルコの拡大には慎重を期すことが予想され，加盟交渉は開始されても，加盟自体は将来的に「西バルカン」に先を越される可能性が高い。

いずれにせよ拡大EUは，21世紀の最初の15年間を目処に，ヨーロッパのキリスト教地域を中心に，ロシアを除く30カ国あまりの欧州のほとんどを含み込むことを展望している。

25カ国EUは，すでに拡大後3カ月の時点で，5月の拡大セレモニー，6月中旬の欧州議会選挙，6月末のブリュッセル欧州首脳会議での欧州憲法条約採択，欧州委員会活動の開始，など矢継ぎ早にスケジュールをこなしつつあり，リスボン・アジェンダによる経済の持続的な成長と雇用促進，タンペレ・プログラムとして社会保障，健康と安全の保障，司法内務協力による不法移民と麻薬売買などの調査も進行している。

こうした中で拡大EUは，国際的には，新しい多元的な世界秩序の構築にむけて，アメリカとの差異を意識したマルチラテラリズム（多国間協調）にもとづく国際関係を機軸に，近隣国との関係の強化と安全確保，世界各地域および国連との連携と発展をめざす欧州安全保障戦略（ソラナ・ペーパー）を打ち出した。加えて，「ワイダー・ヨーロッパ（広域欧州圏）」として，拡大欧州となってかつてなく広がったEUの境界線（とりわけ東と南の問題）への対処により新しい国際関係をも展望している[2]。これらは，21世紀の拡大欧州の世界戦略となるもので，東のロシア，南の北アフリカ，中東など，50カ国におよぶ協力関係を基盤とした大ヨーロッパ圏を確立し世界秩序に貢献しようとしているのである。

イラク戦争以降，拡大欧州はこのように，東の旧社会主義国や南のアフリカ・

中東，さらにアジア，ラテンアメリカの国々と共同で，冷戦後のアメリカになら
び対抗する多元的パワーとなろうとしている。他方で東に拡大した欧州は，内部
における東と西，大国と小国の軋轢に苦悩し始めてもいる。拡大EUが，新たな世
界秩序形成の担い手として成功するのか，それとも内部統一に失敗して力を削が
れるのかは，今後の国際社会が米の単独の覇権に対し，多元的な選択権を持ち対
応できるかどうかの試金石ともなろう。

それゆえここでは，10カ国の新加盟国を含めた25カ国EUの始動，ないし10
年後の30カ国を超えるヨーロッパ統合の展望をふまえ，とりわけ拡大内部におけ
る多様性と問題点をふまえて，以下を検証する。

①ヨーロッパ統合，EU拡大とは，「東」から見た時，何だったのか。なぜ，EU
は拡大し続けるのか。

②中・東欧への拡大は，EU内でどのような意味をもつのか。それはEUをどう
変えたか。

③「ヨーロッパの東半分」を統合した25カ国EUの国際的，国内的課題は何か。
拡大EUは，アメリカに代わる国際的価値，新しい世界秩序の構築に役割を果たし
うるのか。

これらの問題を，「拡大」EUの実態であるEUの新加盟国（とりわけ中・東欧）
の側から，分析することとしたい。

それによって，戦後6カ国でまとまっていたときの統合ヨーロッパと，現在25
カ国で進もうとしているヨーロッパが「質的変化」を遂げていること，欧州全体
を統合することにより，かつては考えられなかったような新たな課題と問題点が
現れてきていること，とりわけアメリカとの関係では，アメリカに依拠して欧州
「分断」を認めざるをえなかった戦後と，アメリカにならび対抗する力をもって欧
州全体を統合しようとする現在との違い，だからこそアメリカは欧州に足場を残
すためにも欧州の親米勢力を保持せざるをえない状況，さらにEUもアメリカと
の関係を構築する上で「欧州東半分」の行動を無視できないこと，などを明らか
にしたいと考える。

＊なお，近年EUおよび現地で使われる「中・東欧 Central and Eastern Europe（中
欧と東欧）」という用語は，基本的には，ロシアとドイツの「はざま between」にあ
る地域，歴史的に繰り返しこれら東西の大国の支配下に組み込まれてきた地域を指
し，冷戦期に「東欧 Eastern Europe」，それ以前には，「中欧 Central Europe」な
いし「東中欧 East Central Europe（中欧東部）」などと呼ばれてきた地域である。
これはロシアを除く「ヨーロッパの東半分 Eastern half of Europe」といってもよ

い。この地域は，ベレンドの「周辺からの近代」あるいはウォーラーステインの「世界システム論」において，いずれも近代国民国家形成と産業化の過程の中で，周辺大国によって国家を併合・消滅させられていった地域，周辺諸大国の後背地としてくりかえし，西に東に併合されていった地域である[3]。

こうした大国の「はざま」の地域からみたとき，EU は何のために必要なのか。彼らのどのような問題を解決してくれるのか。彼らは欧州の多元的な世界秩序に，どのように関与していこうとしているのか。これらについて，検討していきたい。

I 中・東欧からみたヨーロッパ：西の統合と東の分断

EU の新加盟国は，冷戦後なぜ急速に「ヨーロッパ回帰」をめざしたのか。これらはどのような地域なのか。彼らはヨーロッパにおいていかなる位置を占めようとしているのか。これらをまず明らかにしておきたい。

1 中・東欧の「ヨーロッパ・アイデンティティ」と「ナショナル・アイデンティティ」

今回加盟した 10 カ国のうち，中欧諸国（ハンガリー，ポーランド，チェコ，スロヴァキア，スロヴェニアなど）は西欧以上に歴史的に「ヨーロッパ・アイデンティティ」を強く持った国々である。その 1 つがキリスト教の伝統である。

これらの地域の多くは，9-10 世紀ごろに相次いでキリスト教（カトリック）を受容し，首長・国王が洗礼を受けて「東から西側世界を守る」キリスト教世界の一員となった。また 15 世紀以降これらの地域へのハプスブルク帝国の支配とトルコ帝国への抵抗の継続は，彼らの出自にかかわらず，「ヨーロッパ」の一員たることの自覚をもたせることとなった。ハンガリーの歴史家バログ（András Balogh）は，ハンガリーでは多くの場合，（とりわけモンゴルやトルコ，ロシアの侵略に対抗するという点で）民族アイデンティティとヨーロッパ・アイデンティティが一致していたこと，ハプスブルク帝国に対してハンガリーの独立を要求するという時には一時は対立的であったが，ほとんどの場合，バリエーションの違いこそあれ，東に対抗しキリスト教的価値を守るという点で民族的価値とヨーロッパ的価値は共存してきた，と述べている[4]。

中・東欧の諸地域はまた多民族による多元的価値と連邦制を代表する地域でもある。「諸国民の春」と呼ばれた 1848 年革命期を境に，これらの地域で，オーストロ・スラヴ主義や連邦制の概念が成長した。1848 年革命における多民族の対立

と革命の挫折以降，コシュート（Lajos Kossuth）の「ドナウ連合」や，ルーマニア人指導者ポポヴィッチ（Aurel C. Popovici）の「大オーストリア合衆国」という構想が次々と現れた(5)。これらは多民族かつ混住により近代国民国家を形成しえない東欧の民族が，近代を乗り切っていく際のひとつの知恵であったともいえる。

第1次世界大戦後，ハプスブルク帝国，ロシア帝国，ドイツ帝国の崩壊によって，中・東欧の諸民族は独立国家を形成することとなった（これを，セトン・ワトソン（Robert William Seton-Watson）は，『New Europe』の形成と表現している(6)）が，現実には，2次元上に引かれた境界線の中に多くの民族を取り込むこととなり，戦間期を通じて，これらの民族・国家は国民国家形成と国境の内と外の民族問題に苦しむこととなった。こうした中，クーデンホーフ＝カレルギー（Richard N. Coudenhove-Kalergi）の唱えるパン・ヨーロッパの考え方やバルカン連邦，ドナウ連邦の考え方が，中・東欧の諸民族を魅了し続けたのである(7)。

これらに見られるように，キリスト教，多元主義，連邦制，地域統合，というヨーロッパ的価値は，まさに中・東欧が体現し，追い求め，実現を夢みつづけてきた民族的価値でもあったのである。

2 第2次世界大戦後，「ヨーロッパ」の分断による統合

しかし中・東欧におけるこのような「ヨーロッパ・アイデンティティ」と「ナショナル・アイデンティティ」の一体化は，第2次大戦後2つの段階を経て，分断されていった。

その第1は，1945年のソ連による占領である。この時には，ヨーロッパ統合への期待がまだ存在した。

イギリスの首相チャーチル（Winston Churchill）は，1946年9月，チューリッヒ大学で「ヨーロッパ合衆国」を提唱した(8)。彼は，あくまで荒廃したヨーロッパ大陸の統合を考え，大英帝国は構想の外にあったのであるが，こうした呼びかけは欧州を揺さぶった。

同時期，ユーゴスラヴィアの指導者チトー（Josip Broz Tito）は「バルカン連邦」案を提出，またポーランドとチェコスロヴァキアも，両国の連邦案を検討していた。しかしこれらはいずれも最終的には，ソ連の警戒と反対により崩れていった。ナチス・ドイツ軍に国内を蹂躙された中・東欧の国々は，再びドイツの影響下に置かれないためにも，当時アメリカのマーシャル（George C. Marshall）国務長官によって提起された戦後復興計画，マーシャル・プランに期待した。とくに，戦間期の工業国で，ナチスの軍需工場も置かれていたチェコスロヴァキアは，マー

シャル・プランの「中央委員会」のメンバーとして共同委員会に参加する予定であった[9]。ソ連ですら，当時はマーシャル・プランへの参画を強く希望したのである。

ところが戦争で最大の被害を被った「連合国」ソ連が，マーシャル・プランを受け入れられないよう入念に工作される状況の中で，戦後復興計画による欧州再編に強く期待していた東欧諸国も最終的にマーシャル・プランを拒否せざるをえず，ソ連の影響下に入っていくこととなる。

第2段階は，冷戦の開始と東西分断による欧州の再編と統合である。マーシャル・プランを拒否させられた中・東欧にとっては，西側で創設された，欧州経済協力機構（OEEC），欧州石炭鉄鋼共同体（ECSC），欧州経済共同体（EEC），欧州原子力共同体（EURATOM）の創設は，「ヨーロッパ」意識をもつ自分たちの目の前で組み立てられていくヨーロッパの要塞であった。彼らはそれを，外から，ソ連の枠組みの中から眺めるしかなかった。

NATO の創設ついで欧州防衛共同体（EDC）の構想に対して，ソ連・東欧はコミンフォルム，COMECON，ワルシャワ条約機構（WTO）を形成して対峙し，独自の政治・経済圏，安全保障圏を創設したが，東欧の復興の要求を満たすものではなく，その経済力格差，および東の統合内部の非民主制は歴然としていた。こうして冷戦による2大ブロック圏が形成された。しかし中・東欧にとってこれは意図しない分断された機構であり，何とか「ヨーロッパ」との関係を維持しようとする努力が続いたのである[10]。

3 1950-80 年代：繰り返しの改革の試み

冷戦下においても，彼らは繰り返し，「ヨーロッパ的価値」を主張しつづけた。53年3月にスターリン（Joseph Vissarionovich Djugashvili Stalin）が死ぬと，中・東欧では53年すぐに改革と自由，「法の支配」を求める動きが始まった。その後，これらの地域では，56年，ポーランドとハンガリーで，改革の動きが広がってゆく。ハンガリーでは改革派ナジ（Imre Nagy）が首相となった後，急進的な民衆が「ソ連軍撤退」「中立」「独立」を主張する運動へと発展したが，改革は最終的にソ連軍により制圧された[11]。

68年には，チェコスロヴァキアでドプチェク（Alexander Dubček）らによる「人間の顔をした社会主義」，77年には知識人の言論の自由を求める「憲章77」，80年にはポーランドの連帯運動，自由労組による「自主管理共和国」が要求された。ここでは通奏低音として，ソ連からの自立，表現の自由，人権，独立とヨーロッ

パ型社会の要求が存在しつづけ，89年の「ヨーロッパ回帰」への原動力となった。

　85年にゴルバチョフ（Mikhail Gorbachov）によるペレストロイカが始まり，89年に，ボゴモロフ（Oleg T. Bogomolov），ついでゴルバチョフが「体制選択の自由」を語り軍事介入しないことを約束すると，雪崩を打ったように東欧の変革のドミノ現象が起こり，急速に東欧の社会主義体制は崩壊に向かう。戦後40余年のソ連・東欧の社会主義体制は，国内的にはさまざまな社会保障で支えられていたとはいえ，国際関係上は，ソ連軍の圧倒的軍事力と秘密警察にタガをはめられ主権を制限された，中・東欧の多くの層にとってきわめてリラクタントな同盟関係であった。中・東欧にとって冷戦の終焉は，分断されていたヨーロッパ・アイデンティティへの回帰でもあったのである。

II　中・東欧における EU・NATO への加盟の試み

1　「ヨーロッパ回帰」と世界経済・安保への参与

　1989年，冷戦が終焉し，ソ連の軍事介入の脅威がなくなるなか，東欧の社会主義体制が崩壊し，ついで91年には，バルト3国の独立とソ連邦の崩壊が起こる。こうして40数年間，中・東欧とバルトに駐留していたソ連軍が撤退し，ヨーロッパの東半分がソ連から解放されていった。

　1989年に東欧の社会主義体制が崩れると，中・東欧諸国は，「ヨーロッパ回帰 Return to Europe」を旗頭とし，民主化，自由化，市場化を掲げ，グローバル化する世界経済，とりわけアジア経済の成長に対抗して結束する欧州統合に参画し，また再びソ連の軍事的影響下に入らないためにもアメリカの安全保障の傘を期待して1月から，積極的に EU・NATO に接近していった[12]。その主要政策は，ユーロ・アトランティック（欧州と大西洋）の統合，近隣との友好政策，国益の擁護であった[13]。

　これに対し欧米諸国は，ソ連のペレストロイカとの友好協力関係の下で，東欧の自由化が遂行されたこともあり，しばらくソ連ないしロシアを刺激する方策をとることをためらった。その結果，90年代初頭は，ソ連・旧東欧を含む全欧安保協力会議（CSCE）の場で，欧州全体の安全保障が話し合われることとなった。しかし中・東欧はソ連と共同の安全保障を嫌がり，NATO への加盟を望んだ。

　他方西欧では，91年12月にオランダのマーストリヒトで経済通貨同盟を基盤とするマーストリヒト条約が基本合意され，92年2月には調印，93年11月に発効して EC は EU となり，3つのピラー〔EC，共通外交安全保障政策（CFSP），司法

内務協力 (CJHA)〕が確立された。こうした中、ソ連が崩壊し、バルトを含む中・東欧各国で民主化・市場化の波が広がってゆくと、西欧も、グローバリゼーションと米欧亜の3極構造の貿易競争、周辺地域との自由貿易協定の締結により、次第に東への拡大を志向し始める。

94年のエッセン・サミット以降は、中・東欧の加盟を前提とした経済改革の要求が出され、95年に筆者が滞在していたロンドンでは、ハンガリーやポーランドの当局者は、EU加盟は(経済基準ではなく)政治的判断になったと述べ始めた。これをふまえて、94-96年にかけて、中・東欧各国は、次々とEU加盟申請を行い始める。95年1月には、オーストリア、フィンランド、スウェーデンなど北欧・中立諸国がEUに加盟した。しかし95年3月には、シェンゲン協定が発効され、域内の自由移動と裏はらに、域外からの入国がきわめてむずかしくなった。「新たなレースのカーテン、紙幣のカーテン」が西側から引かれたと、東の国々が警戒し始めたのもこの頃である。新たな東西の格差が始まったのである。

2 EU・NATOへの加盟展望

1996年10月、米大統領クリントンは、中・東欧へのNATO拡大を99年までに行うことを宣言し、また米議会も拡大に向けての財政補助を承認した[14]。

1997年5月、NATOはロシアとの基本文書に調印すると共に東への拡大に了解をとりつけ、これを契機にNATOとEUの中・東欧への拡大が現実化していく。97年7月には欧州委員会が「アジェンダ2000」を発表し、拡大は議事日程に上り始める。97年12月、ルクセンブルグ欧州理事会で、比較的改革が進んでいる第1陣の6カ国ルクセンブルグ・グループ(ハンガリー、ポーランド、チェコ、スロヴェニア、エストニア、キプロス)との加盟交渉が開始された。

こうして99年3月には、中欧3国(ハンガリー、ポーランド、チェコ)が、コソヴォ空爆の直前にNATOに加盟した。いずれの首脳も、「ついにヨーロッパに帰ってきた」「もう2度と外国侵略の犠牲にならない」と、歴史の記憶をふまえての安全保障を確認しあった。NATOによるコソヴォ空爆はその12日後のことであった[15]。

NATOによるコソヴォ空爆は、バルカンをアメリカが見捨てないということを意味した、とハンガリーの政治学者アーグ・アッティラ(Attila Ágh)は述べている[16]。すなわち、これまでヨーロッパの外部と思われていたバルカンに対し、欧州安定のためのバルカンの秩序化について、欧米が本腰を入れて介入することを意味していた、というのである。

これを踏まえコソヴォ空爆のさなかの1999年4月, NATO 50周年を祝う首脳会議では, NATO拡大第2陣9カ国 (ブルガリア, ルーマニア, エストニア, ラトヴィア, リトアニア, スロヴェニア, スロヴァキア, マケドニア, アルバニア) ＋1パートナーシップ (ウクライナ) の名前が, 2002年の拡大に向けての検討地域として提案された[17]。以後NATO拡大は, 武器の購入や実践と平行して進行することになる。またこのNATOのコソヴォ空爆を契機に,「人道的介入」「域外派兵」「(緊急の場合の) 国際機関の回避」等の解釈をめぐって, 西欧 (特に仏独) とアメリカの安全保障観の違いが明らかとなってくる。

2000年2月には, EU第2陣加盟交渉国6カ国ヘルシンキ・グループ (スロヴァキア, リトアニア, ラトヴィア, ルーマニア, ブルガリア, マルタ) が交渉を開始した。以後1陣, 2陣の12カ国は区別なく, 基準を達成した国が先に加盟できることとなる。こうして旧東欧, 地中海諸国12カ国は, EU・NATO加盟に向けて, 厳しい基準達成競争に突入していった。

以上の結果, 2002年10月ブリュッセル, 12月コペンハーゲンの欧州理事会で, 2004年の中・東欧8, 地中海2カ国のEU加盟が承認された。また2002年11月, プラハのNATO首脳会議で2004年に中・東欧7カ国のNATOへの加盟が承認されることとなった。2003年4月には, ギリシャのアテネでEU加盟条約が調印され, 2003年中に, 加盟候補各国の国民投票と, 現加盟各国の批准が行われることとなったのである。こうして体制転換後15年で「ヨーロッパ東半分」の多くは欧州機構に回帰することとなった。しかしマクロの世界経済への対抗としての統合は, ミクロの各国内部での民族・社会問題を引きおこすこととなる。

III 欧州拡大とナショナリズムの成長

拡大と平行して, 1990年代から, グローバリズムに対し,「国益」擁護と, 時に外国人嫌い (Xenophobia) のヨーロッパ・ナショナリズムと結びついて, 新しい右翼ナショナリズムの動きが広がってきた[18]。西欧, 中・東欧ともに, グローバリゼーションやEU拡大による, 移民の流入や失業の拡大, 農業補助の削減などの危機感を背景に, 民族主義, 急進右翼が成長してきたのである。

西では, 経済効率競争＋社会保障の削減, 東では, 貧富の格差の広がり＋社会的弱者の不満の増大が, NATO・EUの拡大に利をみいだせない一般の人々の間に,「国家」による弱者保護を期待する層を生み出してきたといえる。

こうした動きを支持する社会層は, 農業関係者, 中・小企業の人々, 社会的弱

者（失業者，未熟練労働者，高齢者，ロマ），若者など多岐にわたった。これらの階層の人々は，統合・拡大に利を見出せず，まず自分たちの救済と保護を望んだ。彼らは，西欧側市民は「移民」の流入，東欧側市民は，経済強国ドイツとの競争に対して，国境解放による打撃を恐れた。また CAP（共通農業政策）の農業補助金がどのように配分されるかについて，相互に疑心暗鬼を抱いた。西では加盟国の既得権益の保護，東では新加盟国への配分を強く要求したのである。

西欧では，すでに 2000 年頃より，オーストリアで，ハイダー（Jörg Heider）の自由党が政権へ就き，イタリアでもベルルスコーニ（Silvio Berlusconi）内閣が成立し，EU の東端の境界線をもつ国々で，反移民の機運が盛り上がった。くわえて，2002 年 4 月から 5 月にかけてのフランス大統領選挙で，極右のルペン（Jean-Marie Le Pen）が移民・失業問題を掲げて，政権党のジョスパン（Lionel Jospin）を抑えて第 2 位を占め，フランス左翼の肝を冷やした。同年 5 月には，オランダの総選挙でも，労働党が敗北し，党首が殺された右翼フォルタイン党（Pim Fortein Party）が第 2 党へ躍進するなど，むしろ伝統的に左派が力を持っていた西欧や北欧でも，移民への警戒の動きが高まっていったといえる。

興味深いことにこうした右翼保守主義は時に排外的なヨーロッパ・ナショナリズムと結びついていた。たとえばオーストリアでは，ハイダーを支える党内民族派の世界観には，反民主主義とともに「西洋の伝統」の擁護があり，（ヨーロッパの）敵は「南」と「東」からくる，と考えられた[19]。

東側では，社会主義体制崩壊後の急激な自由化，市場化，競争の激化が，基本的に社会的弱者層を増大させ，生活水準の悪化，貧困，失業を招き，それが左右のラディカリズムを助長した。移民，言語，民族アイデンティティ，国境をめぐる対立や失業への不安などが，「他者」に対する不寛容を生み，「我々」対「奴ら」という憎悪の意識を生むこととなったのである[20]。

問題は，「他者」の排除が，非ヨーロッパ人やマイノリティなどのさらなる「弱者」に向かい，ゼノフォビア（外国人嫌い，排外主義），ヨーロッパ・ナショナリズム（非ヨーロッパ人への攻撃）やエスノ・セントリズム（自民族中心主義）を生み出したことである。

中・東欧の極右の成長の背景には，社会主義体制崩壊後の新しい既成政党への幻滅と保守化，移民の増大と失業，他者への不寛容，これらと経済的不景気や政治的混乱の拡大があると，ウイリアムズは指摘している[21]。

右翼ナショナリズム成長の背景には，グローバリズムの中で世界競争に勝ちぬこうとする「EU 益」と国家の枠組みにより外の脅威から一般庶民を擁護する「国

益」との対抗関係が存在する。故にその解決方向は互いに対抗的なゼロサムゲーム（片方が得をするともう片方は損をする±0）であり，体制転換とグローバリゼーションの下で新たに生み出された社会的弱者層への社会保障の実現は経済効率化競争を遅らせ，国境の意味の低下とEU拡大の中で，移民の流入を押しとどめることは，人モノカネサービスの自由移動を防げることとなる。これらを一方の利益に偏することなく，是正していくことはきわめて困難な課題であるが，まさにその解決方法が求められているのである。

Ⅳ　ヨーロッパ拡大とイラク戦争：「新しいヨーロッパ」とアメリカの影

　拡大EUにとって世界秩序へのかかわりを意識する大きな転機となったのが，イラク戦争に対するアメリカと，「新しいヨーロッパ」中・東欧の態度であった。以後，EUはアメリカと異なる独自の安全保障構想を打ち出し始めると共に，中・東欧に対し戦略面での取り込みを開始することとなる。

1　アメリカに対抗するEUの登場

　EU拡大とNATO拡大，すなわち欧米相方の東方拡大は，1999-2001年頃までは平行して進んでいた。

　しかし1999年のコソヴォ空爆，2001年のアフガン空爆，イラク戦争の過程の中で，国際政治・安全保障において，欧米の間に齟齬がうまれ，アメリカとは安全保障観を異にする「欧州独自」の安全保障推進の経緯とも絡む対立として発展することとなった。欧州は安全保障においても，アメリカとは異なる国際的立場を主張し始めたのである。

　2003年にアメリカのブッシュ（George W. Bush）によって開始されたイラク戦争は，欧州内部を真っ二つに分けた。独仏がリードする戦争反対派と，中・東欧やスペイン・イタリアによる戦争支持派である。

　戦争開始直前の，2003年1月30日および2月4日，欧州8カ国，およびヴィルニュス10と呼ばれる中・東欧10カ国は，アメリカのイラク攻撃を支持する声明を出した。EU内部では結果的に15カ国中7カ国が，04年にEU・NATOに加盟する中・東欧諸国はほとんどすべてが，攻撃を支持した[22]。4億5000万人の統合欧州は，拡大の直前になって，実は統合しきれないことが判明したのである。

2　中・東欧のアメリカ支持

なぜ中・東欧は，EU に加盟する直前に，アメリカを支持したのだろうか。

ラムズフェルド（Donald H. Rumsfeld）のいう「新しいヨーロッパ」は，フランスのシラク（Jacques Chirac）が批判したように，ナイーブに，あるいはソ連という大国からアメリカという大国に，衛星国的な従順を示したわけではない。その行動はきわめてプラグマティックな判断にもとづいていた。

ひとつは，アメリカとの歴史的・政治的・社会的な関係である。アメリカには，数 100 万人規模の中・東欧移民（特にポーランド人）が存在し，歴史的に強力なロビーを形成してきた。

第 2 は，欧州の近隣大国による侵略（ソ連，ドイツ）に対する「歴史的な記憶」とそれへの警戒である。

第 3 に，EU 拡大に際して，厳しい達成基準や市民層への犠牲の転嫁に対する不満に加え，西欧のダブル・スタンダード（二重基準）や保護主義への不信もでてきていた。

2004 年の EU・NATO 加盟を控え，安全保障面では（とくにロシアの脅威への軍事的保障として）アメリカの要請を断れないという側面も存在した[23]。

加えて，アメリカを背後におくことによって，EU との交渉関係を有利にしようとする，ポーランドのしたたかな目算もあった。

とくにポーランドは，こうした中で他の中・東欧諸国に比べ，米支持によって圧倒的な地位を獲得した。

(1)つは，NATO 事務総長補佐官（作業運用担当）（コビエラツキ Adam Kobieracki），イラク連合暫定施政局（CPA）の国際調整評議会の委員長（ベルカ Marek Belka 元副首相，現首相）という国際的な地位を獲得したこと。

(2)つめは，2003 年 9 月より，イラクでの（欧州，アジア，ラテンアメリカからなる）多国籍軍 21 カ国 9200 人（ポーランド：2400 人）を，ポーランド陸軍少将（ティシキェヴィッチ（Andrzej Tyszkiewicz））が率いたこと[24]。

(3)つめは，EU の中でも重要な地位と発言権を，すでに独仏ポーランドの首脳による「ワイマール・トライアングル」において得たこと。

第(4)に，イラクの石油権益，アメリカによる派兵補助金をも得たこと。

こうしてポーランドは，基準達成競争における後発性を大きく挽回し，加盟 10 カ国中最大，EU 25 カ国全体でもスペイン並みの大国であることを内外に示し，時にアメリカの「トロイの木馬」とも呼ばれるようになったのである。

他の国は，たとえばハンガリーもチェコも，イラクに軍を出しながら EU ではドイツ，フランスおよび関係各国に歩調をそろえるなど，ポーランドのような独自

のパーフォマンスをとることはなかった（むしろEU・NATOともに協調的な姿勢をとった）。

しかしポーランドのミルレル（Leszek Miller）政権は，国内においては，汚職，財政削減，高失業率（20%，青年層は40%）により支持率が10%を切り，さらにイラクでのポーランド人兵士へのテロの影響も重なり，2004年5月1日の加盟の翌日に，退陣したのである[25]。これらの行動はEU内部にしこりを残し，東と西の差異を鮮明にさせることとなった。

V ヨーロッパの東の境界線とワイダー・ヨーロッパ

いまひとつの大きな問題は，EUの拡大により，ヨーロッパの東の境界線をめぐって緊張と問題が起こってきたことである。

中・東欧は，歴史的な多民族国家であり，その民族・地域状況がきわめて複雑であるがゆえに，民族問題は，EU加盟と境界線の自由な移動によって解決できると考えてきた。域内における，人やモノの自由な移動が，マイノリティの差別や格差を縮小すると考えられたのである。また，EUの少数民族保護と人権政策も，歴史的・言語・文化差別や階層・就職差別を縮小すると期待された。ところが，現実の問題は別のかたちで出てきた。

「国境を越える自由な移動」を保障する，95年に発効されたシェンゲン協定は，域内の自由移動を保障するため「協定に加盟しない第3国との間に厳しいビザ規定」を敷いた。くわえて，コソヴォ・アフガンの紛争にともなう移民・難民の増大，マフィアの流入，武器やNBC兵器の取引，麻薬の密売などの増加が，境界線地域に生活する人々に，新たな「壁」の制約をもたらすこととなった。その典型的な例としての，国境外のハンガリー人マイノリティの地位法をめぐる問題およびカリーニングラード問題については，すでに別のところで分析した[26]。

ここでは，紙面の制約もあるが，EUの境界線上の地域として，西ウクライナ，境界線の外との積極的交流として，ワイダー・ヨーロッパについて触れておこう。

1 西ウクライナ問題：西側国境の国すべてが，EUに加盟

ウクライナ西部の西ウクライナ（カルパチア・ウクライナ）は，住民が移動せずして20世紀に4度国名が変わった，といわれる。歴史的には，ポーランド，ハンガリーおよびハプスブルク帝国領で，カトリック圏に属し，ハプスブルク帝国の崩壊後はチェコスロヴァキアに割譲された。第2次世界大戦後は，帰属を国民投

票で決定してほしいという要請がハンガリー人マイノリティから出たにもかかわらず，中・東欧4カ国ににらみを利かせられる地政学上の重要地域としてソ連邦に割譲された。91年のソ連邦崩壊後ウクライナの独立によって，91年以降はウクライナに属している。

この地は，さまざまの民族からなる多民族地域であり，狭く短い国境線に隣国4カ国との国境（ポーランド，スロヴァキア，ハンガリー，ルーマニア）が交わっている地域である。

体制転換後，この5カ国の国境が交わる地域では「カルパチア・ユーロリージョン」というCBC（国境を越える地域協力）プログラムが策定され，国境間の地域協力，環境保全などに取り組んできた[27]。ただ現実には資金不足・産業不足から，なかなか西側の投資を呼び込めず，いまだウクライナ中・東部よりも貧しい状態が続いている。

この5カ国が交わる境界線において，2004年にはウクライナを除くすべての国がEUかNATOに加盟することとなり，03年10月からEU外の国に対してビザが導入されることとなった。このままでは西ウクライナの人たちは，これまでの共同文化圏・生活圏である西の4カ国にいけなくなり，「陸の孤島化」する，という状況の中で，周辺国とEUは，分断を避けるため，方策を検討した。ハンガリーとウクライナ政府は03年10月，ビザ会談を持ち，交渉の末，相互のビザなしの旅行が保障されることとなり，ビザ取得の際にも特別の招待状を必要とはされないこととなった[28]。

それでも2004年11-12月のウクライナ大統領選挙をめぐる対立に象徴されるように，西部の親EU，東部の親ロシアという地域差が拡大してきている。西側国境のすべての国がEUかNATOに入る中，ウクライナはロシアとヨーロッパのはざまで，アイデンティティの分裂の危機に直面している。

同様に，セルビア・モンテネグロとハンガリーの国境を巡っても，政府間会談がもたれ，民族の2重国籍が認められること，ハンガリー人はビザなしでセルビアにいけること，セルビアからは5年間の無料ビザを取得できることが決められた[29]。このように，EUの境界をめぐる分断と緊張を緩和するため，さまざまな措置が関係各国でとられているのである。

2 ワイダー・ヨーロッパ（広域欧州圏）：EUの世界戦略

こうした中で，境界線の外との関係をより広域近隣国との友好によって解決しようとして出されてきたのが，ワイダー・ヨーロッパ構想である。

これは、南は、「バルセロナ・プロセス」に参加してきた北アフリカ、中東の10カ国（モロッコ、アルジェリア、チュニジア、リビア、エジプト、イスラエル、パレスチナ、ヨルダン、レバノン、シリア）、東は、「パートナーシップ協力協定（PPC）」に参加するロシアと旧ソ連4カ国（ロシア、ベラルーシ、ウクライナ、モルドヴァ）との壮大な協力、共同計画である[30]。

近年EUは、ロシアとは、天然ガス・石油を中心とした経済友好関係の強化が急速に進んでいる。また、南に対しては、人権と平和をかかげ、アメリカの政策とは異なる中東安定化政策を打ち出そうとしている。ワイダー・ヨーロッパは、EUの今後の世界戦略の一環として、広くアジアをもにらんだ構想なのである。安全保障、経済・エネルギー、中東、さらに中国インドとの協力関係も絡み、ワイダー・ヨーロッパは、今後のEUの重要な多元的世界戦略の一環になるといえよう。

以上のように、外にむけては積極的に多元的世界秩序の構築をめざす拡大EUであるが、内部においては、市民の無関心や離反、欧州憲法条約の議論に見られるような、大国と小国あるいは原加盟国と新加盟国との対立など、問題をかかえている。それを最後に分析しておく。

VI　EU加盟と欧州議会選挙

2004年5月1日、ダブリンで華麗なる25カ国拡大EUの加盟式典が行われた。中・東欧、地中海の新加盟国が集い、4億5000万の市場、アメリカにならぶ10兆ドルのGDPとユーロの成功、マルチラテラリズムが鼓舞された。

しかし、中・東欧からみた場合、加盟の祭典はその日だけで、必ずしも90年代のような熱狂はなかったように見受けられる。加盟の翌日にはポーランドでミレル政権が総辞職し、その後も新体制がなかなか決まらない状況が続いた。加盟前年のEU加盟の国民投票のおける投票率の低さ、加盟前のユーロ・バロメーターでは西の市民の無関心、東の市民の経済的悪化に対する危惧などが影をおとしていた[31]、また2003年7月、12月における欧州憲法条約草案がなかなかまとまらないことにも懸念があった。そうした中で、04年6月半ば、欧州議会選挙が行われたのである。

1　欧州議会選挙：なぜ市民は政権党を支持しなかったか

10カ国の加盟に引き続き、2004年6月10-13日、25カ国のEU初めての欧州議会選挙が行われた。全体で、25カ国732議席をめぐって、各国で投票が行われた。

しかし結果的に，投票率は非常に低く，欧州連合加盟国平均で，45％であった。とりわけ新加盟国は，ようやく悲願のEU加盟が行われたにもかかわらず，平均，28％（有権者の4人に1人しか参加せず）というきわめて低い数字であった。結果は，キリスト教民主党系（保守系）；276，社会民主党系（左翼系）；201（199）となり，全体として，政権党の多くが各国で敗北する厳しい状況となった。保守派・ナショナリスト，極右の成長も目だった[32]。

15年前の1989年に，中・東欧が社会主義体制を次々に放棄し，民主化，市場化と「ヨーロッパ回帰」のユーフォリア（熱狂）を引き起こしたことを考えると，大きな変化である。何がこのような結果を招いたのだろうか。なぜ，一般市民は，政権党を支持しなかったのだろうか。

これについては，以下の点が指摘できよう。

① （東西双方）拡大によるEU益のメリットがみえない。生活基盤の不安定。
② 戦争と，イラク派兵（兵士殺害），経済状況などについて，自国の政権不信。
③ 拡大が近づくにつれ，国益との相克（農業問題，移民問題，財政問題）。
④ 選挙疲れ。
⑤ （新加盟国）西側との地域格差，雇用の困難性，社会保障の削減，加盟コストの増大。
⑥ 移民，農業問題：加盟後も欧州の「二級国家」に留まるのではという危惧など。

2002年，2003年秋の，ユーロ・バロメーターの調査結果は，今回の結果を暗示している。それによれば，元加盟国（15ヵ国）は，拡大に無関心であり，拡大にともなう負担を危惧している。他方，新加盟国は，加盟することによって経済状況は悪化すると考える人が，48％に上っている。政党・政府への不信が増し，頼れるものはメディアと軍，という状況であり，EUエリートと市民の乖離が拡大している[33]。

EUの元・新加盟国双方の市民層が，EUの遠さ，政府への不信を感じていることは深刻であり，拡大EUにおける参加民主主義の問題を改めて検討・実行していく必要があろう。

Ⅶ　欧州憲法条約草案をめぐる東西の相克

欧州憲法条約については，2002年2月末より2003年6月，憲法条約をめぐるコンヴェンションが開かれ，2003年6-7月，ジスカールデスタン（Valéry Giscard

第10章 拡大EUと中・東欧，ワイダー・ヨーロッパ──「ヨーロッパ東半分」の国際関係　241

表10-1　欧州議会選挙の結果

〈ポーランド〉（投票率20.87%）		計54議席
市民綱領（PO：野党）	24.10%	15議席
ポーランド家族同盟（野党，反EU）	15.92%	10議席
法と正義（野党）	12.67%	7議席
自衛（野党，反EU）	10.78%	6議席
民主左翼連合（与党，政権党）	9.35%	5議席☆
自由同盟（野党）	7.33%	4議席
ポーランド農民党（野党）	6.34%	4議席
ポーランド社会民主党	5.33%	3議席
〈ハンガリー〉（投票率38.47%）		計24議席
FIDESZ/民主党（野党）	47.41%	12議席
ハンガリー社会党（与党）	34.31%	9議席☆
自由民主連合	7.72%	2議席☆
ハンガリー民主フォーラム	5.33%	1議席
＊前・元2首相，イラク駐留軍の撤退呼びかけ。		
〈チェコ〉		計24議席
市民民主党（野党）	30%	9議席
ボヘミア・モラビア共産党	20.3%	6議席
無所属連合，欧州の民主主義者	11.0%	3議席
キリスト教民主同盟・チェコスロヴァキア人民党（与党）	9.6%	2議席☆
チェコ社会民主党	8.8%	2議席
その他	8.2%	2議席
〈スロヴァキア〉		計14議席
スロヴァキア民主キリスト教同盟（与党）	17.1%	3議席☆
人民党，民主スロヴァキア運動（野党）	17.0%	3議席
スメル（方向）	16.9%	3議席
キリスト教民主運動（与党）	16.2%	3議席☆
ハンガリー人連合（与党）	13.2%	2議席☆
〈スロヴェニア〉（投票率28.25%）		計7議席
新スロヴェニア（野党）	28.25%	2議席
自由民主党，年金生活者民主党（与党）	21.94%	2議席☆
スロヴェニア民主党（野党）	17.67%	2議席
社会民主主義者（与党）	14.17%	1議席☆
〈セルビア大統領選挙〉（投票率47.63）（与党は4位）		決選投票
ニコリッチ急進党副党首（野党，極右民族主義）		30.44%
タディッチ民主党（野党）		27.6%

出典：中・東欧 Fax news より作成。

d'Estaing）が欧州憲法条約草案を提出した。この憲法条約草案自体は，旧来複雑で市民にわかりにくかった法令を，より簡素化し，効率化，民主化，分権化することをめざしたとされる[34]。

しかし現実には、この草案をめぐって、中・東欧の加盟国を含む何カ国かが強く反発し、2003年末にも妥協が成立せず、決裂した。

とりわけポーランド、スペインが、欧州理事会における各国の持ち票の配分、および「効率化」をめぐって批判を強めた。不満の対象となったのは、人口比にもとづく新しい持ち票数をめぐる対立を筆頭に、大国への権限集中、欧州委員会数の削減による新加盟国の権限の制限、小国の発言機会の縮小、2重多数決による大国と小国の格差の拡大であった。

これらに対し、中・東欧および北欧諸国の多くは結束して、具体的に次の点に懸念と警戒感を表明した。

(1) 常任議長・外務大臣の創設により、半年ごとの議長国の輪番制は廃止。その結果、権限が個人および大国に集中、新加盟国の議長輪番の可能性が減少することを懸念した。

(2) 2重多数決（加盟国の過半数＋人口の60％）による決定（表参照）。これによりドイツ以外の票数は一律に削減され、ポーランド・スペインは半減、イタリアが3割減となる。最小国には一定の票数が保障されるため、かえって大きな批判は出なかった。

(3) 欧州委員会の定数削減。これまで1カ国1名、15カ国15名であり、ニース条約では25カ国25名となったが、憲法条約では27カ国でも15名で固定となる（委員会の権限拡大とあわせると、委員会に選出されなかった国は、発言機会、決定への参与機会が大幅に縮小する）。

すなわち、ニース条約で比較的保障されていた小国の権利が、「外部に対して、強いEU」をめざす合理化と効率化を重視する新憲法草案の採択によって、かなり縮小されることとなり、多様性と対等な権利にもとづくEUを期待した中・東欧小国にとっては、不満が増大する結果となった。新加盟国の多くは、これまで大国と小国の間の格差がより小さな形で保障されていた権限が、憲法条約で改めて縮小されることを危惧したのである。他方イギリスは、外交・防衛や税制で拒否権が行使できないことに反発した。

しかし最終的には、2004年6月17、18日のブリュッセルでの首脳会議で、欧州憲法が修正の上、全会一致で採択されることとなった。修正点は、キリスト教への言及を求めたポーランドやイタリアの要求について、欧州の文化的・宗教的遺産の継承として、宗教性を示唆したこと、欧州議会への各国議員数を最低6名とし、「多様性の中の統一」を強調するなど、小国の権利を確保したことである。また、最大の争点となった2重多数決については、「加盟国の少なくとも55％が賛成

第10章 拡大EUと中・東欧,ワイダー・ヨーロッパ——「ヨーロッパ東半分」の国際関係

表10-2 各国の持ち票配分比較表:ニース条約と憲法条約草案

加盟国	人口(100万人)	欧州議会 票数*1	15カ国EU 票数*1	欧州理事会(ニース条項) 票数*2		憲法条約草案		差異	
					% ①	比率* ②	人口比 ③	比率* ④	% ③-①	比率 ④-②
ドイツ	82.00	99	10	29	9.03	1	18.15	1	9.12	0.00
フランス	60.40	78	10	29	9.03	1	13.37	0.74	4.33	-0.26
イギリス	58.60	78	10	29	9.03	1	12.97	0.71	3.94	-0.29
イタリア	57.60	78	10	29	9.03	1	12.75	0.7	3.72	-0.3
スペイン	39.40	54	8	27	8.41	0.93	8.75	0.48	0.31	-0.45
オランダ	15.80	27	5	13	4.05	0.45	3.5	0.19	-0.55	-0.26
ポルトガル	10.80	24	5	12	3.74	0.41	2.39	0.13	-1.35	-0.28
ギリシャ	10.50	24	5	12	3.74	0.41	2.32	0.13	-1.41	-0.29
ベルギー	10.20	24	5	12	3.74	0.41	2.26	0.12	-1.48	-0.29
スウェーデン	8.90	19	4	10	3.12	0.34	1.97	0.11	-1.15	-0.24
オーストリア	8.10	18	4	10	3.12	0.34	1.79	0.1	-1.32	-0.25
デンマーク	5.30	14	3	7	2.18	0.24	1.17	0.06	-1.01	-0.18
フィンランド	5.10	14	3	7	2.18	0.24	1.13	0.06	-1.05	-0.18
アイルランド	3.70	13	3	7	2.18	0.24	0.82	0.05	-1.36	-0.2
ルクセンブルク	0.43	6	2	4	1.25	0.14	0.09	0.01	-1.15	-0.13
ポーランド	38.65	54	8	27	8.41	0.93	8.56	0.47	0.14	-0.46
チェコ	10.30	24	5	12	3.74	0.41	2.28	0.13	-1.46	-0.29
ハンガリー	10.20	24	5	12	3.74	0.41	2.26	0.12	-1.48	-0.29
スロヴァキア	5.40	14	3	7	2.18	0.24	1.2	0.07	-0.99	-0.18
リトアニア	3.50	13	3	7	2.18	0.24	0.77	0.04	-1.41	-0.2
ラトヴィア	2.37	9	3	4	1.25	0.14	0.52	0.03	-0.72	-0.11
スロヴァキア	5.40	14	3	7	2.18	0.24	1.2	0.07	-0.99	-0.18
エストニア	1.40	6	3	4	1.25	0.14	0.31	0.02	-0.94	-0.12
キプロス	0.75	6	2	4	1.25	0.14	0.17	0.01	-1.08	-0.13
マルタ	0.39	5	2	3	0.93	0.1	0.09	0	-0.85	-0.1
計	451.79	682	124	321	100.00		100.00			
ルーマニア	22.40	33		14						
ブルガリア	8.30	17		10						
計	480.80	732		345						
可決必要票数				88 (71.26%)	255 (73.91%)					
法案否決可能な最少票数				37	91					

*1…現行。04.10.13まで　*2…04.11.1から　*…比率はドイツを1とする
出典:*Enlargement and institutional Changes*, Brussels, 16 March 2004.
Draft Treaty Establishing a Constitution for Europe, The European Convention, 18 July 2003, p.281-282. *Le courrier des pays de l'Est, Le cinquième élargissement de l'Union européenne, L'arrivée en force de l'Europe centrale*, Ladocumentation Française, mensuel No 1031 janvier 2003, p. 9.

し,賛成国の人口がEU人口の65%以上となる」ことが可決の条件とされ,いずれも5%ずつ引き上げられ,大国だけでまとまることによって可決するという可

能性を弱めた(35)。

　また100万人の市民の要求で，欧州委員会に法案作成を求められるなど，市民の参加権も保障した。さらに欧州議会が，欧州委員長の選出権を持つなど，議会の権限も拡大した。今ひとつの議論の対象であった，欧州委員の15人への固定化については，2014年までは各国1名ずつとし，以後総数を18人に絞り込むこととなった(36)。

　この欧州憲法条約は，09年には発効予定となる。

　あわせて，ブリュッセルの欧州理事会では，クロアチアが2005年から加盟交渉を始め，2007年に加盟することもありうることを再確認したが，戦争犯罪者の処罰などの問題もあり，加盟時期についてはいまだ流動的である。

おわりに：拡大EU，今後の課題

　拡大EUは，今後どのような欧州作りに向かうのだろうか。また中・東欧はそこでどのような役割を担うのだろうか。

　(1) **大国vs小国**　2004年に加盟した10ヵ国は，ポーランドを除けばそれぞれ1000万以下，バルト諸国は200-300万，キプロス，マルタにいたってはそれぞれ75万，40万の小国である。しかし，いずれも小国の権限を保持し，EUの中では大国と同等の発言権を示そうという気概に満ちた国々である。とりわけ，中欧諸国は，旧ハプスブルクの伝統も含めて，ヨーロッパ・アイデンティティとナショナル・アイデンティティを強くもったヨーロッパ意識の高い国々であり，今後もルーマニアやバルカンなど加盟候補国の行方について，対ロシア政策について，まとまって行動することが予想される。

　中でもポーランドは，人口4000万の中進国として，またドイツとロシアの狭間にあるプロ・アメリカの国家として，今後EUの政策において無視できない役割を果たすといえよう。拡大ヨーロッパが，「ヨーロッパ東半分」の国際関係を考えずして政策化できなくなってきているゆえんである。

　(2) **EU益と国益**　今一つの重要な課題は，農業問題，財政問題など，EU益と国益をめぐる利害対立の調整である。ただ，こうした国益をめぐる内部対立は，長期にわたる相互調整が必要である。課題としては，EU内の先進国と後発国との差を可能な限り縮小していくこと，「多様性の中の統一」，元加盟国のみならず新加盟の利害の保障などが，検討されねばならない。

　(3) **近隣国との友好・協力**　EUの国際関係において重要なのは，ワイダー・ヨー

ロッパに象徴される近隣政策，EU の新たな境界線と接する国々との協力関係の進展である。とりわけ，アジア・極東にまでつながり中国と最大最長の境界線をもつ，ロシアと旧ソ連邦に対する政策は，焦眉の課題である。EU の境界線については，前委員長プローディ・CFSP 上級代表ソラナ（Javier Solana）を含め，この間，EU 側も問題の重要性を認識し，改善策の検討に尽力した。それはカリーニングラードの FTD, FTD-RW 文書や 1 年間のマルチプルビザの発行にあらわれている[37]。ロシアとの石油・天然ガスを中心とするエネルギー共同開発も，不安定な中東からの代替エネルギー開発の問題として進められている。

　(4)　**多元的な世界秩序の構築に向けて**　欧州が，アメリカにならびそれを凌ぐ国際的なパワーとなるためには，ヨーロッパの東半分，その外にあるロシアや中東，さらには中国，日本，インドなどアジア諸国といかに協力しつつ，新しい国際規範を打ち出していけるかにかかっている。国際関係における新しい秩序形成をリードしていくためには，軍事力の拡大や独仏英の主導以上に，北欧や中・東欧諸国の加盟により，国連とも連携しつつ，民主主義や多様性の議論を発展させ，多元的なヨーロッパ連合の基礎として機能していくことこそが，求められているのではないだろうか。

注
（1）　拡大欧州と中・東欧については，筆者はこの 10 年間の研究の中で，いくつかの著書や論文を書いてきた。それぞれの項目については，『統合ヨーロッパの民族問題』（講談社現代新書），『拡大するヨーロッパ　中欧の模索』（岩波書店），『グローバリゼーションと欧州拡大』（お茶の水書房），*The Enlargement of the EU toward Central Europe and the Role of Japanese Economy*, Budapest, 2002.『拡大ヨーロッパの挑戦――アメリカに並ぶ多元的パワーとなるか』（中公新書）などを参照されたい。本稿は，書下ろしではあるが，最後の著書に一部重なっているところがあることをお断りしておく。
（2）　欧州安全保障戦略（ソラナ・ペーパー）については，"A Secure Europe in a Better world," *A European Security Strategy*, 12 December 2003, http://ue.eu. int/solana/security/strategy.asp, Dr. Fraser Cameron, "The Wider Europe," *The European Policy Centre Issue Paper*, No. 1, Brussels, 2003, p. 2-4. これらを基礎に，2004 年の「汎ヨーロッパ国際会議」（ハーグ），12 月 ECSA-World の国際会議（ブリュッセル）では共に，世界秩序の再構築に向けて，ヨーロッパ及び EU の役割を強く打ち出している。
（3）　中欧，東中欧，東欧の用語の意味と変遷については，Oscar Halecki, *The limits*

and Divisions of European History, Sheed and ward, New York, 1950, ベレンド, イヴァーン・T, 柴宜弘他訳『ヨーロッパ周辺の近代』刀水書房, 1991年, ウォーラーステイン, イマニュエル, 川北稔訳『近代世界システム』岩波書店, 1981年。

(4) Petr Drulak (ed.), *National and European Identities in EU Enlargement, Views from Central and Eastern Europe*, Prague, 2001, p. 69-70.

(5) Mérei Gyula, *Federációs tervek Délkelet Európában és a Habsburg monarchia* (南東ヨーロッパの連邦構想とハプスブルグ帝国), *1848-1918*, Budapest, 1965; Niederhauser Emil, *The Rise of Nationalism in Eastern Europe*, Budapest, 1981. 羽場久浘子『統合ヨーロッパの民族問題』講談社現代新書, 1994年 (7版, 2004年)。80-93.

(6) Seton-Watson, Robert William, weekly periodical "The New Europe (1916-1920)," and Seton-Watson, Hugh and Christopher, *The Making New Europe*, Seattle, Univ.of Washington Press, 1981.

(7) クーデンホーフ=カレルギー (鹿島守之助訳)『パン・ヨーロッパ』鹿島研究所, 1927年;"Pan European Union Movement: Count Richard Coudenhove-Kalergi on the aim and the method of Pan-European Union, *Documents of European Union*, Ed. by A.G.Harryvan et al., Macmillan Press, 1997, p. 33-38.

(8) Churchill's Speech at Zurich University, *op. cit.*, p. 38-42.

(9) The Marshall Plan: Speech by the US Secretary of State General George Marshall, at Harvard University, *Documents*, p. 43-45. *Československo a Marshalův plán, Sborník dokumentů* (チェコスロヴァキアとマーシャル・プラン), Svazak 1, 1992, Chronological Summary, p. 119-124. 羽場久浘子「東欧と冷戦の起源再考──ハンガリーの転機, 1945-1949」,『社会労働研究』第45巻第2号, 1998年12月, 42-43頁。

(10) たとえば, アメリカとの関係やユーゴとの「ドナウ連合」構想, 羽場久浘子「ハンガリーの占領と改革」『占領改革の国際比較』油井・中村・豊下編, 三省堂, 1994年, 348頁, 360頁。

(11) *1956, A Forradalom Kronológiája és Biobliográfiája* (1956:革命年表と文献), Századvég Kiadó, 1956-os Intézet, 1990. Rainer M. János, *Nagy Imre, 1953-1958*, 1956-os Intézet, Budapest, 1999. 近年は, *Döntés a Kremlben* (クレムリンの決定), 1956など機密重要資料も刊行されている。

(12) 羽場久浘子『拡大するヨーロッパ 中欧の模索』岩波書店, 1998年, 33-49頁。*A NÁTO tag Magyarország: Hungary A Member of NATO*, Budapest, 1999, p. 89.

(13) *Ibid.*, p. 14.

(14) クリントンの演説。佐瀬昌盛『NATO』新潮文庫, 1999年, 174-175頁。米上

院での，NATO の中欧への拡大に向けての 6000 万ドルの補助金の承認は，*Hungary: A Member of NATO*, p. 108 (October 1, 1996).

(15) 『朝日新聞』2000 年 3 月 11-13 日。また，ハンガリー人のハーバード大学ケネディスクールのフェロー，ゴルカは，中欧 3 国はアメリカの慈悲で入れてもらったのではなく，対ボスニア・ヘルツェゴヴィナや前ユーゴスラヴィアの紛争への対処に，中欧 3 国 35 万人の軍隊はきわめて役に立ったことを強調している。Web-edition, Vol. 47-No. 3., autumn 1999. NATO homepage: http://www.nato.int/docu/review/1999/9903-10.htm

(16) アーグ・アッティラへのインタヴュー，1999 年 7 月。

(17) *Népszabadság*, 1999 április 26.

(18) 山口定・高橋進編『ヨーロッパ新右翼』朝日新聞社，1998 年，*The Radical Right in Central and Eastern Europe since 1989*, Ed. By Sabrina P. Ramet, The Pennsylvania State University Press, 1999, 羽場久泥子『グローバリゼーションと欧州拡大　ナショナリズム・地域の成長か』御茶ノ水書房，2002 年。

(19) 『ヨーロッパ新右翼』前掲書，198 頁。

(20) *The Radical Right, op., cit.*, p. 3-4.

(21) Christopher Willams, "Problems of Transition and The Rise of the Radical Right," *The Radical Right, op. cit.*, p. 34-35.

(22) *Les clés de l'Europe, 2004, Histoire de l'UE, Ses institutions, Les jeunes et l'Europe*, Milan, 2003, p. 8-9. 中・東欧 Fax news，2003 年 1 月 30 日，2 月 4 日。

(23) ルーマニア当局者の言。2003 年 3 月。

(24) NATO のホームページ http://www.nato.int/docu/pr/2003/p03-093e.htm 21 カ国の多国籍軍を率いるティシキェヴィッチに対し，ラムズフェルド米国防長官が歓迎の挨拶を寄せている。イタリアのアメリカ大使館のプレスリリース。http://www.usembassy.it/file2003_09/alia/a3090804.htm

(25) World Socialist Website: Polish prime minister resigns amid mass opposition to social devastation http://www.wsws.org/articles/2004/apr2004/pol-a01.shtml; Marek Belka is new Polish head of government, http://www.wsws.org/articles/2004/may2004/pola-m06.shtml

(26) 羽場久泥子「『EU の壁』・『シェンゲンの壁』」『国際政治』129 号 (2002 年)，77-91 頁；羽場久泥子『拡大ヨーロッパの挑戦』前掲書，124-137 頁。

(27) *Carpathian Foundation, Fund for the Development of the Carpathian Euroregion, Report 1995-97*, 1998; Закарпаття Transcarpathia, 2001. Products of the Transcarpathian Companies, 2001.

(28) Rusyn news homepage: Visa Agreement Between Ukraine and Hungary Signed http://www.legacyrus.com/NewsReel/RusynNews/2003/RusynNews

ServiceOct2003. htm
(29) Rusyn news homepage, *ibid.*, Hungarians and Serbs Discuss Visas and Citizenships.
(30) ワイダー・ヨーロッパの戦略については，EU のホームページ，http://europa.eu.int/comm/external_relations/we/doc/com03_104_en.pdf.
(31) 加盟を巡る国民投票の投票率の低さや，2002 年の西の市民，2003 年末の東の市民に行われた拡大を巡るユーロバロメーターの結果は，羽場久浘子『拡大ヨーロッパの挑戦』前掲書，57-67 頁を参照のこと。それぞれのユーロバロメーターについては，http://europa.eu.int/comm/public_opinion/archives/eb/eb57/eb57_en.pdf http://europa.eu.int/comm/public_opinion/archives/cceb/2003/cceb2003.4_first_annexes.pdf
(32) 欧州議会選挙の票配分表は，EU ホームページ，http://www.elections2004.eu.int/ep-election/sites/en/results1306/index.html
(33) 注(31)のユーロ・バロメーターの出典。
(34) 欧州憲法条約草案全文は，Draft Treaty Establishing a Constitution for Europe, The European Convention, 18 July 2003.（冊子）および EU のホームページでは，http://europa.eu.int/futurum/constitution/index_en.htm 資料については，ブリュッセルの欧州連合日本代表部の橋田力氏にご教示を受けた。欧州憲法条約草案の分析については，庄司克宏「欧州憲法条約草案の概要と評価」『海外事情』2003 年 10 月を参照のこと。
(35) 2004 年 6 月 18 日の修正版（英語版）については，http://www.euabc.com/upload/rfConstitution_en.pdf
(36) 上記修正版，および『朝日新聞』，2004 年 6 月 19 日。
(37) *Kaliningrad Region of Russia and the EU Enlargement. Issues of the Pan European Integration Analytic report*, Kaliningrad, 2003, p. 5; カリーニングラード大学副学長 Вера И. Заботкина へのインタヴュー，2003 年 2 月 9 日。

【文献案内】

Documents of European Union, ed. by A. G. Harryvan et al., Macmillan Press, 1997.

Drulak, Petr (ed.), *National and European Identities in EU Enlargement. Views from Central and Eastern Europe*, Prague, 2001.

Kaldor, Mary & Ivan Vejvoda, *Democratization in Central and Eastern Europe*, London & New York, 1999.

ノーマン・デイヴィス，別宮貞徳訳『ヨーロッパ』 I-Ⅳ，共同通信社，2000 年

クーデンホーフ＝カレルギー（鹿島守之助訳）『パン・ヨーロッパ』鹿島研究所，1927 年

佐瀬昌盛『NATO』新潮文庫，1999年
山口定・高橋進編『ヨーロッパ新右翼』朝日新聞社，1998年
谷川稔編『歴史としてのヨーロッパ・アイデンティティ』山川出版社，2003年
宮島喬・羽場久浘子共編著『ヨーロッパ統合のゆくえ』人文書院，2001年
羽場久浘子『拡大するヨーロッパ　中欧の模索』岩波書店，1998年
羽場久浘子『グローバリゼーションと欧州拡大』御茶ノ水書房，2002年
羽場久浘子『拡大ヨーロッパの挑戦　アメリカに並ぶ多元的パワーとなるか』中公新書，2004年

第11章
ポーランドとEU

小森田秋夫

はじめに——「東方拡大」の鏡としてのポーランド
I　欧州統合とポーランド
　　1　世論の動向
　　2　「チャンスと脅威」——欧州統合の5つの次元
II　加盟交渉から欧州憲法条約まで
　　1　ポーランドの政治地図とEU加盟問題
　　2　加盟交渉
　　3　国民投票
　　4　欧州憲法条約
おわりに——イラク戦争の影
【文献案内】

はじめに——「東方拡大」の鏡としてのポーランド

　2004年5月, 欧州連合 (EU) に新たに10カ国が加盟した。これらの国がEUに加盟するまでにどのような歩みをたどり, 今後どのような問題に直面するかについては, それぞれの国に即して, その個性的な相を見落とすことなく論じられる必要がある。ポーランドもまた, そのように扱われるべきひとつの国である。しかし, それと同時にこの国は, 加盟25カ国のなかの第6位にあたる3800万人というその人口規模と「地政学」的位置とによって,「東方拡大」と呼ばれるEU (旧EC) の第5次拡大の特徴とそれが孕む問題とを照らし出している, とみることもできる。
　第1に, 新たに加盟した10カ国のうち8カ国は, 90年代はじめに社会主義的計画経済から資本主義的市場経済への体制転換を開始した旧ソ連・東欧諸国に属している。このことは, これらの国が, EUが前提とする市場経済に適合的なシステムを, それに特有な「光」と「陰」とをともないながらわずか10数年のあいだに構築してきたこと, にもかかわらず, 人口1人当りのGDPの水準でみたとき, 全

体として旧加盟国とのあいだの大きな経済的格差をかかえたまま統合された市場に加わったこと，を意味する。ポーランドは，その規模のゆえに，大きな潜在力とともに，失業率の著しい高さ（約20％，300万人）や相対的に生産性の低い農業の比重の大きさによって象徴される「陰」の重みによっても際立っている。

第2に，「東方拡大」は，地中海やスカンディナヴィア半島という地理的境界をともなっていたこれまでの拡大とは異なり，どこまで拡大するのか未確定なまま進められている。ルーマニア・ブルガリアの早ければ2007年の加盟までは想定されているものの，その先の見通しは明確ではない。「東方拡大」は，東西に分断されてきた欧州の再統合を意味する画期的なできごととしてしばしば語られる。しかし，再統合は完成したのではなく（これまでとは性格を異にするとはいえ），欧州を分断する"壁"がさしあたり東に移動したにすぎない，という側面をももっている。このようななかでポーランドは，ロシアのカリーニングラード州，ベラルーシ，ウクライナと国境を接し，しばらくの間EUの東方の"壁"を守るべき位置に置かれていることになる。

地理的限界をめぐるもうひとつの焦点はトルコである。イスラーム文化圏に属するトルコの加盟問題は，EUの文化的アイデンティティという問題にかかわっている。ポーランドとトルコとの直接のつながりは薄いが，欧州のキリスト教的起源をことのほか強調する国としてポーランドがEUに加わったことは，この文脈においても見逃せない。

第3に，「東方拡大」は，6カ国から出発したEUの統治（ガヴァナンス）の仕組みの見直しを促す諸要因のひとつとなった。要因のひとつは，いわゆる「民主主義の赤字」問題にこたえるべき民主化であるが，25カ国ないし27カ国への拡大の見通しは，効率化という問題を前面に押し出したのである。このことは，決定採択方式における全会一致主義から多数決主義へ，そして多数決主義における（加盟国の多数決とともに）人口を基準とした多数決への流れを加速した。ポーランドは，10の新加盟国，とりわけ8つの旧ソ連・東欧諸国のひとつとして，旧加盟国にあらゆる面でキャッチアップするというこれら諸国と共通の課題を抱えている。一方，ポーランドは，独英仏伊の4大国につぎ，人口規模においてスペインにほぼ匹敵する「中国（ちゅうこく）」という位置にある。このことが，憲法条約として結実しつつあるEU統治の新たなあり方の模索において，この国が独自の自己主張を行う背景となっている。

最後に，「東方拡大」へ向けた加盟交渉が大詰めを迎えていたときに起こった9.11事件は，アメリカ・ブッシュ（George W. Bush）政権による（「有志連合」を

率いるという形をとった) 単独行動主義を誘発し, これがイラク戦争をめぐって EU 内部に亀裂を引き起こした。EU 加盟国の多くは, 欧州におけるアメリカの存在を根拠づける NATO の加盟国でもあるが, 経済共同体から出発しつつ共通外交防衛政策をも模索しつつある EU は, NATO との関係, より限定的にはアメリカとの関係をどのように取り結ぶか, という問題に直面することになったのである。一方, 旧ソ連・東欧諸国の多くは, EU と NATO を「西側の組織構造」をなすものとしてセットで眺めることが多く, よりハードルの高い EU には入れないとしても, NATO に入ることによって, 自らを「西側」に位置づけようとする志向が幅広く生み出されてきた。しかし, EU の中核であるフランスやドイツと NATO の中核であるアメリカとの間にかつてない溝が生まれてくると,「西側」というくくり方はひとつの抽象にすぎないことが明らかとなる。ポーランドは, 1999 年 3 月にハンガリー・チェコとともにいち早く NATO に加盟していたが, 自他ともに認める「親米国家」として, イラク戦争における渦中の国となったのである。

　本章では, 以上のようなポーランドの独自の位置に着目し, まず, EU への加盟がポーランドにとって何を意味するかについて整理したうえで, 1998 年 3 月に始まった加盟交渉から, 加盟国として迎えた 2004 年 6 月の憲法条約成立までの過程で, 何が問題になったのかを概観することにしたい。

I　欧州統合とポーランド

1　世論の動向

　ふつうの市民にとって, EU への加盟は NATO への加盟とは大きく異なる意味をもっている。いずれも加盟の単位は国家であるが, EU の場合, 加盟の帰結は人々の日常生活に直接影響を及ぼす一方, 加盟国市民は EU という政治的共同体の構成員であることを意味する「欧州市民」として扱われ, 加盟国市民としてその国家を媒介とするルートとは別に, そのような資格においてこの政治的共同体における意思決定に関与することが認められる。したがって, EU への加盟の過程において, 交渉の前面に立つのは政府であり, 加盟への準備の中心をなす国内法を EU 法に適合させる作業を担うのは議会であるとしても, 市民たちもまた加盟への過程への参加者なのであり, 実際, ポーランドを含めほとんどの新加盟国において, 国民投票によって加盟の是非が問われたのである。

　それでは, ポーランド市民は EU への加盟についてどのような考えを抱いてきたのであろうか。世論調査センター CBOS のデータをもとに, 大まかな傾向をつ

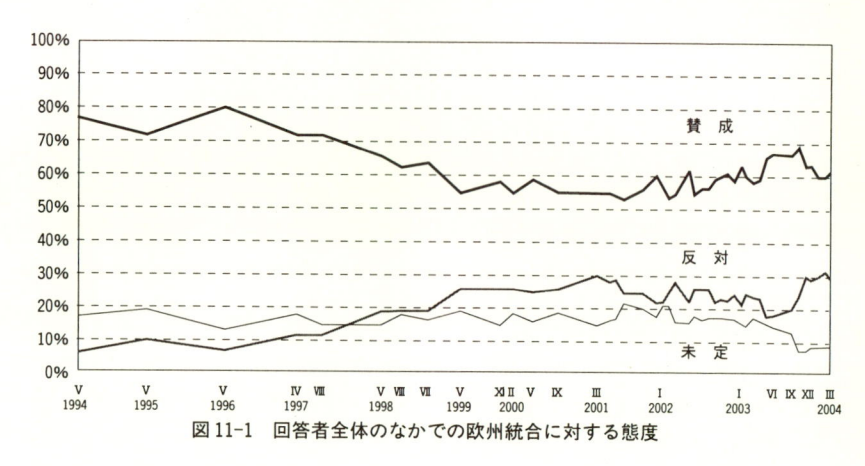

図11-1　回答者全体のなかでの欧州統合に対する態度

かんでおくことにしよう(1)。

　まず，EU加盟への支持と不支持の長期的な傾向である。ポーランドがEUに正式な加盟申請を行ったのは1994年4月であるが，この頃から1997年7月にEUの欧州委員会がポーランドを含むいわゆる中・東欧諸国などの加盟にむけた「アジェンダ2000」を発表する頃までは，70〜80％が欧州統合への支持を表明していた。ところで，「アジェンダ2000」は，加盟候補国としての資格要件を備えているかどうかについての各国別の評価を含んでいた。翌98年3月に加盟交渉が始まると，加盟国になるためには何が求められるのかが具体的に明らかになり，目標の達成状況が毎年点検されるようになる。後に述べるように，EUとの間に少なからず立場の隔たった問題がいくつかあることも明らかになってくる。このような中で，加盟支持は減少し始め，99年以降は50％台にまで落ちて（その後，若干のジグザグはあるものの）ほぼ安定する。不支持は概ね20％台である(2)。EU加盟が抽象的な願望から具体的な現実へと変化するに連れて支持が低下するというこのような傾向は，加盟候補国に一般にみられるところである。

　しかも，加盟を支持する者の方が多数派であるとはいえ，加盟にともなうあらゆる可能性を利用することができるように準備が整ってから加盟したほうがよいと考える者が，加盟にともなう利益の一部を放棄してでも，できるだけ早く加盟した方がよいと考える者よりもはるかに多い（2001年5月の時点で，それぞれ63％と13％。14％はおよそ加盟に反対）(3)。この時期，政府は「2003年1月」という目標を設定し，一刻も早い加盟をめざしていたが，世論はより慎重に構えていたのである。

加盟支持者が平均より多いのは，人口2万人以上の中ないし大規模の都市に住み，教育水準が高く，管理職や知的労働，自営業に従事し，1人当りの所得の比較的高い層である。女性よりも男性のほうが支持者がやや多い。年齢別では，25〜34歳でもっとも支持が高い。それよりも若い層の傾向はほぼ平均なみであるが，学生の間では支持者が多い。逆に，農村または小都市に住み，教育水準が低く，農業や筋肉労働に従事し，1人当りの所得が低い層の間で不支持が比較的多いということになる。週に数回宗教活動に参加するという信仰心のあつい層のあいだで，唯一不支持が支持を上回っている[4]。

それでは，支持と不支持の理由はどのようなものであろうか。**表11-1**は，加盟交渉が大詰めを迎えていた2002年11月の時点における支持の理由，**表11-2**は不支持の理由である[5]。

加盟前夜のポーランド人は，欧州人と比べた自己イメージを次のように描いている。ポーランド人は，欧州人よりもはるかに悪い条件のもとで，ますます質素に暮らしており，行方を見失っているとはいえ，宗教心は著しくあつく，愛国心も強い。仕事よりも家族の方を重んじ，欧州人ほどには人生における成功を追い求めず，平安を重視する者も多い。とはいえ，興味深いことに，90年代はじめ以降，ポーランド人はよく働き，仕事を大事にし，倹約すると考える者が年を追うごとに増加し，2004年にはこの点での欧州人との違いはもはやほとんど認められていない[6]。

このようなポーランド人が，統合される欧州に提供することのできるものは何か。それは何よりも「安い労働力」（55%）であり，「他のEU諸国の商品のための市場」（27%）である。しかし，「高い品質をもった農業生産物」（30%）[7]や「勤勉さ，企業家精神」（21%）も挙げられており，「伝統，道徳的価値，宗教」（33%）や「文化と芸術」（24%）もポーランドのメリットと考えられている[8]。

こうして，ポーランド人は，「不安」（60%）や「恐れ」（19%）と「希望」（57%）と「模様ながめ」（53%）とが入り混じった複雑な心境とともにEU加盟を迎えたのである[9]。

2 「チャンスと脅威」——欧州統合の5つの次元

ポーランドでは，1989年を転機に，資本主義的市場経済への体制転換が始まって以来，その意味するものを分析するにあたって，「チャンス（szanse）と脅威（zagrożenia）」というキーワードが用いられるのが常であった。EU加盟にあたって，今また同じキーワードが語られている。「希望と不安」は，同じことの人々の

表11-1 あなたはなぜ，ポーランドのEU加盟に賛成投票しようと思うのですか？ （複数回答）

失業の低下，仕事をみつけるよりよい可能性	67%
うち　加盟後，ポーランドにおける失業が減少する	21%
外国（EU諸国）で仕事を見つける可能性が大きくなる	27%
両方あわせた理由	19%
次の世代にとって，よりよい暮らしの見通しが開ける	57%
ポーランドにおける経済成長が加速される	42%
国境開放からの利益が感じられるようになる（EU域内での自由な移動・移住）	39%
物質的生活条件が改善される	33%
ヨーロッパと世界におけるポーランドの地位が強化される	27%
EUの外にとどまるには，ポーランドは経済的にあまりにも弱い	20%
いまEU加盟を放棄するには，すでにあまりに多くのことをEU加盟に向けて行ってきた	17%
ポーランドにおける民主主義の機能のしかたが改善される	16%
ポーランドの農村と農業が利益を受ける	14%
統合はポーランドの文化と習慣によい影響を与えるだろう	6%
その他の理由	1%
回答困難	1%

表11-2 あなたはなぜ，ポーランドのEU加盟に反対投票しようと思うのですか？ （複数回答）

EUへの加盟後，ポーランドは外国資本によって買いつくされてしまう	54%
統合はポーランド農業にとって不利益となる	43%
ポーランドは，まだ統合への準備ができていない	42%
EUへの加盟後，国家主権を失なう恐れがあり，我々にかかわる決定がブリュッセルで採択される	40%
ポーランド経済は，EUでの競争に対処するにはあまりに弱い	39%
交渉された統合条件が，ポーランドにとって不利	31%
EUを信頼していない	28%
EUへの加盟後，生活水準の低下が起こる	21%
統合の原則と帰結についての情報が不足している	15%
統合はポーランドの文化と習慣に悪い影響を与えるだろう	11%
その他の理由	5%
回答困難	1%

意識のレベルでの表現にほかならない。ただし，その際次の点に注意をはらう必要がある。

　第1に，EUへの加盟ないし欧州統合は，経済システムの転換を意味する市場経済化を中核としつつも，より広い射程をもった——経済・社会・文化・政治・対外関係の諸次元を含む——多次元的な過程である。したがって「チャンスと脅威」もそれぞれの次元に対応した内容をもっている。第2に，この「チャンスと脅威」は，1989年以降の変化の単なる延長線上にあるとは限らない。一連の変化，とりわけ市場経済化は，それに適応し生活条件を好転させることのできた人々（いわゆる「勝者」）と，その負の効果を直接に被った人々（「敗者」）とを生み出したが，EU加盟は，「勝者」と「敗者」との分岐をいっそう推し進めることになりうるとともに，「敗者」にチャンスを与えようとする側面をももっているからである。第3に，「チャンスと脅威」はあくまでも可能性である。たとえば，各種のEU資金からの財政的移転は具体的なチャンスをなすものであるが，それはさしあたり「ヴァーチャル」なものにすぎず，それを現実のものとすることができるかどうかは，ポーランド側の能力にかかっている。また，脅威については専門家の間でも予測が分かれる場合が少なくなく，また多分に心理的なものである場合もある。

　〈経済的次元〉においては，何よりも衛生・安全・環境などについての一定の基準に則った競争が展開される。したがってここでは，基本的には体制転換の延長線上で，しかし，これらの基準を満たすという新たな条件のもとで，競争力をもつ者（産業・企業・個人）ともたない者との分岐がさらに進行することになろう。ポーランドにおける産業構造の転換の焦点のひとつである農業についていえば，EUの共通農業政策（CAP）による保護のメカニズムがかぶさり，そのうえで競争力が問われることになる。ただし，就業人口に占める農業関連従事者の割合が（EU15カ国平均4.3％に対して）27％と著しく高いポーランドではあるが，その半分以上は農業外収入を得ながら自家消費用の生産を行っているにすぎず，専業農家として利益を上げている経営は15％程度とみられている[10]。したがって，大多数の農民と農村住民にとっての主要な問題は，農村地域全体の生活インフラを向上させ，とりわけ次の世代のために農業外の就業の可能性を開くことができるかどうか，という点にある。これはすでに，次の〈社会的次元〉の問題にほかならない。

　〈社会的次元〉をさまざまな格差にかかわるものと捉えるとすれば，体制転換は格差を拡大することによって〈社会的次元〉における問題を先鋭化させた。もっとも重要な格差のひとつは，地域格差である。体制転換の過程で，旧ソ連諸国に隣接した東部の農業地域や，国営農場が支配的であった北西部地域などが発展か

ら取り残され、顕在的・潜在的な失業率の高い地域として浮かび上がっている。EU加盟は、「2つのポーランド」とすら呼ばれるこのような地域的分岐をいっそう進行させる可能性がある。これに対してEUは、連帯という原理を掲げ、地域格差の縮小を図る政策手段を準備している。欧州地域発展基金や欧州社会基金のような構造基金がそれである。地域発展基金の場合、EU平均所得の75％未満の地域を補助の対象としているが、全体として38％という水準にすぎないポーランドは、全地域が補助の対象になる。問題は、これらの基金からの補助を得るためには、それぞれの目的に適合的なプログラムを作成するとともに、所定の割合で自前の財源を準備することも求められることである。補助金を「吸収する」知的・財政的能力が自治体や個人のレベルで問われるのであり、楽観はできない[11]。

〈文化的次元〉におけるEUの原則は、多様性を尊重した統合である。EU全体で言語をはじめとする各加盟国の文化的独自性が尊重されると同時に、各加盟国内では民族的少数者の権利が尊重されるべきことが重視され、加盟を希望する国が満たすべき「コペンハーゲン基準」（1993年）においてもそのことが明記されていた。第2次大戦後の国境変動と「住民交換」の結果として民族的構成が相対的に均質化した[12]ポーランドでは、民族的少数者をめぐる大きな問題は表面化しておらず、地域格差が民族問題の形をとって現われることもない。

一方、民族的構成が均質化したのにともなって、ポーランドは宗教的には人口の9割以上がカトリック教徒である社会となっている。そのような基盤のうえに、1989年の転換を「無神論的共産主義」に対する「カトリック的社会」の勝利とみなしたカトリック教会は、この勝利を制度化することをめざした。その結果、公立学校における宗教教育の復活、放送番組における「キリスト教的価値体系」の尊重を定めたラジオ・テレビ法の制定、厳格な妊娠中絶禁止法の制定、ローマ教皇庁との政教条約（コンコルダート）の批准、1997年の新憲法の前文における「キリスト教」への言及や政教条約の憲法上の位置づけなど、教会の主張は大幅に実現された。その意味では、カトリック教会は広義の体制転換の「勝者」にほかならない。EU加盟という観点からみて、このこと自体には何の問題も含まれていない。国家と教会との関係についても、政教分離を徹底するフランスや国教を認めるイギリスの存在をみてもわかるように、各加盟国の立場は多様であるし、アイルランドのように妊娠中絶に対して同様に厳しい態度をとっている加盟国もあり、EUがそれに介入することはない。

にもかかわらず、これらの「勝利」を擁護しようとする立場からみると、本来はキリスト教を基盤とするはずの西欧が現実には著しく世俗化しており、ポーラ

ンドのこれへの接近はカトリック的伝統への脅威をもたらすものとして受け止められることになる[13]。とりわけ，妊娠中絶という伝統的争点とならんで，近年では一部の加盟国にみられる同性カップルに対する寛容な態度が警戒されている。しかし，EU 法はこれらの問題にも立ち入らない。したがって，ポーランド（法）と EU（法）とが対立しているというわけではない。むしろ，価値観をめぐる対立はポーランド国内を貫いているのであり，対立する双方が EU のもたらしうる「悪い影響」を恐れ，または「よい影響」を期待しているのである。

　〈政治的次元〉についていえば，すでに述べたように，ポーランドをはじめとする 10 カ国の加盟は，EU の統治のしくみの"進化"の真っただ中で行われた。すなわち，2001 年のニース条約は，EU の意思決定にかかわる欧州議会・閣僚理事会・欧州委員会という 3 つの機関の権限と構成の仕方を，近い将来にルーマニア・ブルガリアを含めた 27 カ国体制となることを展望して定め直した。とりわけ，当面もっとも重要な位置を占める閣僚理事会について，全会一致で決定されるべき事項を削減するとともに，多数決で決定する場合の各加盟国の持ち票と多数決の方式（特定多数決）とを定め直した。その後，ニース条約によっても未解決なままに残された問題を解決するために諮問会議が設けられ，諮問会議によって準備された憲法条約の草案が，2003 年 7 月に提出された。加盟国の主権を前提とした条約という形をとりながら，EU があたかも一体性をもった政治的共同体であるかのように憲法をもとうとしているのである[14]。

　EU に加盟するということは，その権限の範囲内においては EU 法の構成国法に対する優位を承認することを意味する。しかも，多数決による決定ということになれば，自らの意に反する決定も受け入れざるをえない。旧ソ連による政治的・軍事的支配から脱し，実質的な主権を回復したばかりの旧ソ連・東欧の 8 カ国，とりわけ，過去 200 年の間に隣国による分割を 2 度にわたって経験したポーランドにとって，「主権の制限」は敏感にならざるをえない問題である。他方，EU 加盟推進論者が強調してきたように，EU に加盟するということは，自らの存亡にかかわる決定が頭越しに下されたかつてとは異なり，そのような決定に自ら参加することができる，ということをも意味する。とくに「中国（ちゅうこく）」としてのポーランドは，ニース条約において，多数派を形成するうえでも意思決定をブロックできる少数派を形成するうえでも重要な地位を占めうるだけの厚遇を受けた。このような「チャンスと脅威」の狭間で，ポーランドが憲法条約草案に対してどのような態度をとったのかについては，のちに詳しく検討しよう。

　最後に，〈対外的次元〉については，2 つの問題をあげることができる。

ひとつは，先に触れた東方の"壁"の問題である。90年代,「中欧」全体は,東西ともに国境の壁が低くなった独特の「友好善隣地帯」となっていた。東の隣国との間の国境における人とモノの出入りも緩やかなものとなり,主としてこれらの国からの流入を通じてではあるが,国境地帯の住民と隣国住民との日常的接触の機会が増加した。そこから,一方では犯罪が持ち込まれているという否定的反応もあるものの,他方では国境貿易などを通じた利益を得てきたことも事実である[15]。EUに加盟すれば,欧州市民としてEU域内を自由に移動できる展望が開ける一方,その代償として,東の隣国との間にビザを導入し物資の出入りも厳格にコントロールするという役割を,E・U・全・体・の・利・益・の・た・め・に果たすことがポーランドには求められることになる。しかし,とりわけロシアとポーランドとの間に挟まれたウクライナがどのような道を歩むかはポーランドにとって大きな関心事であり,歴史的経緯に由来する複雑な感情を克服するという民衆レベルでの課題も残されている[16]。そのような中で,新たな"壁"が隣国関係にとってできるかぎり否定的な意味をもたないようにするという課題が生まれている[17]。

もうひとつの問題は,すでに触れたアメリカとの関係である。アメリカとの親密な関係は,EUにおけるポーランドの発言力を高めるとともに,状況によってはアメリカから差し回された「トロイの馬」視され,EU内における立場を微妙なものとする可能性もある。その意味で,イラク戦争はポーランドにとってひとつの試金石にほかならなかった。

以上，5つの次元にわたって「チャンスと脅威」の諸相をみてきた。次節では,それら（のいくつか）が,加盟交渉から欧州憲法条約の策定までの過程においてどのように現われたかを検討することにしよう。

II 加盟交渉から欧州憲法条約まで

1 ポーランドの政治地図とEU加盟問題

ポーランドの統治システムは,二院制議会の下院に当たる国会の多数派によって支えられた政府が執行権を担うという意味で,議院内閣制に近い。直接選挙によって選ばれる大統領にも少なからぬ権限が与えられているが,議会に安定した多数派が形成されている限り,とくに内政におけるその役割は限定されている。そして,議会も大統領も,概ね政党政治の枠組みのなかで動いている。そこで,まず,今日のポーランドにおける政党システムをみておくことにしよう。

1989年以降のポーランドの政党システムの特徴のひとつは,旧体制下の政党が

第11章　ポーランドとEU

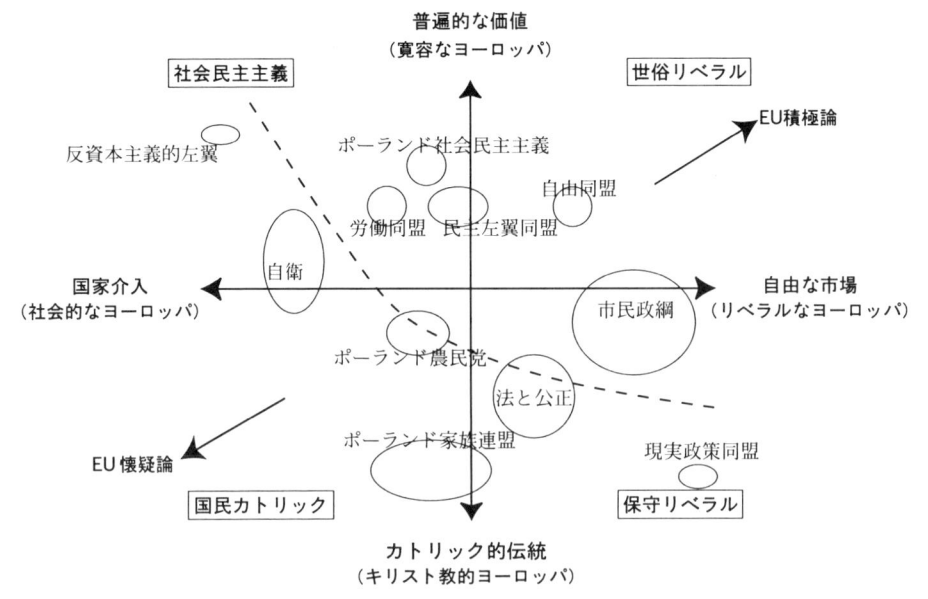

```
                    普遍的な価値
                   （寛容なヨーロッパ）
  社会民主主義 │                 │ 世俗リベラル
              │                 │      ━━▶ EU積極論
反資本主義的左翼 │ ポーランド社会民主主義
              │      自由同盟
              │ 労働同盟  民主左翼同盟
国家介入 ─────自衛───────────────────── 自由な市場
（社会的なヨーロッパ） │         市民政綱    （リベラルなヨーロッパ）
              │ ポーランド農民党
              │      法と公正
  ◀━━ EU懐疑論 │
              │ ポーランド家族連盟
              │              現実政策同盟
  国民カトリック │                 │ 保守リベラル
                    カトリック的伝統
                  （キリスト教的ヨーロッパ）
```

図11-2　ポーランドの政党配置とEU加盟問題

転身したいわゆる「ポスト共産主義」政党と，体制に対する組織された反対派であった「連帯」の系譜に属する「ポスト連帯」政党とが大きく対立してきた，ということである。1991年，1993年，1997年，2001年に行われた議会選挙の結果として，政権交代が繰り返されたが，政府は常に上記の歴史的対立軸に沿った連立政府の形で構成されてきた。

しかし，このような歴史的出自に沿った対立軸は，政治路線（イデオロギー）上の対立軸とは必ずしも一致しない。政治路線上は，第1に，市場経済を共通の前提としつつ，市場に対する規制を最小限にし，その自由な働きに経済を委ねることを重視する立場[18]と，市場経済の負の側面に対応するための国家介入を積極的に承認する立場とが対立する経済路線にかかわる軸，第2に，ポーランドのキリスト教的な（より限定的にいえばカトリック的な）伝統を重視する立場と，個々人の価値選択に対する寛容を重んじる，その意味で，より普遍的な価値観に立脚する立場とが対立する価値観をめぐる軸，を区別する必要がある。これらの対立軸は，あるべきヨーロッパ像とも結びついている。これら2つの軸を交差させると，〈世俗リベラル〉〈社会民主主義〉〈保守リベラル〉〈国民カトリック〉という4つの政治的立場が導かれる[19]。

表11-3 2001年9月の国会（下院）議員選挙結果／投票率46.3%

民主左翼同盟（SLD）・労働同盟（UP）	41.0%	200＋6議席
市民政綱（PO）	12.7	65
自衛（Samoobrona）	10.2	53
法と公正（PiS）	9.5	44
ポーランド農民党（PSL）	9.0	42
ポーランド家族連盟（LPR）	7.9	38
右翼連帯選挙行動（AWSP）	5.6	0
自由同盟（UW）	3.1	0
ドイツ人少数者		2

　1998年3月に始まったEU加盟交渉を担当したのは,〈保守リベラル〉と〈国民カトリック〉にまたがる雑多な勢力の連合体である「連帯選挙行動（AWS）」と〈世俗リベラル〉の自由同盟（UW）との「ポスト連帯」系連立政府であった。2001年9月の選挙を前に,「ポスト連帯」系に大規模な再編成が起こり,その結果として,〈保守リベラル〉の立場を明確にした市民政綱（PO）が生まれた。このことによって,いずれもEU加盟を推進する〈社会民主主義〉の民主左翼同盟（SLD）と〈保守リベラル〉のPOとの対抗を軸とする西欧的政党配置が形を整え始めたようにみえた。この他の有力政党としては,歴史的対立を超克した明確な〈社会民主主義〉政党たることを志して結成された労働同盟（UP）がSLDの近くに位置し,POの近くには同じく〈保守リベラル〉的ながら,リベラル色の強いPOに比べて保守色の勝った「法と公正（PiS）」が新たに生まれた。さらに,農民人口の重みを背景に,旧体制下の農民政党から転身したポーランド農民党（PSL）が一定の地歩を占めていることが,ポーランドの政党システムの特徴のひとつである[20][21]。

　ところが,2001年9月の選挙は,思いがけない結果をもたらした[22]。事前の予想どおり,SLD-UPの連合が群を抜いた第1党に,POが第2党になったものの,「自衛（Samoobrona）」とポーランド家族連盟（LPR）という,EU加盟に反対する2つの政党が選挙戦終盤になって急速に台頭し,それぞれ国会に議席を占めたのである。SamoobronaとLPRは,「ポスト連帯」「ポスト共産主義」を問わず,1989年以降交互に政権を担当し,近年ではEU加盟を推進してきた既成政治勢力に対抗しようとする点で共通している。しかし,両者の反EUの姿勢は,性格の異なるものであることに注意する必要がある。

　Samoobronaは,同名の農民組合を基盤とする政党で,そのリーダーであるアンヂェイ・レッペル（Andrzej Lepper）の名前と不可分に結びついている。レッペ

ルは，トラクターによる道路封鎖や輸入穀物を貨車からぶちまけるといった派手な直接行動を組織することによって，政治エリートや支配的メディアから「鼻つまみ者」のように扱われながら，そのことによってかえって，農民をはじめ体制転換によって「敗者」となったと感じている層の「エスタブリッシュメント」に対する憤懣を動員しようとしてきた。レッペルが生まれたバルト海沿岸の旧スウプスク県から選挙区としている旧コシャリン県にかけての一帯は，旧国営農場がリベラルな経済政策の結果として解体された後，それに代わる雇用の機会が保障されず，ポーランドのなかでもっとも失業率の高い地域のひとつに属する。農業中等専門学校を終えたあとスウプスク県の植物栽培ステーションで職業生活を開始し，国営農場などにも勤務したレッペルは，このような惨状を身をもって体験しながら1992年にSamoobronaを組織したのである。彼は，故郷を荒廃させたリベラルな経済政策の延長線上にEUをみている。しかしレッペルは，EU加盟そのものに反対だとはいわない。彼が反対するのは，（後述する農業補助金の問題にみられるように）ポーランドの農民に不公正な競争条件を押しつけてそれを破壊するようなEUであり，EUに加盟することができるのは，ポーランドに真のパートナーとして平等な条件が保障されたときのみである，と主張する[23]。

　これに対してLPRは，〈国民カトリック〉的な群小グループの連合体として2001年に結成された[24]。リーダーのひとりには，かつて「連帯」労組の首都圏の拠点であり，体制転換によって打撃を受けたウルスス・トラクター工場支部の元幹部フショダク（Zygmunt Wrzodak）がおり，そのかぎりで，LPRにはレッペルの「反リベラル」の姿勢との接点がある。しかし，議会活動の面でLPRの顔となっているのは，1971年生まれのロマン・ギェルティフ（Roman Giertych）である。ギェルティフは，戦間期のポーランド=ナショナリズムの政治思想・国民民主主義(エンデツィア)を代表するドモフスキの協力者であったイェンヂェイ・ギェルティフ（Jędrzej Giertych）の孫という血筋にあり，レッペルとは違って，ポズナンの大学の歴史学部と法学部とを卒業した知的エリート層に属する。このようなギェルティフを顔とし，その父マチェイ（Maciej Giertych）をイデオローグとするLPRにとってEUとは，ポーランドの主権と国民的伝統とに対する脅威にほかならず，したがってその反EUの姿勢は，よりイデオロギー的な性格をもつ。原理主義的カトリック聖職者の率いる「マリヤ放送」の聴取者である高齢の女性層を固い支持基盤としてもち，ロマンが復活させ，中絶や同性愛者に対する敵意を顕わにする青年団体「全ポーランドの青年（Młodzież Wszechpolska）」を影響下に置いている[25]。

　このように見ると，EU加盟に対するSamoobronaの否定的な態度が主として

〈経済的次元〉と〈社会的次元〉とにかかわっており，脅威が体制転換の延長線上において捉えられているのに対して，LPR の場合には主として〈文化的次元〉と〈政治的次元〉とに焦点が当てられ，むしろ体制転換によって獲得したものを防衛するという文脈において脅威が語られている，と整理することができる。

Samoobrona と LPR の台頭を見た 2001 年の選挙結果を受けて，経済界は EU 加盟交渉に臨む最良の布陣として，ともに加盟推進派の SLD と PO とが歴史的対立を超えて連立政府を組むことを望んだが，結局，SLD-UP と PSL という歴史的出自軸に沿った連立政府が成立した(26)。PSL は，同じ農民政党として Samoobrona をライバルとして意識せざるを得ず，LPR の存在も，PiS などもともと〈保守〉的な傾向をもつ政党にナショナリズムの姿勢を強めさせる方向で刺激を与えた。

2 加盟交渉

1998 年 3 月に AWS-UW 連立政府によって開始された EU 加盟交渉(27)は，SLD-UP-PSL 連立政府によって引き継がれ，2002 年 12 月にコペンハーゲンにおいて終結した。

加盟交渉には 2 つの側面がある。一方で，加盟候補国は，EU 法規や EU 運営上の確立した実務の総体であるアキ・コミュノテール（acquis communautaire）を受け入れることを求められる。31 の項目にわたってアキ（acquis）と国内法との適合性が吟味され，不適合を除去する作業の進展状況が点検される。ここでは，交渉とはいうものの EU と候補国との関係は一方的なものである。しかし他方，最終的にはアキを受け入れることを前提としつつ，その適用を猶予する移行期を設けることが認められている。ここでは，移行期を設けるかどうか，設けるとしたら何年かをめぐって交渉の余地が生じ，妥協的な解決が模索される。しかも，移行期の設定は候補国が求めるだけではなく，EU 側が求めることもありうる。ポーランドは，いくつかの問題をめぐって移行期についての交渉が難航し，候補国のなかで合意の成立がもっとも遅れ気味に推移した国に属している。

第 1 は，資本の自由移動の原則の一環としての外国人による土地取得の自由，という論点である。ポーランドは，土地価格の高騰とそれを見越した投機によって農業経営のコストが高まる恐れがあるという経済的理由に加えて，旧ドイツ領の土地が外国人に買われてしまうのではないかという，歴史的経緯に由来する情緒的な不安をも引き合いに出しながら，内務大臣による許可制という現行法制の維持される移行期をできるかぎり長くすることを主張した。AWS-UW 政府によ

って当初提案されたのは，①農地・森林用地の購入は18年，②投資目的の土地購入は5年の移行期であり，EU側が応答した①農地・森林用地の購入は7年，②別荘用地は5年の移行期，③投資目的の土地購入は制限しない，という条件との隔たりはきわめて大きかった。そこで，交渉を引き継いだSLD-UP-PSL政府は，①農地・森林用地の購入は12年，ただし，個人として賃借すれば3年または7年後（旧ドイツ領）に購入可能，②別荘用地は7年，③投資目的の土地購入は制限しない，という妥協案を提出した。この案に対して，EU側が主張した①賃借期間の起算点を契約締結時とする，②別荘用地は5年に短縮する，という修正が加えられ，合意が成立した。こうして，農林業用地については，土地を賃借して農業を営む場合を除いて12年という新規加盟国で最長の移行期を認めさせることに成功したのである[28]。

これに対して第2に，現加盟国の労働市場における新規加盟国の労働者の就業という人の自由移動の原則にかかわる論点については，自ら高い失業率に苦しむドイツ・オーストリアの即時自由化反対の立場を反映して，EU側が移行期の設定を求めた。最終的に達成された合意は，2年の移行期ののちに労働市場の状況に生じた変化を考慮してさらに3年，最終的には7年（2年＋3年＋2年）まで移行期を延長することができる，というものであった。EU諸国における就労の可能性が開けることを含め，雇用状況の好転はポーランドの世論がEU加盟にこめた期待のなかでもっとも大きなものであったが（表11-1），イタリア・フランスなど現加盟国の半数が，ただちにまたは2年後に自由化する用意があることを表明していたこともあって，概ね満足できる結果であるように思われた[29]。

第3の，最後まで大きな対立が残ったのは，農業分野であった。ここでポーランドは，加盟の初日から新規加盟国にも共通農業政策（CAP）が適用されるべきこと，90年代の生産実績が体制転換や東方市場の縮小の結果として潜在的生産能力より大きく下回っていたことを考慮したうえで，牛乳・砂糖・穀物・飼料用干草・タバコ原料などの生産割当量を定めること，獣医学上の基準をただちに満たすことの困難な小経営の存在を考慮して，あらゆる基準を満たすにはいたっていない肉および肉製品を国内市場と第三国への輸出向けに流通させることを数年間許容すること，などを主張した。これらのうち，生産割当についてはほぼ主張に近い量が，肉類の流通についても国内市場に限って認められたものの，CAPの柱である直接補助金については，立場が大きく隔たっていた。

ポーランドをはじめ加盟候補国側は，加盟当初から現加盟国なみの補助金を支給することを求めていたが，EU側は当初，新規加盟国に対する補助に当てる資金

を想定していなかった。このことは，EU側が新規加盟国を「二級の加盟国」として不平等に扱おうとしているのではないかという批判の的となった。CAPの下で保護を受けた現加盟国の農産物との競争において太刀打ちできるか，という現実的問題がかかっていたからである。したがって，2002年10月のEU首脳会議が，CAPの受益国であるフランスと最大の負担国でありその改革をめざすドイツとの妥協の結果として，新規加盟国にはEU平均の25％の補助金から始め，10年かけて段階的にEU水準に到達させるという方針を決定したとき，候補国側は一斉に反発した。

2002年12月にコペンハーゲンで行われた最終交渉に向けて，議長国デンマークは，農村地域開発のために当てられるべき構造基金の一定割合を直接補助金に振り向けることによって，40％の水準まで引き上げることを認めるという妥協案を準備していた。他の候補国は概ねこの案に満足したが，ポーランドはさらなる上乗せをめざして最後まで粘り，その結果として，自国の予算から積み増すことを条件に，04年から3年間は，55％，60％，65％まで引き上げることを認めさせるにいたった。従来の加盟国なみの補助金が支給されるのは2013年からということになる[30]。対等という条件からはなお開きがあるものの，政府は，ポーランド農業のコストの低さを考えれば満足できる競争条件であるとし，獲得しうる最大限の成果をあげたと自己評価した。しかし，Samoobronaに代表される「差別」批判がこれで解消されたわけではなかった。

ここで注意すべきことは，以上3つの論点のいずれについても，それぞれの仕方でドイツがからんでいたことである。EUの東方拡大の推進者であったシュレーダー政権のドイツは，ナチス・ドイツによる占領に始まる歴史の遺産（ドイツによる補償問題や，戦後にポーランド領となった旧ドイツ領から追放されたドイツ人の歴史の記憶にかかわる主張など）の残るポーランドについても，EU加盟の最大の擁護者であった。そのドイツが，困難な論点における事実上の交渉相手であったのである。

3 国民投票

2003年4月16日，アテネにおいて加盟条約への調印が行われると，翌17日，ポーランド国会は，6月7日と8日の2日間，条約批准に同意を与えるか否かを問う国民投票を行うことを決議した。

1997年というEU加盟を具体的に展望する時期に制定された新憲法は，「条約にもとづいて，若干の事項につき国家権力機関の権限を国際組織または国際機関

に委譲することができる」と定めている。このような条約の批准に同意を表明する法律は、議会の上下両院それぞれが3分の2の多数で議決するか、全国レフェレンダム（国民投票）によって決定するかを、国会が定めることになっている。AWS-UW政府のブゼク（Jerzy Buzek）首相もSLD-UP-PSL政府のミルレル（Leszek Miller）首相も、国民投票によって批准の是非を決めるという方針を早くから表明していた。根強い反対論の存在にもかかわらず、賛成が反対を大きく上回るという世論の動向はほぼ安定しており、加盟交渉の妥結は、一時は賛成する者の割合を高めさえしていた。

　問題は、国民投票が効力をもつためには有権者の過半数が参加する必要がある、と憲法が定めていることであった。コペンハーゲンにおける妥結後、国民投票への参加を表明する者の割合はそれ以前の60％台から70％台に上昇していたが、それでも楽観はできなかった。96年の私有化についての国民投票では32％、97年の新憲法批准の国民投票では43％の投票率にとどまったが、いずれも事前の世論調査では実際の結果よりも20％多くの回答者が参加を表明していたという前例があり、このようなズレが今回も生まれるとすれば、投票率が50％に達しないこともありうるという観測もなされていたからである[31]。

　そこで、2003年3月に制定された全国レフェレンダム法に、国民投票が成立しなかった場合は批准手続について改めて国会が議決する（すなわち、上下両院の3分の2による決定に切り替えることがありうる）という規定[32]を盛り込んで予防線を張ったうえで、投票日を2日間にするという前例のない措置がとられたのである。しかも、投票日の1カ月前という段階で、1日目の投票率を公表することによって未投票者に投票を督励することを事実上可能にする法改正までが行われた。

　政党レベルでは、与党SLD-UPと野党第1党のPOが批准支持を積極的に推進し、支持するか否かは加盟条件次第という態度をとっていたPSLとPiSも、最終的には支持に回った。Samoobronaは、交渉の結果として定められた加盟条件は財政的・経済的・社会的危機をいっそう深めるものだとして再交渉を主張し、批准反対を呼びかけた。LPRは、EU加盟によって主権を喪失するという理由を真っ先に掲げ、外国人による土地の無制約な買占め、直接補助金をめぐるポーランド農民の差別などの経済問題のほか、EUへの加盟がアメリカその他の諸国との協力の可能性を制限するものであること、ポーランドの東の国境におろされる「新たな鉄のカーテン」が東方との経済協力や人的接触を困難にすることをもあげて、加盟に反対した[33]。しかし、両党とも投票ボイコットという戦術は採用しなかった。

内政上の理由で支持率を激減させていた政府に代わって批准推進の先頭に立ったのは，SLD 出身という出自を超えて高い支持率を維持していたクファシニェフスキ（Aleksander Kwaśniewski）大統領であった。また，「ポーランドは欧州を必要としており，欧州はポーランドを必要としている」として批准を支持したローマ教皇の発言も，「マリヤ放送」グループに代表されるカトリック教会内の反対勢力の動きを封ずる役割を果たしたとみられる。

こうして国民投票は，投票率 58.85%，批准賛成が 77.45%，反対が 22.55% という結果に終わったのである。

4　欧州憲法条約

国民投票が終了してまもない 2003 年 7 月，諮問会議の憲法条約草案[34]が閣僚理事会議長国のイタリアに提出された。

2002 年 2 月から続けられた諮問会議には，欧州議会代表，欧州委員会代表，加盟国の政府と議会の代表のほか，ルーマニア・ブルガリア・トルコを含む 13 の加盟候補国の政府と議会の代表も加わっている[35]。しかし，加盟交渉の最終段階を迎えていたこの間，ポーランド国内の目は，いかに有利な加盟条件を獲得することができるかという当面の問題に注がれ，加盟交渉終結後の半年間は，国民投票の成否が焦点とならざるをえなかったため，諮問会議において論じられていた将来の EU はどうあるべきかという問題には必ずしも大きな光が当てられることはなかった。いまや，この問題に対する態度が EU にかかわる中心的な論点として否応なしに浮かび上がったのである。

憲法条約についての合意の形成をめざす政府間会議に臨んでポーランド政府は，主として，①ニース条約において定められた理事会における持ち票の堅持，②各国 1 名の対等な欧州委員，③一部の構成国による独自の安全保障協力の可能性の否定，④「キリスト教」への言及という 4 点について，諮問会議原案を修正するよう主張することを決定した[36]。

もっとも重要かつ達成困難な主張は，①であった。ニース条約は，全会一致方式から外された事項を閣僚理事会が決定する際，（欧州委員会の提案については）構成国の過半数，各国に配分された持ち票総数 321 のうちの 232（約 72%），EU 総人口の 62% 以上という 3 つの要件を満たす三重の特別多数決を定めていた。その際，独英仏伊の 4 大国の持ち票がそれぞれ 29 票であったのに対して，ポーランドはスペインとともに，それにほぼ匹敵する 27 票が与えられていた。人口に対する比例度の高い欧州議会議席数においては，ドイツが 99，イギリス・フランス・イ

第11章 ポーランドとEU　　269

表 11-4　欧州憲法条約とポーランド

	閣僚理事会における決定方法	欧州委員の人数	一部構成国による安全保障協力	前文における宗教への言及
憲法条約の諮問会議草案	二重多数決（60％の人口を代表する加盟国の過半数）	15名。委員を出さない国からは投票権をもたない委員を指名	軍事的能力がより高い基準を満たす構成国による構造的協力	「ヨーロッパの文化的，宗教的および人道主義的な遺産」
ポーランドの主張	ニース条約の定める持ち票配分の維持	各国1名の保障	閉じられた安全保障協力の可能性の削除	「キリスト教」の明記
主な同調国	スペイン	新加盟国など	イギリスなど	イタリアなど
合意された憲法条約	二重多数決（65％の人口を代表する加盟国の55％）ブロックする少数派は少なくとも4カ国	加盟国の3分の2の人数	軍事的能力がより高い基準を満たす構成国による構造的協力	「ヨーロッパの文化的，宗教的および人道主義的な遺産」

タリアが78，スペイン・ポーランドが54となっているのと比べれば，ポーランドとスペインに有利な配分となっていることは明らかである(37)。このような配分は，ニースにおける各国間の妥協の結果にほかならない。人口規模において8200万と突出し，東方拡大によっていっそう存在感を高めようとしているドイツが「4大国対等の原則」に甘んじる一方，スペインが4大国に準ずる地位を主張し，結果として人口がほぼスペインと等しいポーランドも（未来の加盟国であるにもかかわらず）同一の持ち票が与えられ，いわば「6大国」の仲間入りを果たしたのである(38)。諮問会議草案は，2009年11月からは各国別の持ち票という考え方を放棄し，60％の人口を代表する構成国の過半数という，より単純な二重多数決方式を採用する，と定めている。その背後にある，ニース条約の定める方式は複雑すぎて維持しがたいという支配的な声に抗して，ポーランドは，ニース方式はまだ実地に試されておらず，EUの効率的な機能に資さないと想定するのは時期尚早だとして，ニース方式の維持か変更かの決定を先送りする考え方（「ランデヴー条項」と呼ばれる）を提起した。このような主張にポーランドが首尾一貫した同調を期待できたのは，同様の立場に置かれていたスペインのみであった。

　②について，諮問会議草案は，2009年から委員の数を15名に限定し，委員を出さない構成国からは投票権を持たない委員を指名する，としていた。構成国の拡大にともない，そのまま委員を25～27名に増やすのは，効率性の要請に反すると

考えられたからである。欧州委員は「ヨーロッパの一般的利益」を代表するものであって，各国の利益代表ではない。しかも，15名の委員は「構成国間の平等なローテーション方式にもとづいて」選抜されるとされているから，「小国」は投票権を持たない委員しか出せないと運命づけられているわけではない。にもかかわらず，基本的に人口を反映して構成される欧州議会，多数決原則の方向に動いている欧州理事会に対して，構成国対等の原則を主張する余地の残っているのが欧州委員である。その意味で，②は，新加盟国や「中小国」（両者はかなりの程度重なる）にとって共通の主張であった。しかし，比較的規模の大きいポーランドにとって，この主張は，①と比べれば切迫度ははるかに低いものであったようにみえる[39]。

③は，諮問会議草案が，「その軍事的能力がより高い基準を満たす」一部の構成国が「EUの枠組みの内部における構造的協力」を打ち立てる可能性を認めている点にかかわっている。ポーランドは，NATOに対抗的な安全保障上の組織構造がフランス・ドイツによってEUの内部に作られることを警戒し，これに反対した。イギリスと同様，アメリカとの同盟を重視するポーランドの立場を表現する主張にほかならない。

④は，諮問会議草案が，前文の冒頭において「ヨーロッパの文化的，宗教的および人道主義的な遺産からインスピレーションを引き出しつつ……」と謳っているのに対して，「キリスト教」を明示すべきだとする主張である。このような主張の背後には，ポーランド自身の経験と事情とがあった。

1997年憲法の制定過程において，前文をいかに記述するかは深刻な争点のひとつであった。前文を書くとなると，「1989年」以前のシステムや「キリスト教的伝統」をどのように扱うかが問題とならざるをえないが，対立の深さからみて適当な定式を見出すことは困難であると考えられた。そのため，議会内の主要会派によって最終的なテキストについて合意が成立する半年ほど前までは，前文のない憲法典が想定されていたのである。しかし，議会外において大きな影響力をもっていた「連帯」労組やカトリック教会の存在を考慮すると，このままでは国民投票において承認を得ることが困難になることを恐れて，前文の妥協的な定式が模索された。その結果，「真理と正義と善と美の源泉たる神を信ずる者」と「この信仰を共にはしないが，他の源泉に由来するところの普遍的価値を認める者」，「国民のキリスト教的遺産」と「全人類的価値」とを併記する形で決着がつけられたのである[40]。

欧州憲法条約の批准に対する障害の除去という類似の動機と解決策がここでも

第11章　ポーランドとEU　　271

想定されていた。類似の解決策というのは、すでに諮問会議における審議に際して、諮問会議草案の前記の箇所を「ヨーロッパの文化的、キリスト教的゠ユダヤ教的および人道主義的な遺産からインスピレーションを引き出しつつ……」と改める提案のほか、「再統一されたヨーロッパは、真理と正義と善と美の源泉たる神を信ずる者の、またこの信仰を共にはしないが、他の源泉に由来するところの普遍的価値を尊重する者の価値であるところの、寛容と人間の尊厳のような基本的価値のうえに絶えず立脚するであろうことを信じつつ……」という、97年憲法前文の文言をほとんどなぞった定式がポーランド代表によって提案されていたことを指す。キリスト教への言及は、欧州議会の最大会派である欧州人民党（キリスト教民主主義）やローマ教皇庁、国家としてはイタリアなども支持したが、最大の推進者はポーランドであった。

　キリスト教への言及を主張する者は、しばしば「歴史的真実」を記述するにすぎない、と述べている。他方、キリスト教に言及しないことは欧州の世俗化に棹差すものである、とも主張された。とすれば、前文とはいえキリスト教という固有名詞を明示することには、単なる「事実の確認」以上の意味が込められていたことを否定することはできない。実際、それは、トルコの加盟問題に対するあるメッセージとして機能しかねないし、何よりも国家の世俗性の原則を堅持しているフランスやベルギー・デンマークなどにとっては、これだけでも憲法条約全体を拒否するに値するほど、譲れない論点なのであった。

　さて、政府が政府間会議に臨む立場を定めたのに続いて、国会も意思表示を行った。野党POの提案を土台として採択された10月初めの決議は、「EU法に対する憲法の優位性」[41]を書き込もうとする修正案を退けつつ、政府の4項目を支持するとともに、特にニース方式については「拒否権をも含む政府の強い立場」を求めるものであった。

　こうして、支持率がどん底にあった政府は、与野党一致した議会の強硬な態度によって背中を押される形で政府間会議に臨んだのである。しかし、諮問会議草案のまま採択することを望む独仏、特にドイツも、閣僚理事会における決定方式については妥協に応じない姿勢を堅持し、最終調整の場として想定されていた12月の交渉も決裂に終わった。

　年が明け、イタリアとは異なって妥協策の模索に熱心な「小国」アイルランドが議長国となった。ポーランドも妥協の必要性を認めてはいたが、この段階で妥協策として想定されていたのは「ランデヴー条項」であった。決定的な転機となったのは、3月11日に起こったスペインにおける列車爆破事件と、その直後の選

挙を経て成立した新政府による政策転換である。スペインは，イラクからの撤兵を決めると同時に，EU の結束の必要性を重視し，憲法条約問題でも妥協に向かう立場を固めた。ポーランドは孤立したのである。

その後，二重多数決（すなわちニース方式の放棄）を前提とした妥協策の模索が続けられ，欧州議会選挙における「欧州懐疑派」の前進を見届けた 6 月 18 日，ブリュッセルにおける首脳会議において，欧州憲法条約についての合意がついに達成された。

第 1 に，2009 年 11 月から二重多数決の原則で決定を採択し，その際，多数決の要件を人口の（60％ではなく）65％を代表する構成国の（過半数ではなく）55％の賛成に引き上げる。ただし，それにともなって 3 大国のみの反対で決定がブロックされることになるのを防ぐため，ブロックする少数派は少なくとも 4 カ国から構成されなければならない。さらに，ポーランドの主張により，憲法条約本文ではなく，付属議定書（宣言）の形で，少なくとも 2014 年までは「決定にブレーキをかけるメカニズム」を導入することになった。すなわち，ブロックする少数派となるのに必要な人口の 35％または構成国の 45％の，それぞれ 4 分の 3 に当る諸国が二重多数決による決定に反対した場合，閣僚理事会は「合理的な期間内に」これら諸国によって提起された懸念に応える「満足のゆく解決」をめざす，とされた[42]。これは，拒否権ではなく，さらに討議を重ねて，できるだけ多くの構成国に満足を与える妥協策を追求する，という趣旨に出たものである。

第 2 に，欧州委員の任期は 5 年とし，最初は 1 国 1 委員とするが，次の任期からは構成国の 3 分の 2 の人数に減らす（構成国が 27 となれば 18 名）。こうして，投票権をもつ委員ともたない委員という二重構造を導入することなく委員の人数を限定する一方，付属議定書では，欧州委員会は完全な透明性を保障することに特別な注意をはらい，欧州委員を出していない国を含め「すべての構成国における政治的・社会的・経済的現実が完全に考慮に入れられることを保障する，あらゆる必要な措置をとる」べきこととされた[43]。

第 3 の一部構成国による安全保障協力については，条約の文言はほとんど変わっていない。しかし，共通外交・安全保障の分野における「高められた協力」に対する認証が全会一致で行われるべきことが明記され，一部の国による独走の可能性が牽制された形になっている。

第 4 に，「キリスト教」については，条約本体に入れるという合意に達する望みはないという状況のなかで，条約とは別の宣言の形で意思表明するという可能性も模索されたが[44]，結局実現するにはいたらなかった。もっとも，ポーランドの

主張を基準にすればゼロ回答であるが，憲法条約は，固有名詞こそあげていないものの，教会の国内法上の地位を尊重する旨の条文を含んでいることも見落とすべきではない。

こうして，ポーランドの粘りは一定の成果をあげた。しかし，ニース条約を擁護するために非妥協的な態度をあくまで貫こうとしたポーランドの姿勢は，憲法条約を推進したドイツの世論などからの反発を招いた。実は，政党レベルとは別に，このような方針の是非をめぐっては，国内においても活発な論争が行われ，これまでEU加盟支持の立場でまとまっていたようにみえた陣営の間に，深い亀裂が走っていることを明るみに出していた。ニュアンスに富んだこの論争を分析することは，EU加盟国としてのポーランドが今後どのようにふるまってゆくかを観察するうえでも欠かすことのできない課題である。しかしここでは，主な論点を指摘するにとどめざるをえない。

論争を象徴したのは，積極的な加盟推進派とみられてきた野党第1党POの幹部のひとりロキタ（Jan Rokita）が，前述した10月の国会決議にいたる審議の過程で放った「ニースか死か」という標語であった[45]。POの結成に導いたリーダーのひとりであるオレホフスキ（Andrzej Olechowski）は「ニースのために死ぬに値するか」[46]という立場であったから，あたかも〈保守リベラル〉派が〈保守〉派と〈リベラル〉派とに大きく分岐したかのようであった[47]。

論点の第1は，ニース条約から憲法条約への変化をどうみるか，ということである。主権の制限へむけた決定的な一歩を意味するのか，それとも，すでにマーストリヒト条約において始まっていた統合の新たな一階梯にすぎないのか。そこには，「『国家連合』を超えた，しかし連邦方式の『国家』未満の『特異な（sui generis）』政体（polity）」（中村民雄）であるところのEUを，国家連合の側に引きつけて理解しようとする立場と，連邦化の方向への進化を多かれ少なかれ好ましいものとみる立場との対立が投影されていた。前者の立場からみれば，憲法条約は「対等な国同士の合意にもとづくEUモデル」から「優越的な国が牽引するEUモデル」への転換を図ろうとするものにほかならなかった。

それに関連して第2に，EUという超国家的組織のなかでどのようにふるまうべきか。EUは，依然として国益と国益とが争うリアル・ポリティクスの場であり，したがって，自己主張を貫こうとすることは当然であって，妥協は最後の手段にすぎないのか，それとも「ヨーロッパの利益」のために協調し，妥協的解決を模索することこそがEUにおける政治の常態なのか。前者の立場からみれば，国益を守るために多数派の決定をブロックする可能性を確保しておくことが何よりも重

要であるのに対し,後者の立場は,拒否権を行使することは外交の敗北を意味するのであり,重要なのは多数派を形成する能力にほかならない,「保守的妨害」ではなく「建設的関与」という態度をとるべきである,と考える。

そして第3に,「EUを牽引する優越的な国」すなわちドイツ・フランスに対してポーランドはどのような態度をとるべきか。ニース条約擁護論者は,ドイツ・フランスに代表される統合モデルを,①過剰に規制的で経済発展を妨げている経済モデル,②外交・防衛政策における「反米主義」とその線上でのロシアへの接近,③とりわけフランスにみられる伝統的文化への嫌悪と「文化革命」への志向という点において捉え,これらに強い反発を示す。このような統合モデルに対する代案としては,経済的には急速に発展している北欧等との協力,政治的にはイギリス・スペイン等との協力などが主張されるが,ある者は,官僚的規制を排した経済モデルを含めた「アングロサクソン・モデル」をトータルに対置すべきことを説いている[48]。これに対する一方の論者は,ドイツ・フランスとともにポーランドも統合の推進力の一翼を占めるべきであり,そのようにして欧州の確固たる一部であってこそアメリカのパートナーともなれる,と主張する[49]。ここでは,ポーランドはイギリスとは違ってパートナーなしに利益を実現できる大国ではないとして「誇大妄想」が戒められるが,「ヴィシェグラード諸国」(中欧4カ国)の連携とか新加盟国の結集といった発想がほとんどみられない点では,ニース条約擁護論と共通している。

さて,EUという舞台における妥協による決着は,国内におけるこのような対立を解消したわけではない。獲得しうる最大限を獲得するとともに国際的孤立から脱したとする評価がある一方,調印した政府の「裏切り」を弾劾する声があげられている。調印直後の国会審議においては,POを含めた野党は憲法条約の批准を阻止するという態度を表明した。しかし,批准の是非を最終的に決めるのは,今や欧州市民となったポーランド市民となるはずである[50][51]。

おわりに――イラク戦争の影

欧州憲法条約をめぐる国内外の議論に影を落としていたのは,イラク戦争である。

ポーランドは,イラクへの対応をめぐって国連安保理におけるつばぜり合いの続いていた2003年1月末,アメリカを支持するイギリス・スペインなどEU加盟国とハンガリー・チェコという加盟候補国とにまたがる8カ国首脳の書簡に名を

第11章　ポーランドとEU　　　　　　　　　　275

連ねただけではない。3月20日にアメリカによるイラク攻撃が始まると，特殊部隊GROMや化学部隊など百数十名をイラクに展開し，GROMはアメリカ海兵隊の指揮下で戦闘に参加した。このような実績を背景として，米英による占領体制のもとで，イラク全土を4つに区分したうちのひとつ，バグダッド南方に広がる一帯を担当する多国籍部隊の指揮を委ねられた。ポーランド担当地域はさらに3つに区分され，ひとつはスペインが，もうひとつはポーランドが「東方政策」の観点から重視するウクライナが，最後のひとつをポーランドが直接担当し，ここにはブルガリアも参加した。

　このような，ポーランド自身も"満足"とともに"戸惑い"をもって迎えた国際舞台におけるプレゼンスの急上昇の背景の一方には，イラク政策をめぐって対立するフランス・ドイツなど「古いヨーロッパ」を，旧東欧の「新しいヨーロッパ」に対置する（ラムズフェルド米国防長官）ことによって牽制するという文脈において，「親米国家」ポーランドを政治的支柱にしようとするブッシュ政権の意思があり，もう一方には，そのようなアメリカの意思に呼応したポーランド自身の選択がある。

　ポーランドの選択については，さまざまな説明要因がありうる。第2次世界大戦の経験（ナチス＝ドイツによるポーランド侵攻と占領，それを食い止めることのできなかった英仏）や，80年代にポーランドがソ連の影響圏から脱出しようとした過程において提供した政治的支援に由来するアメリカへの歴史的信頼感，ロシアを含む「東方」地域とのなお不確定な関係やバルカン半島の状況を背景にした今日的な安全保障問題への敏感な感覚とアメリカの関与の不可欠性の意識，湾岸戦争以前のイラクにおける経済建設に5万人の専門家をもって深く関与した実績に裏うちされたイラク復興市場への参入という実利への期待，クファシニェフスキ大統領をはじめとする政治エリートのアメリカ政府首脳との個人的信頼関係，などがそれである。「もっとも困難な決定のひとつだった」（クファシニェフスキ）(52)という政治的決断の経緯は，今後，実証的に検証されるべき課題として残っている。

　にもかかわらず明らかなのは，新たな欧州地図のもとで，独仏に代表される「大国」にただ単につき従うのではなく，積極的なアクターとしてふるまおうとするかつての「地域大国」(53)にして今日の「中国（ちゅうこく）」ポーランドの，欧州憲法条約をめぐる交渉においても垣間見せた主体性への意欲と野心とである。しかし，このような意欲と野心が，ある種の"背伸び"とそれにともなう危うさをもたらしたことも否定できない。

　第1に，イラクにおけるポーランドの使命は，アメリカの政治的意思によって

のみならず，その財政的支援によっても支えられていた。したがって，駐留が長引き，しかも期待した実利(54)の回収がはかばかしいものでないことが明らかになるにつれて，負担感が増大せざるをえなかった。一方，ポーランドが担当した地域は，シーア派の聖地であるナジャフやカルバラを含んでいる。当初，フセイン政権に批判的であったシーア派地域は相対的に安定しているという判断のゆえに，ここがポーランドに委ねられたのであったが，ムクタダ・サドル (Muktada Sadr) に率いられたシーア派と占領軍との緊張が高まるに連れて，事態はもはやポーランドの手には負えないものとなっていった。2004年5月にポーランド担当地域からスペインが撤退したあとを埋めたのはアメリカであったし，抵抗するシーア派に対峙したのもアメリカであった。

第2に，ポーランド政府および支配的メディアは，自らの被占領体験への配慮もあって，「占領」という言葉を注意深く避け，イラクにおけるポーランドの役割を一貫して「安定化」と規定してきた。そこには，力に依存するアメリカとの違いを強調しつつ，現地の風習や信仰への理解をもとにした秩序維持へのソフトな協力こそ自らの持ち味である，とする自負も込められていたようにみえる。しかし，そのようなレトリックによって，アメリカと独仏などとの対立の基礎に横たわっているイラク攻撃の正統性という論点を回避できるというわけではない。この点についての政府と支配的メディアの立場は，危険なフセイン独裁政権を打倒することには正統性があったという点にほぼ集約され，大量破壊兵器の存否や国連による正統化手続の潜脱といった，EUを含む国際社会における主要な争点に対する感受性はきわめて弱かった。政党レベルでイラク戦争への参加を批判したのは，EU加盟にも反対したSamoobronaとLPRやPSLにほぼ限られ，欧州憲法条約をめぐってポーランドの主権にこだわり，ニース条約の堅持を説いた勢力も，イラクの主権という論点には触れないままに，独仏とアメリカとの対立においてはっきりと後者の側に身を置いていた。

第3は，そのような政府および政治エリートの大勢と世論との間の溝である。ポーランドの市民は，西欧諸国の市民のようには大規模に街頭へ出て意思表示することはなかったとはいえ，世論調査の結果は，世論の多数がイラク戦争へのポーランドの関与に反対していることを一貫して示してきた(55)。おそらく，ポーランド兵と民間人の犠牲が散発的なものにとどまってきた(56)ことが，このような世論に政府が正面から向き合うことをせずに済ませてこられた理由のひとつであろう。それでも，2004年半ばの時点において，ポーランド政府は，一方的な撤退は否定しつつも，イラク駐留部隊の規模の縮小と性格の転換について，頻繁に口に

するようになっている。政治的配慮を重ねながら，"背伸び"にともなうさまざまな重荷から自らを解放する日までの日数を数え始めているようにみえる。

EU加盟への最終局面において存在感を示したポーランドは，このようなポーランドでもあった。イラク戦争がポーランドに提起したのは，「アメリカの忠実な同盟者」という自己認識とEU加盟国としての新たな地位とをどのように結びつけてゆくのか，という大きな課題にほかならない。

注
（1）同じくCBOSの調査をもとに，2003年6月の国民投票の直前の時点における世論の動向を分析したものとして，伊東孝之「中東欧諸国のEU加盟——人々の憧れと懼れ」（堀口健治・福田耕治編『EU政治経済統合の新展開』早稲田大学出版部，2004年）がある。
（2）Centrum Badania Opinii Społecznej (dalej CBOS). *Komunikat z badań*, BS/75/2004, Opinie o integracji w przeddzień rozszerzenia Unii Europejskiej, Warszawa, Kwiecień 2004.
（3）CBOS, *Komunikat z badań*, BS/73/2001, Opinie o integracji z Unią Europejską, Warszawa, Czerwiec 2001.
（4）加盟前夜の2004年4月の時点。CBOS. *Komunikat z badań*, BS/75/2004.
（5）CBOS. *Komunikat z badań*, BS/4/2003, Motywy poparcia lub odrzucenia integracji, Warszawa, Styczeń 2003.
（6）CBOS. *Komunikat z badań*, BS/64/2004, Typowy Polak i Europejczyk – podobieństwa i różnice, Warszawa, Kwiecień 2004.
（7）「高い品質をもった工業製品」を挙げる者は，5％に過ぎない。
（8）CBOS. *Komunikat z badań*, BS/75/2004.
（9）これらの数字は，「不安を持つ者」と「希望を抱く者」とがいるというだけではなく，同じ人のなかに不安と希望とが同居している，ということをも示唆している。これに対して，「悲しみ」（10％），「失望」（9％）と「熱狂」（8％），「誇り」（7％），「喜び」（6％）とは，比較的少数にとどまっている。「無関心」は11％である。CBOS. *Komunikat z badań*, BS/75/2004.
（10）T.Mołdowa i inni (red.), *Wymiar społeczny członkostwa Polski w Unii Europejskiej*, Warszawa, 2003, s.18-19.
（11）しばしば引合いに出されるのは，アイルランドが構造基金の99％を使い切ったのに対して，ギリシャは10年間に15％にとどまった，という先例である。T.Mołdowa i inni (red.), s.110.
（12）小森田「ヨーロッパ統合とポーランド」宮島喬・羽場久泥子編『ヨーロッパ統

合のゆくえ——民族・地域・国家』人文書院，2001年，198-199, 201-202頁を参照。
(13) 同前，206-207頁を参照。
(14) 詳しくは，本書の中村民雄論文を参照。
(15) *Społeczny bilans korzyści i kosztów członkostwa Polski w Unii Europejskiej. Badania i ekspertyzy, czerwiec 2002 - czerwiec 2003*, s. 69-70.
(16) 小森田「ヨーロッパ統合とポーランド」212-213頁を参照。
(17) ポーランド政府は，EUをはじめとする欧州の諸機構とウクライナとを結ぶ架け橋としての役割を果そうとしている。そのひとつのあらわれが，ウクライナ政府との間で結んだ出入国ビザについての協定である。それによれば，2003年10月以降，ウクライナ市民に対してはビザ料が免除され，①国際道路輸送を行う運転手，②経済・文化・学術・教育・スポーツその他の重要な協力分野における定期的な2国間接触に参加する者，③血縁者の墓参に訪れる者，④文書で証明された家族的接触を維持し，自らの出身地を訪れるために旅行する者，およびその家族と直近の血縁者などに対しては，5年までの長期（数次）ビザが発給される。一方，ポーランド市民に対しては，ウクライナに入国するビザそのものが免除される。ベラルーシおよびロシア（カリーニングラード州住民についての特例を含む）との間でも同様な協定が結ばれているが，"壁"を低くしようとする配慮の点で，ウクライナとの協定が際立っている（これらの協定は，ポーランド外務省のインターネット・サイト（http://www.msz.gov.pl）で見ることができる）。
(18) ポーランドにおいては，西欧におけるのと同様に，主としてこのような立場が「リベラル」と呼ばれ，社会民主主義と対立する。アメリカおよびその影響を受けた日本における「リベラル」の用語法（社会民主主義に近い）とは異なることに注意する必要がある。
(19) これらのうち，〈国民カトリック〉を除く3つの立場は，それぞれ欧州議会における主要会派（自由民主主義グループ，社会主義グループ，人民党（キリスト教民主主義）グループ）に基本的に対応している。
(20) このほか，議会に議席をもってはいないが，「ブリュッセルの社会主義者」に支配されているとしてEUを批判する政党として，現実政策同盟（UPR）がある。逆に，EUが新自由主義によって支配されているとして，これに反対するグループが，2004年6月の欧州議会選挙に向けて「反資本主義的左翼」を結集しようとしたが，選挙に臨む条件を満たすことはできなかった。ポーランドには，欧州左翼党に結集するチェコ＝モラヴィア共産党，ドイツの民主主義的社会主義党などに対応する有力な政党は存在しない。
(21) 図のようなマトリクスの上に個々の政党を位置づける際には，慎重な態度が必要である。第1に，党のリーダー，党員大衆，支持者の政治的選好は相対的に区別しなければならない。第2に，イデオロギーにより忠実か，よりプラグマテ

第11章　ポーランドとEU　　279

ィックかという政党の性格の違いがある。これと関連して，党の大小を問わず，党内に異なる潮流を抱えている場合が少なくない。第3に，野党時代の主張と与党となったときの実践との間には，しばしばズレがみられる。とくに，国家介入派と自由市場派という違いを超えて，財政的制約が政府・与党を拘束する，という事情が重要である（最近の典型例が政権に復帰したSLDの場合であり，〈社会民主主義〉（左翼）の理念とエートスを見失ったとする有力党員の離党をまねいた。これらの党員が結成したのがポーランド社会民主主義（SdPl）である）。これらの問題点を自覚しつつも，本稿では，この方法の有用性を認めて利用している。なお，図における円の大きさは，2004年半ばの時点の世論調査にみられる政党支持率を考慮してあるが，もとより正確なものではない。

(22)　この選挙については，小森田「ポーランド左翼の苦い勝利——反欧州統合派の台頭の下で改めて試される統治能力」（『世界週報』Vol. 82，No. 44，2001.11.20）を参照。

(23)　A. Lepper, *Lista Leppera*, Warszawa, 2002, s. 190-196.

(24)　W. Sokół, M. Zmigrodzki (red.), *Współczesne partie i systemy partyjne. Zagadnienia teorii i praktyki politycznej*, Lublin, 2003, s. 253-254.

(25)　J. Cieśla, J. Wilczak, Wiosna narodowców, *Polityka*, Nr 26, 26.06. 2004.
　　2004年6月の欧州議会選挙において好成績を収めたのに勢いづいたギェルティフは，経済的リベラリズムを否定しないとし，むしろイギリス保守党への親近感を表わしている（Thatcher – tak, Lepper – nie, *Rzeczpospolita*, 20.05.2004）。もしこのような方向にLPRが変化するとすれば，現実政策同盟（UPR）と同様に超〈保守リベラル〉派の立場からのEU反対派ということになるが，そうなればLPR内部のフショダクなどとの矛盾を引き起こす可能性がある。

(26)　PSLは，加盟交渉が終結したあとの2003年3月に，連立を離脱した。

(27)　加盟交渉開始までの経過については，小森田「ヨーロッパ統合とポーランド」193-195頁を参照。

(28)　この問題についての交渉過程は，山本哲太「ポーランドのEU加盟交渉——土地取引をめぐる交渉を中心にして」（『スラヴ研究』第51号，2004年）に詳しい。

(29)　T. Mołdowa i inni (red.), s. 277-279. しかし，その後，イギリス・アイルランドなどを除き，多くの国は当初の寛容な方針を撤回した。スウェーデンでは，「社会保障給付を当てにした移民」を警戒した社会民主党政府が制限を提案したが，他の政党は差別的扱いに反対し，政府案を否決した。

(30)　T. Mołdowa i inni (red.), s. 55-59，81-86，小森田「EU加盟で見せたポーランドの粘り腰」（『世界週報』Vol. 84, No. 5. 2003.2.11)。

(31)　T. Mołdowa i inni (red.), s. 337-340, *Społeczny bilans korzyści i kosztów członkostwa Polski w Unii Europejskiej*, s. 35-40.

(32) これに対して憲法学者の一部からは違憲論が出され、LPR が憲法法廷に提訴したが、憲法法廷は5月27日に合憲判決をくだした。
(33) 両党のビラなどによる。
(34) *Draft. Treaty Establishing a Constitution for Europe*, 18 July 2003.
(35) ポーランド政府代表として加わったのは、後にポーランド初の欧州委員に就任する欧州担当相のヒュブネルであった。
(36) W bronie zasad z Nicei, *Rzeczpospolita*, 10.09.2003.
(37) 詳しくは、本書の中村民雄論文を参照。
(38) 未加盟のポーランドは、ニースにおける交渉に直接参加したわけではないが、活発なロビー活動を展開した。したがって、ポーランドには「自ら勝ち取った成果」だという意識がある。
(39) 交渉が大詰めを迎えた2004年5月、妥協工作の焦点がポーランドとスペインとなっていることに反発した13の「中小国」(ポーランドを除く新加盟国すべてとフィンランド・オーストリア・ポルトガル・ギリシャ)が、理事会におけるより単純な議決方式を主張するとともに、「1国1名の欧州委員」を改めてアピールしている (Mali chcą mieć głos, *Rzeczpospolita*, 19.05.2004)。
(40) 前文を含む97年憲法の訳文は、「ポーランド共和国憲法」(小森田訳、阿部照哉・畑博行編『世界の憲法〔第二版〕』有信堂、1998年)を参照。
(41) 国内法に対するEU法の優位性を否定することは、憲法条約以前に、EUの構成国であること自体を否定するのに等しい。しかし、EU法の優位性の原則と「憲法はポーランド共和国の最高の法である」とする憲法8条1項とを理論的・実際的にどのように整合させるかという問題は残っている。
(42) *IGC 2003 — Meeting of Heads of State or Government*, Brussels, 17/18 June 2004, ANNEX 3.
(43) *IGC 2003 — Meeting of Heads of State or Government*, Brussels, 17/18 June 2004, ANNEX 1.
(44) 5月はじめ、ポーランドは、97年憲法前文の妥協的定式の追求にさいして活躍したマゾヴィェツキ元首相らの起草した宣言案を、議長国アイルランドに手交した。そこには、次のような文言が含まれていた。「われわれヨーロッパ人は、ユダヤ教、キリスト教、イスラーム教、ギリシャ哲学、ローマ法ならびに宗教的および非宗教的な源泉をもつ人道主義の達成からすくい取られた遺産の豊かさを自覚し、われわれのアイデンティティの基本的源泉であるキリスト教文明の価値を自覚し」「すべてのヨーロッパ人が自らの国民文化と共通のヨーロッパ文化の発展に責任をもつ、ということを確信しつつ」(Bóg niemal w konstytucji, *Rzeczpospolita*, 6.05.2004)。
(45) 2003年9月18日の国会本会議における発言。

第11章　ポーランドとEU

(46)　A. Olechowski, Czy warto umierać za Niceę?, *Rzeczpospolita*, 12.09.2003.
(47)　もちろん，論争はPOの枠を超えて展開された。ニース条約擁護論に属するものとして，A. Hall, Koszty, które warto zapłacić, *Rzeczpospolita*, 25.09.2003, J. Rostowski, Umierać za Niceę? Tak, ale inteligentnie!, *Rzeczpospolita*, 1.10.2003, P. Zemke, Powrót narodowych egoizmów, *Rzeczpospolita*, 24.10.2003, B. Wildstein, W niewoli stereotypów, *Rzeczpospolita*, 6.02.2004などが，これを批判するものとしてA. Smolar, Ich konstytucja i nasza polityka, *Rzeczpospolita*, 27-28.09.2003, R. Bugaj, Mleko zostało rozlane wcześniej, *Rzeczpospolita*, 29.09.2003, P. Buras, Dyplomacja czy szantaż?, *Rzeczpospolita*, 25.02.2004などがある。
(48)　J. Majcherek, Opcja anglosaska, *Rzeczpospolita*, 18.08.2004.
(49)　ある論者は，対立する2つの立場を「ポーランドの道」の選択と「ワイマールの選択」と名づけている。「ワイマールの選択」とは，1991年8月にワイマールで行われた3国外相会談以来のフランス・ドイツ・ポーランドの協調が「ワイマールの三角形（トライアングル）」と呼ばれていることに由来する。P. Buras, Dyplomacja czy szantaż?, *Rzeczpospolita*, 25.02.2004.
(50)　2004年7月に行われた世論調査によれば，「ポーランドにとってより有利な定めを獲得する可能性を早く放棄しすぎた結果，あまり多くを達成できなかった」(58%)とする者が「ありうべき最良の妥協を獲得することによって，多くのも

	2004年5月の支持率	欧州議会選挙 得票率	議席	欧州議会選挙時の国会議席
市民政綱〔PO〕	24%	24.1%	15	55
ポーランド家族連盟〔LPR〕	7	15.9	10	25
法と公正〔PiS〕	12	12.7	7	43
ポーランド共和国自衛〔Samoobrona〕	13	10.8	6	31
民主左翼同盟〔SLD〕・労働同盟〔UP〕	6	9.4	5	157＋15
自由同盟〔UW〕	2	7.3	4	0
ポーランド農民党〔PSL〕	7	6.3	4	39
ポーランド社会民主主義〔SdPl〕	5	5.3	3	33
その他		8.2	0	62
合計		100	54	460

2004年5月の支持率はCBOS. Komunikat z badań, BS/95/2004, Wybory do Parlamentu Europejskiego, Warszawa, Czerwiec 2004, 欧州議会選挙の結果は国家選挙委員会のサイト (http://www.pkw.gov.pl/), 欧州議会選挙時の国会議席は国会のサイト (http://www.sejm.gov.pl/) 内のデータによる。

のを達成した」(16%)とする者を凌駕している。しかし，国民投票が行われれば憲法条約の受容に賛成するとする者（どちらかといえば，を含めて64%）は，反対するとする者（27%）を大きく上回っている。この比率は，EU加盟の賛否のそれに近い。CBOS, *Komunikat z badań*, BS/123/2004, Stosunek Polaków do Konstytucji Europejskiej, Warszawa, Lipeic 2004.
(51) 欧州市民としての意思表示を行う最初の機会は，2004年6月13日に行われた欧州議会選挙であった。この選挙についても論ずべきことが少なくないが，すでに紙幅が尽き，また，全加盟国のなかでスロヴァキアに次いで低い20.9%という投票率を含め，選挙結果には基本的には国内政治的要因が大きく作用しているとみられるので，ここでは政党別の結果を示しておくにとどめたい。
(52) *Gazeta Wyborcza*, 12.04.2003.
(53) 16世紀以降，18世紀末のロシア・プロイセン・オーストリアによる分割に至るまで，リトワニアとの連合の形で，バルト海から黒海に至る広範な地を支配した。
(54) イラク復興事業におけるポーランド企業の受注のほか，ポーランド市民に対する入国ビザの廃止が，ポーランドがアメリカから期待した「実利」であった。900万人に及ぶ在米ポーランド系市民との人的つながりを背景に，アメリカはポーランド人がもっとも親近感をもつ外国であり，ポーランドの「親米性」は民衆的基盤をもっている。したがって，ビザの廃止は実利の問題であるだけではなく，象徴的な意味ももっていた。2004年1月に訪米したクファシニェフスキ大統領は，ブッシュ大統領との会談においてこの問題を取り上げたが，アメリカ側はビザの廃止には応じなかった。
(55) イラクにおける作戦へのポーランド兵の参加を支持する者は，「安定化地帯」における指揮を引き受けた2003年9月には40%に達していたが（反対は53%），その後は低下の傾向を示し，2004年4月以降は3分の2から4分の3が反対している（2004年7月の数字は，賛成23%，反対73%。CBOS, *Komunikat z badań*, BS/126/2004, Opinie o obecności polskich żołnierzy w Iraku i zagrożeniu terroryzmem, Warszawa, Sierpień 2004)。
(56) 2004年7月29日に，（事故死を含め）7人目のポーランド兵士が死亡した。ほかに，ジャーナリストなど4人も命を落としている。

【文献案内】
小森秋夫「ヨーロッパ統合とポーランド」宮島喬・羽場久浘子『ヨーロッパ統合のゆくえ――民族・地域・国家』人文書院，2001年
伊東孝之「中東欧諸国のEU加盟――人々の憧れと懼れ」堀口健治・福田耕治編『EU政

治経済統合の新展開』早稲田大学出版部，2004年
山本哲太「ポーランドのEU加盟交渉——土地取引をめぐる交渉を中心にして」『スラヴ研究』51号，2004年
仙石 学「ポーランド——『ポスト社会主義国』から『欧州の一員』へ？」小川有美・岩崎正洋編『地域研究II 先進デモクラシーの再構築』日本経済評論社，2004年
羽場久泥子『拡大ヨーロッパの挑戦』中公新書，2004年
平島健司『EUは国家を超えられるか』岩波書店，2004年
『欧州憲法条約——解説及び翻訳』(中村民雄執筆)，衆議院憲法調査会事務局，2004年。
K. Cordell (ed.), *Poland and the European Union*, Duke University Press, 2000.
H. Ingham and M. Ingham (eds.), *EU Expansion to the East. Prospects and Problems*, Edward Elgar, 2002.

第12章

EUと北欧諸国
―― 拡大EUにおける小国の役割

大 島 美 穂

　はじめに
I　EUの異端者としての北欧
II　北欧とEU前史
III　各国の対EU姿勢
　　1　デンマーク ―― EUの"抵抗勢力"
　　2　フィンランド ―― EU加盟国初めてのロシアの隣国
　　3　スウェーデン ―― 経済的積極性と政治的消極性
　　4　ノルウェー ―― EU非加盟国としての立場
　　5　アイスランド ―― 漁業国としてのEU非加盟
IV　北欧のEUにおける役割
　　1　フィンランドの危機対応外交 ―― コソヴォ危機とチェチェン危機
　　2　スウェーデンとEU拡大問題
　　3　ノルウェーのEUへの貢献 ―― 供出金問題をめぐって
　　4　北欧のEUプロジェクト ―― ノーザン・ダイメンション政策
　おわりに ―― EU内の周辺か,パイオニアか
【文献案内】

はじめに

　歴史を翻ってみると,近代ヨーロッパの国際政治においてその構造的変動のたびに,「小国」の役割は変化してきた[1]。ナポレオン戦争終結時の1814～15年に開かれたウィーン会議は,5大国の権力を頂点としたヒエラルキーを形成し,これまで「小国」が享受してきた行動の自由を著しく制限してその構造に組み入れた最初であった。その後,第1次世界大戦後の戦間期,とくに1920年代に国際連盟発足によって一時的に「小国」の政治的・経済的自由は高まったかに思われたが,1930年代におけるドイツ・イタリアの台頭の前にそれは潰えた。さらに第2次世

界大戦後は「冷戦」の支配の中で,ヨーロッパ諸「小国」の選択肢は限定され,欧州安全保障協力会議（CSCE）やいくつかの国際会議でその理念の一端が披露されるに過ぎなかった。

それでは,ヨーロッパでの「冷戦」の終焉とEUの拡大は,はたして「小国」の意味をどのように変化させていくのだろうか。EU拡大の進行する中で,英米仏を中心としたヨーロッパ諸大国の発言力が増大し,諸「小国」はますますその背景へと退いていくことになるのだろうか。それとも,民主主義体制の構築をめざすEUが「小国」の発言力を保障するなかで,「小国」は独自の役割を開拓していくのだろうか。

EU内において,国家の「大きさ」は明らかに意味を担っている。国民の数が代表の数に比例するEU内で,「大国」と「小国」の差は,国際関係のほかの機会以上に大きい[2]。むろん,EU諸国間の関係は共通の法律,制度によって規定され,アナーキーな状態ではないため,EU内の「小国」にとって,国際関係一般において問題となる「生存（survival）」の問題に直面することはきわめて少なく,むしろそれはEU内における影響力の問題として現れる。EUにとって重要な決定が,「大国」間の交渉で決まってしまうという不満は,「小国」について回るものである。しかし同時に,軍事的安全保障に依拠した権力政治の論理から民主主義や福祉の論理,そして国際政治における仲介者の役割への飛躍を意図して統合を進めるEUは,「小国」にとって新たな機会を提供していることも確かである[3]。ここに,「大きさ」の論理の前に存在感の薄かった「小国」が,むしろ「ニッチ（niche）」,すなわち市場の隙間で活躍する余地が残されている。

北欧諸国[4]は,「冷戦」期から軍縮や地域紛争の仲介者として活躍し[5],また民主主義,福祉政策,環境保護政策の主導者を自認してきたが,こうした経験をふまえ,諸国は自らのEU内での役割を様々なニッチにおける「北欧メソッド」を発揮するものとして捉える傾向がある[6]。そのなかで,従来からの地域紛争の仲介者や福祉,環境政策の先駆者としての経験を生かして,「大きさ」の論理には還元できない独自の存在意味を発揮できるというわけである。本章では,北欧諸国の活動,認識に基づいて考察を進め,「小国」のEUでの役割[7]を考える一助とする。

I　EUの異端者としての北欧

北欧諸国とEUとの関係は一律ではない。1975年にデンマークが当時のEEC第1次拡大に際してイギリスとともに加盟を果たして以来,北欧内では長らくデ

ンマーク一国のみが加盟国であり続ける期間が続き，1995年にEU第4次拡大でようやくスウェーデンとフィンランドがそれに加わった。しかし，2度にわたる国民投票で国民が非加盟を決めたノルウェーといまだ加盟議論が深まっていないアイスランドの2国はその列には加わっていない。これは，ヨーロッパの多くの非加盟国のように，経済的，社会的にEU加盟の水準に達していないための非加盟ではなく，むしろ水準以上であるがゆえにあえて加盟に向かわない方針をこの2国が採っているためである。そして加盟しているにもかかわらず，何かとEUの政策に組せず，現在までのところユーロにも参加しないでいるデンマークとスウェーデン，そしてユーロ加盟国として比較的積極的な役割をEU内で担ってきたフィンランドは，一見別々の方向を向いているように思われる。しかし，そこには北欧諸国共通の論理が貫かれている。

　一般に北欧はEUに対して，「reluctant Europeans（気乗り薄のヨーロッパ人）」であると言われてきた[8]。たとえば，すでに30年以上にわたってヨーロッパ統合に加わってきたデンマークは，一般的に統合の進展には懐疑的であり，ギリシャとともに常に少数意見として異議申し立てをしてきたために，「Footnote state（脚注国家）」と揶揄されることもあった。また，後に述べるマーストリヒト条約に関してデンマークでは1992年の第1次国民投票で批准拒否派が多数を占め，EUの屋台骨を揺るがす「デンマーク・ショック」といわれる事態を招いた。さらに，ノルウェーは1972年と1994年の国民投票でEU加盟拒否を決め，ヨーロッパの潮流に自己の論理で抗する頑固な側面をみせつけた。ヨーロッパ統合へのこうした消極性は，他の2国の国民の間に共通し，フィンランド，スウェーデンのEU加盟を問う国民投票は，2004年に行われた第5次拡大時の参加国10カ国と比べて低い数値であった。

　こうした北欧諸国の消極性は，ヨーロッパの周辺に属する北欧のヨーロッパ大陸への距離感として受け取ることができる。EU内においてはイギリスがヨーロッパの部外者としての自己認識をもつといわれるが，北欧諸国もまた，ヨーロッパ大陸から隔たった自らをヨーロッパの「部外者」として定義し，「ヨーロッパに対して我われはいかに対応するか」という形で問題設定を行うことが多かった。それは，第1に，長らく自らをヨーロッパ大陸の紛争から隔て孤立的中立を維持し，主権の保護に固執することで，ヨーロッパ大陸諸国とは異なる形で平和を享受してきた北欧諸国の歴史によるものである。第2に，そこには北欧民主主義と自負する独特の平等政策を遂行する中で，地域住民の安寧を保ってきたとする自己認識が作用している[9]。

しかし,「冷戦」構造の崩壊とともに,ヨーロッパ大陸から孤立することで北欧が甘受してきた平和や繁栄は終焉し,むしろヨーロッパの中に積極的に加わり,自己の主張を位置づけていくことが必要とされる状況が生まれた。その反映がスウェーデンやフィンランドのような中立国のEU加盟であったのだが,ヨーロッパ大陸諸国の論理によって築かれたEUへの違和感と「北欧のメソッド」をEUにおいて発揮しようとする姿勢はこれからみていくように継続されている。

II 北欧とEU前史

第2次世界大戦後1958年に欧州経済共同体 (EEC) が設立されたとき,北欧諸国はそれに背を向けて自地域またはイギリスとの自由貿易地帯での協力に限定する動きをみせた。北欧が最初に地域協力を意識したのは,1950年代初頭であったが,このとき北欧にとって念頭にあったのは,ヨーロッパ大陸諸国との協力ではなく,北欧諸国間の協力であり,1949年に北大西洋条約機構 (NATO) が設立されるなかで,北欧はソ連との間に「友好協力相互援助条約 (FCMA条約)」を結んだフィンランド,NATOの原加盟国となったアイスランド,デンマーク,ノルウェー,非同盟中立を維持したスウェーデンというかたちで地域がばらばらになる恐れに直面し,地域の緩やかなまとまりを維持するために,1952年に主に社会・文化面での統合を中心とした北欧会議 (Nordic Council) を設立した (フィンランドは1955年に加盟)。他方,ヨーロッパ諸国との関係は,1950年代後半の対英自由貿易構想を経て,1960年にはその発展形態である欧州自由貿易連合 (EFTA) を設立し,1954年に結ばれたEECと対抗関係に立った。EFTAは自由貿易を中心とし,主権の維持を明確に示した緩やかな経済協力機構であった。しかし,イギリスがEECの加盟へと傾いていくなかで,1972年にデンマークとノルウェーは国民投票を行い,2国のうち加盟賛成者が過半数を占めたデンマークが1973年にイギリスとともにEC加盟を決めた。その後,1993年にフィンランド,スウェーデン,ノルウェーの順でEU加盟のための国民投票が行われ,加盟賛成派が過半数を上回った前2国は95年にEU加盟を果たした。

III 各国の対EU姿勢

1 デンマーク——EUの"抵抗勢力"

デンマークは長い間,EUの中で,とくに統合に対して消極的な国家であった。

それは，第1にデンマーク政府ならびに国民全体がEC・EUを自国の経済利益獲得のための1つの経済チャンネルと捉え，その社会・政治的統合の深化に背を向けていたという背景がある(10)。しかし，デンマークがEUの決定に対して意義を申し立てることになったいくつかの国民投票で問題となった論点を拾ってみると，その消極性の中に，大陸ヨーロッパとは一線を画するデンマーク独自の論理が存在していることに気づかされる。ひとつは，地域個別の自治を重視する視点である。漁業権の保護をめぐって争われた1982年のデンマーク自治領グリーンランドのEC加盟存続を問う国民投票では，デンマークの国民の大多数がグリーンランドのECからの脱退を支持する結果となった。現在でこそ，EUは地域振興政策に重きを置いた政策を履行しているが，82年と早い段階でのこうした決断は画期的なものであった。グリーンランド問題が先例となり，その後フィンランドが95年にEU加盟を決めたときに，フィンランド自治領のオーランド諸島はEUとの間に個別の協定を結び，オーランド諸島のアイデンティティの源ともいえるスウェーデン語を維持するために(11)，EUにおける人の移動などで大幅な譲歩を得て，自治領の独自性がEU統合によって失われることを防いだ。

　いまひとつは，EUの政策決定過程の不透明性や欧州議会に決定的力を与えない「民主主義の赤字」に対する不安，そしてそこから生じてくる自国の民主主義や福祉・環境政策への強い支持である。こうした論点は，他の北欧諸国にも共通するが，92年の欧州連合条約批准時の国民投票でとくに顕在化し，「デンマーク・ショック」ともいわれる否決の動きとなって現れた。「小国」であるデンマークが，ECを揺り動かす条約批准拒否を決めた事件は，イギリスの同条約への懐疑的姿勢も手伝って，ECに同条約の再検討を迫り，適応除外（opt out）や補完性の原理の強化を認める結果となり，最終的にこうした自由を盛り込んだエジンバラでの合意をみて，ようやく同条約は93年にデンマーク国民の理解を得た。

　デンマークの主要政党間では，「冷戦」構造の崩壊する1980年代後半からECを実利的に捉え，統合の深化に背を向ける従来の消極的動きを反省する潮流が生まれていたが，これは国民の間には浸透せず，エリート層と一般大衆の間における対EU認識をめぐってギャップが生じていたのである(12)。1998年に行われた欧州連合条約の改訂版であるアムステルダム条約に関する国民投票では，適応除外について大幅な譲歩をEU側から引き出したこともあり賛成派が勝利したが，2000年のユーロ参加法案の国民投票では再度大衆とのギャップが表面化し，主要政党や政治家の展開した賛成キャンペーンは国民に受け入れられなかった。この国民投票での反対派は，ブルーカラー，高等教育を受けていない者，福祉など公共事

第2部　拡大EUと国家

表12-1　デンマークのEC/EU関連国民投票[13]

年	問題	投票率	賛成率	反対率	結果
1982	グリーンランドのEC加盟存続案	74.9%	47.0%	53.0%	脱退
1992	欧州連合条約（EU条約）批准	83.1%	49.3%	50.7%	否決
1993	欧州連合条約・エジンバラ合意批准＊	86.5%	56.7%	43.3%	調印
1998	アムステルダム条約批准	76.2%	55.1%	44.9%	調印
2000	共通通貨参加法案	87.6%	46.8%	53.2%	否決

業に携わる女性が多く，彼らの反対はEU，そしてユーロの意味が国民に浸透していないためであるともいわれた。しかし，より根本的には，国家の自立と民主主義を重視するデンマークの一般国民にとって，ユーロがデンマークへの自治の侵食として捉えられたということができる[14]。

しかし繰り返しになるが，閣僚，政治家レベルにおいてはデンマークのEUへの対応は積極化している。デンマークは，2003年にEU拡大交渉時の議長国をつとめたが，ここでは「小国」でしかできない機敏な働きを示し，2004年の拡大実施の土台を築き上げたと評価されている[15]。EU拡大に関する議長国としての貢献は後にみるようにスウェーデンも果たしているが，ヨーロッパの安定を何より考え，しかも東欧諸国の様々な事情を考慮しながらの決めの細かな対応は，EU内の大国には難しい北欧諸国ならではのものであるといえる。

2　フィンランド ── EU加盟国初めてのロシアの隣国

フィンランドは，北欧において唯一，外的要因を理由にEU加盟が長い間政治的選択肢とならなかった国であった。それは，「冷戦」初頭の1949年に締結された対ソ友好協力相互援助条約の下にソ連と特別な関係にあったことに起因する。フィンランド・ソ連間のこの条約は東欧諸国が当時結んだ同名の条約とは異なり，前文でフィンランドが中立を熱望することを認めたものであり，それを根拠にフィンランドは「中立国」として自国を位置づけた。しかし「冷戦」の状況に応じて，ソ連政府はフィンランドとの関係強化に乗り出し，またそれは内政にも影響力を及ぼす懸念があったために，フィンランドはたとえ，北欧会議の加盟や北欧間の経済協力の強化であっても，ソ連の意向を配慮してきた[16]。さらにヨーロッパ統合に関しては，より慎重な姿勢が保たれ，フィンランドがECとの間に協力協定を結んだのは，コメコン（経済相互援助会議，COMECON）との間に協力協定を結んだ1973年であった。フィンランド政府は東西両陣営に対して均衡のとれた関係を結び，自国の「中立」政策を堅持する必要があったのである。こうしたフィ

ンランドの対ソ配慮政策は，第2次世界大戦時に対ソ強硬路線をとり，2度の対ソ戦争（冬戦争，継続戦争）に巻き込まれたことに対する反省から生まれたものであり，「冷戦」期に隣の大国との共存を図るためには不可欠な安全保障上の道であった。言い方を変えると，ソ連が脅威感を抱くような対応を避けることで，「小国」フィンランドは逆にソ連の安全を保障し，さらにそれによって最終的には自国の安全保障を確立するという信頼醸成を行ってきたのである。くわえて，フィンランドはヨーロッパにおける東西対話の推進や軍縮に対しても，積極的であった。1975年にCSCEのヘルシンキでの開催に際して，他の北欧諸国の協力も得ながら奔走したのは，その一例である。

さて，ECに対して距離を置いたフィンランドの政策は，当時の政府において超国家的機構への参加は対外的主権や行動の自由の制限につながり，中立政策と相容れないためであると説明されていた[17]。しかし，1991年にソ連が崩壊し，自動的にソ連との条約も有効性を失うと，フィンランドにとってこれまで自国の外交・安全保障上の自立を確保するための手段であった「中立」政策の堅持という政治ドクトリンの必要はなくなり，新たな政治方針を検討する中で，EU加盟が選択肢として議論されることになった[18]。こうしたフィンランドとEUの関係は，旧社会主義国とEUの関係に共通する要素があるといえる。

EU加盟後のフィンランドは，これまでのEUとの距離感を感じさせないほど積極的姿勢に転じ，デンマークとスウェーデンが参加を見合せた経済通貨同盟（EMU）の第3段階へも加わり，ユーロ使用国となった。「冷戦」崩壊後，従来の対露協調政策の頸木から解放されたフィンランドにとって，EU加盟は他の北欧の加盟国以上に安全保障の観点から捉えられ，統合の進化や拡大は自国の安全保障に重ね合わせられて考えられた。その結果，フィンランドは自国をヨーロッパ統合の中に位置づけ，さらにロシアとの掛け橋やヨーロッパの紛争の調停役として活躍することに力を注ぐことになった。そもそも「冷戦」期には両陣営の緊張緩和の立役者となることが自国を取り巻く状況の緩和につながっていたこともあって，フィンランド外交は目標として国際舞台での調停者であることを掲げていたが，ポスト「冷戦」期に入ると，その舞台はEUに移され，頻発するヨーロッパの地域紛争に対するEUの積極的な対応を支援し，またEU拡大を含め，ヨーロッパの協力の促進に積極的になることになったのであった。

フィンランドにとって，EUは自国の安全保障の確立や福祉政策の増進にとどまらず，ヨーロッパの連帯や安定という観点からも重要であったということができる。こうしたフィンランドのEUへの積極的姿勢は，フィンランドの自由主義的

アイデンティティが育んだものであると同時に、フィンランドの国益とも一致するといわれる[19]。同じように「平和国家」として地域や国際的な協力を積極的に推進している他の北欧諸国が、むしろそれゆえに、EUに対して消極的であるのに較べて、反対の方向にあるように一見思われるフィンランドの積極姿勢は、その異なる歴史的経験を抜きには論じられない。

3 スウェーデン──経済的積極性と政治的消極性

スウェーデンは北欧の中で最大の産業国であり、ボルボなど世界的な巨大企業を多く有している。スウェーデンがEUに加わらなかった理由は、長年の国是ともいえる中立政策のためであり、「冷戦」期においてスウェーデンは、北欧協力を除いて、ヨーロッパの中でスイスとならぶ堅固な非同盟外交を貫いた。だが、「冷戦」崩壊とともに、中立でいることのメリットはスウェーデンにとって希薄なものとなり、新たにEU加盟が議論されることとなった。しかしながら、スウェーデン政府はEU加盟問題について、すでに1980年代から政府内に委員会を設置して検討を行っている。これは、主に経済に関わる実務的な検討であったが、こうした周到な政府の姿勢を通して、スウェーデン企業は早くからEU加盟への対応を図ることができたのである。

他方で、スウェーデンの一般国民と経済・政治エリートの間には、すでに述べたデンマークの場合と同様の乖離がみられる。たとえば、2003年9月の欧州通貨参加のための国民投票では、国内の運送業や商業活動に関わるブルーカラーの労働組合がこれに反対したのに対して、同じくスウェーデンの労働組合連合（LO）に加わる組合でも国際セクターをもつ大企業の金属労働者組合などはユーロに賛成した。こうした見解の相違は、ユーロ参入によって利益を得る部分と大きな競争に巻き込まれる部分の分裂を表している[20]。さらにスウェーデン政府自体も、ヨーロッパ諸国から孤立しても独自の中立を貫き通したという長年の自負と経済力を背景として、EUに対する留保姿勢は強く、同時に加盟したフィンランドと比べて、消極的な政治姿勢が指摘される[21]。

4 ノルウェー──EU非加盟国としての立場

ノルウェーは1972年に続き、1994年の国民投票でもEU加盟反対派が過半数を占め、「旧社会主義諸国がEUに加盟する前の最後のチャンス」といわれた1994年のEU第4次拡大に加わることを断念した国である。この第4次拡大のための対EU交渉は1993年にノルウェー、スウェーデン、フィンランドの北欧3カ国に

加えて，オーストリアも参加して始められ，94年3月の妥結を経て6月に加盟条約として調印されていたが，北欧の3国は最終的な加盟決定を問う国民投票を行うことをその前に決定していた。しかし10月16日にフィンランド，11月13日にスウェーデンが賛成派多数の結果を得たのに対して，11月27〜28日に行われたノルウェーの国民投票では反対派が勝利したのであった。この国民投票に際して，賛成派，反対派は国民を二分する大論争を展開したが，国民の動向として興味深いは，賛成派が都市のホワイトカラー，男性を多く含んでいたのに対して，反対派が地方の漁民や農民などの第1次産業従事者，女性を多く含んでいたという点であった。すなわち，賛成派の多くはノルウェーの産業界や政界など体制に属する層であり，ノルウェーの国家としての繁栄をヨーロッパ統合に結びつけて考え，EU加盟はノルウェーにとって合理的な選択であると主張した。一方反対派は，漁民や農民などこれまで国家の保護政策のもとにノルウェーの食糧自給を支えていた層がEU加盟による他国からの廉価な食料品の参入を恐れて反対したのに加えて，ノルウェーの環境保護，消費者保護など独自の進んだ政策の水準を守るという視点から社会運動家やノルウェーの福祉事業に従事する多くの女性が反対の論陣をはった。また，キリスト教民主党など文化的な保守層が，ノルウェーの文化や伝統的生活形態の保護を訴えて，反対したのも特徴的であった。左翼と保守がエコロジストを加えて形成したEUの反対陣営は「赤と緑の連合」ともいわれたが，彼らの主張は総じて，少数者の観点を大事にするためには，大企業優先で非民主的なEUの論理に強調する必要はないという点で一致していた。賛成派はEU決定過程の民主的な改善や環境や地域保護，農業政策の進展状況などを提示し説得に努めたが，結果的にそれは受け入れられなかった。EEC第2次拡大の際，加盟の是非を問う1972年の国民投票で繰り広げられた国家を二分する論争は，その後も国民の間に加盟問題に対する感情的なしこりとして残り，そこから生み出された冷静な議論の難しい状況は，「EUアレルギー」ともいわれたのである[22]。

　しかし，自国の高度に発達した福祉政策や民主主義的機構を理由に，EU加盟を魅力のあるものと考えない層が存在していたのは，同時期に加盟を決めたフィンランド，スウェーデンでも同じである。それがノルウェーにおいてのみ反対派勝利へと導かれたのは，むしろ構造的な理由があったように思われる。すなわち，第1に，前述の2国が「冷戦」崩壊後に狭義の中立政策から離れ，自国をよりヨーロッパに対して開かれたものにする必要に迫られていたこと，第2に，フィンランドは対露経済依存からの逸脱，スウェーデンは国際的な巨大企業の必要という異なった理由からではあったが，同様にヨーロッパ市場への接近を必要として

いた、ということが考えられる。他方、ノルウェーは、外交・安全保障政策に対しては、すでにNATO加盟国として西側世界と協力の関係にあり、また経済的には、1980年代から躍進を続ける、石油・天然ガスの供給国として余裕のある体制を維持しており、2国と比べて、国民が早急な加盟の必要を感じない状況であったといえる[23]。しかし、このように繁栄するノルウェー経済の依存する北海油田も今後の枯渇化がすでに予測されている。くわえて、EUの共通外交安全保障政策（CFSP）がNATOの補完をつとめるほどに積極的に展開される中で、EU非加盟であることのデメリットもとりざたされ始めており、今後加盟問題が再燃する状況も決して考えられなくはない。

5 アイスランド──漁業国としてのEU非加盟

これまで述べてきた他の北欧諸国とは対照的に、アイスランドではEU加盟問題が実際の選択肢として議論の遡上に上がることのないまま、EFTA加盟国としての状態が保たれてきた。それは、アイスランドにとって国家の土台をなすとも考えられている漁業が、EU加盟によって受ける侵食を回避するためであった。つまり、安価な労働力を抱える南欧の漁船から自国の漁場を保護することは、EU拡大の進展によって、たとえ自国が孤立しようとも必要な道であると認識されてきたのである。

そもそも貿易額の90％を占める漁業は、アイスランドにとって国家の最重要の課題であると認識されてきた。アイスランド漁業の重要性を示すエピソードとして、1958～76年における「タラ戦争」といわれるイギリスとの3回にわたる対立がある。これは、アイスランドが漁業資源保護のために行った専管水域拡大をめぐって、同じNATO加盟国であるイギリス海軍がフリゲート艦まで出動させ、アイスランドの警備艇と対峙した事件であった。結局アイスランドがNATOからの脱退を示唆する中で、最後にはNATOまでもが調停に踏み込む事態は終結したのであったが、これは軍隊を持たないアイスランドが、漁業を自国の安全保障上いかに重視しているかを示す事件であった。

IV 北欧のEUにおける役割

ここでは、最初の問題提起にもどって、北欧のEUにおける役割について考えてみたい。EU加盟、非加盟とそれぞれ異なり、また同じ加盟国でも、統合に積極的なフィンランドと、自国の主権保護という原則にこだわり、統合の深化、進展に

は消極的であるデンマーク，スウェーデンとの間には差異が存在するように見受けられる。しかし北欧が EU に期待する点は，原則において共通するものが存在する。それは，福祉政策や環境問題での「北欧基準」を EU において一般化しようとする試みであり，また地域援助や障害者，1次産業従事者，女性など弱者に対する保護の徹底である。こうした「北欧の視点」は EU 拡大によって，文化・社会的に異なる性格を抱き，経済的に劣った旧社会主義諸国を EU が含むにつれて，さらに意味を深めることになる。くわえて，拡大 EU にとって重要なのが，域内・域外の地域紛争への対応における北欧諸国の発揮する調停外交の手腕である。加盟国としてフィンランド，スウェーデンを，非加盟国としてノルウェーを例に挙げて考えてみたい。

1 フィンランドの危機対応外交──コソヴォ危機とチェチェン危機

フィンランドは 1999 年にはじめて EU 議長国の任にあたったが，その直前と議長国としての任期の間に，2つの紛争において EU の認める調停者としての役割を果たしている。1つは，コソヴォ危機であり，今ひとつはチェチェン紛争である。

コソヴォ紛争の和平までの経緯は以下のとおりであった。99 年 3 月 24 日に NATO がユーゴスラヴィアへの空爆を開始すると，事態の収拾を図るために当時の露大統領エリツィン (Boris Nikolayevich Yeltsin) が米政府との接触を始め，その過程で米露 2 国政府はフィンランド大統領アハティサアリ (Martti Ahtisaari) に第三者として平和交渉に加わるよう要請し，5 月 5 日に彼はそれを承認した。EU も 5 月 17 日にアハティサアリを EU 特使として任命し，翌日から和平計画作成のための 3 国交渉がヘルシンキで開始された。交渉は場所をモスクワにかえてその後 2 回続いたが，6 月 2 日には合意達成にいたり，同日に和平提案がアハティサアリとロシア特使のチェルノミュルジン (Viktor Chernomyrdin) の手でセルビアのミロシェヴィッチ (Slobodan Milosevic) 大統領に手渡された。提案は，NATO 空爆の終了を謳う一方で，セルビアのコソヴォからの撤退と国連の委任した PKO 部隊との交替，ならびにコソヴォ人の保護と難民の平和裏の帰還を実行するため PKO への NATO の実質的な参加と，コソヴォがユーゴスラヴィアの一部として自治をもつ旨が盛り込まれていたが，6 月 3 日にセルビア議会はそれを公式に承認した。そして，9 日に NATO とユーゴスラヴィアは和平計画で求められた協定を調印し，セルビア人はコソヴォから撤退し，NATO 空爆は終結した。

結果としてはスムーズに和平に漕ぎつけたかに思われる状況も，4 月末の段階

では暗雲が立ち込めていた。NATO空爆は状況を悪化させるばかりで，これがミロシェヴィッチ降伏を導くことは無理であるとの予想が大半を占め，慎重な対応が要求された。むろんセルビアと比較して米露両国の力は圧倒的であったが，事態収拾に不安を抱いた両国は旧ユーゴスラヴィア問題国連事務総長特別代表をつとめたアハティサアリ大統領のバルカン情勢に対する専門知識と平和の調停者としての幅広い経験[24]，非同盟国としてのフィンランドの歴史や米露両国とともに良好な関係を結んでいる点を考慮して，彼を調停者として任命したのだった。フィンランドはNATOに加盟していないため空爆に参加しておらず，EU加盟国として危機管理に加わったのみであり，NATOの空爆がフィンランド世論の反対をあまり受けていなかったこともアメリカ側にとっては重要な点であったといわれる。とくにアハティサアリには米露間の見解の調整や，セルビアとの折衝での貢献が期待された。3国間の最終的な同意達成までには3週間が費やされた。これはミロシェヴィッチが降伏するまで空爆の継続を望んだアメリカならびにフィンランドと，政治的解決への切り替えを望んだロシアの対立が原因であった。交渉の途中でロシア代表が交渉からの撤退を示唆する険悪な状況も生まれたといわれるが，NATO空爆によって現地での被害が拡大する中で国際世論の圧力も功を奏して，結果的に交渉は成功したのであった。

　アハティサアリの役割は，当初から限定的であったが，フィンランド外務省で組織されたタスクフォースが，EUと米露間の連絡ならびにコソヴォ危機の情報の拠点となった。交渉の行方いかんでは同年後半に予定されているフィンランドのEU議長国就任にマイナスの影響が生じるのではないかという懸念の中で，アハティサアリは冷静に対応した。ドイツの首相シュレーダー（Gerhard Schröder）の外交顧問は，アハティサアリの対応について，ワシントンからヨーロッパ各都市にいたるまでだれもが彼を対セルビア外交前進の功労者であるという点で一致して認識している，と述べている。

　一方EUの側はコソヴォ紛争で比較的穏健な行動をとり，紛争への共同声明を出す傍らNATO空爆支持に回っていたが，NATO側が公式の講和条件をだす2日前の4月8日にセルビアに平和要求を行い，制裁強化を断行した。しかし議長国のドイツは空爆反対の世論が高まる中で平和解決を探る必要に迫られ，シュレーダー首相はフランスの反対をはねつけてアハティサアリと3国の交渉を積極的に支援し，またアハティサアリのミロシェヴィッチ訪問に際してはEUの支持を画策するほどであった。6月3日に行われたケルンでの和平成立の会見の席にはシュレーダーがアハティサアリに伴って出席している。

第12章　EUと北欧諸国——拡大EUにおける小国の役割

「小国」であるフィンランドにとって，コソヴォ空爆は決して他人事ではなく，アハティサアリは和平計画の合意を獲得しようと確固たる信念を持って対応した。むろん，彼は「信頼できる第三者」でしかなかったものの，交渉の過程で彼の評価は高まっていったといわれる。ともすれば軽んじられがちな「小国」の指導者として，アハティサアリには組織的な支持が必要だったが，EUは彼の任務に正統性を与え，その活動を側面から支援することで，活躍の下地を形成した。またアハティサアリの活動は個人的判断とフィンランドのタスクフォースの作業に基づいていたが，他方で彼は自己の任務をEUのCFSPの一部と考え，EU議長国ドイツとの協力を重視して，決して自国の利害を表面化させることはなかった。

　これに対して，いまひとつのチェチェン紛争で，アハティサアリ大統領は当初より議長国として正統性を与えられていた。しかし，当時はじめての議長国となったフィンランドはEUの対露政策の促進を目標に掲げており，場合によってはロシアの方針に真っ向から対立することになるチェチェン紛争の和平交渉は，フィンランドにとって前者以上に厳しいものとなった。とくにEUの対露政策の中にアハティサアリが盛り込もうとしたのが，後に述べるロシアを含んだヨーロッパ北部地域の地域協力をEUとつなげるノーザン・ダイメンション構想であり，この構想にはロシアの積極的な姿勢が不可欠だった。しかし，ロシア政府はチェチェンの石油産出地グロズニー住民に対して12月6日に住民全員の撤退を要求した最後通牒を送り，11日までに撤退が完了しない場合はロシア軍による殺戮も止むなしと伝え，事態は緊迫の度合いを高めていた。12月10日にフィンランドと，ドイツ，フランスの議長団は露の対チェチェン政策をこれまでにない強い言葉で非難する共同宣言を起草し，仏代表の要求によりこの問題は欧州理事会での最重要課題となった。EU諸国の間にはロシアへの制裁に反対する声も多数あったが，最終的に欧州理事会はロシアへの強い抗議を認めることになった。これはひとつには，グロズニーでの危機を回避できなかった場合に生じる大量殺戮とそれに対する域内のメディアの批判やEUへの世論の支持喪失は，今後拡大という大事業を抱えるEUにとって，コストの大きな事態であったことによる。第2に，EUの危機管理において重要なのはドイツやフランスなど「大国」による主流派の見解であり，少なくとも今回の事態において欧州理事会のとりうる選択は限られていたのであった。

　フィンランドではアハティサアリ大統領，リッポネン（Paavo Tapio Lipponen）首相，ハロネン（Tarja Halonen）外相以下外務省の職員も加わって危機管理チームを形成し，周到な体制の下に事態に当たった。とくにハロネン外相はモスクワ

を訪問してロシア外相と接触し、またノーザン・ダイメンションの外相会議で議長の任を背負う中でロシアとの対話を行い、妥協するよう説得に努めた。一方EU内においてフィンランドは、加盟諸大国の見解を随時探りながら、厳しい声明と制裁を求める主流派に合わせる必要があった。さらに、議長国としてフィンランドは閣僚会議秘書団や欧州委員会、EUの東欧作業部会などからの強い圧力に直面し、またロシアの隣国としてフィンランドにこうした危機への対応能力があると考えない多くの加盟国から「援助」の申し出を受けることもあったという。しかし、フィンランドはロシアの望むOSCEや欧州審議会のチャンネルに頼ることもなく、自国の力での解決に努めた。むろんEU議長国としてフィンランドは一定の裁量権も有していたが、むしろフィンランドがEU加盟各国の意見収集に尽力し、進行役に徹していく中で逆にフィンランドの影響力は高まったと評価される[25]。共同体の共通利益を重視するEUの規範は、自国利益に則った過度の政治活動をいさめるものであり、その点でフィンランドの姿勢はEUの規範にそったものであったといえる。

　フィンランドの作成した最終声明の草稿は、実質的に独仏の起草したものよりも大胆であり、強硬な姿勢に満ちていた。だが、もう一方でフィンランドの草稿はEU・ロシア間関係の長期的な改善をとくに強調し、当初よりフィンランドが抱いていたEUの対露協調路線へと結びつくものであった。すなわち、フィンランドの政策決定者は、慎重な検討によって、EUの主大国の見解から逸れることなく、ロシアに対して厳しい対応をとる一方で、しかし長期的にはロシアにとって重要なEUとの関係構築の道を探る方向で事態収拾を図ったのである。こうした難しい交渉を乗り越えられたのは、戦後50年近く隣国ソ連との間に信頼関係を築きながら、自らの最低限必要な主張を通してきたフィンランド外交の経験ぬきには語れないであろう。くわえて、コソヴォ危機とチェチェン紛争に対するフィンランドの調停者としての役割は、EUの正統性という新たにフィンランドに加わった庇護の下で、しかしながらフィンランドが従来から持ち続けている人権重視の視点を追求した結果であることも強調されなければならない。

2　スウェーデンとEU拡大問題

　EU議長国として、大きな仕事を果たしたフィンランドに対して、スウェーデンの議長国としての役割はどのように評価されているのであろうか。

　スウェーデンの議長国の任期は2002年前半にあたり、折しもEU拡大のための新規加盟国との構造調整が具体的なタイムテーブルに入った時期であった。前任

の議長国フランスが,自国の利益をはばかることなく追求し,「大国」としての傲慢さを批判されたのとは対照的に,スウェーデンは,議長国としてEU内の合意形成を重視し,国益にとらわれない公平な対応を貫いた。その結果,この期間でEUは2001年12月のニースにおける欧州理事会で決められた拡大のためのロードマップを全うし,場合によってはそれ以上の同意を獲得することができた。これは,関係各国の意見に耳を傾け,同時に欧州委員会や常駐代表部とも頻繁に接触して,慎重に交渉を進めるスウェーデンの行政手腕の成果であった。むろん,議長国としてのスウェーデンは,合意獲得に重きをおくあまり指導力に欠けるとの非難も受けた。しかし,スウェーデン政府は,統合の無理な拡大は将来に禍根を残すと確信しており,そのためこれは,加盟候補諸国の同意形成が何よりも重視された結果であった[26]。付言すれば,こうした慎重な姿勢の背景には,EUにおいて連邦主義,超国家主義の進展を図るよりも,国家間協調に根ざした連合主義的立場を維持することが現実的であるとするスウェーデン政府の従来からの方針が存在しているように思われる。

　さらにスウェーデンは,近隣地域にある加盟候補国間の格差の是正にも配慮をもって当たり,バルト3国のうち加盟交渉の先行するエストニアと比べて遅れをとっていたラトヴィア,リトアニアの交渉を速やかに進めた。これは,3国が加盟後にEU内の地域ブロックとしてまとまって扱われることをスウェーデン側が望んだためであり,それは独立後協調路線をとってきた3国の関係が対EU姿勢において亀裂を生じることを避けるためであった。こうした配慮は,スウェーデンととくに関わりの深いバルト3国のみではなく,ヴィシェグラード諸国に対してもはらわれ,スウェーデンは後続のスロヴァキアとの加盟交渉にも迅速に当たり,他の4国と同じ交渉ラインにまで同国を押し上げた。最終的にバルト3国もヴィシェグラード5カ国も2004年に同時にEUへの参加を決めることができたが,むろんそれをスウェーデンの議長国としての手腕にのみ還元することはできないであろう。だが,地域の安定を重視するスウェーデンの姿勢が加盟交渉における重点のおき方にあらわれたとする指摘は可能である。

　他方,スウェーデンらしさが期待された領域としては第1に,環境やジェンダーの問題がある。スウェーデンは議長国として,こうした領域でNGOとの対話を心がけ,国家以外のアクターの視点をそこに盛り込もうと努めたともいわれる。しかしながらこの分野での成果は,期待されていたほどに目覚しいものではなかった。第2に,民主主義の徹底した北欧の場合と比較して,政策決定の過程が不透明であるとの批判を受けがちなEUの政策決定過程の透明性の問題に対して

は，EU 議会とも連携しながら，大きな働きを示したといわれるが，ここにおいてもスウェーデンは自国の主張を前面に出した機構改革に取り組んだわけではなかった[27]。しかし，第3にスウェーデン外交の重視する紛争防止に関しては，CFSPの分野において，「暴力的紛争防止のための EU プログラム」を提案し，これは6月の欧州理事会で採択されている。同プログラムは，紛争予防活動を政治的な優先事項として規定し，対応の一貫性や予防手段の向上，国連や OSCE などとのパートナーシップの効率化を図るためのものであり，それは EU 全体の枠組みからは欧州委員会の報告書および欧州委員会の政策指針文書の延長線上にあるともいわれる[28]。しかし当時スウェーデンの提案が半ば皮肉を込めて「非難のしようのない完璧な (apple pie-and-motherhood)」ものであるといわれたことも事実である[29]。ここからも平和への貢献を自国の外交政策の第1に掲げているスウェーデン政府が，紛争予防への貢献に並々ならぬ熱意をもってあたっていたことが理解できるであろう。

　ヨーロッパの未来に対して EU の描く新たな構想に期待する統合論者にとって，スウェーデンのこうした現実的な対応は，物足りない側面があったことも容易に理解される。実際，ジャーナリズムの世界では，フィンランドと比べて大きな出来事のなかったスウェーデンの議長国としての仕事はあまり注目されなかった。しかし，スウェーデンの地道な仕事ぶりが EU 拡大ならびに地域の安定化をめざす EU の方針に貢献したことは否定できないであろう。

3　ノルウェーの EU への貢献——供出金問題をめぐって

　EU 非加盟国として，ノルウェーは北欧のもうひとつの EFTA 諸国であるアイスランドとともに EU との間に欧州経済領域（EEA）協定を結んでいる。EEA は自国の漁業，農業の保護を重視するノルウェーとアイスランドの事情から，この2つの分野の経済統合は除かれているが，それ以外の分野はほぼ EU 加盟国と同じ条件の下に，「人，モノ，サービス」の自由移動に代表される様々な EU 域内市場への統合が含まれる。たとえば，人の自由移動を保障するシェンゲン条約や教育分野のエラスムス計画，さらには共通外交安全保障政策（CFSP）の一部などそれは多分野にわたる。

　こうした EU 統合へのアクセスを得る代わりに義務として，EEA 協定は EU 加盟国に課す額とほぼ同規模に及ぶ，EU の構造基金，結束基金などへの供出金をノルウェー，アイスランドに課してきた。EU が掲げる目標である加盟国の経済・社会・政治的な不均等の是正はノルウェー外交の目的にもそうものであるため，ノ

第12章 EUと北欧諸国——拡大EUにおける小国の役割

表12-2 2003年5月〜2004年4月期のノルウェーのEU新規加盟国への援助額（単位100万ユーロ）

	EEAからの支払金	%	独自の支払金	%	両者の合計	%
ポーランド	56,16	46,8	55,57	49,0	108,69	47,9
ハンガリー	12,16	10,1	14,86	13,1	26,35	11,6
チェコ	9,71	8,1	12,47	11,0	21,66	9,5
スペイン	9,17	7,6	0	0	8,67	3,8
ギリシャ	6,85	5,7	0	0	6,48	2,8
スロヴァキア	6,47	5,4	7,60	6,7	13,72	6,0
ポルトガル	6,26	5,2	0	0	5,93	2,6
リトアニア	5,40	4,5	8,05	7,1	13,16	5,7
ラトヴィア	3,95	3,3	6,80	6,0	10,54	4,6
エストニア	2,02	1,7	4,54	4,0	6,44	2,8
スロヴェニア	1,22	1,0	2,49	2,2	3,65	1,6
マルタ	0,38	0,3	0,34	0,3	0,70	0,3
キプロス	0,25	0,2	0,68	0,6	0,92	0,4
合計	120,00	100,0	113,40	100,0	226,91	100,0

St.prp.nr.3, *Om utvidelse av Eøs*, 2003-2004, Norges Utenriksdepartementet, 2003-2004.

ルウェー国内ではこれまで供出金の出資に対して大きな反対は起きてこなかった。一方ノルウェー政府ならびにEFTAはEUに供出金を自由意志であるべきであると主張してきたが、EU側はそれをEEAに含まれるものとして譲らなかった。ノルウェーの供出金はEFTAのそれの96％を占め、1994年から1999年まで毎年約1200万ユーロに及び、ギリシャへの構造調整やスペイン、ポルトガル、アイルランド、北アイルランドの地域援助に向けられてきた。

こうした一方でノルウェーは以前から環バルト海諸国を中心とした旧社会主義国への援助を行っていたが[30]、さらなるEU拡大にともない、EU側から新規加盟国に向けられた加盟国と同規模の構造基金への援助を要求された。ノルウェー政府は、EEA協定にこうした要件が含まれていないことを理由に再考を促したが、EU側は場合によっては協定の破棄も辞さないという強い調子でこれに対応した。最終的に欧州委員会の初期の要求額は若干減らされたものの、総額で2億3500万ユーロに上り、それは以前の融資額の20倍に達し、EUから新規加盟国への支出総額の9％を占めることとなった。

拡大EU総人口の0.8％に当たる人口約400万のノルウェーが、EU非加盟国であるにもかかわらず、多額の供出金を出すにいたった背景には、EEA協定の破棄

をも示唆する欧州委員会に対し，北欧のEU加盟国も含め，ノルウェーを擁護する基盤を得ることができなかったという事情があった。つまり，そもそもEFTA自体が，スウェーデン，フィンランドの脱退によって弱体化しており，著しく均衡を欠く対EU関係において，ノルウェーの主張が認められる余地はなかったということができる。しかしながら，今なお，EU加盟問題がタブーとなっているノルウェー国内において，EEAの消滅はEUとの唯一のつながりを失うことを意味し，多大な出費を課せられても回避すべき事態であった[31]。

一方，ノルウェー国民のEU拡大に関する意識調査によると，拡大賛成が50%，反対が20%であり，必ずしも拡大に否定的であるとはいえない。この数字はEU加盟国民の平均68%が拡大賛成，19%が反対であるのと比べて見劣りするものの，スウェーデン，デンマークとほぼ同じ数値である。内訳では，高齢になるにつれて反対が多くなり，また高額所得者，高学歴者の方が賛成の比重が高まるという傾向が見られるが，これらはEU全体において，新規加盟国への差別感や雇用における競争者の出現への危惧をもつ低学歴者，低所得者に反対率が高いのと比べると，率としては高くはない[32]。むしろ重要な点は，女性に拡大賛成者が多い点である。EU加盟の是非を問う国民投票では女性に加盟反対者が多かったのに対して，これは正反対の傾向を示している。ここから理解されるのは，ノルウェーにおいて拡大賛成の主な理由が，ヨーロッパ経済の発展や安全保障という一般に挙げられる論点よりも，EU拡大がもたらすヨーロッパの団結や福祉政策の促進への期待感というきわめて北欧的な平等観に裏打ちされた見解であるという点であろう。EUに期待する点としてヨーロッパの平等や福祉の促進を挙げる傾向は，加盟の是非を問う国民投票時においても現れていたが，加盟反対者の中にもこの見解を共有する者が増えていることをこれは示している。しかしながら，それはあくまで，新規加盟国とEUとの関係に関するノルウェー国民の期待でしかなく，それが直ちに自国のEU加盟賛成につながるものではないことは，ノルウェー国内の加盟賛成派が未だ過半数にいたっていない事実が如実に示している。ノルウェーの加盟議論が本格化するのは今しばらくの時を必要としているように思われる。

だが，EUへの供出金にもどると，既存のプロジェクトはもとより新規加盟国への融資プロジェクトに対しても，EEA協定はノルウェーが援助プロジェクトの作成に携わる余地を認めてはおらず，ノルウェーは「金は出すが方針作成にはかかわらない」という状況に置かれている。それはノルウェー国民に見られる，EUの福祉・平等政策進展への期待が裏切られるプロセスを十分想起させるものであり，

その点でノルウェーは非加盟国として構造的なパラドックスに置かれることになるといえるであろう。

4 北欧のEUプロジェクト――ノーザン・ダイメンション政策

1999年にフィンランドが議長国の際に採択されたEUの北部ヨーロッパ地域プロジェクトとして，ノーザン・ダイメンション（EU Northern Dimension＝EUND）がある。これは，1990年代初頭からすでに始まっていた北欧諸国を中心とした環バルト海協力[33]，バレンツ地域協力[34]をまとめてEUに結びつけ，ヨーロッパ北部とEUの協力関係を進展させると同時に，EU内の地域協力の補強を通じて地域のポテンシャルを強めようとするプロジェクトである[35]。また，これには，EUの東方拡大にともなって関係の悪化も懸念されたロシアとの関係を地域協力の進展によって強化し，EU拡大のソフト・ランディングを図るという側面も期待されていた。

具体的には，1997年12月にルクセンブルグの欧州理事会でEUNDはEUのアジェンダに盛り込まれ，99年11月のEU外相会議でアクション・プラン（2002年～2003年）として採択された。EUNDの網羅する地域は，アイスランドから北西ロシアまで，カラ海（Novaya Zemlya），バレンツ海，ノルウェー海を南下しバルト海南岸にいたるまでに及び，関連国はエストニア，ラトヴィア，リトアニア，ポーランドの新規加盟4国を筆頭とするEU加盟諸国と，非加盟国ではアイスランド，ノルウェー，ロシアを含んでいる。具体的には，ロシアとの越境協力や核の安全保障を含む環境協力，ロシアの飛び地カリーニングラードでの協力を始めとし，地域の組織犯罪対策，公衆衛生，エネルギー，情報・コミュニケーション，文化，漁業，研究分野での協力が置かれている。EUの経済的負担は最小限に留め，むしろ既存の北欧諸国を中心とした2つの地域協力を土台としている点が特徴的である。

EUNDが構想された当時は，EU内でフランスが推進する地中海諸国との協力プロジェクト（バルセロナ・プロセス）が地歩を固めつつあり，このままではヨーロッパの北部がEUから置き去りにされてしまうことを北欧諸国が危惧するなかで，ロシアと国境を接するフィンランドがとくにイニシアティブをとってこれを推進した。そのため，EUNDはEU内の「南北の綱引き」であるというパワー論的な解釈も存在しないわけではない。またプロジェクト設置後EUの対露政策が積極化し，EU内におけるノーザン・ダイメンションの使命はすでに終ったとする見解も強く，さらに北欧諸国が議長国であったときにのみプロジェクトの進展が

見られることから、EU 共通の支持を得られていないとする否定的な見方もある。

　しかし、このプロジェクト自身は特別な予算の割り当てのない小規模なプロセスであり、そもそも EU の中で中心を占めようとする意図は当初からなかったことが指摘できるであろう。また協力の枠組みや計画に関する各々の優先順位もそのつど見直すという柔軟な性格をもち、固定化された援助政策であるというよりも、地域の自助努力を引き出すことに主眼が置かれたプロジェクトである。ここではむしろ、北欧地域で 1992 年から始められていた既存の地域協力の枠組みが EU の認めるものとなり、EU の地域政策に組み込まれたという点が肝要であろう。

　環バルト海協力、バレンツ地域協力では、文化的多様性に富んだ地域の相互理解を深めるための教育、交流プロジェクト、地域活性化を図った人材育成、保健・医療分野での協力、幼児・青少年の福祉の充実、経済分野での中小企業のネットワークの構築、環境汚染対策や原子力施設の安全管理など、住民の視点からの協力が進んでおり、これらを EU との連動の中に置くことによって、地域の安定に貢献することになった。それは、とくに「冷戦」期に明確な対立構造の中に置かれたこの地域において協力の難しい安全保障分野では、軍事的安全保障ではなく、狭義の社会的安全保障として現れた。すなわち、「人間の安全保障」[36]の観点から、麻薬取引や組織犯罪への対策などの地道な相互協力が進行し、社会主義体制の崩壊以降、マフィアやテロなどの犯罪の温床になる可能性が強かった地域の安定を図ってきた。

　このように EUND を通して社会の現実問題への対応を考えるなかで、ロシアと近隣諸国の対話が積み重ねられ、結果として地域の信頼醸成構築が図られることが、もくろまれているのである。くわえて、実務的な地域協力を通して地域の安定を図るという方法は、北欧会議が主体となって積み重ねてきた北欧協力に固有のものであり、北欧諸国は北欧に伝統的な地域協力を、EU の中に含み、認可されていくプロセスとしてここでのチャンネルを使ってきたといえる[37]。

おわりに——EU 内の周辺か、パイオニアか

　北欧は EU 拡大にともない、ますますヨーロッパの中心から離れた「周辺」と化す恐れの中にある。こうした傾向は、EU 加盟や対 EU 政策をめぐって北欧 5 カ国が異なった道を歩んでいる中でさらに加速され、その特徴や一体性を失われてしまうことも充分予測される。しかしながら、本章で考察してきたように、北欧

のEU加盟国は,福祉や環境,紛争の調停などの分野でこれまで培ってきた北欧の視点を,バランスをとりながら貫き,実行している。とくに,ノーザン・ダイメンションに現れた北欧の地域協力のEUとの連動は,北欧の従来の地域安定化の試みをさらに広げるための努力であるようにも映じる。

　そもそも,EU拡大は,ヨーロッパ地図の形式的な単色化をめざすのではなく,欧州憲法条約に謳われているように,民主主義をヨーロッパにおいて根付かせ,地域住民の様々な必要に応じ,その安寧を図るためのものであるはずである。そうであるならば,それは北欧諸国がめざす理念と,必ずしも相反するものではない。そうであるから,フィンランドはもとより,デンマーク,スウェーデン,また域外国のノルウェーの各政府も従来の反EU的な姿勢の修正を図り,国民もまた自国の国策との接点を模索しているのである。

　2004年欧州憲法条約の最終的な合意の過程において,欧州理事会はEU内の諸小国の見解をも尊重する姿勢を示したが,それは拡大EUが大国主導の上意下達システムをめざすものでないことを示唆している。北欧諸国のもつ福祉や環境政策のパイオニアとしての経験,紛争や対立の仲介のための粘り強い外交交渉を可能とするそのノウハウや人材は,拡大EUにおいても力を発揮する基盤がある。EUの政策決定過程全体における北欧の影響力は少ないかもしれないが,こうした「ニッチ」の部分で今後北欧が活躍できるかどうかは,EUが真の意味で地域協力となることができるかどうかを占うひとつの鍵となる。

注
（1）「小国論」としては,以下を参照。百瀬宏『小国――その理念と歴史』岩波書店,1988年。
（2）欧州理事会の投票システムにおける大国と小国の関係については以下を参照。Axel Moberg, "The Voting System in the Council of the European Union: The Balance between Large and Small Countries," *Scandinavian Political Studies*, Vol. 21, No.4, 1998.
（3）Peter J. Katzenstein, *Small States in World Markets: Industrial Policy in Europe*, London, 1985, p. 211.
（4）本稿では,北欧諸国を,アイスランド,ノルウェー,デンマーク,スウェーデン,フィンランドの5カ国を指すものとする。
（5）たとえば,1975年に東西ヨーロッパ諸国が一堂に会した欧州安全保障協力会議（CSCE）をヘルシンキで開いたのは,フィンランド政府の尽力に負うところが大きかったし,パレスチナとイスラエルの最初の対話であった1993年オスロ議定書は

オスロで何度も開かれた秘密裏の会合が功を奏したものであった。最近では，2003年5月にパキスタン政府と対立関係にあったタミル・イーラム解放のトラとパキスタン政府の和平交渉がノルウェー政府の仲介で行われるという出来事があった。
(6)　Andreas Løvold, "Småstatsproblematikken i internasjonal politikk," *Internasjonal politikk*, vol. 62, nr. 1, 2004.
(7)　「小国」の役割を行政面から考察したものについては，以下を参照。Esko Antola & Milla Ldhtimäki, *Small States in the EU*, Turku, 2001.
(8)　Toivo Miljan, *Reluctant European: the Attitudes of the Nordic Countries towards European Integration*, London, 1977. こうした認識は今でも根強く残っている。たとえば以下を参照。Ole Elgström, "Evaluating the Swedish Presidency," *Cooperation and Conflict*, Vol. 37, No. 2, 2002; Martin Marcussen & Mette Zølner, "Monetarism and the Masses: Denmark and Economic Integration in Europe," *Cooperation and Conflict*, Vol. 38, No. 2, 2003.
(9)　Nils Ørvik, "Nøytralitet og nøytralisme: en studie i småstatspolitikk," *Internasjonal Politikk*, vol. 20, nr. 2.
(10)　吉武信彦「欧州統合の深化とデンマーク――アムステル条約を巡る国民投票を中心として」『地域政策研究』4 巻，3 号（2002 年），46 頁；Henning Bregnsbo & Niels Christian Sidunius, "Adapting Danish Interests to European Integration," *Scandinavian Political Studies*, Vol. 16, No. 1, 1993.
(11)　オーランド諸島は 6,554 の小諸島からなる自治領で，人口約 22,000 人のうち 97％がスウェーデン語使用者というフィンランドにおける言語マイノリティである。自らの存在基盤であるスウェーデン語の維持のために，オーランド憲法は公務員の就労規則，土地所有や商売の権利などに，フィンランド語使用者に限定する旨を定めている。
(12)　Henning Bregnsbo & Niels Christian Sidenius, "Adapting Danish Interests to European Integration," *Scandinavian Political Studies*, Vol. 16, No. 1, 1993.
(13)　デンマークの EC・EU 関連の国民投票の分析については，以下が詳しい。Roger Buch & Kasper M. Hansen, "The Danes and Europe: From EC 1972 to Euro 2000 − Elections, Referendums and Attitudes," *Scandinavian Political Studies*, Vol. 25, No. 2, 2002.
(14)　**Marcussen & Zølner,** *op. cit.*
(15)　**Løvold,** *op. cit.*, s. 24
(16)　このため，フィンランドの北欧会議加盟は 1955 年まで遅れ，また北欧の経済協力強化のための NORDEK 構想は 1970 年に最終的な合意まで形成していながら，フィンランドが最後にソ連政府の意向を思い計って協定調印に踏み切らなかったために，挫折してしまった。

(17) Teija Tiilikinen, *Europe and Finland: Defining the Political Identity of Finland in Western Europe*, Aldershot, 1998, pp. 159-159.
(18) 公的に EU 加盟が政府の口に上ったのは，1992 年コイヴィスト大統領による新年演説であった。これはスウェーデン政府が EC 加盟申請を行ったことが最も大きな契機であったといわれている (*Ibid.*)。
(19) *Ibid.*, p. 168.
(20) Andreas Bieler, "Swedish Trade Unions and Economic and Monetary Union: the European Union Membership Debate Revisited?" *Cooperation and Conflict*, Vol. 38, No. 4, 2003.
(21) スウェーデンと EU の関係については以下を参照。M. Miles (ed.), *Sweden and the European Union Evaluated*, London, 2000.
(22) 1972 年の国民投票では，この問題をめぐって意見が対立したために，離婚に陥った夫婦や，親子の縁を切ってしまった家族も生じたと言われている。
(23) ノルウェー企業の 3 分の 2 が石油関連企業である。
(24) そのほかにも，アハティサアリ大統領は 1989 年にナミビア問題に対して国連事務総長特別代表として調停を行っている。
(25) Raimo Lintone, "Finland and Crisis Decision-making in the EU," *Yearbook of Finish Foreign Policy, 2002*, p. 111.
(26) Ole Elgström, "Evaluating the Swedish Presidency," *Cooperation and Conflict*, Vol. 37, No. 2, 2002, pp. 183-185.
(27) 以上の指摘は以下による。*Ibid.*, pp. 186-187.
(28) 植田隆子「欧州連合 (EU) の紛争防止」『ヨーロッパ研究』3 号 (2004 年), 131 頁。
(29) Elgström, *op. cit.*, p. 186.
(30) 1989〜2000 年におけるノルウェーのロシア，バルト 3 国，ポーランドへの地域プロジェクトに対する援助金は 3 億 7500 万ユーロに及んだ。
(31) Ulf Sverdrup, "Norge og EU-utvidelsen:forhandlinger og opinion," *Internasjonal politikk*, vol. 62, no. 1, 2004.
(32) *Euro Balomiter*, 2003.
(33) 環バルト海協力とは，1992 年にデンマーク，エストニア，フィンランド，ドイツ，ラトヴィア，リトアニア，ポーランド，ロシア，スウェーデンと EU 委員会を含む 10 カ国 1 組織が設立した環バルト海諸国評議会 (the Council of the Baltic Sea States =CBSS) の担う地域協力である (1996 年にはアイスランドも参加)。CBSS は常設事務局をもたず，各国の外相が持ち回りで議長をつとめ，伝統的な政府間会議の枠内にある。しかし，地方自治体や NGO，企業による多層なアクターの既存の協力に刺激を与えるものとして，地域の協力に貢献している。

(34) バレンツ地域協力を担うのは，1993 年に設立されたバレンツ地域評議会（the Barents Euro-Arctic Council =BEAC）であり，参加国・参加組織は北欧 5 カ国とロシア，EU 委員会である。当初よりこの地域協力は北欧とロシアの北部地域での多国間協力という意図をもち，また EU のユーロ・リージョンとして位置づけられた。
(35) EUND とヨーロッパ北部の地域協力に関しては以下を参照。拙稿「地域協力の今日的意味――北欧の視点から」『国際法外交雑誌』第 102 巻，第 3 号（2003 年）。
(36) 一般に「人間の安全保障」とは，難民問題，食糧危機，経済格差の解消など途上国の問題の解決をめざすものであるが，同地域においては，伝染病などの医療対策や犯罪防止などの問題として提起されている。
(37) 拙稿「地域協力の今日的意味――北欧の視点から」『国際法外交雑誌』102 巻，2003 年参照。

【文献案内】

百瀬宏・村井誠人編『北欧史』山川出版，1998 年
五月女律子「北欧諸国の対外政策と対ヨーロッパ政策――独自性の維持とヨーロッパ統合への接近・参加の両立」坂井一成他編『ヨーロッパ統合の国際関係論』芦書房，2003 年
岡沢憲芙・宮本太郎編『スウェーデンハンドブック』早稲田大学出版部，2004 年
小川有美編『国際情勢ベーシックシリーズ 6，EU 諸国』自由国民社，1999 年
吉武信彦「欧州統合の深化とデンマーク――アムステルダム条約を巡る国民投票を中心として」『地域政策研究』4 巻 3 号（2002 年）
――「EU と加盟国の国内政治――デンマーク関係を事例として」『国際政治』128 号(2001 年)
――「マーストリヒト条約とデンマーク――1992 年 6 月 2 日の国民投票を中心として」『日本 EC 学界年報』13 号（1993 年）
――「地域協力と北欧――北欧協力と EU との間で」『海外事情』47 巻 10 号（1995 年）
吉武真理「ノルウェーの EU 加盟問題――加盟拒否の背景」『外交時報』1318 号（1995 年）
百瀬宏・志摩園子・大島美穂『環バルト海――地域協力のゆくえ』岩波新書，1995 年
百瀬宏編『下位地域協力と転換期国際関係』有信堂（1996 年）
大島美穂「欧州秩序再編における北欧地域協力――北欧会議の活動を中心として」『外交時報』1278 号（1991 年 5 月）
――「北欧諸国と環バルト海協力――北欧アイデンティティの模索と下位地域協力」『平和研究』21 号（1995 年）
――「冷戦後の北欧諸国と環バルト海協力――ヨーロッパ国際政治の地域化と下位地域協力」『国際政治』110 号（1995 年 5 月）

―― 「地域協力の今日的意味 ―― 北欧の視点から」『国際法外交雑誌』102巻，3号（2003年11月）

http://www.cbss.st/
http://www.beac.st/
http://euro.eu.int/comm/external_relations/north_dim/

欧文略語一覧

ACP	アフリカ・カリブ・太平洋 (African, Caribbean sea, Pacific area)
APEC	アジア太平洋経済協力会議 (Asia-Pacific Economic Cooperation Conference)
ASEAN	東南アジア諸国連合 (Association of Southeast Asian Nations)
ASEM	アジア欧州会合 (Asia-Europe Meeting)
AU	アフリカ連合 (African Union)
AWACS	早期警戒管制機 (Airborne Warning and Control System)
CAP	共通農業政策 (Common Agricultural Policy)
CBC	国境を越える地域協力 (Cross-Border Cooperation)
CE	欧州審議会 (Council of Europe)
CFSP	共通外交安全保障政策 (Common Foreign and Security Policy) (＝第二の柱)
CGT-FO	労働総同盟労働者の力派 (Confédération générale du travail — Force ouvrière)
CJHA	＝JHA
COMECON	経済相互援助会議，コメコン (Council for Mutual Economic Assistance)
COREPER	常駐代表評議会 (Comité des Représentants Permanents)
CSCE	全欧州安全保障協力会議 (Conference for Security and Cooperation in Europe)
DSACEUR	欧州連合軍副司令官 (Deputy Supreme Allied Commander in Europe)
EAEC	＝EURATOM
EBRD	欧州復興開発銀行 (European Bank for Reconstruction and Development)
EC	欧州共同体 (European Community)
ECAP	欧州能力アクション・プラン (European Capability Action Plan)
ECB	欧州中央銀行 (European Central Bank)
ECJ	欧州裁判所 (European Court of Justice)
ECSA	欧州共同体研究学会 (European Community Studies Association)
ECSC	欧州石炭鉄鋼共同体 (European Coal and Steel Community)
ECU	欧州通貨単位 (European Currency Unit)
EDC	欧州防衛共同体 (European Defence Community)

EEA	欧州経済領域 (European Economic Area)
EEC	欧州経済共同体 (European Economic Community)
EFTA	欧州自由貿易連合 (European Free Trade Association)
EMS	欧州通貨制度 (European Monetary System)
EPC	欧州政治協力 (European Political Cooperation)
ERM	為替レートメカニズム (Exchange Rate Mechanism)
ESDP	欧州安全保障防衛政策 (European Security and Defence Policy)
EU	欧州連合 (European Union)
EUFOR-Althea	ボスニア=ヘルツェゴヴィナ軍事的危機管理ミッション (EU Military Operation in Bosnia and Herzegovina)
EUJUST THEMIS	グルジア法の支配ミッション (EU Rule of Law Mission to Georgia)
EUND	ノーザン・ダイメンション (EU Northern Dimension) (＝EU の北部ヨーロッパ地域プロジェクト)
EUPM	欧州連合警察ミッション (European Union Police Mission)
EURATOM	欧州原子力共同体 (European Atomic Energy Community)
EUROFOR	欧州緊急展開部隊 (European Operational Rapid Force)
EUPOL Proxima	マケドニアにおける警察ミッション (European Union Police Mission in the former Yugoslav Republic of Macedonia)
FCMA	友好協力相互援助条約 (Treaty of Friendship, Cooperation, and Mutual Assistance)
FCN	友好通商航海協定 (Treaty of Friendship, Commerce and Navigation)
FTD, FTD-RW	簡易トランジット書類 (Facilitated Transit Document, Facilitated Travel Document for Railways)
GATT	貿易と関税に関する一般協定 (General Agreement on Tariffs and Trade)
GDP	国内総生産 (Gross Domestic Product)
GNP	国民総生産 (Gross National Product)
IFOR	平和実施軍 (Implementation Force)
IGC	政府間会議 (Intergovernmental Conference)
IPTF	国際警察タスクフォース (International Police Task Force)
JHA	司法内務協力 (Justice and Home Affairs) (＝第三の柱)
KFOR	コソボ平和維持部隊 (Kosovo Force)
MONUC	国連コンゴ民主共和国ミッション (United Nations Organization Mission in the Democratic Republic of the Congo)
MEDA	ユーロ・地中海パートナーシップの枠組みにおける財政協力プロ

	グラム
NAFTA	北米自由貿易協定 (North America Free Trade Agreement)
NATO	北大西洋条約機構 (North Atlantic Treaty Organization)
NGO	非政府組織 (Non-Governmental Organization)
OAPEC	アラブ石油輸出国連合 (Organization of Arab Petroleum Exporting Countries)
OAU	アフリカ統一機構 (Organization of African Unity)
OEEC	欧州経済協力機構 (Organization for European Economic Co-operation)
OHR	上級代表事務所 (Office of the High Representative)
OMC	各国政策自主協調方式 (Open Method of Coordination)
OSCE	欧州安全保障協力機構 (Organization for Security and Co-operation in Europe)
PJCC	警察・刑事司法協力 (Police and Judicial Co-operation in Criminal Matters) (=第三の柱)
PSC	政治安全保障委員会 (Political and Security Committee)
QMV	特定多数決 (Qualified Majority Vote)
SBS	国家国境警察 (State Border Service)
SDF	ホームレス (sans domicile fixe)
SFOR	安定化部隊 (Stabilization Force)
SHAPE	欧州連合軍最高司令部 (Supreme Headquarters Allied Powers Europe)
SIPA	国家情報防衛庁 (State Information and Protection Agency)
TACIS	独立国家共同体に対する技術支援 (Technical Assistance to Commonwealth of Independent States)
UMP	人民運動連合 (Union pour un mouvement populaire)
WEU	西欧同盟 (Western European Union)
WTO	ワルシャワ条約機構 (Warsaw Treaty Organization)
WTO	世界貿易機関 (World Trade Organization)

EU 関連年表

1946年3月5日	イギリス首相チャーチル「鉄のカーテン演説」
1946年9月19日	チャーチル、チューリッヒ大学で「ヨーロッパ合衆国」構想を提唱
1948年5月	ハーグ「ヨーロッパ会議」開催
1949年5月23日	ドイツ連邦共和国（西ドイツ）建国
1949年10月7日	ドイツ民主共和国（東ドイツ）建国
1949年5月5日	欧州審議会設立
1950年10月24日	フランス首相プレヴァンが欧州防衛共同体（EDC）構想を発表
1950年5月9日	フランス外相シューマンが、欧州石炭鉄鋼共同体（ECSC）創設を提唱
1951年4月18日	欧州石炭鉄鋼共同体条約（ECSC条約＝パリ条約）署名
1954年8月30日	フランス議会、EDC条約否決
1955年6月1-2日	ECSC外相メッシナ会議
1957年3月25日	欧州経済共同体（EEC）設立条約・欧州原子力共同体（Euratom）設立条約調印
1958年1月1日	ローマ条約発効、EEC発足
1959年11月20日	イギリス、オーストリア、デンマーク、ノルウェー、ポルトガル、スウェーデン、スイスの7カ国が、欧州自由貿易地域（EFTA）設立条約に調印
1960年5月3日	EFTA発足
1961年8月10日	イギリスがEECへの加盟申請、ド＝ゴールが拒否
1961年8月13日	「ベルリンの壁」建設開始
1963年1月22日	ドイツ、フランス、「エリゼ条約」調印
1966年1月28-29日	「ルクセンブルクの妥協」
1967年1月	イギリスEEC加盟申請、ド＝ゴール拒否
1967年7月1日	「ブリュッセル条約」発効、ECSC、EEC、Euratomの3共同体がECとなる
1968年7月1日	EEC対外共通関税導入
1969年4月28日	ド＝ゴールがフランス大統領辞任
1969年12月1-2日	ハーグEC首脳会議
1970年10月	政治協力に関するルクセンブルク報告
1970年10月8日	通貨同盟に関するウェルナー報告
1972年9月26日	ノルウェー、国民投票でEC加盟拒否
1973年1月1日	イギリス、アイルランド、デンマークがEC加盟（EC 9）
1979年3月13日	欧州通貨制度（EMS）発足
1979年6月	欧州議会第1回直接選挙実施

1981年1月1日	ギリシャEC加盟 (EC 10)
1983年6月19日	シュトゥットガルト欧州理事会「欧州連合へ向けた厳粛な宣言」
1985年6月28-29日	ミラノ欧州理事会
1986年1月1日	スペイン，ポルトガルEC加盟，EC 12カ国
1986年2月17，18日	「単一欧州議定書」調印
1987年7月1日	「単一欧州議定書」発効
1989年11月9日	「ベルリンの壁」崩壊
1990年10月8日	イギリスがEMSに参加
1990年10月3日	ドイツ統一
1991年12月9，10日	マーストリヒト欧州理事会，欧州連合条約合意
1992年2月7日	欧州連合条約 (マーストリヒト条約) 調印
1992年6月2日	デンマーク国民投票，マーストリヒト条約批准否決
1992年9月20日	フランス国民投票，マーストリヒト条約批准可決
1993年11月1日	EU成立 (マーストリヒト条約発効)
1993年6月22日	EU加盟のための「コペンハーゲン基準」提示
1994年11月28日	ノルウェー国民投票，EU加盟否決
1995年1月1日	オーストリア，フィンランド，スウェーデンEU加盟，EU 15
1995年3月26日	シェンゲン協定発効
1997年10月2日	アムステルダム条約調印
1997年6月16，17日	アムステルダム欧州理事会「安定成長協定」合意 欧州連合条約を改正するアムステルダム条約合意
1999年3月12日	ハンガリー，ポーランド，チェコNATO加盟
1999年3月16日	汚職不正問題でサンテール欧州委員会が総辞職
1999年3月24日	NATOユーゴスラヴィア空爆開始
1999年5月1日	アムステルダム条約発効
2000年12月7-9日	ニース欧州理事会で欧州連合条約を改正するニース条約合意
2000年3月23，24日	欧州理事会が経済・社会・雇用に関するリスボン戦略採択
2000年5月12日	ドイツ外相フィッシャー，ベルリン・フンボルト大学演説
2001年10月7日	アメリカによるアフガン空爆開始
2001年9月11日	アメリカ同時多発テロ
2002年12月12-13日	コペンハーゲン欧州理事会，2004年の10カ国加盟承認
2002年2月28日	「ヨーロッパの将来に関する諮問会議」議論開始
2003年3月20日	イラク戦争開始
2003年7月18日	諮問会議が欧州憲法条約草案を欧州理事会議長に提出
2003年2月1日	ニース条約発効
2004年5月1日	中東欧10カ国がEUに加盟，EU 25
2004年6月18日	ブリュッセル欧州理事会，欧州憲法条約採択
2004年10月29日	欧州憲法条約調印

2004年11月22日　　バローゾ欧州委員会発足

欧州委員会歴代委員長

1958-67 年　ヴァルター・ハルシュタイン（Walter Hallstein: 西ドイツ）
1967-70 年　ジャン・レイ（Jean Rey: ベルギー）
1970-72 年　フランコ・マリア・マルファッティ（Franco Maria Malfatti: イタリア）
1972-73 年　シッコー・マンスホルト（Sicco Mansholt: オランダ）
1973-77 年　フランソワ・ザビエル・オルトリー（François Xavier Ortoli: フランス）
1977-81 年　ロイ・ジェンキンス（Roy Jenkins: イギリス）
1981-85 年　ガストン・トルン（Gaston Thorn: ルクセンブルク）
1985-95 年　ジャック・ドロール（Jacques Delors: フランス）
1995-99 年　ジャック・サンテール（Jacques Santer: ルクセンブルク）
1999-2004 年　ロマーノ・プローディ（Romano Prodi: イタリア）
2004 年-　ジョゼ・マヌエル・ドゥラォン・バローゾ（José Manuel Durão Barroso: ポルトガル）

欧州議会の国別・会派別議席数 （2004年12月17日現在）

国名／会派	EPP-ED	PES	ALDE	Greens/EFA	GUE/NGL	Ind/Dem	UEN	NA	合計
ベルギー	6	7	6	2				3	24
チェコ	14	2			6	1		1	24
デンマーク	1	5	4	1	1	1	1		14
ドイツ	49	23	7	13	7				99
エストニア	1	3	2						6
ギリシャ	11	8			4	1			24
スペイン	24	24	2	3	1				54
フランス	17	31	11	6	3	3		7	78
アイルランド	5	1	1		1	1	4		13
イタリア	24	16	12	2	7	4	9	4	78
キプロス	3		1		2				6
ラトヴィア	3		1	1			4		9
リトアニア	2	2	7				2		13
ルクセンブルク	3	1	1	1					6
ハンガリー	13	9	2						24
マルタ	2	3							5
オランダ	7	7	5	4	2	2			27
オーストリア	6	7		2				3	18
ポーランド	19	10	4			10	7	4	54
ポルトガル	9	12			3				24
スロヴァニア	4	1	2						7
スロヴァキア	8	3						3	14
フィンランド	4	3	5	1	1				14
スウェーデン	5	5	3	1	2	3			19
英国	28	19	12	5	1	10		3	78
EU全体	268	202	88	42	41	36	27	28	732

出典：欧州議会ホームページ

※会派（政党グループ）の名称：EPP-ED＝欧州人民党グループ／PES＝欧州社会党グループ／ALDE＝欧州自由民主連合グループ／Greens／EFA＝緑グループ／GUE/NGL＝欧州統一左翼／Ind/Dem＝独立・民主主義グループ／UEN＝諸国民のヨーロッパ／NA＝無所属

事項索引

あ　行

アキ・コミュノテール (acquis communautaire) ……………16, 39, 48, 70, 106, 264
アジェンダ2000 ………17, 22, 172, 232, 254
新しいヨーロッパ ………184, 193, 235, 236
アナーキー ……………………………………5
アナスタプロス報告 ……………………151
アムステルダム条約 ………17, 32, 218, 289
安全保障共同体 ……………………………185
安定成長協定 …………………………1, 104
EC法の優位性 ……………………………33, 35
EU基本権憲章 ……………………………57
EU-NATO-CE体制 ……………………138
域内市場 ……………………12, 30, 43, 99, 163
──白書 ……………………………………12
移行期間 ……………………………76, 175, 264
一本柱方式 (ツリー構造) ………………47
イラク危機 ………………………………190
イラク戦争 …173, 188, 190, 274, 276, 277
ヴィシェグラード ………………………299
ウエストファリア条約 ……………4, 174
英国独立党 (UKIP) ……………………142
英国病 ……………………………………107
エリゼ条約 …………………………159, 201
欧州安全保障協力会議 (CSCE) …231, 286
欧州安全保障戦略 (ソラナ・ペーパー) ……………………………………127, 226
欧州安全保障防衛政策 (ESDP) ……………………………118, 131, 171, 187
欧州委員会 ………………20, 36, 52, 59, 242
欧州議会 …………………………36, 52, 56
──選挙 ……………………………47, 239
──直接選挙 ……………11, 21, 139, 161
欧州規則 …………………………………54, 56
欧州協定 (European Agreements)
　……………………………………16, 48, 67
欧州近隣諸国政策 ………………………129
欧州経済共同体 (EEC) …8, 159, 212, 288
欧州経済領域 (EEA) 協定 ………300, 302
欧州決定 …………………………………54, 56
欧州原子力共同体 (EURATOM) …8, 159
欧州憲法条約…24, 50, 53, 57, 59, 111, 137,
　　172, 198, 199, 241, 268, 272, 273, 305
欧州司法裁判所 ………………22, 34, 38, 44
欧州自由貿易連合 ………………8, 213, 288
欧州審議会 …………………………………6
欧州人民党 ………………………………144
欧州政治協力 (EPC) …………………10, 45
欧州石炭鉄鋼共同体 (ECSC)
　……………………………7, 138, 158, 212
欧州第一審裁判所 ……………………………38
欧州中央銀行 (ECB) ………………22, 101
欧州通貨危機 ……………………………102, 103
欧州通貨制度 (EMS) …11, 97, 98, 161, 215
欧州防衛共同体 (EDC) ………7, 159, 212
欧州法律 ……………………………………56
欧州理事会 ………………11, 20, 43, 45, 56, 161
──常任議長 ……………………………57, 242
欧州枠組法律 ………………………………56
オーランド諸島 …………………………289
オプト・アウト ……15, 102, 216, 218, 289
オランダ病 ………………………………107
オランダモデル ……………………………107

か行

閣僚理事会 …………………36, 43, 56, 59
各国政策自主協調方式 (open method of coordination, OMC) ……………59
GATT ……………………………31
カリーニングラード問題 ……………245
為替レートメカニズム (ERM)
　　　………………………102, 215, 216
関税同盟 ……………………………30, 90
間接実施 ……………………………37
規　則 ………………………………31
議長国 ………………………………19
脚注国家 ……………………………287
競争国家化 …………………………110
共通外交安全保障政策
　　　…………14, 43, 117, 118, 169, 177
共通戦略 ……………………………45
共通農業政策 (CAP)
　　　……………73, 77, 194, 214, 257, 265
共通の立場 …………………………45
共通防衛政策 ………………………174
共同決定手続 ………………………35
共同行動 ……………………………45
共同市場 ………………………30, 39, 43, 90
共同総会 ……………………………138
グリーンランド問題 ………………289
経済社会委員会 ……………………22
経済通貨同盟 …………22, 43, 58, 164
警察刑事司法 ………………………43
決　定 ………………………………31
建設的棄権 …………………………58
構造基金 ……………………………258
構造の二重性 ……………………93, 94
ゴーリスム …………………………185
国　益 ………………………………90
国際金融のトリレンマ ……………101
コソヴォ空爆 ……………188, 232, 235

コトヌ協定 …………………………23
コペンハーゲン基準 ………16, 61, 106, 258
コミトロジー ………………………148
コンコルディア ……………………122

さ行

最恵国待遇条項 ……………………42
最高機関 ……………………………138
サブ政治 ……………………………147
自衛 (Samoobrona) ……………142, 262
シェンゲン協定 ……………………237
執行の赤字 …………………………149
司法内務協力 (JHA) ………………14
諮問会議 ……………………………53
社会憲章 ……………………………83
社会的市場経済 ……………82, 85, 159
シューマン・プラン ………7, 138, 212
熟議民主主義 ………………………148
主　権 ………………………………4
小　国 ………………………………285
常駐代表委員会 (COREPER) ……18
商標権 ………………………………40
指　令 ………………………………31
新機能主義 ………………………91, 94
垂直直接効 …………………………38
水平直接効 …………………………38
スイ・ジェナリス (sui generis)
　　　………………………v, 58, 146, 147
スピルオーバー ……………………92
政府間協力 …………………44, 93, 95
石油ショック ………………………96
全会一致 ………………36, 44, 48, 49
先決裁定 (preliminary ruling) …34, 35, 39
ソーシャル・ヨーロッパ…192, 193, 197, 199
阻止少数 ……………………………139
損害賠償請求権 ……………………38

た 行

第三勢力論 …………………………………211
タラ戦争 ……………………………………294
単一欧州議定書
　………………21, 32, 45, 82, 83, 94, 163, 164
地域委員会 ……………………………15, 22
地域政策 ………………………………………73
チェッキーニ報告 ………………………………13
チューリッヒ演説 …………6, 210, 229, 230
超国家機関 ……………………………………36
直接効 (direct effect) …………33, 35, 38
直接実施 …………………………………37, 57
直接適用 …………………………………………33
ディリジスム ……………………82, 85, 109
デンマーク・ショック
　…………………………137, 139, 141, 287, 289
デンマーク国民投票 ……………………102
ドイツ問題 ……………………………………100
特定多数決 …19, 36, 44, 49, 51, 54, 99, 139
トルコ加盟問題 ……………………………195
トロイの木馬 …………………………213, 260
ドロール・パッケージ …………………13, 17

な 行

NATO 域外派遣………………………………169
NATO 拡大 ……………………232, 233, 235
ニース条約
　…17, 49, 52, 83, 172, 242, 259, 268, 273
ノーザン・ダイメンション (EU Northern
　Dimension =EUND) ………297, 303, 304

は 行

ハーグ首脳会議……………………………………10
パートナーシップ協力協定 (PPC) ……239
ハルシュタイン・ドクトリン ……………160
バルセロナ・プロセス (地中海政策)
　……………………………………200, 239, 303

ひとつの声のヨーロッパ …………10, 43, 49
人の自由移動 ……………………………175, 265
非立法的行為 …………………………………56
比例代表制 ……………………………………52
ファーレ (PHARE) 計画 ………………66
フォンテーヌブロー欧州理事会…………98
福祉国家 ………………………………95, 97, 106
不戦共同体 …………………………………89, 95
2 つのスピードからなるヨーロッパ …217
ブリュージュ演説 …………………215, 218
プレヴァン・プラン ………………………212
ペータースベルグ任務 ……………………119
ヘルシンキ・グループ ……………………233
ヘルシンキ・ヘッドライン・ゴール …120
法案提出権 ……………………………………36
法人格 ……………………………………44, 53, 57
ポーランド家族連盟 (LPR)………142, 262
補完性原則 ……………………15, 137, 165, 289
北欧会議 (Nordic Council) …………288

ま 行

マーシャル・プラン ………………………230
マーストリヒト基準 ………15, 17, 71, 100
マーストリヒト条約 …14, 32, 43, 47, 94,
　　　　　　　　　　100, 164, 166, 216, 231
マルチレヴェル・ガヴァナンス ………147
3 つの輪論 …………………………211, 222
ミルワード ……………………………………185
民主主義の赤字
　…………48, 137, 141, 142, 146, 147, 252
民主主義の過剰 ……………………………149
メッシーナ会議 ……………………………212

や 行

友好協力相互援助条約 (FCMA 条約)
　…………………………………………288, 290
友好通商航海協定……………………………42
ユーロ参加問題 ……………………219, 289

ユーロリージョン …………………238
輸入数量制限……………………33

ら 行

ラインモデル（社会的市場経済）………109
立法的行為……………………………56
ルクセンブルクの妥協 ……………9, 12, 99

列柱構造 ……………………43, 45, 54
連合王国独立党（UKIP）…………219, 220
連合外務大臣 ……………………57, 242
ロメ協定……………………………23

わ 行

枠組決定………………………………45

人名索引

あ 行

アデナウアー (Konrad Adenauer)
 ··················7, 9, 156, 158, 161, 176
アトリー (Clement Attlee) ··············211
アハティサアリ (Martti Ahtisaari)
 ································295, 296, 297
アルベール (Michel Albert) ············109
ヴァイツゼッカー (Richard von
 Weizsäcker) ···························174
ヴァルストロム (Margot Wallstrøm) 145
ウィルソン (Harold Wilson) ······213, 214
ヴェドリン (Hubert Védrine)···········187
ウェルナー (Pierre Werner) ··············11
ウォーラーステイン (Immanuel
 Wallerstein) ···························228
エアハルト (Ludwig Erhard) ······85, 160
エルガー (Edward Elger) ···············209
オーブリー (Martine Aubry) ···········199

か 行

キージンガー (Kurt Georg Kiesinger)
 ··160
ギェルティフ (Roman Giertych) ······263
ギデンズ (Anthony Giddens) ···········93
クック (Robin Cook) ····················218
クーデンホーフ゠カレルギー (Richard N.
 Coudenhove-Kalergi) ···········25, 229
クファシニェフスキ (Aleksander
 Kwaśniewski) ···················268, 275
クーパー (Robert Cooper) ··············127
ケーガン (Robert Kagan) ···············173
ゲンシャー (Hans-Dietrich Genscher)
 ··161
コヴァチ (Laszlo Kovacs) ··············144
コール (Helmut Kohl) ···················162
ゴルバチョフ (Mikhail Gorbachev)
 ······································163, 231
コロンボ (Emilio Colombo) ············162

さ 行

サッチャー (Margaret Thatcher) ······215
サンテール (Jacques Santer) ······144, 145
ジスカール゠デスタン (Valéry Giscard
 d'Estaing) ··············11, 97, 161, 172
シューマン (Robert Schuman)
 ································7, 158, 191
シュミット (Helmut Schmidt)
 ································11, 97, 161
シュレーダー (Gerhard Schröder)
 ············170, 171, 173, 175, 176, 266, 296
ショイブレ (Wolfgang Schäuble) ······168
シラク (Jacques Chirac)
 ··············186, 188, 189, 196, 198, 202
スパーク (Paul-Henri Spaak) ············8
スミス (John Smith) ·····················217

た 行

チェルノミュルジン (Viktor
 Chernomyrdin) ······················295
チャーチル (Winston Churchill)
 ·································5, 210, 229
ド゠ヴィルパン (Dominique de Villepin)
 ··188
ド゠ゴール (Charles de Gaulle)
 ····························9, 159, 161, 213

ドイセンベルグ（Wim Duisenberg）…102
ドゥーグ（James Dooge）…………12, 99
トリシェ（Jean-Claude Trichet）……102
ドロール（Jacque Delors）
　　　　　　　………12, 82, 99, 198, 199

な 行

ノース（Douglass North）…………94

は 行

ハース（Ernst Haas）………………92
パッテン（Chris Patten）…………144
ハルシュタイン（Walter Hallstein）……9
バローゾ（José Manuel Durão Barroso）
　　　　　　………20, 144, 145, 146, 176
ハロネン（Tarja Halonen）…………297
ヒース（Edward Heath）……………214
ファン・バイテネン（Paul van Buitenen）
　　　　　　　　　………………150
フィッシャー（Joschka Fischer）
　　　　　　………151, 170, 172, 173
フーシェ（Christian Fouchet）……9, 159
フェアホイゲン（Günter Verheugen）…176
フェアホフシュタット（Guy Verhofstadt）
　　　　　　　　　………………144
ブティリオーネ（Rocco Buttiglione）…144
ブラウン（Gordon Brown）…………219
ブラント（Willy Brandt）……………160

ブレア（Tony Blair）………119, 217, 218
プレヴァン（Rene Pleven）……………7
プローディ（Romano Prodi）……130, 145
ベヴィン（Ernest Bevin）……210, 211, 212
ベック（Ulrich Beck）………………147
ベレンド（Ivan Berend）……………228
ホフマン（Stanley Hoffmann）…………92
ポンピドゥー（Georges Pompidou）……82

ま 行

マーティン（Hans-Peter Martin）……150
マクミラン（Harold Macmillan）……213
ミッテラン（François Mitterand）…82, 97
ミトラニー（David Mitrany）…………91
ミルワード（Alan Milward）…………95
ミロシェヴィッチ（Slobodan Milosevic）
　　　　　　　　　………………295
メイジャー（John Major）………216, 217
モネ（Jean Monnet）………7, 82, 138, 191
モラヴチック（Andrew Moravcsik）…93

ら 行

ラーマース（Karl Lamers）…………168
リッポネン（Paavo Tapio Lipponen）
　　　　　　　　　………………297
レーガン（Ronald Reagan）…………215
レッペル（Andrzej Lepper）…………262
ローソン（Nigel Lawson）…………216

執筆者紹介 (執筆順)

森井 裕一（もりい ゆういち）（編者）1 章, 7 章

東京大学大学院総合文化研究科地域文化研究専攻 助教授. 東京大学大学院総合文化研究科国際関係論専攻博士課程退学. 専門は, ドイツ政治, EU の政治, 国際政治学. 主要著書・論文は, Cooperation Experiences in Europe and Asia (H. Jaungと共編著, 信山社, 2004年),「ヨーロッパ統合の拡大・深化とドイツのヨーロッパ政策」(日本ドイツ学会編『ドイツ研究』31号, 2000年),「2002年ドイツ連邦議会選挙と政治動向」(東京大学ドイツ・ヨーロッパ研究室紀要『ヨーロッパ研究』2号, 2003年) など.

中村 民雄（なかむら たみお）2 章

東京大学社会科学研究所 助教授. 東京大学大学院法学政治学研究科基礎法学課程英米法専攻博士課程修了. 専門は, EU 法, イギリス法. 主要著書・論文は,『イギリス憲法と EC 法——国会主権の原則の凋落』(東京大学出版会, 1993年),「EU とはいかなる法秩序か——主権概念を離れた分析視座を求めて」(成蹊法学47号, 1998年),「EU 憲法秩序の形成とニース条約」(日本 EU 学会編『日本 EU 学会年報』22号, 2002年) など.

廣田 功（ひろた いさお）3 章

東京大学経済学研究科経済史専攻 教授. 東京大学大学院経済学研究科博士課程退学. 専門は現代フランス経済史, 欧州統合史. 主要著書・論文は『現代フランスの史的形成——両大戦間の経済と社会』(東京大学出版会, 1994年),『戦後再建期のヨーロッパ経済——復興から統合へ』(森建資と共編, 日本経済評論社, 1998年),『ヨーロッパ統合の社会史』(永岑三千輝と共編, 2004年),「市民から見た欧州統合」(NIRA 編『東アジア回廊の形成』(日本経済評論社, 2001年),「欧州統合史と仏独カップルの形成」(『日仏文化』No. 69, 2003年) など.

鈴木 一人（すずき かずと）4 章

筑波大学大学院人文社会科学研究科国際政治経済学専攻 専任講師. 英国サセックス大学ヨーロッパ研究所博士課程修了. 専門は, 国際政治経済学, 欧州統合研究, 宇宙政策研究. 主要著書・論文は, Policy Logics and Institutions of European Space Collaboration (Ashgate, 2003年),『グローバリゼーションと国民国家』(田口富久治と共著, 青木書店, 1997年),「EU の拡大と共通防衛安全保障政策における制度の柔軟性——「能力問題」を中心に——」(日本 EU 学会編『日本 EU 学会年報』24号, 2004年),『「規制帝国」としての EU』(山下範久編『帝国論』, 講談社選書メチエ, 2004年),「国際協力体制の歴史的ダイナミズム：制度主義と「政策論理」アプローチの接合——欧州宇宙政策を例にとって——」(『政策科学』8巻3号, 2001年) など.

植田 隆子（うえた たかこ） 5章

　国際基督教大学大学院行政学研究科・教養学部国際関係学科 教授．津田塾大学大学院国際関係学研究科国際関係論専攻博士課程修了．専門は欧州の国際政治，安全保障論．主要著書・論文は，「欧州連合の軍事的・非軍事的危機管理」（国際法学会編『国際法外交雑誌』102巻3号，2004年），『現代ヨーロッパ国際政治』（編著，岩波書店，2003年），『21世紀の欧州とアジア』（編著，勁草書房，2002年），Japan-EU Cooperation: Ten Years after the Hague Declaration (Eric Remacle と共編著，Institut Royal des Relations Internationales, Brussels, 2001 年), "The Stability Pact: From the Balladur Initiative to the EU Joint Action" (M.Holland, ed., Common Foreign and Security Policy: The Record and Reforms, Pinter, London, 1997) など．

戸澤 英典（とざわ ひでのり） 6章

　大阪大学大学院法学研究科 助教授．東京大学大学院法学政治学研究科博士課程単位取得満期退学．専門は，国際政治史，国際政治学，欧州統合研究．主要著書・論文は，『EU諸国』（共著，自由国民社，1999年），「パン・ヨーロッパ運動の憲法体制構想」（『阪大法学』53巻3・4号），「中東欧 EU 加盟の世界史的意味」（『海外事情』2003年10月号），「EUにおけるロビイング——2つのリサイクル指令のケースを通して——」（『阪大法学』53巻1号）など．

上原 良子（うえはら よしこ） 8章

　フェリス女学院大学国際交流学部 助教授．東京大学 DESK 客員助教授．一橋大学大学院社会学研究科地域社会研究専攻単位取得満期退学．専門は，フランス国際関係史，EU論．主要著書・論文は，「フランス人はアメリカ人になれるのか？——戦後フランスにおける経済の『近代化』とアメリカニゼーション——」（油井大三郎，遠藤泰生編『浸透するアメリカ／拒まれるアメリカ』，東京大学出版会，2003年），「『ヨーロッパ文化』と欧州審議会の成立」（『国際政治』129号，2002年），「EUの文化政策と『市民のヨーロッパ』の形成」（『NIRA 政策研究』Vol. 14, No. 12, 2001年），「フランス社会党の欧州統合構想と欧州審議会」（『西洋史学』198号，2000年）など．

木畑 洋一（きばた よういち） 9章

　東京大学大学院総合文化研究科アメリカ太平洋地域研究センター 教授．東京大学大学院社会学研究科国際関係論専攻博士課程中退．専門は，国際関係史，イギリス現代史．主要著書は，『帝国のたそがれ　冷戦下のイギリスとアジア』（東京大学出版会，1996年），『国際体制の展開』（山川出版社，1997年），『第二次世界大戦　現代世界への転換点』（吉川弘文館，2001年）など．

羽場久浘子（はば くみこ） 10 章
　　法政大学社会学部・大学院社会科学研究科社会学専攻 教授 津田塾大学大学院国際関係学研究科博士課程修了. 専門は, 国際関係史, 拡大 EU, NATO, 中・東欧政治. ナショナリズム論, 冷戦研究. 主要著書は,『拡大ヨーロッパの挑戦——アメリカに並ぶ多元的パワーとなるか』(中公新書, 2004年),『グローバリゼーションと欧州拡大』(お茶の水書房, 2002年),『拡大するヨーロッパ』(岩波書店, 1998年),（共著）『歴史としてのヨーロッパアイデンティティ』(山川出版社, 2003),『ヨーロッパ統合のゆくえ』(人文書院, 2001),『21世紀　国際社会への招待』(有斐閣, 2003), The Enlargement of *the European Union toward Central Europe and the Role of Japanese Economy*, Aura, 2002. など.

小森田秋夫（こもりだ あきお） 11 章
　　東京大学社会科学研究所 教授. 東京大学大学院法学政治学研究科基礎法学専攻博士課程修了. 専門は, ロシア法・東欧法. 主要編著書は,『現代ロシア法』(編, 東京大学出版会, 2004年),『ロシアの陪審裁判』(東洋書店, 2004年),『市場経済化の法社会学』(編, 有信堂, 2001年),『世界の社会福祉②ロシア・ポーランド』(稲子恒夫・武井寛と共著, 旬報社, 1998年),『ソビエト裁判紀行』(ナウカ, 2001年) など.

大島美穂（おおしま みほ） 12 章
　　津田塾大学学芸学部国際関係学科 助教授. 津田塾大学国際関係学研究科博士課程退学. 専門は, 北欧研究, 国際政治学. 主要著書・論文は,『環バルト海——地域協力のゆくえ』(百瀬宏, 志摩園子と共著, 岩波書店, 1994年),「環境問題と国際政治学」(三浦永光編『環境問題と国際関係』有信堂, 2003年),「地域協力の今日的意味——北欧の視点から」(国際法学会編『国際法外交雑誌』102巻, 3号, 2003年) など.

国際関係の中の拡大 EU

2005（平成17）年2月14日　第1版第1刷発行

3337-01011　p.334：p 2840 E

編　者　森　井　裕　一
発行者　今　井　　貴
発行所　信山社出版株式会社
〒113-0033　東京都文京区本郷 6-2-9-102
TEL 03（3818）1019
FAX 03（3818）0344

Printed in Japan

印刷・製本／東洋印刷・和田製本

©森井裕一ほか，2005．出版契約№3337-01010
ISBN4-7972-3337-0　C3331
3337-0101-012-0200-020

Cooperation Experiences in Europe and Asia
（英文）　　　　　　　　張勳・森井裕一 編著
　　　　　　　　　　　　　　　　本体 3,000円

ブリッジブック国際法　　　　　植木俊哉 編
　　　　　　　　　　　　　　　　本体 2,000円

ブリッジブック日本の外交　　　井上寿一 著
　　　　　　　　　　　　　近刊予価本体 2,000円

国際人権・刑事法概論　　　　　尾﨑久仁子著
　　　　　　　　　　　　　　　　本体 3,100円

ＥＵ法・ヨーロッパ法の諸問題―石川明教授
古稀記念論文集―　　　編集代表　櫻井雅夫
　　　　　　　　　　　　　　　本体 15,000円

ＥＣ法の現状と発展―ゲオルク・レス教授
65歳記念論文集―　　　編集代表　石川 明
　　　　　　　　　　　　　　　本体 12,000円

――――――― 信山社 ―――――――
　　　　　　　　　　価格は税別の本体価